Uni-Taschenbücher 2030

UTB
FÜR WISSEN
SCHAFT

Eine Arbeitsgemeinschaft der Verlage

Wilhelm Fink Verlag München
A. Francke Verlag Tübingen und Basel
Paul Haupt Verlag Bern · Stuttgart · Wien
Hüthig Fachverlage Heidelberg
Verlag Leske + Budrich GmbH Opladen
Lucius & Lucius Verlagsgesellschaft Stuttgart
Mohr Siebeck Tübingen
Quelle & Meyer Verlag Wiesbaden
Ernst Reinhardt Verlag München und Basel
Schäffer-Poeschel Verlag Stuttgart
Ferdinand Schöningh Verlag Paderborn · München · Wien · Zürich
Eugen Ulmer Verlag Stuttgart
Vandenhoeck & Ruprecht in Göttingen und Zürich

Reinold Schmücker

Was ist Kunst?
Eine Grundlegung

Wilhelm Fink Verlag · München

Die Deutsche Bibliothek – CIP-Einheitsaufnahme

Schmücker, Reinold:
Was ist Kunst?: eine Grundlegung / Reinold Schmücker. –
München: Fink, 1998
(UTB für Wissenschaft: Uni-Taschenbücher; 2030)
Zugl.: Hamburg, Univ., Diss., 1996/97
ISBN 3-8252-2030-3 (UTB)
ISBN 3-7705-3317-8 (Fink)

Ohmstraße 5, 80802 München
ISBN 3-7705-3317-8

Printed in Germany.
Einbandgestaltung: Alfred Krugmann, Freiberg am Neckar
Herstellung: Ferdinand Schöningh GmbH, Paderborn

UTB-Bestellnummer: ISBN 3-8252-2030-3

Inhalt

Vorwort

Ob *Fettecke* oder *Flaschentrockner*, *Simultangedicht* oder *noise art* – wer um die Kunst des 20. Jahrhunderts keinen Bogen macht, sieht sich vielfach mit Phänomenen konfrontiert, deren Kunstcharakter rätselhaft anmutet. Obwohl sie mit herkömmlichen Werken der Musik, Literatur, Malerei, Plastik oder einer der anderen Künste kaum etwas zu verbinden scheint, zweifeln wir nicht (mehr) wirklich daran, daß sie Kunstwerke sind. Inständig hoffen wir aber, daß uns beim Museumsbesuch die Kinderfrage erspart bleiben möge, *warum* sie es sind. Denn wir ahnen, daß wir darauf nur dann eine überzeugende Antwort geben könnten, wenn wir wüßten, was Kunst überhaupt ist. Das *Wesen der ästhetischen Kunst* – jene *kunstspezifische Differenz*, die Kunst von Nicht-Kunst trennt – scheint sich jedoch um so schwerer bestimmen zu lassen, je übermütiger die Kunst mit ihren Grenzen spielt.

Auch die Kunstphilosophie, die dafür zuständige Disziplin, traut sich (von wenigen bedeutenden Ausnahmen abgesehen) eine Definition heute weniger zu denn je. Sie zweifelt inzwischen sogar daran, daß sich über Kunst als solche überhaupt etwas aussagen läßt. Die Frage »Was ist Kunst?«, so behauptet ein analytischer Kunstphilosoph unter Berufung auf Wittgenstein, »verursacht einen geistigen Krampf«, denn es »gibt offenbar so viele verschiedene, sich widersprechende Verwendungsweisen des Kunstbegriffs, daß man davon vollkommen verwirrt wird«.[1]

Träfe diese pessimistische Einschätzung zu, wäre der Versuch, die Frage zu beantworten, ebenso vermessen wie naiv. Dieses Buch fügt deshalb der Vielzahl konkurrierender Kunstdefinitionen nicht einfach eine weitere hinzu. Es klärt vielmehr zunächst, inwiefern Kunst

1 Lüdeking 1998, 204; vgl. Wittgenstein 1969, 1.

als solche überhaupt definiert werden kann. Sein wichtigstes Anliegen ist die kritische Grundlegung kunstphilosophischer Theorie: der Nachweis, daß die Frage »Was ist Kunst?« sinnvoll und eine Antwort möglich ist. Wenn dieses Buch *davon* auch diejenigen zu überzeugen vermag, denen die Antwort, die es selber gibt, nicht einleuchten will, hat es sein Ziel erreicht.

Kunstbegeisterte Leser wird es vielleicht überraschen, daß ich nur Theorien *über* Kunst, nicht aber Werke *der* Kunst interpretiere. Führt nicht der »Erkenntnisweg« der Kunstphilosophie über die »behutsame und zugleich anstrengende Anschauungsarbeit an sinnenfällig konkreten Werken der Kunst«?[2] Bedarf es deshalb nicht der »Tuchfühlung der Kunstphilosophie mit der kunsthistorischen Fachforschung«?[3] Tatsächlich rufe ich Kunstwerke zwar als Beispiele zur Veranschaulichung, Widerlegung oder Beglaubigung kunsttheoretischer Argumente auf. Ich verzichte aber darauf, sie über das dafür erforderliche Maß hinaus zum Gegenstand kunsthermeneutischer Betrachtung zu machen. Zeigt sich deshalb in diesem Buch einmal mehr die so oft beklagte Ferne der Kunsttheorie von der Kunst?

Ich möchte mich dem Einwand nicht mit dem Argument entziehen, daß hier nur eine *Grundlegung* kunstphilosophischer Theorie beabsichtigt sei. (Dazu denke ich von der Bedeutung einer solchen Grundlegung zu hoch.) Ausdrücklich sei vielmehr betont: Wenn Nähe zur Kunst sich allein in der Nähe zu einzelnen Kunstwerken manifestierte, belegte auch dieses Buch die Kunstferne der Kunsttheorie. In meinen Augen ist die Distanz zu *einzelnen* Werken der Kunst allerdings kein Mangel, sondern ein Vorzug einer kunstphilosophischen Theorie, mehr noch: eine sachlich begründete Notwendigkeit. Wer über Kunst philosophiert, darf gerade nicht, wie es erst jüngst wieder gefordert worden ist, »die Erfahrung einzelner Werke zum Ausgangspunkt seiner Theorie [...] machen«[4]. Obwohl nämlich das Staunen über das, was irgendein bestimmtes Kunstwerk auszulösen vermag, und der Versuch, den Grund seiner eigentümlichen Wirkung zu erfassen, die kunstphilosophische Reflexion initiieren, muß diese sich doch von der Liebe zu jenem bestimmten Werk

2 Perpeet 1970, 40 (Herv. d. O. getilgt).
3 Ebd.
4 Scheer 1997, 113.

emanzipieren, wenn sie ihren Gegenstand – Kunst als solche – nicht verfehlen will. Denn die Nähe zu *einem* bestimmten Werk entfernt die kunstphilosophische Theorie von den übrigen Werken. Und in allen Fragen, die die Interpretation einzelner Kunstwerke betreffen, kann der philosophische Kunsttheoretiker *als solcher* für sich keine *besondere* Kompetenz reklamieren.[5] Sosehr der Traum verlocken mag: Der Philosoph ist kein Stuntman, der für den Kunsthistoriker, den Musik- oder den Literaturwissenschaftler einspringen kann, wo dieser sich mit Phänomenen konfrontiert sieht, die ihm mit den Methoden der eigenen Disziplin nicht bewältigbar erscheinen.

Umgekehrt wäre die Kunstphilosophie schlecht beraten, die Frage nach dem Wesen der Kunst an die kunsthermeneutischen Disziplinen zu delegieren. Daß diese ihr die Antwort zu soufflieren vermöchten, steht schon deshalb nicht zu erwarten, weil das Augenmerk des Kunsthermeneutikers stets dem Besonderen gilt: einer speziellen Kunst oder einem einzelnen Werk. Kein einzelnes Werk aber gibt, wie raffiniert auch immer es interpretiert werden mag, das Wesen der Kunst unmittelbar zu Protokoll. Zur Mode geworden sind zwar Kunstwerke über Kunst; doch handeln diese nicht in derselben Weise über sie wie die philosophische Kunsttheorie. Der Geltungsanspruch solcher Werke kann nämlich nur derjenige von Hypothesen sein, die jener kritischen Prüfung erst noch unterzogen werden müssen, die das Geschäft des Kunstphilosophen ist.

Im selben Maß, in dem solche Differenzen verdrängt worden sind, ist das Verhältnis der philosophischen Kunsttheorie zu den hermeneutischen Kunstwissenschaften in eine eigentümliche Schieflage geraten. Die philosophische Kunsttheorie sucht nämlich mehr und mehr auch die Aufgabe der Interpretation einzelner Kunstwerke an sich zu ziehen, die traditionell den hermeneutischen Disziplinen vorbehalten war. Diese kontern die anmaßende Omnipotenzgeste der Philosophie mit dem angestrengten Bemühen, interpretierend selbst immer schon zugleich Kunsttheorie zu betreiben. Gespreizte Untertitel wie *»Faust«-Studie zur Rekonstruktion ästhetischer Theorie*[6] künden von diesem wahrhaft faustischen Streben, beides

5 Darauf hat vor allem Karlheinz Lüdeking hingewiesen (vgl. Rötzer 1991, 215).
6 Matussek 1992.

zugleich zu sein: Werkinterpretation und Kunsttheorie. Das Ergebnis präsentiert sich oft genug als ein merkwürdiges Amalgam, das sich weder am vorgeblich interpretierten Werk noch im kritischen Vergleich mit anderen Theorien zu bewähren vermag. Demgegenüber möchte dieses Buch der Grundlegung einer Kunsttheorie dienen, die in der Lage ist, die spezifische Kompetenz der hermeneutischen Kunstwissenschaften ebenso zu bestimmen wie deren Grenzen – ohne die eigenen Grenzen und ihre eigene spezifische Kompetenz als Kunsttheorie zu überschreiten.

Die Untersuchung, die diesem Buch zugrunde liegt, wurde im Wintersemester 1996/97 vom Fachbereich Philosophie und Sozialwissenschaften der Universität Hamburg als Dissertation angenommen. Lehrer und Freunde haben mich in allen Phasen ihrer Entstehung ermutigt und immer wieder neu zum Nachdenken gebracht: Von Ulrich Steinvorth habe ich gelernt, daß es in der Philosophie keine anderen Autoritäten gibt als überzeugende Argumente. Wolfgang Bartuschat hat mich als erster im »geheimen Kantianismus« meiner kunstphilosophischen Überlegungen bestärkt. Dorothea Frede hat das Projekt von Anfang an in vielfältiger Weise unterstützt. Teile des Buches mit mir diskutiert und mich vor einer Reihe von Irrtümern bewahrt haben Tobias Berben, Sabine Gürtler, Geert Keil, Wolfgang Künne, Birgit Recki, Andrea Rössler, Anke Thyen und Gertrud Weyers. Allezeit Verlaß war auf die Gesprächsbereitschaft von Dieter Burdorf. Er hat jede Version des Manuskripts mit gleicher Akribie kommentiert und mir aus mancher Aporie einen Ausweg gewiesen. Ihnen allen danke ich sehr.

Hamburg, 18. Oktober 1998 Reinold Schmücker

Hinweis zur Zitierweise:

Zitate werden, sofern nicht für einen bestimmten Autor im Literaturverzeichnis etwas anderes vermerkt ist, unter Angabe des Verfassernamens und des Erscheinungsjahrs der Zitatausgabe nachgewiesen. Wird statt des Erscheinungsjahrs eine (kursiv gesetzte) Kurzsigle benutzt, ist diese im Literaturverzeichnis aufgelöst.

1 Einleitung

»Die Ästhetik, welche ohne illegitime Voraussetzungen begründet werden soll, hat mit dieser Frage anzufangen: ›es gibt Kunstwerke – wie sind sie möglich‹? Mit dieser Fragestellung ist aber«, wie der junge Georg Lukács seiner Forderung nach einer kritischen Grundlegung der Kunstphilosophie sogleich hinzufügt, »die Möglichkeit ihrer Beantwortung noch nicht gegeben. Die Art, wie das Faktum der Kunst für uns da ist, ist selbst bei der Anerkennung dieser ihrer Faktizität und der Notwendigkeit der daraus entspringenden Fragestellungen noch durchaus ungeklärt. Alles folgende hängt nun davon ab, inwiefern es uns gelingen wird, das Dasein des Kunstwerks als erstes – und einziges – Faktum für die Ästhetik klarzumachen und damit dem Weg der weiteren Fragen die richtige Richtung zuzuweisen.«[1]

Lukács' Forderung hat bis heute nichts von ihrer Aktualität eingebüßt. Im Gegenteil: Schien Lukács nur das Wie der Kunst, die Art und Weise des Daseins der Kunstwerke, klärungsbedürftig, steht heute auch das Ob, das »Faktum der Kunst« selbst, in Frage. Nicht nur legt manche Entwicklungstendenz zeitgenössischer Kunst die Annahme einer fortschreitenden Entgrenzung von Kunst und Lebenswelt nahe[2]; auch erscheint im Horizont des rezeptionsästhetischen Paradigmas gegenwärtiger Kunstphilosophie leicht jedes beliebige Sinnesding als Kunstobjekt, sofern es nur in einer ästhetischen Einstellung (*aesthetic attitude*) wahrgenommen wird. Vor allem aber nährt die sprachanalytische Reflexion den Zweifel, ob von Kunst als solcher überhaupt die Rede sein kann. Der Totenschein ist der philosophischen Kunsttheorie jedenfalls schon ausgestellt: »Mit dem

1 Lukács *WW XVI*, 9; vgl. dazu Damjanovič 1983.
2 Siehe etwa Bubner 1989, 121 ff.

Kunstbegriff (oder einer allgemeinen Berufung auf die Klasse der Kunstwerke) ist theoretisch kein Staat zu machen. Er bietet keine empfehlenswerte Basis für eine Ästhetik. Was – in einem gehaltvollen Sinn – Kunst ist, ist umstritten und unbestimmt. Eine Auseinandersetzung hierüber scheint [!] theoretisch müßig.«[3]

Auch wenn es keineswegs dasselbe ist, ob der Kunstbegriff umstritten ist oder unbestimmt, artikuliert sich in dieser These ein berechtigter Zweifel. Fraglich ist nämlich, ob das Wort ›Kunst‹ überhaupt etwas Bestimmtes bezeichnet. Gilt nicht jedem von uns jeweils etwas anderes als Kunst? Ist ›Kunst‹ deshalb nicht eine Vokabel, die beliebige Verwendung finden kann? Ist es dann nicht unmöglich, über Kunst als solche Aussagen zu treffen? Philosophie, die zu bestimmen sucht, was Kunst eigentlich ist, muß diesen Zweifel entkräften, wenn sie sich nicht dem Verdacht aussetzen will, grundlose Spekulation zu sein. Mit Recht hat deshalb Franz Koppe die Notwendigkeit eines ›begrifflichen Fundaments‹ betont, ohne das »keine Ästhetik als philosophische Disziplin möglich« sei.[4] Damit die Kunstphilosophie ihr theoretisches Gebäude nicht auf ›illegitimen Voraussetzungen‹ errichtet, muß sie sich, bevor sie ihr eigentliches Geschäft aufnimmt, der propädeutischen Frage stellen, ob dieses Geschäft denn überhaupt mehr als bloßer Zeitvertreib sei. Bevor sie das Wesen der Kunst zu beschreiben sucht, muß sie deshalb nach ihrer eigenen Möglichkeit fragen: Es gibt Kunstphilosophie – wie ist sie möglich?[5]

In der deutschsprachigen Kunstphilosophie der Gegenwart wird diese Frage meist verdrängt.[6] Wenn den kunstphilosophischen Stu-

3 Otto 1993, 108.

4 Koppe 1983, 119.

5 Schon Schelling (*PhdK*, 364) hat so gefragt. Ihm schwebte unter dem Titel einer »Philosophie der Kunst« allerdings »nur die Wiederholung« seines »System[s] der Philosophie [...] in der höchsten Potenz« vor (ebd., 363) – eine Disziplin also, der es – im Unterschied zu einer »bloßen *Theorie* der Kunst« – nicht um die »*besondere* Kenntniß des Gegenstandes« (ebd., 368, Herv. i. O.), sondern um die Darstellung des *Absoluten* in der Kunst gehen sollte (siehe unten, 29 ff.).

6 Auch die historisch orientierten Einführungen und Überblicksdarstellungen, die in jüngster Zeit erschienen sind (Gethmann-Siefert 1995, Schneider 1996, Scheer 1997), bilden hier keine Ausnahme. Einzig Liess-

dien, die in deutscher Sprache seit dem Erscheinen von Adornos *Ästhetischer Theorie* vorgelegt worden sind, bei aller Unterschiedlichkeit eines gemeinsam ist, dann ist es die Selbstverständlichkeit, mit der hier vorausgesetzt wird, was im englischen Sprachraum längst als begründungsbedürftige Annahme bewußt geworden ist: daß von Kunst als solcher überhaupt sinnvoll die Rede sein kann.

Die im deutschen Sprachraum vorherrschende Geringschätzung der Frage nach der Möglichkeit einer kunstphilosophischen Theorie mag allerdings einem Reflex entspringen, der auf ihre Überschätzung im englischen Sprachraum reagiert. Dort verselbständigte sich die Diskussion dieser Frage seit den vierziger Jahren derart, daß man zumindest eine Zeitlang den Eindruck gewinnen konnte, als sei mit ihrer Behandlung das kunstphilosophische Geschäft schon getan. Entstehen konnte dieser Eindruck jedoch nur, weil einige einflußreiche sprachanalytische Kunsttheoretiker die Möglichkeit philosophischer Theorie über das Wesen der Kunst grundsätzlich in Abrede stellten. Kunstphilosophie sei, behaupteten sie, nur mehr als philosophische Analyse des Kunst*begriffs* ein sinnvolles Unterfangen. Man konzentrierte sich deshalb für geraume Zeit auf begriffsanalytische Untersuchungen, deren lediglich propädeutischer Charakter so zunehmend aus dem Blick geriet.

Wollte man eine grobe Vereinfachung wagen, ließe sich die Situation, die dadurch entstand, so charakterisieren: Während im englischen Sprachraum die Möglichkeit einer kritischen Grundlegung kunstphilosophischer Theorie bestritten wird, wird im deutschen ihre Notwendigkeit übersehen. Gelangt man dort, metaphorisch gesprochen, selten über die Kellerdecke hinaus, neigt man hier dazu, auf den Keller zu verzichten – in der trügerischen Hoffnung, so lasse sich die Prüfung der Festigkeit des Untergrunds ersparen. Diese Formel veranschlagt vielleicht das Gewicht der Ausnahmen zu gering, die es zumal im englischen Sprachraum durchaus gibt und gab. Sie bezeichnet aber die doppelte Tendenz, der dieses Buch entgegenwirken möchte. Sein Ziel ist es, die Kunstphilosophie so zu fundie-

mann (1994, 245) streift das Problem, wenn er am Schluß (!) seiner *Philosophie der modernen Kunst* den verdutzten Leser mit der Feststellung konfrontiert, daß die »Sinnhaftigkeit einer philosophischen Thematisierung von Kunst« »dahingestellt bleiben« müsse.

ren, daß sie die Einwände derjenigen nicht länger fürchten muß, die sie verdächtigen, sie habe ihre stolzen Theoriegebäude auf Sand gebaut. Wie jene sprachanalytischen Skeptiker fragt deshalb auch dieses Buch nach der Möglichkeit einer Theorie der kunstspezifischen Differenz. Die Beantwortung dieser Frage bedeutet aber nicht, wie die Skeptiker glauben, das Ende der philosophischen Reflexion über das Wesen der Kunst, sondern deren Anfang. Denn die Diagnose, die meine Untersuchung stellt, ließe sich, in ähnlicher Grobzeichnung wie die eben bezeichnete Doppeltendenz, auf die Formel bringen: Die sprachanalytische Ästhetik hat zwar wichtige Fragen gestellt, aber falsche Antworten gegeben. Aus der Analyse der Verwendungsweisen des Kunstbegriffs ergibt sich nämlich nicht die Unmöglichkeit, sondern die Möglichkeit einer Antwort auf die Frage, die eine Theorie der kunstspezifischen Differenz zu beantworten sucht: »Was ist Kunst?«

Eine kritische Grundlegung der Kunstphilosophie, wie sie hier unternommen wird, wäre natürlich überflüssig, wenn die Kunstphilosophie diese Frage bereits so überzeugend beantwortet hätte, daß ihre Antwort jeden Zweifel an der Möglichkeit kunstphilosophischer Theorie als absurd erscheinen ließe. Unnötig wäre sie auch, wenn es die Kunstphilosophie in Ästhetik – also in die philosophische Theorie ästhetischer Erfahrung – aufzuheben gälte, wie dies von rezeptionsästhetisch orientierten Autoren zwar selten ausdrücklich gefordert, um so häufiger jedoch implizit nahegelegt wird.[7] Denn dann wäre es gleichgültig, ob sich der sprachanalytisch motivierte Zweifel an der Möglichkeit einer Theorie über das Wesen der Kunst entkräften ließe oder nicht.

Daß beides nicht der Fall ist, verdeutlicht die theoriegeschichtliche Vorerinnerung, die den konstruktiven Teilen des Buches vorangestellt ist (Kapitel 2). Diese *tour d'horizon*, die auf einige besonders wirkungsmächtige Theorien Schlaglichter wirft, kann, zumal bei der gebotenen Kürze, keine umfassende Würdigung oder gar Widerle-

7 Dies scheint mir die Tendenz zu sein u. a. bei Bubner (1989), Menke-Eggers (1988), Szukala (1988), Rentsch (1991), Otto (1993), Bensch (1994), Löw (1994) und auch bei Seel (1991, vgl. insbes. 236), in dessen neueren Arbeiten die »Praxis der Künstler« allerdings eine genauere Würdigung erfährt (siehe z. B. Seel 1996, 139 ff.).

gung der modernen Kunstphilosophie sein. Indem ich aber jene Hauptlinie der deutschsprachigen Kunstphilosophie, die Kunst als eine der diskursiven Vernunft grundsätzlich kommensurable Gestalt menschlichen Welt- und Selbstbezugs zu verstehen sucht, einer eingehenden Kritik unterziehe, möchte ich plausibel machen, daß sich die Kunstphilosophie keineswegs in der komfortablen Lage befindet, befriedigende Lösungen ihrer Probleme vorweisen zu können (2.1). In der *Ästhetik*, die als Theorie der ästhetischen Erfahrung von der oft unter demselben Namen operierenden *philosophischen Kunsttheorie* unterschieden werden muß, scheint mir die Lage zwar günstiger zu sein, weil Kants *Kritik der Urteilskraft* Kategorien bereitstellt, die instruktive Klärungen der Eigenart ästhetischer Wahrnehmung ermöglichen.[8] Der Ausweg der Selbstaufhebung in eine allgemeine Ästhetik ist der Kunstphilosophie jedoch versperrt: Als Theorie ästhetischer Erfahrung und ästhetischer Rationalität kann die allgemeine Ästhetik, so wichtige Klärungen ihr zu danken sind, die kunstphilosophische Reflexion nicht ersetzen, sondern nur anregen, befruchten und ergänzen. Die kritische Grundlegung einer philosophischen Theorie der kunstspezifischen Differenz – die, weil sie sich *per definitionem* auf die oft auch ›schön‹ genannte ästhetische Kunst beschränkt, auch als *Kunstästhetik* bezeichnet werden kann – ist deshalb unverzichtbar (2.2).

Zwei Fragen, die eine solche Grundlegung beantworten muß, klärt das 3. Kapitel. Bei der Abgrenzung des Gegenstandsbereichs einer kunstästhetischen Theorie, die an der von Kant präzisierten traditionellen Unterscheidung der ästhetischen von mechanischer Kunst nur eine geringfügige Korrektur vornehmen muß, bewährt sich zum ersten (und nicht zum letzten) Mal eine linguistische Perspektive (3.1). Ihre eigentliche Aufgabe kann die Kunstästhetik jedoch mit linguistischen Mitteln allein nicht erfüllen. Denn als explikative Theorie über das Wesen der Kunst fragt sie nicht danach, welche Phänomene Kunstwerke sind. Vielmehr sucht sie zu ergründen, warum Kunstwerke das sind, was sie sind (3.2). Eine kunstästhetische Theorie kommt deshalb nicht ohne eine Prämisse aus, die man – wenn auch nicht im herkömmlichen Sinn des Begriffs – essentia-

8 Siehe etwa Prauss 1981, Seel 1985, Bubner 1989, Bartuschat 1995.

listisch nennen kann: Sie muß annehmen, daß von Kunst als solcher sinnvoll die Rede sein kann (3.3).

Ob sich diese unvermeidliche Basisannahme als legitim erweisen läßt, entscheidet über die Möglichkeit kunstästhetischer Theorie. Es sind, wie sich im 4. Kapitel zeigt, weniger die Entwicklungstendenzen moderner Kunst als vielmehr die eingangs bereits erwähnten skeptischen Argumente sprachanalytischer Philosophen, die die essentialistische Prämisse kunstästhetischer Theorie unbegründet erscheinen lassen (4.1). Ich setze mich deshalb ausführlich mit zwei grundsätzlichen Einwänden auseinander, die aus sprachanalytischer Sicht gegen sie erhoben worden sind (4.2), und skizziere die Grundlinien einer Theorie des Kunstbegriffs, die der Skepsis gegenüber dem impliziten Essentialismus einer Theorie über das Wesen der Kunst soweit wie nötig entgegenkommt, an der Möglichkeit einer solchen Kunstästhetik jedoch keinen Zweifel läßt (4.3).

Der Nachweis der Möglichkeit einer kunstästhetischen Theorie enthält freilich noch keine Auskunft darüber, wie eine solche Theorie aussehen könnte. Einen Hinweis darauf erbringt das 5. Kapitel, das nach dem ontologischen Status von Kunstwerken fragt. Ich kläre zunächst Umfang und Bedeutung dieser Frage und erläutere, wie sie sich mit der vorgeschlagenen Interpretation der essentialistischen Prämisse kunstästhetischer Theorie vereinbaren läßt (5.1). Sodann zeige ich, daß der ontologische Status von Kunstwerken weder physizistisch (5.2) noch mentalistisch (5.3) gedeutet werden kann. Mein Alternativvorschlag schließt nicht nur eine Theorie der Werkidentität von Kunstmanifestationen ein, sondern legt auch die ontologische Kommensurabilität von Kunstwerken und Wörtern frei (5.4).

Das 6. Kapitel zieht aus diesem Ergebnis der ontologischen Analyse Konsequenzen für die Bestimmung der kunstspezifischen Differenz. Es konturiert eine kommunikationstheoretische Kunstästhetik, die durch die ontologische Kommensurabilität von Kunstwerken und Wörtern nahegelegt wird. Kunstwerke erweisen sich dabei als kommunikative Zeichen eigener Art: als Produkte eines Zu-verstehen-Gebens, dem kein Verstehen, sondern nur ein Zu-verstehen-Suchen korrespondiert. Daß diese abstrakte Bestimmung den Ausgangspunkt einer Theorie bilden kann, die die Bedeutsamkeit der Kunst umfassend klärt, deute ich abschließend an.

2 Die Notwendigkeit einer kritischen Grundlegung der Kunstphilosophie

2.1 Aporien der Wahrheitsästhetik

Über das Verhältniß der Kunst zur Wahrheit bin ich am frühesten ernst geworden.

Friedrich Nietzsche

a) Die Wahrheitsästhetik als moderne Antwort auf die Frage nach dem Wesen der Kunst

Kunstphilosophisch beginnt die Moderne mit einer Verengung des Gegenstandsbereichs kunsttheoretischer Reflexion[1]: Wenn seit der Mitte des 18. Jahrhunderts philosophisch von Kunst die Rede ist, dann ist nur die – oft auch ›schön‹ geheißene – ästhetische Kunst gemeint. Das gilt auch für dieses Buch: Sofern nicht ausdrücklich anderes gesagt ist, wird auch hier unter Kunst nur die ästhetische Kunst verstanden. Die Kunstphilosophie der Moderne faßt damit den Kunstbegriff zwar immer noch weiter als beispielsweise die Kunstgeschichte, die nur die bildende Kunst thematisiert. Zum Gegenstand hat sie Kunst gleichwohl nicht in jenem umfassenden Sinn des Begriffs, in dem etwa das erste Buch der Aristotelischen *Metaphysik* nach Wesen und Entstehung menschlicher Kunst fragt. Kunstdefinitionen, die aus vormoderner Zeit überliefert sind, können deshalb heute nicht mehr überzeugen. Soweit sie sich auf die ästhetische Kunst beziehen lassen, besitzen sie für die kunstphilosophische Reflexion der Gegenwart zwar immer noch große Anregungskraft. Weil

1 Vgl. z.B. Batteux 1746; d'Alembert *Disc. prél.*, xxi ff.

sie auf einen Kunstbegriff zugeschnitten sind, der nicht speziell auf die ästhetische Kunst fokussiert ist, geben sie aber keine hinreichende Antwort auf die Frage nach der Eigenart der ästhetischen Kunst.

Hinzu kommt, daß die vormoderne Kunsttheorie auf metaphysischen Prämissen beruht, die heute großenteils nicht mehr nachvollziehbar sind. Auch werden Theorien, die Kunst als Nachahmung oder mit Hilfe des Schönheitsbegriffs definieren, vielen heutigen Erscheinungsformen ästhetischer Kunst nicht gerecht: Daß Kunst die Natur nachahme, Schönheit erfahrbar oder göttliche Vollkommenheit sinnfällig mache, sind im Zeitalter der Müll-Installationen und des Atheismus keine plausiblen Auskünfte mehr.[2] Erst recht lassen uns solche Antworten ratlos zurück, wenn wir begreifen wollen, warum selbst die suizidale Selbstpräsentation als Kunstphänomen rezipierbar ist.[3] Weil die Vielfalt und Heterogenität moderner Kunstphänomene den Horizont der vormodernen Kunsttheorie übersteigt, fehlt es dieser auch da an Überzeugungskraft, wo sie modern, d.h. als Theorie *ästhetischer* Kunst, gelesen werden kann.

Unzulänglich muten jedoch auch viele moderne Kunsttheorien an. Denn die Philosophie der Moderne hat zwar oft nach dem Wesen der Kunst gefragt, dies aber selten genug um der Kunst willen getan.[4] Oftmals dient ihr die Kunst bloß als Spiegel, reflektiert das Kunstverständnis der Philosophie vor allem deren Selbstverständnis.[5] Auch wo sich die Philosophie seit dem 18. Jahrhundert aus-

2 Das belegt z.B. Reinhard Löws (1994) zirkulär argumentierender Versuch, eine am Schönheitsbegriff orientierte Ästhetik wiederzubeleben.

3 Man denke etwa an die Rudolf-Schwarzkogler-Retrospektive, die in den Jahren 1993/94 in der Prager Nationalgalerie, im Pariser Centre Pompidou und im Frankfurter Kunstverein zu sehen war.

4 Insofern ist die These von Lehnerer (1994, 153), daß »eine genuine Wissenschaft der Kunst [...] bisher kaum ernsthaft betrieben« worden sei, nicht ganz abwegig.

5 Freimütiger als die meisten seiner kunstphilosophischen Nachfahren hat Schelling seinen Hörern einbekannt, daß sein Interesse an der Kunst dieser nicht um ihretwillen galt: »Der Zusatz Kunst in ›Philosophie der Kunst‹ beschränkt bloß den allgemeinen Begriff der Philosophie, aber hebt ihn nicht auf. Unsere Wissenschaft soll Philosophie seyn. Dieß ist das Wesentliche; daß sie eben Philosophie seyn soll in Beziehung auf Kunst, ist das Zufällige unseres Begriffs.« (*PhdK*, 365). Daß sich die

drücklich als Kunstphilosophie versteht, widmet sie sich nur allzugern narzißtischer Nabelschau. Denn das eigentliche Thema der modernen Kunstphilosophie – die oft auch unter dem Namen *Ästhetik* auftritt, der eigentlich auf eine andere Fragestellung verweist[6] – ist zumeist die diskursive Vernunft, das originäre Medium der Philosophie. Von Baumgarten über Kant, Schelling, Hegel und Schopenhauer bis hin zu Heidegger, Gadamer, Adorno, Goodman und den jüngsten Untersuchungen zur Rationalität des Ästhetischen interessiert sich die Kunstphilosophie immer nur *auch* für die Kunst.[7] Philosophische Aufmerksamkeit erfährt die Kunst nicht so sehr als menschliche Lebensäußerung *sui generis* als vielmehr in ihrem Verhältnis zu anderen Formen menschlicher Weltaneignung und Selbstbegegnung, insbesondere zum menschlichen Welt- und Selbstverstehen im Medium der Philosophie und Wissenschaft.

Die Frage nach dem Wesen der Kunst tritt deshalb nicht selten hinter die Frage nach ihrem Wahrheitsbezug zurück oder wird sogar mit dieser Frage identifiziert. Indem nämlich die Kunstphilosophie der Moderne den Wahrheitsbegriff in den Mittelpunkt rückt, sucht sie Kunst und Philosophie aufeinander zu beziehen: Weil Wahrheit nicht nur als Ziel philosophischen Fragens, sondern – in einem von verschiedenen Autoren unterschiedlich erläuterten Sinn – auch als

Kunstphilosophie auf diese Weise selbst ad absurdum führt, hat schon Theodor Wilhelm Danzel betont (1855, 50; vgl. ders. 1844, 62 f.).

6 Siehe unten, 47 ff.

7 Die bedeutendste Ausnahme bildet im deutschen Sprachraum ausgerechnet jene psychologische Ästhetik des späten 19. und frühen 20. Jahrhunderts, die zu ignorieren heute beinahe zum guten kunstphilosophischen Ton gehört – den Versuch einer Wiedererinnerung hat Pauen (1995) gemacht, für einen Überblick vgl. Drüe 1983, Nachtsheim 1984 und vor allem die enzyklopädische Darstellung von Allesch (1987, 288 bis 425). Das Bestreben der psychologischen Ästhetiker war es, die Ästhetik »empirisch zu fundieren«, damit sie nicht länger ein »Tummelplatz ganz willkürlicher Spekulationen« sei (Lange 1907, 37; vgl. schon Fechner 1871, 557; ders. 1876 I, 1 ff.). Auch wenn ihre Lösungsvorschläge im ganzen nicht überzeugen können – vor allem, weil die kognitive Dimension der Kunst dabei unterbestimmt bleibt –, ist das methodische Problembewußtsein, das sich bei Lipps (1903), Lange (1907), Volkelt (1905) und anderen dokumentiert, im Vergleich zu vielen Autoren des fortgeschrittenen 20. Jahrhunderts geradezu vorbildlich.

Telos der Kunst betrachtet werden könne, seien beide kommensurabel. In dieser Überzeugung kann man das Credo der modernen Wahrheitsästhetik erblicken.

b) Die vormodernen Wurzeln der modernen Wahrheitsästhetik

Die Kunstphilosophie der Moderne nimmt damit ein altes philosophisches Thema auf. Als Rivalin der Philosophie findet die Dichtkunst schon bei Platon Erwähnung[8], dessen Abwertung der musischen Künste dazu beiträgt, die Philosophie als überlegene Form menschlicher Welterkenntnis zu profilieren. Nach der auf ihn zurückgehenden Auffassung, die die kontinentaleuropäische Kunsttheorie bis ins 18. Jahrhundert hinein bestimmte, verdankt die Kunst ihre Bedeutsamkeit ihren mimetischen Leistungen. Ihre Aufgabe ist jedoch nicht Nachahmung im strikt naturalistischen Sinn. Vielmehr verpflichtete man die Kunst auf ein idealistisches Mimesiskonzept: Um das Wesen der Dinge zu veranschaulichen, soll sie von der Kontingenz und Unvollkommenheit der empirischen Realität abstrahieren und statt des Tatsächlichen gegebenenfalls Wahrscheinliches oder Perfektioniertes zeigen.

Mit dieser Auffassung ist allerdings eine Schwierigkeit verbunden, aus der die vormoderne Kunsttheorie unterschiedliche Schlußfolgerungen gezogen hat: Sowohl am unbestreitbaren Wirkungspotential vieler mimetisch unzureichender Kunstwerke als auch an der mitunter geringen Resonanz solcher Kunst, die dem Mimesisideal in hohem Maße genügt, erweist sich, daß die Wirkung eines Kunstwerks von dessen mimetischer Qualität unabhängig ist. Folglich wäre, wenn die mimetische Qualität eines Kunstwerks über dessen Bedeutsamkeit entschiede, nicht nur ein Großteil der Rezipienten für den wahren Rang der Werke blind, sondern solche Blindheit auch durch Kunsterfahrung nicht zu heilen. Deshalb muß entweder die Kunst – all ihren mimetischen Bemühungen zum Trotz – unkräftig oder ihre Verpflichtung auf das Ideal ›richtiger‹ Nachahmung fragwürdig erscheinen. Platon entschied sich bekanntlich für die Geringschät-

8 Vgl. z. B. *Politeia* X, 607 b.

zung der ästhetischen Kunst; ihm gelten Dichtung und Malerei als Formen einer sekundären mimetischen Praxis, die das Wesen der Dinge nicht unverstellt zu erfassen vermag. Aristoteles hingegen erteilt der Kunst die Lizenz, um bestimmter Wirkungen willen auch Unmögliches darzustellen, das Gebot ›richtiger‹ Nachahmung also aus rezeptionsästhetischen Motiven zu verletzen.[9]

Einen Ausweg aus dem Dilemma fand erst die spätantike und mittelalterliche Kunsttheorie. Sie erneuerte zwar die Platonische Verpflichtung der Kunst auf ›richtige‹ Nachahmung, die in der Aristotelischen *Poetik* wenigstens zum Teil überwunden worden war, konnte aber den Rückfall in die Platonische Geringschätzung der Kunst vermeiden, weil sie der Vorstellung, daß die Kunst die Natur nachahme, einen neuen, zusätzlichen Sinn zu geben verstand: Die Kunst ahme die Natur nicht nur nach, indem sie einzelne ihrer Elemente – wirklichkeitsgetreu oder idealisierend – imitiere, sondern vor allem, indem sie das Gleiche oder doch etwas Ähnliches tue wie die Natur. Diese Deutung der *imitatio naturae* der Kunst als »Strukturanalogie«[10] ist zwar sowohl bei Platon[11] als auch bei Aristoteles[12] bereits angelegt; die Mimesistheorie der klassischen Antike stellt die strukturelle Homologie von Kunst und Natur aber noch nicht in derselben Weise in den Vordergrund, in der dies im Anschluß an die pseudoaristotelische Schrift *De mundo* und unter dem Einfluß des stoischen Naturbegriffs bei Plotin, vor allem aber bei Thomas von Aquin[13] und bei Cusanus[14] geschieht.

9 Vgl. *Poetik*, Kap. 24 f., bes. 1461 b 9 ff.
10 Flasch 1965, 282.
11 Vgl. die Parallelisierung ästhetischer Kunst, demiurgischer Technik und phyturgischen Schöpfungshandelns in *Politeia* X. Nicht umsonst bereitet Plotin die Deutung der Naturnachahmung der Kunst als Strukturanalogie vor, indem er die Kunst mit einem an Platon erinnernden Argument – dem Hinweis, daß es auch außerhalb der Kunst Nachahmung gebe – gegen ihre Platonische Geringschätzung verteidigt (*Enn.* V 8, 1, Z. 32–34).
12 Vgl. *Physik* II 2, 194 a 21 f.; II 8, 199 a 15 ff. Aristoteles denkt hier freilich nicht speziell oder auch nur in erster Linie an die ästhetische Kunst.
13 *In phys.* II, iv, n. 171.
14 *Comp.* 9, 26 f.; *De docta ign.* II, 1, n. 94; *De coni.* II, 12, n. 131 ff.

Von den frühmittelalterlichen *imitatio-naturae*-Lehren bis zur Kunsttheorie der Aufklärung prägt die Homologiethese das kunstphilosophische Denken. Shaftesbury findet für sie 1710 die Formel vom Dichter als einem »second Maker: a just Prometheus, under Jove«.[15] Und noch Sulzer bestimmt in der *Allgemeinen Theorie der Schönen Künste* die Natur als »die wahre Schule«, in der der Künstler »die Maximen seiner Kunst lernen kann, und wo er durch Nachahmung ihres allgemeinen Verfahrens die Regeln des seinigen zu entdeken hat«.[16] Die Wendung der Homologiethese ins Genieästhetische, die sich schon bei Shaftesbury andeutet und in der Folgezeit rasch vollzogen wird, untergräbt jedoch die Wurzeln einer Kunsttheorie, die sich an der Kategorie der Nachahmung orientiert. Je nachdrücklicher nämlich dem Künstler-Genie Schöpferebenbildlichkeit und Originalität zugesprochen werden, desto mehr verliert die Verpflichtung der Kunst auf Nachahmung ihren Sinn.

c) Kunstwahrheit als absolute Bedeutung

Die Kunstphilosophie der Moderne rückt aus diesem Grund vom Leitbegriff ›Nachahmung‹ ab.[17] Sofern sie nicht ohnehin wie Hume vom Geschmack, wie Kant vom ästhetischen Urteil oder wie die psychologische Ästhetik im Deutschland des ausgehenden 19. Jahrhunderts vom ästhetischen Gefühl und Erlebnis her argumentiert, erläutert sie das Wesen der Kunst in erster Linie mit Bezug auf den Wahrheitsbegriff. Anders als bei Platon und vielen seiner Nachfahren bis ins 18. Jahrhundert wird Wahrheit dabei allerdings nicht so verstanden, daß sie durch den Verweis auf mimetische Leistungen

15 *Sol.* (I, 3), 110 (Herv. d. O. getilgt).

16 Sulzer 1792–1794 III, 488 f. – Entsprechend betont Goethe in der *Einleitung in die Propyläen*, »daß wir [...] beim Kunstgebrauche nur dann mit der Natur wetteifern können, wenn wir die Art, wie sie bei Bildung ihrer Werke verfährt, ihr wenigstens einigermaßen abgelernt haben« (*WW XII*, 44).

17 Auch im 19. Jahrhundert (vgl. z. B. Hebenstreit 1843, 492) und sogar am Ende des 20. Jahrhunderts (vgl. Cramer/Kaempfer 1992) finden sich zwar noch Belege für das Fortwirken der Homologiethese; für die Kunstphilosophie der Moderne ist eine nachahmungstheoretische Kunstauffassung jedoch nicht mehr charakteristisch.

explizierbar wäre. Vielmehr trennt sich die moderne Wahrheitsästhetik, die, vorbereitet durch Baumgartens Lehre von der ›veritas aesthetica‹[18], zuerst von Schelling und Hegel entwickelt wird, nicht nur von der Vorstellung eines essentiellen Wirklichkeitsbezugs der Kunst (die sich, gleichsam verschwistert mit der Homologiethese, in den *imitatio-naturae*-Lehren bis in die Neuzeit durchgehalten hatte), sondern auch vom traditionellen Wahrheitsverständnis. Wahrheit versteht sie weder als *adaequatio rerum et intellectus*[19] noch als Übereinstimmung eines Urteils mit einem Sachverhalt. Ebensowenig verwendet sie den Wahrheitsbegriff im Sinne der formalen Logik oder der Konsenstheorie. In den Augen der Wahrheitsästhetik kennzeichnet dieser Begriff vielmehr eine metaphysische Idee, deren hervorragende oder sogar einzige Präsenzform Kunstwerke sind.[20] Wo seit dem Ende des 18. Jahrhunderts philosophisch die Rede ist von der Wahrheit der Kunst, ist (meist) also nicht das Der-Fall-Sein künstlerisch dargestellter Sachverhalte gemeint. Der Wahrheitsbegriff der modernen Wahrheitsästhetik charakterisiert Kunst vielmehr als verdinglichtes Offenbarungsgeschehen. Nicht umsonst erkennt Adorno in der »Säkularisation von Offenbarung« das »theologische Erbe der Kunst«.[21]

Weil die Wahrheit in den Werken der Kunst die Gestalt eines Sinnesdings angenommen hat, sind sie Träger eines transsubjektiven Sinns, der freilich, um sich mitzuteilen, vom Rezipienten verge-

18 Baumgarten 1750, §§ 423 ff. Zur Bedeutung der ›veritas aesthetica‹ bzw. ›veritas aestheticologica‹ für Baumgartens Konzept einer »scientia cognitionis sensitivae« (ebd., § 1; vgl. ders. 1739, § 533) vgl. Schweizer 1973, 40 ff.

19 Der bei Hegel mit dem Wahrheitsbegriff korrelierende Begriff der (absoluten) Idee läßt allerdings erkennen, daß sich Hegels Konzept von Wahrheit einer Transformation der traditionellen *adaequatio*-Vorstellung verdankt: Die Idee als die immer wieder aus den Diremtionsformen des Geistes sich herstellende »Einheit von *Begriff* und *Realität*« (*WW VI*, 466) ist sozusagen die nicht-subjektivistisch gedachte *adaequatio rerum et intellectus*.

20 Auf die metaphysische Bedeutung, die der Wahrheitsbegriff in der modernen Wahrheitsästhetik gewinnt, hat schon früh Roman Ingarden (1950; 1960, 324 f.) aufmerksam gemacht.

21 Adorno *GS VII*, 162.

genwärtigt werden muß. Diese Vorstellung teilen fast alle modernen Wahrheitsästhetiker – so unterschiedlich sie die Wahrheit bestimmen, die sich im Kunstwerk zur Anschauung bringt.[22] Ihre Theorien sind deshalb, wie Martin Seel geurteilt hat, »allesamt verkappte Bedeutungstheorien«.[23] Die Wahrheitsästhetiker nehmen jedoch weder eine bloß *subjektive* Bedeutung an, die sich im Wahrnehmungsakt individueller Rezipienten allererst konstituiert, noch eine *objektive* Bedeutung, die ein individuelles Werk als solches besitzt. Indem sie den Wahrheitsgehalt auf das Daß der Kunst beziehen, unterstellen sie vielmehr eine *absolute* Bedeutung der Kunst, die durch das Wie eines einzelnen Werks nicht zu irritieren ist. Besonders deutlich wird das bei Adorno: »*Daß* aber die Kunstwerke da sind«, zeugt in seinen Au-

22 Als Ausnahme vgl. die durch Schiller, Benjamin und neuerdings auch durch die psychoanalytische Theorie Lacans inspirierte Auffassung von Peter Bürger (1983, 77 ff.; 1988, 40 ff.). Ihr zufolge ist der »Wahrheitsgehalt« eines Kunstwerks diejenige »regulative Idee, an der die einzelnen Deutungen sich orientieren müssen, wenn sie das Werk und zugleich die historische Situation der Rezipienten treffen wollen« (1983, 81; Herv. d. O. getilgt). Der Wahrheitsbegriff kennzeichnet demnach einen von der Urheberintention ebenso wie von den Projektionen der Rezipienten zu unterscheidenden Sinngehalt, der einem Kunstwerk jeweils nur zu einem bestimmten Zeitpunkt eignet. Ihn konstituiert die spezifische Konstellation, in der die Urheberintention, die sich in einem Werk manifestiert und nach Bürgers Meinung seiner Entstehungszeit zugerechnet werden kann, und die ebenfalls als »Produkt der Kultur« einer Epoche gedeutete Perspektive seines aktuellen Rezipienten in ihrer jeweiligen Geschichtlichkeit zueinander stehen (vgl. 1988, 46 ff.). Es ist fraglich, ob Bürgers Theorie eine spezielle Eigenschaft von Kunstwerken beschreibt; denn auch für wissenschaftliche Texte läßt sich ein empirisch nicht aufweisbarer »Fluchtpunkt« postulieren, »an dem die Deutungsversuche einer Zeitgenossenschaft sich orientieren« (1983, 81). Der entscheidende Mangel von Bürgers Auffassung scheint mir aber darin zu liegen, daß Bürger durch die Inanspruchnahme des Wahrheitsbegriffs eine (wenn auch zeitspezifische) Objektivität des Sinngehalts von Kunst suggeriert, die er nur annehmen kann, weil er stillschweigend unterstellt, die Deutungen, die ein Werk innerhalb einer Epoche erfahre, seien tendenziell uniform. Ich halte dies für eine realitätsferne Idealisierung empirischer Rezeptionsprozesse. Vgl. im übrigen die Kritik, die Bubner (1989, 114 ff.) an Bürgers Auffassung geübt hat.

23 Seel 1985, 70.

gen für jene »Möglichkeit des Möglichen«, in der er die Wahrheit der Kunst erkennt.[24]

Mit der Neuinterpretation ihres Wahrheitsbezugs geht eine bemerkenswerte Aufwertung der Kunst einher. Deren philosophische Geringschätzung, die in Platons Dichterkritik ihren drastischen Ausdruck gefunden hatte, verkehrt sich weithin in ihr Gegenteil.[25] Den entscheidenden Wendepunkt bildet die Frühromantik, vor allem aber die idealistische Philosophie Schellings und Hegels: Hier, auf dem Gipfel ihres Selbstbewußtseins, kann die Philosophie der Kunst den Rang ihres eigenen »ewige[n] Organon[s]«[26] zugestehen. Damit ist – auch wenn Hegel den Wahrheitsgehalt der Kunst noch historisch relativiert – die Möglichkeit etabliert, den Wahrheitsbegriff nicht *präskriptiv*, sondern *definitorisch* auf Kunst zu beziehen. Der Wahrheitsgehalt der Kunst bemißt sich nicht länger nach dem Maß ihrer Naturtreue oder der Einhaltung bestimmter Verfahrens- und Gestaltungsregeln, sondern kommt der Kunst von nun an als solcher zu. Ein Aphorismus Hegels aus der Jenaer Zeit, der zugleich die metaphysischen Implikationen der modernen Wahrheitsästhetik erhellt, bringt die neue Auffassung auf den Punkt: »Die Gottheit wird im Kunstwerk, *im schlechten, wie im vorzüglichen*, angebetet«.[27] Die Kunst rückt damit in den Augen der Philosophie zu einer eigenständigen Weise menschlichen Welt- und Selbstverstehens auf.

d) Drei Modelle wahrheitsästhetischer Theorie

Indem Hegel die Kunst zu einer Vorgestalt des begrifflichen Denkens degradiert, hält er allerdings noch am antiken Modell einer *Unterbietungstheorie* fest. Nach diesem Modell reicht die der Kunst eigentümliche Form der Wahrheitspräsenz qualitativ nicht an diejenige der Philosophie heran. Hegel begründet das damit, daß sich in der Kunst wie

24 Adorno *GS VII*, 200 (Herv. R. S.).

25 Die Gründe für diesen Wandel, den Dantos (1986) These von der »philosophischen Entmündigung der Kunst« verkennt, bilanziert Frank (1989, 10 ff.).

26 Schelling *Syst.* (6. Hauptabschnitt, § 3), 627.

27 Erstmals mitgeteilt von Friedhelm Nicolin (1967, 15); auch abgedruckt in: Hegel *WW II*, 563 (Herv. d. O. getilgt, Herv. R. S.).

in der Philosophie das Absolute offenbare, d.h. das seiner selbst bewußte Sein, in welchem der Gegensatz von erkennender Subjektivität und erkannter Objektivität aufgehoben sei. Kunst und Philosophie sind demnach verschiedene Weisen, auf die sich die Vernünftigkeit des Seins selbst erfaßt, indem sie sich in Tätigkeiten des menschlichen Geistes und in deren Produkten manifestiert.[28] Die Kunst läßt nach Hegels Überzeugung die Vernünftigkeit des Seins jedoch nur als Essenz am Konkreten aufscheinen, ohne das, was sie so anschaulich macht, begrifflich einholen und damit wirklich als Allgemeines erweisen zu können. Obzwar sie »die *Wahrheit* in Form der sinnlichen Kunstgestaltung zu enthüllen«[29] hat, ist sie doch nur »das sinnliche *Scheinen* der Idee«[30]. Sie repräsentiert das Absolute daher nur unvollkommen.[31] Die Philosophie hingegen, die als subjektives Denken zugleich Denken des Allgemeinen ist, bringt Hegel zufolge die konkreten Verhältnisse auf allgemeine Begriffe und hebt so die für das neuzeitliche Weltverhältnis scheinbar konstitutiven Elementargegensätze von Freiheit und Notwendigkeit, Geist und Natur, Wissen und Gegenstand, Gesetz und Trieb auf.[32] Sie kann überdies das Wesen der Kunst explizieren, während diese weder das Tun der Philosophie zu erfassen noch zu erkennen vermag, daß sie selbst das Absolute repräsentiert. Aus dieser Überlegenheit der Philosophie leitet Hegel seine berühmte These vom Vergangenheitscharakter der Kunst ab.[33] Sie darf nicht als Behauptung oder Prophezeiung eines faktischen Endes der Kunst mißverstanden werden.[34] Hegel war kei-

28 Daß Hegel auch in der christlichen Religion eine Form der Wahrheitspräsenz erblickt, deren spezifische Defizienz sie als Komplementärgestalt der Kunst ausweist, muß uns in unserem Zusammenhang nicht interessieren.

29 Hegel *WW XIII*, 82 (Herv. i. O.).

30 Ebd., 151 (Herv. i. O.).

31 Vgl. ebd., 60.

32 Vgl. ebd., 137f. u. 237; Hegel *WW X*, 393 (§ 574); ders. *WW XVIII*, 43, 46f.

33 Ich übernehme diese den Sachverhalt nicht ganz treffende Bezeichnung, da sie sich im Anschluß an Helmut Kuhns 1931 erschienene Untersuchung über *Die Vollendung der klassischen deutschen Ästhetik durch Hegel* (Kuhn 1966b) weithin eingebürgert hat.

34 Vgl. Oelmüller 1965/66, 87; Bubner 1978, 16; Gethmann-Siefert 1995, 230f. – Dieter Henrich (1974, 296) hat die auch von Adorno (*GS VII*, 501,

neswegs so naiv, anzunehmen, es werde fürderhin keine Kunst mehr geben. Er erklärt im Gegenteil, man könne sehr wohl »hoffen, daß die Kunst immer mehr steigen und sich vollenden werde«[35], nur sei die Entwicklung der Vernunft »über die Stufe hinaus, auf welcher die Kunst die höchste Weise ausmacht, sich des Absoluten bewußt zu sein«[36]. Hegels These besagt also nur, daß die Kunst als Form der Wahrheitspräsenz obsolet geworden sei, weil der menschliche Geist mit der (christlichen) Religion und der (idealistischen) Philosophie Formen menschlichen Welt- und Selbstverstehens ausgebildet habe, mit denen die Kunst nicht konkurrieren könne.

In dem amerikanischen Kunstphilosophen Arthur C. Danto hat diese Auffassung zwar erst jüngst wieder einen engagierten Verfechter gefunden.[37] Größere Popularität als die unterbietungstheoretische Konzeption Hegels hat im 19. und 20. Jahrhundert jedoch das Gegenmodell einer *Überbietungstheorie* erlangt, das bei Schelling

503 u. ö.) tradierte Fama, Hegel rechne mit einem faktischen Ende der Kunst, mit dem Argument zu stützen versucht, dies sei Hegels ursprüngliche, bis 1828 in den Ästhetik-Vorlesungen vertretene Meinung gewesen. Sie erscheine im Text von Hothos Edition camoufliert, weil dieser eine Kompilation von Kollegheften aus verschiedenen Jahren anbiete, darunter auch Nachschriften aus dem Wintersemester 1828/29, in dem Hegel eine modifizierte Version seiner These vorgetragen habe. Ich kann für diese Vermutung in den bisher publizierten Nachschriften keinen Anhaltspunkt finden. Vielmehr zeigt die Nachschrift der Ästhetikvorlesung des Wintersemesters 1820/21 (Hegel *VÄ*), daß es für Hegel schon zu diesem Zeitpunkt eine Kunst gibt, die das Ende der Bedeutung der Kunst als einer Form der Wahrheitspräsenz überlebt. Auch 1823 rechnet Hegel mit einer Kunst, die »zu einer bloßen Manier herabgesunken« ist (Hegel *VPhdK*, 199, vgl. 204). Zudem bliebe, selbst wenn Henrichs These zutreffen sollte, immer noch entscheidend, daß Hegel die Annahme eines faktischen Endes der Kunst revidiert hätte, so daß sie keinesfalls als seine definitive Auffassung anzusehen ist. Im übrigen reden – wie Günter Seubolds (1997) Studie zeigt – auch diejenigen, die im 20. Jahrhundert das »Ende der Kunst« beschwören, in Wirklichkeit nur einem kunsttheoretischen Paradigmenwechsel das Wort.

35 Hegel *WW XIII*, 142.

36 Ebd., 24; vgl. Hegel *VPhdK*, 311: »Die Kunst *in ihrem Ernst* ist uns Gewesenes.« (Herv. R. S.)

37 Vgl. Danto 1986; siehe dazu meine Rezension: Schmücker 1994b.

vorgezeichnet ist.[38] Schelling selbst hat sich allerdings nicht eindeutig auf diese Position festgelegt. Vertreten hat er sie vor allem im *System des transcendentalen Idealismus*. Dort sieht er in der Kunst die Offenbarungsgestalt einer als absolute Identität von Bewußtem und Bewußtlosem, Endlichem und Unendlichem definierten Wahrheit, die der Philosophie nur im Medium der – subjektiven – Reflexion, mithin nicht als solche, zur Verfügung stehe. Kunst repräsentiert demnach die *faktische* Versöhnung der Gegensätze: In ihr ist die »Harmonie des Subjektiven und Objektiven [...] aus dem Subjektiven völlig herausgebracht und ganz objektiv geworden«[39], während in der intellektuellen Anschauung – dem Medium der Philosophie – diese Versöhnung noch der Objektivität entbehrt. Weil allein der Kunst »das, was der Philosoph nur subjektiv darzustellen vermag, mit allgemeiner Gültigkeit objektiv zu machen gelingen kann«[40], ist sie auch »dem Philosophen das Höchste, weil sie ihm das Allerheiligste gleichsam öffnet, wo in ewiger und ursprünglicher Vereinigung gleichsam in Einer Flamme brennt, was in der Natur und Geschichte gesondert ist, und was im Leben und Handeln, *ebenso wie im Denken*, ewig sich fliehen muß«[41]. Die elementare Angewiesenheit der Philosophie auf die Kunst kulminiert bei dem Schelling des *Systems* schließlich in der Erwartung, die Philosophie als solche werde »nach ihrer Vollendung [...] in den allgemeinen Ocean der Poesie zurückfließen«[42] – eine Vision, die zeigt, wie ›postmodern‹ lange vor der ›Postmoderne‹ schon gedacht worden ist.

Neben diesen überbietungstheoretischen Konklusionen finden sich jedoch bei Schelling – und zwar ebenfalls im Frühwerk – Formulierungen, die eine andere Auffassung erkennen lassen, der zufolge Kunst und Philosophie gleichwertige Weisen menschlichen

38 Während Seel (1985, 46) alle Wahrheitsästhetiken als Überbietungstheorien bezeichnet, sucht meine Unterscheidung zwischen Überbietungs-, Komplementaritäts- und Unterbietungstheorien die Wahrheitsästhetiken danach zu differenzieren, ob die Kunst der diskursiven Vernunft als Präsenzform der Wahrheit über-, neben- oder untergeordnet wird.

39 Schelling *Syst.* (6. Hauptabschnitt, § 3), 628.

40 Ebd., 629.

41 Ebd., 627 f. (Herv. R. S.).

42 Ebd., 629.

Welt- und Selbstverstehens sind. So spricht Schelling in der *Philosophie der Kunst* davon, daß die Kunst »als Darstellung des Unendlichen auf der gleichen Höhe mit der Philosophie« stehe, »wie diese das Absolute im *Urbild*, so jene das Absolute im *Gegenbild* darstellend«.[43] Und das Programm einer *Philosophie* der Kunst begründet er mit der Notwendigkeit, »das Reale, welches in der Kunst ist, im Idealen darzustellen«.[44] So wie die Philosophie der Kunst bedarf, weil ihr anders das Moment der Objektivität fehlte, bedarf demnach auch die Kunst der Philosophie, weil sie ohne deren Explikationsleistung nicht als Versöhnungsgestalt wahrgenommen werden könnte. Kunst und Philosophie erscheinen von daher als reziprok aufeinander verweisende Gestalten ein und derselben »Indifferenz des Idealen und Realen«, von der Schelling sagt, sie habe »einen gedoppelten Ausdruck«.[45] Hier läßt sich ein dritter Typus von Wahrheitsästhetik erkennen, den man als *Komplementaritätstheorie* bezeichnen kann.

Diese Interpretation des Wahrheitsbezugs der Kunst hat in der Kunstphilosophie der Moderne keinen nennenswerten Einfluß erlangt. Unklar bleibt aber auch bei Schelling selbst, wie sie vereinbar ist mit der Erwartung einer künftigen Aufhebung der Philosophie in und durch Poesie, die der Schlußabschnitt des *Systems* bekundet. Die »neue Mythologie«, mit der Schelling dort rechnet als dem »Mittelglied der Rückkehr der Wissenschaft zur Poesie«[46], ließe sich zwar als diejenige künftige Präsenzform der universalen Harmonie des Subjektiven und Objektiven interpretieren, in welcher noch die Differenz von Kunst und Philosophie und damit jede Notwendigkeit eines »gedoppelten Ausdruck[s]« der Versöhnung von Idealem und Realem aufgehoben wäre. Die überbietungstheoretische Pointe des *Systems* bliebe aber gleichwohl bestehen. Denn der Ermöglichungsgrund aller Philosophie ist dem *System* zufolge einerseits »als das absolut Identische schlechthin nicht objektiv«, muß aber andererseits – wenn Philosophie nicht nur als ein Geschäft betrieben werden soll, das womöglich auf einer »bloß subjektiven Täuschung« beruht – als »dieses absolut Nichtobjektive doch zum Bewußtsein hervorgerufen

43 Schelling *PhdK*, 369 (Herv. i. O.).
44 Ebd., 364 (Herv. d. O. getilgt).
45 Ebd., 380 f. (Herv. d. O. zum Teil getilgt).
46 Schelling *Syst.* (6. Hauptabschnitt, § 3), 629.

und verstanden werden«.[47] Das aber ist nach Schelling nur im Medium der ästhetischen Anschauung möglich. In unaufgelöstem Widerspruch zur *Philosophie der Kunst* erscheint die Kunst so als »Schlußstein«[48] des *Systems*: als Bedingung der Möglichkeit der Philosophie. An diesen Gedanken Schellings knüpfen die späteren Überbietungstheorien an. Ihnen gilt die Kunst als Anschauungsform einer Wahrheit, die der philosophischen Vernunfterkenntnis unzugänglich ist.

e) Die unterbietungstheoretische Unterschätzung der Differenz von Kunst und Philosophie

In der Abkehr der nachhegelschen Kunstphilosophie von der Unterbietungstheorie – Ausnahmen wie Danto bestätigen sie als Regel – kann man die Korrektur eines folgenschweren Irrtums erblicken. Denn die Unterbietungstheorie, die Hegel ihre klassische Gestalt verdankt, ist aus mehreren Gründen unplausibel. Fragwürdig erscheint sie zunächst aus historischer Sicht. Denn Philosophie und Kunst scheinen zur gleichen Zeit entstanden zu sein; beide gehen jedenfalls auf die Ausdifferenzierung des Mythos zurück, und Platons Dichterkritik belegt, daß zwischen ihnen von Anbeginn an ein Konkurrenzverhältnis bestand. Im übrigen bestreitet die Unterbietungstheorie zwar nicht, daß die Kunst in einem Zeitalter, in dem mit der Philosophie eine überlegene Form der Wahrheitspräsenz zur Verfügung steht, fortzuleben vermag; sie hat jedoch dafür (und erst recht für die Entstehung neuer Künste wie Photographie und Film) keine überzeugende Erklärung anzubieten.

Darüber hinaus ergibt sich ein systematisches Problem. Denn die Unterbietungstheorie setzt voraus, daß Kunst und Philosophie nicht nur kommensurable Formen menschlichen Welt- und Selbstverstehens sind, sondern unterschiedliche Präsenzformen ein und derselben metaphysischen Wahrheit. Der Unterbietungstheorie zufolge intendiert die Kunst nichts Niedrigeres als die Philosophie, sondern auf andere Weise dasselbe wie diese. Ihre Unterlegenheit betrifft nicht das Was des Offenbarten, sondern das Wie des Offenbarens.

47 Ebd., 624 f.
48 Ebd. (Einleitung, § 3), 349.

Nur unter dieser Prämisse ist die These vom Vergangenheitscharakter der Kunst folgerichtig. Denn nur wenn Kunst und Philosophie dasselbe Telos haben, ist es denkbar, daß die Philosophie die Kunst zu einer bedeutungslosen menschlichen Praxis degradiert.

Doch obzwar Kunst und Philosophie im Mythos ihren gemeinsamen Ursprung haben, intendieren sie nicht dasselbe.[49] Aus diesem Grund scheitert nicht nur die Unterbietungs-, sondern auch die Komplementaritätstheorie, die mit der Unterbietungstheorie die Annahme teilt, Kunst und Philosophie hätten dasselbe Ziel. Daß diese Vermutung unzutreffend ist, zeigt sich schon daran, daß Kunstwerke einander nicht in gleicher Weise ausschließen können wie philosophische Thesen und Theorien. Anders als diese können sich nämlich Kunstwerke nicht im logischen Sinn widersprechen.[50] Während die Philosophie Hegels in entscheidenden Teilen mit derjenigen Kants unvereinbar ist, weil es Hegel darauf ankam, bestimmte Auffassungen Kants zu widerlegen, wird man allenfalls in einem metaphorischen Sinn sagen können, daß die expressionistischen Dramen denen des Naturalismus widersprächen.[51] Widersprüchlich im strikten logischen Sinn können allein die *Interpretationen* von Kunstwerken sein. Nur ihnen, nicht aber den Werken selbst eignet ein Gehalt, der demjenigen philosophischer Theorien unter strukturellem Aspekt kommensurabel ist.

Gegen die unterbietungstheoretische Prämisse, die Differenz zwischen Kunst und Philosophie sei lediglich eine der Form, in der sie ein ihnen Gemeinsames offenbaren, spricht auch die Tatsache, daß Kunstwerke nicht ebenso referierbar sind wie philosophische Theorien und Argumente: Keine musikwissenschaftliche Monographie, und sei sie noch so fundiert, kann mir das Hören von Beethovens

49 Vgl. Charlton 1974; Seel 1996, 145 ff.

50 Man wird deshalb auch fragen müssen, ob Kunstwerke überhaupt verneinen – also Behauptungen bestreiten oder (etwa im Sinne neomarxistischer Kunsttheorien) Sachverhalte negieren – können. Beides scheint mir zweifelhaft. Denn ich sehe keine Möglichkeit, der Kunst die Kraft des Negierens zuzubilligen, ohne ihr – entgegen der Einsicht, die uns die ästhetische Kunsterfahrung vermittelt – apophantischen Charakter zu unterstellen.

51 Vgl. Hösle 1987 II, 601.

Hammerklaviersonate in gleicher Weise ersparen wie ein kompetentes Referat die argumentbezogene Lektüre der Marxschen Thesen über Feuerbach.[52] Selbst der subtilsten Rezension eines literarischen Werks dürfte es nicht gelingen, uns ihren Gegenstand genauso adäquat zu vergegenwärtigen, wie sich, einschlägige Sprach- und Sachkompetenz vorausgesetzt, ein philosophisches Argument wiedergeben läßt.[53] Sind also, wie es die Wahrheitsästhetik annimmt, Kunstwerke Vergegenständlichungen eines Gehalts[54], so vermag diesen kein Referat erschöpfend zu reproduzieren. Die »Strukturdefizienz«[55] der ihrer selbst als Wahrheitsgestalt unbewußten Kunst, die bei Hegel zur These von ihrem Vergangenheitscharakter führt, ist demnach nur die eine Seite der Differenz von Kunst und Philosophie; auf der anderen kann die Kunst ein Mehr gegenüber aller Philosophie verbuchen, das keine begriffliche Explikation ganz einzuholen vermag. Gewiß trifft es zu, daß Aischylos' *Orestie* den infiniten Regreß vergegenwärtigt, in den sich die außerstaatliche Blutrache verstrickt.[56] Doch im Gegensatz zu den Ausführungen Hegels in der *Rechtsphilosophie* erschöpft sich die Tragödientrilogie nicht im *argumentativen* Aufweis der Bedeutung einer »nicht rächenden, sondern

52 Daß Adorno (*GS VI*, 44) auch die Referierbarkeit der Philosophie bestreitet, liegt daran, daß ihm eine andere, nicht an der ›Subsumtionslogik‹ begrifflichen Denkens orientierte Philosophie vorschwebt, die sich gerade die Kunst zum Vorbild nimmt.

53 Ich gebe zu, daß mein Argument auf einer Idealisierung beruht, die von der ästhetischen Dimension philosophischer Texte abstrahiert: Auch in der Philosophie spielt, wie Schildknecht (1990), Gabriel (1991) und Frank (1992) gezeigt haben, der Stil eines Textes oft eine prominente Rolle. Gleichwohl lassen sich philosophische Thesen und Argumente unabhängig von der stilistischen Eigenart der Texte, in denen sie niedergelegt sind, so referieren, daß sich ihr Wahrheitsanspruch beurteilen läßt. Kunstwerken eignet demgegenüber keinesfalls ein Wahrheitsanspruch, der von ihren ästhetischen Qualitäten unabhängig wäre. Deshalb sind sie nicht in analoger Weise referierbar.

54 Vgl. Hegel *WW X* (§ 367), 367; ders. *WW XIII*, 37. Ausdrücklich nimmt Hegel in den Ästhetikvorlesungen auch für Architektur (*WW XV*, 232) und Musik (*WW XV*, 136 f., 148 ff.) einen solchen »Inhalt« an.

55 Jaeschke 1982, 180.

56 Dies betont Hösle (1987 II, 602).

strafenden Gerechtigkeit«[57]. Vorstellbar ist daher, daß Aischylos' Trilogie deren Notwendigkeit auch demjenigen vor Augen führt, den Hegels (oder eine andere) Argumentation davon nicht überzeugt. Weil die Unterbietungstheorie, wenn sie den Anspruch nicht aufgeben will, als eine Theorie über den Wahrheitsgehalt der Kunst eine Theorie über deren Wesen zu sein, von diesem Mehr der Kunst gegenüber aller Philosophie abstrahieren muß, kann sie nicht überzeugen.[58]

f) Die überbietungstheoretische Antinomie

Die Wendung zu einer überbietungstheoretischen Wahrheitsästhetik entspringt indessen nicht so sehr der Einsicht in die Unangemessenheit einer Unterbietungstheorie als vielmehr einer fundamentalen Skepsis der nachidealistischen Philosophie gegenüber dem begrifflichen Denken, die den Wunsch nach einer metarational fundierten Wahrheit keimen läßt. Mit anderen Worten: Die nachidealistische Philosophie vertraut um so entschiedener der Kunst, je mehr sie sich selber mißtraut. Walter Schulz hat als einer der ersten auf diesen Zusammenhang von philosophischer Selbstkritik und überbietungstheoretischer Kunstphilosophie aufmerksam gemacht: »Man glaubt nicht mehr an die Wahrheit im Begriff, man will aber den Gedanken umgreifender, das heißt, mich bestimmender Wahrheit im Gegensatz zum Pragmatismus und Positivismus noch aufrecht erhalten, und deswegen wird nun Wahrheit dem ›Vorbegrifflichen‹ zugeordnet, wie es sich in der Kunst, vor allem in der Sprache der Dichtung, zeigt.«[59] Schulz' Diagnose gilt zwar nicht für die gesamte nachhegelsche Philosophie. Denn bis in die Gegenwart hinein finden sich

57 Hegel *WW VII* (§ 103), 197 (Herv. d. O. getilgt).

58 Hegels Kunstphilosophie läßt sich zwar nicht auf ihre unterbietungstheoretischen Konklusionen reduzieren, wie Brigitte Hilmers (1997) perspektivenreiche neue Rekonstruktion belegt. Daß Hilmer nicht umhinkommt, »[v]on der geschichtsphilosophischen Seite der Hegelschen Theorie zu abstrahieren« (ebd., 9), scheint mir aber ein zusätzliches Indiz dafür zu sein, daß Hegels Kunstästhetik in der uns überlieferten Gestalt die kunstspezifische Differenz nicht plausibel bestimmt.

59 Schulz 1972, 547; vgl. auch Bubner 1989, 9 ff.

auch Autoren, die jede Kommensurabilität von Kunst und philosophischer Wahrheitserkenntnis bestreiten. Vor allem ein radikaler Szientismus paart sich gern mit einer emotivistischen Kunstauffassung, die eine kognitive Dimension der Kunst verneint und diese auf ein Stimulans menschlicher Gefühle reduziert. Kunsttheoretisch wirkungsmächtiger war und ist jedoch die Wahrheitsästhetik der Überbietungstheoretiker. Zu einer überbietungstheoretischen Position genötigt sehen sich vor allem diejenigen Philosophen, die entgegen der Dominanz naturwissenschaftlicher und historistischer Formen der Weltaneignung und -deutung auf einem metaphysischen (und damit zugleich metahistorischen) Verständnis von Wahrheit insistieren. Außer Schopenhauer, der in der Kunst die einzige Instanz der Vermittlung täuschungsfreier transzendenter Anschauung sieht[60], sind hier in erster Linie Heidegger[61] und Adorno[62], aber auch Ga-

60 Diese überbietungstheoretische Pointe der Kunsttheorie, die Schopenhauer im dritten Buch seines Hauptwerks *Die Welt als Wille und Vorstellung* (*WWV* I, §§ 30 ff.) entfaltet, hat Ulrich Pothast (1989, 54 ff.) sehr klar herausgearbeitet, ohne die mit ihr zum Teil unverträglichen Aussagen Schopenhauers im später erschienenen zweiten Band des Werkes (*WWV* II) zu unterschlagen. Nicht von ungefähr dürfte gerade Beckett, dessen kunsttheoretisches und literarisches Werk sich, wie Pothast zeigen kann, als eine kontinuierliche Auseinandersetzung mit Schopenhauers Kunstphilosophie verstehen läßt, von Adorno zum Kronzeugen seiner Kunstästhetik erwählt worden sein.

61 Eine knappe Skizze der überbietungstheoretischen Konklusionen, zu denen Heidegger in seiner Abhandlung über den *Ursprung des Kunstwerkes* (1986), aber auch in seinen Hölderlinvorlesungen (*GA II/39*; *GA II/52*; *GA II/53*) kommt, bietet Bubner (1989, 11 f.). Heidegger zufolge manifestiert sich die Wahrheit zwar – nicht anders als bei Adorno im negativ-dialektischen Denken – auch im »Fragen des Denkers«; doch hat sie sich in diesem noch nicht ›in das Seiende eingerichtet‹ (1986, 62). Weil aber für Heidegger solche ›Einrichtung in das Seiende‹ »zum Wesen der Wahrheit gehört«, liegt »im Wesen der Wahrheit der *Zug zum Werk* als einer ausgezeichneten Möglichkeit der Wahrheit, inmitten des Seienden selbst seiend zu sein« (ebd., Herv. i. O.). Für Heidegger richtet sich jene ursprüngliche Dialektik von Verbergung und Entbergung, die er als ›Wahrheit‹ apostrophiert, allerdings nicht nur in Gestalt von Kunstwerken ›in das Seiende ein‹, sondern manifestiert sich auch in anderen ›Werken‹, namentlich in der »staatsgründende[n] Tat« und dem »wesentliche[n] Opfer« (unter dem wohl in erster Linie der von Hei-

damer[63] zu nennen. Namentlich Heidegger und Adorno kommen in einer fundamentalen Kritik des Subjekt-Objekt-Verhältnisses überein[64]; ihre Philosophien lassen sich überdies als Entwürfe einer negativen Metaphysik interpretieren[65], die dem »Vorrang des Objekts«[66] durch Überwindung der Subjekt-Objekt-Spaltung Geltung verschaffen soll. Gemeinsam ist ihnen deshalb auch das Dilemma, vor das sich jede Philosophie gestellt sieht, die sich jenseits dieses Verhältnisses ansiedelt: Sie muß einerseits ihren eigenen Geltungsanspruch legitimieren, andererseits aber auf transzendentale (Selbst-) Reflexion verzichten, weil Reflexion immer schon ein Subjekt-Objekt-Verhältnis voraussetzt und etabliert. Um jenseits eines solchen Verhältnisses etwas als Wahrheit ausweisen zu können, nehmen Heidegger wie Adorno die Kunst als eine quasi transzendentale Legitimationsbasis in Anspruch.[67] Ihre überbietungstheoretische Wahrheits-

degger auch anderenorts affirmierte Soldatentod zu verstehen ist). Für Heidegger ist die Kunst also nur eine wichtige, aber nicht die einzige Präsenzform einer Wahrheit, die dem begrifflichen Denken unzugänglich ist. Das ändert zwar nichts daran, daß auch Heidegger eine Überbietungstheorie vertritt, bedeutet aber einen wichtigen Unterschied sowohl zu Adorno als auch zu Gadamer. Denn Adorno spricht der Kunst einen »Wahrheitsgehalt« (*GS VII*, 193 ff. u. ö.) zu, weil er in ihr die »*einzige* Anamnesis dessen« erkennt, »was jenseits des χωρισμός seinen Ort hätte« (ebd., 124, Herv. R. S.); und Gadamer betont ausdrücklich, daß »an einem Kunstwerk Wahrheit erfahren wird, die uns auf keinem anderen Wege erreichbar ist« (*GW I*, 2).

62 Die überbietungstheoretische Pointe der *Ästhetischen Theorie* Adornos (*GS VII*) haben vor allem Bubner (1989, 15 f., 70 ff.) und Recki (1988, 158 ff., 172 ff.) kritisch akzentuiert.

63 Zu Gadamers (*GW I*, bes. 2, 117 f.) hermeneutischer Überbietungstheorie vgl. Bubner 1989, 12 f.; Lang 1981; Seel 1985, 48 ff.

64 Vgl. Guzzoni 1988.

65 Für Adorno vgl. Heißenbüttel 1972, 192 ff.; Müller 1988; Recki 1988; Thyen 1989; für Heidegger z. B. Jonas 1987, 24.

66 Adorno *GS VI*, 187 u. ö.; *GS VII*, 384, 479 u. ö. – Formulierungen Heideggers, der beklagt, daß durch das neuzeitliche Denken dem »Dinghaften der Dinge Gewalt angetan« werde (1986, 16), ließen sich Adornos Kritik am »Identitätsdenken« (*GS VI*, 152), das die Nichtidentität des Objekts nivelliere, an die Seite stellen.

67 Auf die Komplementarität von ästhetischem Ich bei Adorno und transzendentalem Ich bei Kant hat Wulff Rehfus (1976, 59) aufmerk-

ästhetik verdankt sich mithin dem Selbstbegründungsdefizit einer Philosophie, die ihren eigenen Objektivitätsanspruch nicht mehr durch transzendentale Selbstreflexion legitimieren kann, weil sie Objektivität gerade für die Einsicht beansprucht, daß subjektive Reflexion Wahrheit nicht zu erfassen vermag.[68] Im Angesicht der Kunst glaubt eine solche »Theorie der Unmöglichkeit von Theorie«[69] ihrer eigenen Möglichkeit innewerden zu können.

Als Fundament einer solchen Philosophie taugte die Kunst indessen nur, wenn sie ihre Wahrheit autonom zu offenbaren vermöchte. Haben aber Kunstwerke überhaupt eine Bedeutung, so sagen sie doch nur dann etwas, wenn Interpretation, Kommentar oder Kritik sie zum Reden bringen. Auch die Wahrheit, die eine überbietungstheoretische Wahrheitsästhetik ihnen unterstellt, können sie daher nur demjenigen präsentieren, der sich für sie öffnet, indem er ein Werk deutet und es so von seiner monadischen Stummheit erlöst. Die überbietungstheoretische Wahrheitsästhetik sieht sich deshalb zu dem Eingeständnis genötigt, daß der Wahrheitsgehalt der Kunst, wie Adorno ungeschminkt erklärt, »allein durch philosophische Reflexion zu gewinnen« sei.[70] Zutage liegt damit die Antinomie der überbietungstheoretischen Wahrheitsästhetik. Behauptet sie einerseits, einzig in Kunstwerken manifestiere sich ein Wahrheitsgehalt, der dem philosophischen Gedanken unzugänglich sei, muß sie andererseits einräumen, daß der Wahrheitsgehalt der Kunst an deren Werken durch philosophische Reflexion allererst sichtbar gemacht werden muß. Ist aber die Philosophie imstande, an Kunstwerken eine Wahrheit aufzuweisen, die ohne ihre mäeutische Hilfe nicht ans Licht zu kommen vermöchte, dann kann ihr diese Wahrheit nicht prinzipiell entzogen sein. Tun nämlich die Werke der Kunst deren Wahr-

sam gemacht. Er weist auch überzeugend nach, daß Adornos Bestimmung des Kunstwerks dieses dem Kantischen Ding ähnlich werden läßt (126).

68 Für Adorno habe ich das anderenorts belegt, vgl. Schmücker 1994a.

69 So Habermas (1981b, 178) mit Bezug auf Adorno.

70 Adorno *GS VII*, 193. – Adorno betont diese Angewiesenheit der Kunst auf die mäeutische Hilfestellung der Philosophie, ohne die kein Kunstwerk seinen Wahrheitsgehalt zu offenbaren vermöge, allein in der *Ästhetischen Theorie* nicht weniger als vierzehnmal (ebd., 113, 137, 189, 193, 197, 269, 281f., 286, 289, 364, 391, 507, 520, 524).

heit nicht von sich aus kund, muß die Philosophie sie bereits kennen oder sie sich mindestens von sich aus vergegenwärtigen können, um sie an einem Kunstwerk entdecken zu können. Die überbietungstheoretische Wahrheitsästhetik muß also voraussetzen, was sie bestreitet: daß die Wahrheit der Kunst von der Philosophie mit deren eigenen Mitteln erfaßt werden kann. Trug die Unterbietungstheorie der Differenz zwischen Kunst und Philosophie nicht ausreichend Rechnung, so scheitert die Überbietungstheorie an diesem inneren Widerspruch. Tatsächlich entpuppt sich der Wahrheitsgehalt, den sie der Kunst zuspricht, bei näherem Hinsehen als ein von der Philosophie (welcher auch immer) stets schon Gewußtes oder Vermeintes, das diese an die Kunst delegiert, um es sodann als ein Objektives an ihr ablesen zu können.

g) Die wahrheitsästhetische Unterbestimmung der ästhetischen Erfahrung

Wenn heute sowohl die Unterbietungstheorie Hegels als auch die durch Schelling angeregten rationalitätskritischen Wahrheitsästhetiken ihren Glanz und ihre Überzeugungskraft eingebüßt haben, hat dies allerdings noch einen weiteren Grund. Da der Wahrheitsbegriff nicht etwas bloß Subjektives bezeichnen kann, setzt die Idee einer Wahrheit der Kunst voraus, daß Kunst als Ort einer transsubjektiven Wahrheitspräsenz beschreibbar ist. In allen wahrheitsästhetischen Theorien spielt die Kategorie des Kunstwerks deshalb eine entscheidende Rolle. Übereinstimmend nehmen sie an, das Kunstwerk sei ein »ontologische[r] Ort des Auftretens von Wahrheit außerhalb eines theoretischen Gesamtzusammenhangs«.[71]

Rüdiger Bubner hat gegen die Wahrheitsästhetik deshalb den Einwand erhoben, sie ignoriere den Grundzug moderner Kunst, die »einen einzigen Prozeß der Auflösung der Werkkategorie«[72] darstelle: »Seit den Konstruktionen des Kubismus und Futurismus, seit den Ready-mades und den Materialbildern aller Art zielt eine der wesentlichen Tendenzen moderner Produktion auf Überwindung oder

71 Bubner 1989, 32.
72 Ebd., 88.

Sprengung der herkömmlichen Werkeinheit. Sei es, daß Bestände aus der Umwelt des Kunstwerks in es einbezogen werden, sei es, daß das Werk selber wie ein Ding unter anderen zu erscheinen sich bemüht, in jedem Falle geht die Intention auf Nivellierung oder Auflösung der Sonderstellung des Werks. Die dadaistischen Vexierbilder und die surrealistischen Schocks haben den Akt der Zersprengung der Werkeinheit selber zum Thema der Kunst erhoben und damit ein weiterwirkendes Motiv der neueren Kunstäußerung eingeführt. Den Verrat an der Idee des Werks betreiben schließlich mit voller Absicht jene aktionistischen Praktiken, die wie das Happening Kunst in einen Vorgang übersetzen wollen oder wie gewisse Schöpfungen der neusten Musik nichts als eine Kette wechselnder Vollzüge inaugurieren oder auch mittels mechanischer Vorkehrungen statt des ›Werks‹ nur einen permanenten Prozeß in Gang bringen.«[73] Bubners Kurzporträt der modernen Kunst zeichnet nicht nur das Selbstverständnis der künstlerischen Avantgarden des 20. Jahrhunderts nach. Es trifft ohne Frage auch eines der auffälligsten Kennzeichen zeitgenössischer Kunstproduktion: Weniger denn je fügt sich die ästhetische Kunst heute einem engen Werkbegriff, der als Artefakt nur eine technisch hergestellte »zweite Wirklichkeit« gelten läßt, »in der die Natur nachgeahmt ist«[74]. Der Nimbus des Revolutionären, den Bubner der modernen Kunst verleiht, verblaßt allerdings schnell. Denn es ist zweifelhaft, ob die ästhetische Kunst als werkhafte zweite Realität jemals zutreffend beschrieben war. Musik jedenfalls scheint sich prinzipiell dagegen zu sperren, als künstlich produzierte zweite Natur wahrgenommen zu werden – dem Versuch, sie als Naturnachahmung zu bestimmen, haftet etwas Gewaltsames an.

Die moderne Wahrheitsästhetik setzt allerdings gar keinen engen Werkbegriff voraus; denn als Träger transsubjektiven Sinns kommen keineswegs bloß dingliche und erst recht nicht nur mimetische Phänomene in Frage. Bubner kann seine Kritik der Wahrheitsästhetik daher nicht auf die Ablehnung eines engen Werkbegriffs beschränken. Ausdrücklich widerspricht er der Meinung, »man müsse den

73 Ebd., 33.

74 Ebd., 32; ähnlich auch ebd., 88. Vgl. dagegen aber Bubners Definition der Kunst als Resultat von »Bewußtseinsleistungen, die neben der ersten Wirklichkeit eine zweite setzen« (ebd., 117).

Werkbegriff nur weit genug fassen, dann ließen die geschilderten Phänomene sich ihm sehr wohl noch subsumieren«.[75] Ebendies ist aber viel plausibler als Bubners Position: Die Kunst der Moderne taugt allenfalls zur Kronzeugin der Anklage gegen einen im Sinne des traditionellen Verständnisses verengten Werkbegriff. Gegen ein Kunstverständnis, dem ein weit gefaßter, dynamisierter Werkbegriff zugrunde liegt, kommt der Berufung auf die »Tendenzen moderner Produktion« dagegen keinerlei Beweiswert zu.

Bubners Forderung, die Kunstphilosophie möge auf die Werkkategorie verzichten und sich allein als Theorie ästhetischer Erfahrung konstituieren, erscheint schon deshalb als voreilig, weil Bubner zu ihrer Begründung ebenjenen Werkbegriff in Anspruch nimmt, den er als überholt verwirft. Indem er gegen die Kategorie des Werkes die »Intention« und »Absicht« moderner Kunst ins Feld führt, unterstellt er nämlich ein vom subjektiven Vollzug ästhetischer Erfahrung unabhängiges Sein von Kunst. Es ist also kein zufälliger Lapsus, daß Bubner sich, um die Obsoleszenz der Werkkategorie zu demonstrieren, darauf beruft, daß heute »*das Werk* selber wie ein Ding unter anderen zu erscheinen sich bemüht« (Herv. R. S.). Der Selbstwiderspruch, der in solchen Formulierungen beredten Ausdruck findet, zieht sich wie ein roter Faden durch Bubners Arbeiten zur Ästhetik. Wird dort einerseits ästhetische Erfahrung auf eine Autosuggestion rezeptiver Subjektivität zurückgeführt, sieht sich Bubner andererseits dazu veranlaßt, permanent über die ästhetische Wirkung von Objekten zu reden. Daher werden ihm, wie Martin Seel gerügt hat, seine »Leitbegriffe allesamt metaphorisch«.[76]

Zutreffend – und früher als viele andere – hat Bubner jedoch die Unhaltbarkeit der Wahrheitsästhetik erkannt. Allerdings fehlt es der Wahrheitsästhetik nicht deshalb an Überzeugungskraft, weil ihr die Werkkategorie als Leitfaden dient. Daß das Wesen der Kunst ohne Bezugnahme auf den Werkbegriff gar nicht explizierbar ist, läßt sich nicht nur angesichts des Selbstwiderspruchs vermuten, in den sich Bubners Kritik der Werkkategorie verwickelt, sondern auch durch sprachanalytische Argumente belegen, wie es in diesem Buch ge-

75 Ebd., 33 f.
76 Seel 1985, 52.

schieht.[77] Problematisch ist nicht, *daß* die Wahrheitsästhetik das Wesen der Kunst mit Hilfe des Werkbegriffs zu erläutern sucht, sondern, *wie* sie dies tut. Nicht die Vorstellung, der Kunstbegriff bezeichne ein artefaktisches Seiendes, muß heute zweifelhaft erscheinen, sondern der Gedanke einer absoluten Bedeutung der Kunst, den die Wahrheitsästhetik traditionell mit dieser Vorstellung verknüpft (und den Bubner von ihr nicht genau genug trennt). Denn die Vorstellung vom Kunstwerk als materialisierter Offenbarungswahrheit ist mit einem adäquaten Verständnis ästhetischer Wahrnehmung nicht vereinbar. Weil die Wahrheitsästhetik Kunstwerke mit einem transsubjektiven Sinn ausstattet, muß sie die ästhetische Kunstwahrnehmung auf einen Mechanismus der Sichtbarmachung vorgegebenen Sinns durch objektzentrierte Kontemplation reduzieren. Ästhetische Kunstwahrnehmung kulminiert aber gerade nicht in jedem Fall in der Erkenntnis desjenigen Wahrheitsgehalts, den diese oder jene wahrheitsästhetische Theorie postuliert. Dazu sind nicht nur ihre Gegenstände zu verschieden, sondern vor allem die Perspektiven zu heterogen, die unterschiedliche Rezipienten auf ein Kunstwerk einnehmen können. Weil in der Struktur des Wahrheitsbegriffs »Elemente der Nichtrelativität und Nichtsubjektivität [...] enthalten sind«, kann dieser Begriff mit dem Begriff der Interpretation, der für die Beschreibung kunstbezogener Wahrnehmungsprozesse unverzichtbar ist, »nicht in Übereinstimmung gebracht werden«.[78] Das subjektive Moment ästhetischer Kunstwahrnehmung, das dieser Begriff ins Spiel bringt, bleibt daher in allen wahrheitsästhetischen Theorien unterbestimmt. Deren »metaphysischer Indienstnahme« der Kunst wohnt deshalb, wie Birgit Recki an Adornos Ästhetik verdeutlicht hat, die »Gefahr der Verstellung ästhetischer Erfahrung durch metaphysische Präokkupation« inne.[79]

77 Siehe unten, 67f. u. 136, Anm. 84.

78 Hamburger 1979, 137.

79 Recki 1988, 182. Exemplarisch belegt wird Reckis auf Adorno gemünzte These, »daß man keinen einzigen seiner zahlreichen Essays über künstlerische Probleme [...] in seinen Ergebnissen übernehmen oder auch nur in seinen grundlegenden Motiven verstehen kann, wenn man nicht zugleich die Bereitschaft mitbringt, sich auf die Kritische Theorie der Gesellschaft als die Grundlage seiner Urteile einzulassen« (ebd.), durch

h) Drei erfolglose Strategien

Um die Unverträglichkeit ihrer Theorien mit der Praxis ästhetischer Kunstwahrnehmung zu kaschieren, bedienen sich die Wahrheitsästhetiker mehrerer Strategien.

Die erste Strategie besteht in einer normativen Einschränkung des Kunstbegriffs. Man bestreitet, daß der Kunstbegriff auf alle diejenigen Artefakte anwendbar ist, denen das alltagssprachliche Gemeinverständnis den Titel eines Kunstwerks zuerkennt. Dieser Strategie bedient sich zum Beispiel Adorno, indem er bestimmte Artefakte als Produkte der »Kulturindustrie«[80] aus der Klasse der Kunstwerke ausschließt. Jazzmusik zum Beispiel sei nicht Kunst, sondern deren »falsche Liquidation«.[81]

Eine zweite Strategie besteht darin, bestimmte Kunstwerke oder Künste als ausgezeichnete Präsenzformen der Wahrheit zu privilegieren. Im Unterschied zur ersten Strategie wird dabei die Maßgeblichkeit des alltagssprachlichen Gemeinverständnisses nicht bestritten. Der Kunstcharakter derjenigen Phänomene, die wir gewöhnlich als Kunst bezeichnen, wird also anerkannt. Ins Spiel kommt jedoch ein normativ binnendifferenzierter Kunstbegriff: Nur bestimmten Kunstwerken (bzw. nur den Werken bestimmter Künste) wird die Fähigkeit zuerkannt, Wahrheit umfassend zu offenbaren. Alle anderen Kunstwerke werden dagegen als defiziente Anschauungsformen der Wahrheit ausgegeben. Sie präsentieren nicht die Wahrheit selbst, sondern, wie man mit einer phänomenologischen Metapher sagen könnte, nur »Abschattungen«[82] davon. Seit Hegel (wie vor ihm schon Winckelmann) die klassische Kunst der griechischen Antike als

die Beobachtungen von Schramm (1968/69, bes. 361 ff.). Daß es sich bei anderen Wahrheitsästhetikern genauso verhält, dokumentieren vor allem die kritischen philologischen Analysen, die Heideggers Hölderlin-Deutungen hervorgerufen haben (Man 1955, Schrimpf 1957, Weimar/Jermann 1984, Schmücker 1992b).

80 Horkheimer/Adorno 1986, 128 ff.; Adorno 1977c.

81 Adorno 1977a, 137; vgl. auch ders. 1977b. Adornos Votum muß, ebenso wie seine Wortwahl, angesichts der nationalsozialistischen Diffamierung des Jazz als ›entarteter Musik‹ (vgl. dazu Kater 1995) irritieren.

82 Husserl 1976, 14, 93 f.

Kunst-›Ideal‹[83] pries, weil der skulpturale menschliche Leib der Götter und Heroen die Einheit von Geistigkeit und Natürlich-Sinnlichem in ihrer unmittelbarsten Gestalt verkörpere[84], ist die Strategie der normativen Binnendifferenzierung ästhetischer Kunst bei Wahrheitsästhetikern besonders beliebt. Erinnert sei nur an die Sonderstellung, die Schopenhauer der Musik als einziger unmittelbarer Objektform der Welt in ihrem An-sich-Sein als Wille zuerkennt[85], an Heideggers Erhöhung Hölderlins zum »größte[n] Dichter«, der wie kein anderer in seinem Werk die »Offenbarung des Seyns« errungen habe[86], und an Adornos dichotomische Unterscheidung ›affirmativer‹, ›reaktionärer‹ Kunstwerke von jenen ›avancierten‹, ›fortschrittlichen‹, die ihm als ›authentisch‹ und ›gelungen‹ gelten[87], weil sie »den Widerspruch gestalten und bei solcher Gestaltung in den Malen ihrer Imperfektion wiederum ihn hervortreten lassen«[88].

Eine dritte Strategie besteht darin, das Sich-Präsentieren der Wahrheit der Kunst von einer bestimmten Rezeptionsweise abhängig zu machen, die die Kunstwerken einzig angemessene sei. Heidegger wählt diese Strategie, wenn er jede philologische und historisch verstehende Rezeption von Hölderlins Dichtung verwirft und als ihr angemessene Rezeptionsform allein (s)ein »Gespräch eines Denkens mit einem Dichten«[89] gelten läßt. Derselben Strategie bedient sich

83 Hegel *WW XIII*, 109; ders. *WW XIV*, 13, 127 f. u. ö.

84 Vgl. Hegel *WW XIII*, 109 f., 118; ders. *WW XIV*, 19 ff., 49, 82 f., 92, 113.

85 Schopenhauer *WWV* I, §§ 52 ff. – Georg Lukács, dessen Kunsttheorie auch eine wahrheitsästhetische Komponente besitzt, privilegiert in ähnlicher Weise die Kunst eines »wirklichen, tiefen und bedeutenden Realismus« (1969, 86) als einzige Erscheinungsform der Wahrheit (d. h. der von der marxistischen Theorie als objektiv erachteten Widerspiegelung der gesellschaftlichen Wirklichkeit).

86 Heidegger *GA II/39*, 6 (Herv. d. O. getilgt); vgl. auch Heideggers Bemerkungen über die »Einzigkeit« der Dichtung Hölderlins in der Vorlesung über *Andenken* (*GA II/52*, 8).

87 Besonders deutlich wird diese manichäische Distinktion an der Zweiteilung der *Philosophie der neuen Musik* (Adorno *GS XII*) in die beiden Hauptkapitel »Schönberg und der Fortschritt« und »Strawinsky und die Reaktion«.

88 Adorno *GS XII*, 34.

89 Heidegger 1971, 7. – Indem Heidegger mit dieser Formel die einzig ad-

aber auch Adorno, wenn er das Aufblitzen des Wahrheitsgehalts der Kunst von einer »betrachtende[n] Versenkung«[90] abhängig macht, bei der »der Rezipierende sich vergißt und im Werk verschwindet«[91], und andere Formen der Rezeption – etwa solche, bei denen der Rezipient die Sinnfülle der Kunstwerke genießt[92] oder Kunstwerke »erlebt, indem er sie auf sich bezieht«[93] – als »Schulfall von Banausie«[94] disqualifiziert.

Durch keine dieser drei Strategien vermag sich die Wahrheitsästhetik jedoch als eine konsistente Hypothese über das Wesen der Kunst zu behaupten. Wählt sie die erste, degradiert sie sich selbst zu einer bloß privaten Theorie, weil sie ihrer Kunstdefinition an Stelle des historisch eingespielten Gemeinverständnisses ein subjektiv-privates Kunstverständnis zugrunde legt. Entscheidet sie sich für die zweite Strategie, räumt sie dagegen ein, daß sich der Wahrheitsbegriff nicht dazu eignet, die Kunsthaftigkeit *aller* Artefakte zu erklären, die das historisch eingespielte Gemeinverständnis zur Klasse der Kunstwerke zählt. Bedient sie sich aber der dritten Strategie, enthüllt die Wahrheitsästhetik ihre aporetische Grundstruktur. Denn die Forderung, Kunst in einer ganz bestimmten Weise zu rezipieren, damit ihr Wahrheitsgehalt zutage trete, kommt dem Eingeständnis gleich, daß Kunst Wahrheit nicht autonom zu offenbaren vermag. Prüft man die verlangten Rezeptionsweisen näher, zeigt sich in der Tat, daß sie alle ein Wissen um den Wahrheitsgehalt der Kunst implizieren, das jeder Kunstrezeption vorausliegt und nur durch das Studium der betreffenden philosophischen Theorie erworben werden kann.

äquate Rezeption von (poetischer) Kunst umschreibt, konzediert er auf seine Weise, daß Kunst nur durch das Zutun der Philosophie die ihr überbietungstheoretisch zuerkannte Wahrheit erkennbar werden läßt.

90 Adorno *GS VII*, 262.

91 Ebd., 363.

92 Vgl. Adornos vehemente Polemik gegen jede Form von Kunstgenuß (ebd., 26 f. u. ö.), zu der Hans Robert Jauß (1984, bes. 64 f.) mit Recht kritisch Stellung genommen hat.

93 Adorno *GS VII*, 365.

94 Ebd., 409.

i) Die Kommensurabilitätsthese, rationalitätstheoretisch transformiert

In jüngerer Zeit hat der Gedanke eines Vernunftbezugs der Kunst daher eine Transformation erfahren, durch die er mit einem nichtreduktiven Verständnis ästhetischer Wahrnehmung verträglich wird. Im Anschluß an die von Habermas vorgeschlagene kommunikationstheoretische Differenzierung unterschiedlicher Vernunftmodi, als deren »Interferenzphänomen«[95] Albrecht Wellmer die Kunstwahrheit zu begreifen sucht, hat Martin Seel ihn als Idee einer ästhetischen Rationalität reformuliert, die als *eine* Dimension menschlicher Rationalität so unabdingbar wie jede andere teilhabe an jenem von wechselseitiger »Kritik an Vorverständnissen« getragenen Zusammenspiel aller Rationalitätsdimensionen, das allein in einem emphatischen Sinn Vernunft heißen dürfe.[96]

Die Überzeugungskraft dieser Reformulierung beruht auf der Verschiebung eines entscheidenden Akzents: Ästhetische Rationalität eignet Seel zufolge nicht der Kunst selbst, sondern dem ästhetisch wahrnehmenden Verhalten, das Kunstwerke in ihrer Gelungenheit erkennt.[97] Sie manifestiert sich vorzugsweise in ›ästhetischen Diskursen‹, die Seel als kritische Diskurse über ästhetisch wahrgenommene Phänomene (nicht nur der Kunst) versteht. Seels Begriff ästhetischer Rationalität bezieht sich infolgedessen auf die spezifische Vernünftigkeit der Gründe, die sich für oder gegen die Gelungenheit von Kunstwerken anführen lassen. Das Gegenstück zur diskursiven Vernunft, das die Wahrheitsästhetiker in der Kunst entdeckt zu haben glaubten, erscheint so bei Seel nicht nur in der bescheideneren Gestalt eines bloßen Komplements zur theoretischen und praktischen Rationalität, sondern ist vor allem aus der Kunst aus- und in das ästhetisch wahrnehmende Verhalten eingewandert. Die alte kunstphilosophische Idee einer Wahrheit der Kunst wird so ›gerettet‹, indem sie aufgegeben wird. Daß ihre ›Rettung‹ tatsächlich nur um diesen Preis möglich erscheint, mag für Verächter der diskur-

95 Wellmer 1983, 160.
96 Seel 1985, 322.
97 Vgl. Seel 1985, 32 u.ö.; ders. 1987, 43.

siven Vernunft kein Grund zur Freude sein. Für die philosophische Kunsttheorie kommt diese Einsicht jedoch einer Befreiung gleich.

2.2 Das Ergänzungsverhältnis von Kunstphilosophie und Ästhetik

a) Die rationalitätstheoretische Deprivilegierung der Kunst

Gegenstand einer Theorie ästhetischer Rationalität, wie Seel sie entwirft, kann die Kunst nur als *ein* Gegenstand ästhetischer Wahrnehmung unter anderen sein. In Seels Modell ist sie nicht länger eine Koinstanz der diskursiven Vernunft – weder eine unterlegene (wie bei Baumgarten und Hegel) noch eine gleichrangige (wie in Schellings *Philosophie der Kunst*) oder eine überlegene (wie bei Heidegger und Adorno) –, sondern nur mehr *ein* hervorragender Bezugspunkt einer ästhetischen Rationalität, die im Interesse einer umfassend vernünftigen Praxis zur theoretischen und praktischen Rationalität hinzutreten muß. Diese rationalitätstheoretische Degradierung der Kunst ist ebenso plausibel wie konsequent. Denn wenn ästhetische Rationalität die Rationalität des ästhetisch evaluierenden Verhaltens ist, dann läßt sich die Kunst sowenig wie irgendein anderes ästhetisches Phänomen als Gegenstand einer Theorie ästhetischer Rationalität privilegieren. Eine Theorie ästhetischer Rationalität kann daher keine *kunstphilosophische*, sondern nur eine *ästhetische* Theorie sein, die allgemein über ästhetisches Wahrnehmen und Urteilen Auskunft gibt.

Kunstphilosophie und Ästhetik sind nicht dasselbe, auch wenn es immer noch üblich ist, beide Begriffe als Synonyme zu verwenden.[98] Hegel, der seine »Philosophie der schönen Kunst« unter dem Titel *Ästhetik* vorgetragen hat, wußte das sehr genau: Er machte seine Hörer eigens darauf aufmerksam, daß dafür »der Name *Ästhetik* eigentlich nicht ganz passend« sei.[99] Im 18. Jahrhundert wurde die Ästhetik zwar zunächst auch als Theorie (oder Philosophie) der – schö-

98 Siehe dazu Perpeet 1997, 9 ff.

99 Hegel *WW XIII*, 13 (Herv. d. O. teilweise getilgt).

nen oder freien – Künste definiert.[100] Ihre anfängliche Identifikation mit einer »theoria liberalium artium«[101] stellt sich im Rückblick jedoch vor allem als eine Konsequenz der Bemühung Baumgartens dar, den Gegenstand der Ästhetik als ein anerkanntes Thema philosophischer Reflexion auszuweisen, um so der von ihm postulierten neuen Wissenschaft eine möglichst breite Akzeptanz zu sichern.[102] Im Grunde schon mit Baumgartens Entscheidung, die Ästhetik als allgemeine »Wissenschaft der sinnlichen Erkenntnis« (»scientia cognitionis sensitivae«) zu konzipieren, spätestens aber seit Kants *Kritik der Urteilskraft* ist diese Gleichsetzung sachlich überholt. Seit Kant ist nämlich deutlich, daß nicht allein die Kunst, sondern auch die Natur Gegenstand der Ästhetik ist. Deren Thema ist alles, was und sofern es ästhetisch wahrgenommen wird – gleichgültig, ob wir es unter den Kunstbegriff subsumieren oder nicht.

Von der Ästhetik dürfen wir eine Antwort darauf erhoffen, wodurch sich die ästhetische Erfahrung (wie die ästhetische Wahrnehmung heute von den meisten Ästhetikern genannt wird[103]) von allen anderen Weisen menschlichen Wahrnehmens unterscheidet. Nicht zu erhoffen ist von ihr jedoch Auskunft über das Wesen der Kunst.[104] Denn das Wesen der Kunst erschließt sich *nicht allein* aus

100 Vgl. Scholtz 1976, Sp. 1450.

101 Baumgarten 1750, § 1.

102 Daß es Baumgarten weniger um die Behauptung der Identität von Kunstphilosophie und Ästhetik ging als vielmehr um die Etablierung einer neuen Disziplin, zeigt sich daran, daß er (1750, § 1) – ebenso wie sein Schüler Meier (1754, 4 f.) – für die neue Disziplin eine Vielzahl alternativer Namen mit durchaus unterschiedlicher Bedeutung anführt, deren Benutzung er den Hörern seiner Ästhetik-Vorlesung für den Fall empfiehlt, »wann man an Leute kommen sollte, denen die erste Benennung [d. i. ›Ästhetik‹, R. S.] unbekannt wäre« (Baumgarten 1983, 80).

103 Siehe etwa Seel 1985, Bubner 1989.

104 Die Polemik gegen die Frage nach dem Wesen der Kunst, mit der Georg Bensch (1994, 7) seine – im übrigen sehr verdienstvolle – Untersuchung zur phänomenologischen Ästhetik eröffnet, fällt deshalb auf ihn selbst zurück: Weil Ästhetik und Kunstphilosophie nicht dasselbe sind, trifft es zwar zu (wenn auch in einem von Bensch nicht intendierten Sinn), daß »die Ästhetik« die Frage nach dem Wesen der Kunst »mit Sicherheit nicht zu beantworten vermag«. Das spricht aber nicht gegen die Frage nach dem Wesen der Kunst – die Bensch als Frage da-

der Perspektive der ästhetischen Erfahrung. Die Ästhetik muß sich allerdings, wenn sie sich einen differenzierenden Blick auf die möglichen Gegenstände ästhetischer Erfahrung nicht versagt, nicht mit der vagen Auskunft begnügen, der Kunst komme als Gegenstand der ästhetischen Erfahrung »eine einzigartige Rolle«[105] zu. Ich möchte das in einem Exkurs verdeutlichen, der einerseits die *ästhetische Differenz* bestimmt, durch die sich die ästhetische Erfahrung gegenüber anderen Formen menschlicher Wahrnehmung auszeichnet, andererseits aber auch die *Eigenart der ästhetischen Kunsterfahrung* beleuchtet, soweit sich diese aus der Perspektive der Ästhetik erschließt. Das Ergänzungsverhältnis von Kunstphilosophie und Ästhetik wird danach genauer zu erkennen sein.

b) Ästhetische Erfahrung

Wenn wir das griechische Wort αἴσθησις ganz allgemein zur Bezeichnung menschlichen Wahrnehmens verwenden, dann können wir die ästhetische Erfahrung von solcher Aisthesis unterscheiden, wie Martin Seel es vorgeschlagen hat.[106] Aisthesis ist dann nicht nur das Wahrnehmen mit den Augen, sondern jede perzeptive Tätigkeit, die wir mit einem oder mehreren unserer Sinne vollziehen. Vor allem aber ist Aisthesis auch alles nichtästhetische Wahrnehmen, auch diejenige Sinnestätigkeit also, die uns keine ästhetische Erfahrung machen, sondern uns zum Beispiel etwas als etwas identifizieren läßt. Ästhetische Erfahrung hingegen ist ein spezieller Fall von Aisthesis.

Wodurch ist dieser spezielle Fall von Aisthesis charakterisiert? Versuchen wir es zunächst mit einer negativen Bestimmung und grenzen wir die ästhetische Erfahrung von anderen Formen der Aisthesis ab. Die vielleicht wichtigste Form der Aisthesis ist die *iden-*

nach, »was Kunst eigentlich ist«, selber stellt –, sondern gegen Benschs übereilte Schlußfolgerung: »Um dennoch zu klären, was Kunst eigentlich ist, bleibt nur der Zugang über die subjektive Erfahrung, die uns mit ihr verbindet.« (Ebd.) Dieser Zugang, so wichtig er ist, reicht nämlich zur Bestimmung der Eigenart des besonderen Gegenstands ästhetischer Kunsterfahrung nicht aus.

105 Otto 1993, 108.

106 Vgl. Seel 1996, 36 ff.

tifizierende Wahrnehmung, die uns etwas als etwas wahrnehmen läßt. Sie ist meist, aber nicht notwendigerweise begrifflich-subsumtiv. Identifizierend nehmen wir nämlich nicht nur wahr, wenn wir uns unsere Sinneseindrücke als ein Wissen verfügbar machen, das uns sagt: Dies ist ein Hörsaal, das ist ein Stuhl, dort ist die Tür. Identifizierend perzipieren wir vielmehr auch, wenn wir etwas, das sich uns aktual präsentiert, nur als etwas sich uns aktual Präsentierendes erfassen, ohne uns mit Hilfe eines sprachlichen Zeichens auf dieses sich so Präsentierende zu beziehen.[107] Daß wir Wahrnehmungsdinge in dieser gleichsam passiven Weise zu identifizieren vermögen, ist die Voraussetzung dafür, daß wir sie benennen können. Erst diese Konvertierung von Sinneseindrücken in Begriffe aber, die für die begrifflich-subsumtive Wahrnehmung kennzeichnend ist, ermöglicht uns die Bezugnahme auf aktual Abwesendes. Ohne sie bliebe unser Weltbezug deshalb auf den jeweiligen Augenblick beschränkt.

Der begrifflichen Subsumtion bedient sich mitunter auch ein Wahrnehmen, das vom identifizierenden Wahrnehmen gleichwohl verschieden ist, weil es nicht etwas als etwas, sondern etwas als Repräsentanten von etwas anderem perzipiert. Dieser *verstehenden Wahrnehmung*, die Sinneseindrücke quasi ›automatisch‹[108] als Zeichen erkennt, erscheint das den Sinnen Gegebene als transparent; denn der verstehend Wahrnehmende blickt gleichsam durch das Gegebene hindurch auf ein ›dahinter‹ Liegendes, das auf diese mittelbare Weise präsent ist, obwohl es sich nicht selbst sinnlich präsentiert.

Eine andere Form der Wahrnehmung möchte ich *existentielle Wahrnehmung* nennen. Existentiell nehmen wir wahr, wenn wir Sinneseindrücke in Gefühle und Empfindungen konvertieren: in Betroffenheit zum Beispiel, in Mitgefühl, Enttäuschung, Freude, Genugtuung, Schmerz oder Angst. Wenn ein Lkw, der auf mich zurast, ohne daß ich eine Möglichkeit sehe, mich in Sicherheit zu bringen, bei mir Todesangst auslöst, nehme ich ihn nicht nur begrifflich-subsumtiv wahr (als ein von der Fahrbahn abgekommenes Lastauto), sondern auch existentiell.

107 Zur epistemologischen Begründung dieser cartesischen Auffassung vgl. Steinvorth 1994, 66 ff.

108 Menke-Eggers 1988, 48 ff.

Auf den ersten Blick mutet es merkwürdig an, hier von Wahrnehmung zu sprechen. Doch ist ein solcher Wortgebrauch durch den Bedeutungsumfang des griechischen Wortes αἴσθησις gedeckt, als dessen Äquivalent ich den Wahrnehmungsbegriff eingeführt habe. Und es scheint mir richtig zu sein, dem Bedingtheitsverhältnis, in dem Gefühle und Empfindungen zu Sinneseindrücken stehen *können*, durch einen Wahrnehmungsbegriff Rechnung zu tragen, der so weit gefaßt ist, daß er die eigentümlich unmittelbare Konversion mancher Sinneseindrücke in Gefühle und Empfindungen einzuschließen vermag. Im übrigen stellt es keinen Einwand gegen die Annahme einer existentiellen Form der Aisthesis dar, daß das vorbegriffliche Identifizieren von etwas als etwas die Grundlage aller anderen Wahrnehmungsakte bildet. Denn die hier vorgeschlagene Unterscheidung unterschiedlicher Formen menschlicher Aisthesis setzt weder voraus, daß diese Wahrnehmungsformen einander ausschließen, noch, daß sie in keinem Bedingungsverhältnis zueinander stehen.

Eine weitere Weise der Aisthesis ist die *evaluative Wahrnehmung*. Evaluativ nehmen wir wahr, wenn wir Sinneseindrücke in Werturteile konvertieren. Das, was die Aufmerksamkeit unserer Sinne in Anspruch nimmt, erscheint uns dann zum Beispiel als spannend oder als langweilig. Eine der wichtigsten Spielarten evaluativer Wahrnehmung ist die Wahrnehmung mit einem teleologisch geeichten Blick. Bei dieser Form der Aisthesis, die man teleologische Wahrnehmung nennen kann, nehmen wir das den Sinnen Gegebene unter der Perspektive wahr, ob es als Mittel zur Erreichung gesetzter Zwecke taugt. Anders als beim begrifflich-subsumtiven Wahrnehmen perzipieren wir, wenn wir teleologisch wahrnehmen, die Tür des Hörsaals nicht als Tür, sondern als den geeigneten Fluchtweg, der uns, wenn der Vortrag langweilig wird, ein Entkommen verspricht.

Auch dieses Beispiel zeigt, daß sich die verschiedenen Formen der Aisthesis zwar analytisch voneinander trennen lassen, in konkreten Wahrnehmungsakten aber oft miteinander verbunden sind – sei es, weil die eine Form der Wahrnehmung die andere zur Voraussetzung hat, sei es, weil ein Wahrnehmungsakt aus verschiedenartigen parallelen Wahrnehmungen besteht. Natürlich perzipiere ich die Tür des Hörsaals auch als Tür, wenn ich sie als einen möglichen Fluchtweg wahrnehme. Und die Freude, die ich angesichts eines überraschenden Besuchers empfinde, kann auch damit zusammenhängen, daß ich in ihm den gerade dringend benötigten Helfer sehe. Aisthesis tritt also nicht immer rein auf, als *eine bestimmte* Form der Wahrnehmung. Und was zum Gegenstand der einen Weise des Wahrnehmens wird, kann grundsätzlich auch zum Gegenstand einer anderen Form der Aisthesis werden.

Das gilt auch, wenn wir an das ästhetische Wahrnehmen oder, wie wir heute meistens sagen, an die *ästhetische Erfahrung* denken. Auch die ästhetische Erfahrung setzt ein vorbegriffliches Identifizieren voraus: Ich erfahre ästhetisch etwas und nicht *irgend* etwas. Aber die ästhetische Erfahrung geht nicht in solchem vorbegrifflichen Identifizieren auf, und sie steht offenbar im Gegensatz zur begrifflich-subsumtiven Aisthesis. Die ästhetische Erfahrung identifiziert nicht etwas als etwas begrifflich Bestimmtes, sie sucht nicht, wie schon Kant beobachtet hat, das Besondere unter gegebene Begriffe zu subsumieren.[109] Das bedeutet zwar nicht, daß ich einen Gegenstand ästhetischer Erfahrung nicht auch begrifflich-subsumtiv wahrnehmen kann. Ich kann zum Beispiel das Hundertwasserhaus in Wien ästhetisch erfahren und es zugleich begrifflich-subsumtiv als ein Mehrfamilienhaus perzipieren. Die ästhetische Erfahrung ist jedoch von der begrifflich-subsumtiven Aisthesis verschieden, die mich das Hundertwasserhaus als Mehrfamilienhaus wahrnehmen läßt.

Ähnliches gilt auch für das Verhältnis der ästhetischen Erfahrung zur teleologischen Wahrnehmung. Ästhetische Erfahrung ist grundverschieden von jener Aisthesis, die das den Sinnen Gegebene darauf hin prüft, ob es ein taugliches Mittel zur Erreichung von Zwekken ist, die keine ihm immanenten Zwecke sind. Wer ein Gedicht unter der Perspektive wahrnimmt, ob es als Abiturthema geeignet ist oder die zur Geburtstagsfeier geladenen Gäste zu erheitern verspricht, nimmt es nicht ästhetisch wahr (obwohl er es vielleicht deshalb in Betracht zieht, weil er es früher einmal ästhetisch wahrgenommen hat). Auch ästhetische Erfahrung und teleologische Wahrnehmung schließen einander aber nicht aus. Den meisten Galeristen und den meisten Kunstdieben ist gemeinsam, daß sie in Kunstwerken Mittel zum Zweck des Gelderwerbs sehen. Das heißt aber nicht, daß

109 Kant *KdU* (§ 49), B 193.

sie dieselben Werke, mit denen sie Geld zu verdienen trachten, nicht auch ästhetisch erfahren könnten.

Ich habe bisher auf Kunstwerke verwiesen, um den Unterschied der ästhetischen Erfahrung von den anderen Formen menschlicher Aisthesis plausibel zu machen. Das war legitim, denn Kunstwerke sind häufige Bezugspunkte der ästhetischen Erfahrung, aber es rückt die ästhetische Erfahrung in ein zu einseitiges Licht. Denn ästhetisch können wir alle Phänomene erfahren – also auch Alltagsdinge, menschliches Verhalten und die Natur –, genauso wie wir alle Phänomene identifizierend, existentiell oder evaluativ wahrnehmen können. Was aber zeichnet die ästhetische Erfahrung beliebiger Phänomene gegenüber deren nichtästhetischer Wahrnehmung aus?

Bisher haben sich drei Merkmale ergeben, die für die ästhetische Erfahrung charakteristisch sind: Ästhetische Erfahrung geht (1) über das vorbegriffliche Erfassen von etwas als etwas hinaus; sie ist aber (2) nicht subsumtiv, d.h. keine Betätigung der »bestimmenden Urteilskraft«, wie Kant es nannte; und sie nimmt (3) an sinnlich Gegebenem nicht dessen Zweckmäßigkeit für einen Zweck wahr, der außerhalb des Gegebenen selbst liegt. Diese Merkmale nennen jedoch nur notwendige Bedingungen ästhetischer Erfahrung. Auch zusammengenommen bezeichnen sie nicht jene spezifisch ästhetische Differenz, welche die ästhetische Erfahrung von anderen Formen menschlicher Aisthesis unterscheidet. Für die ästhetische Erfahrung ist nämlich konstitutiv, daß wir uns auf sinnlich Gegebenes einlassen um der Gewahrung seiner Eigenheit willen.[110] Zu solchem Sich-Einlassen auf den Wahrnehmungsgegenstand um der Gewahrung seiner Eigenheit willen gehört, daß wir unseren jeweiligen lebensweltlichen Kontext von uns distanzieren.[111] Erst wenn wir uns – wenigstens für einen Mo-

110 Vgl. die ähnlich sparsame Definition der ästhetischen Wahrnehmung von Martin Seel (1991, 35, vgl. 236): »Ästhetisch ist eine Wahrnehmung, die sich in vollzugsorientierter Aufmerksamkeit an die sinnliche und/oder sinnhafte Präsenz und Prägnanz ihrer Gegenstände hält.«

111 Diese Distanznahme, die Ingarden (1968, 202f.) sehr prägnant als Wirkung einer »Ursprungsemotion« beschrieben hat, betonen vor allem diejenigen Ästhetiker, die der Kunsterfahrung die Funktion einer »Entlastung des Bewußtseins« (Gehlen 1965, 222; vgl. ders. 1958, 314; ders. 1992, 237ff.; Bubner 1989, 102, 127, 152) zuweisen. Als Distanzierung der

ment – dispensieren von dem Handlungsdruck, dem wir in Alltagskontexten unterliegen, können wir sinnlich Gegebenes um der Gewahrung seiner Eigenheit willen perzipieren. Man hat deshalb mit Recht immer wieder hervorgehoben, daß Kontemplation ein wesentlicher Zug ästhetischer Erfahrung ist.[112]

Im Sich-Einlassen auf sinnlich Gegebenes um der Gewahrung seiner Eigenheit willen muß sich die ästhetische Erfahrung nicht erschöpfen. Sie ist aber nicht notwendigerweise mehr als eine auf einen bestimmten Wahrnehmungsgegenstand gerichtete Aufmerksamkeitskonzentration, die um der Gewahrung der Eigenheit dieses Gegenstandes willen erfolgt. Indem wir einen Gegenstand in dieser besonderen Weise wahrnehmen, nehmen wir ihn in einer Weise wahr, die verschieden ist von allen anderen Formen menschlicher Aisthesis. In der Eigenart dieser besonderen Wahrnehmungsweise manifestiert sich deshalb die ästhetische Differenz, durch die die ästhetische Erfahrung als eine besondere Form der Aisthesis ausgewiesen ist.

Mit der Bestimmung der ästhetischen Differenz ist jedoch nur das erste Ziel dieses Exkurses erreicht. Dem zweiten, dem Verständnis der Eigenart der ästhetischen *Kunst*erfahrung, kommen wir näher, wenn wir beachten, daß die ästhetische Erfahrung zwar nicht mehr sein muß, gewöhnlich aber doch mehr ist als ein Sich-Einlassen auf sinnlich Gegebenes um der Gewahrung seiner Eigenheit willen. Diesem besonderen Sich-Einlassen auf den Wahrnehmungsgegenstand, das jede ästhetische Erfahrung verlangt, korrespondiert nämlich zumeist ein evaluatives Sich-Verhalten zu dem der Wahrnehmung Gegebenen und/oder ein existentielles Reagieren auf das der Wahrnehmung Gegebene. Die ästhetische Erfahrung schließt demnach zwar eine evaluative oder eine existentielle Wahrnehmung ebensowenig ein, wie sie mit einer von ihnen identisch ist; sie ruft aber häufig die eine und/oder die andere hervor. Eine so hervorgerufene evaluative oder existentielle Wahrnehmung ist indessen keine Wahrnehmung, die auch unabhängig von der ästhetischen Erfahrung möglich wäre. Die ästhe-

Alltagswelt ist jedoch weder die Kunsterfahrung noch die ästhetische Erfahrung überhaupt zureichend charakterisiert.

112 Vgl. Kant *KdU* (§§ 24, 27), B 80, 98; Schopenhauer *WWV* I (§§ 34, 40), 243 ff., 279 ff.; Geiger 1913, 630 ff.; Külpe 1921, 89 ff.; Dewey 1980, 256 ff.; Seel 1991, 38 ff., 244 ff.

tische Erfahrung eröffnet der evaluativen und der existentiellen Wahrnehmung vielmehr eine neue Perspektive auf ihren Gegenstand. Ich kann zum Beispiel eine geschenkte Teekanne schön finden, weil sie mit dem Tafelservice, das ich täglich benutze, farblich harmoniert. Ich kann mich aber auch über die Kanne freuen, weil sie der erhoffte Ersatz für jenes gleiche Stück ist, das der nämliche Gast beim letzten Besuch zerbrochen hat. Solche evaluativen bzw. existentiellen Wahrnehmungen sind jedoch *vorästhetischer* Natur, denn sie setzen keine Aufmerksamkeitskonzentration voraus, die auf jene Teekanne gerichtet ist und um der Gewahrung ihrer Eigenheit willen erfolgt. Anders verhält es sich, wenn mich die Gewahrung des eigentümlichen Kontrasts zwischen der Rundheit des Gefäßes und der dreieckigen Form der Tülle zu dem Urteil kommen läßt, die Kanne sei schön. Denn diese evaluative Wahrnehmung impliziert, daß ich die Kanne ästhetisch wahrnehme. Es gibt also eine evaluative (und entsprechend auch eine existentielle) Wahrnehmung, die nur in ästhetischer Perspektive möglich ist. Im Unterschied zur vorästhetischen evaluativen bzw. existentiellen Wahrnehmung möchte ich sie *ästhetisch-evaluative* bzw. *ästhetisch-existentielle Wahrnehmung* nennen.

Fassen wir das Gesagte in einer Definition der ästhetischen Erfahrung zusammen: *Ästhetische Erfahrung ist eine kontemplative, auf einen bestimmten Wahrnehmungsgegenstand gerichtete Aufmerksamkeitskonzentration, die um der Gewahrung der Eigenheit dieses Gegenstandes willen erfolgt und der evaluativen ebenso wie der existentiellen Wahrnehmung eine neue Perspektive auf ihn eröffnet.*

Diese Definition beschreibt allerdings nur die ästhetische Erfahrung nichtkünstlerischer Wahrnehmungsgegenstände umfassend; die Eigentümlichkeit der ästhetischen *Kunst*erfahrung wird von ihr noch nicht erfaßt. Die ästhetische Erfahrung von Kunst bleibt nämlich *fragmentarisch*, wenn sie sich auf eine kontemplative Aufmerksamkeitskonzentration beschränkt, die die Eigenheit des jeweiligen Wahrnehmungsgegenstandes zu gewahren sucht. Das gilt auch dann, wenn diese Aufmerksamkeitskonzentration von ästhetisch-evaluativen und ästhetisch-existentiellen Wahrnehmungen begleitet wird. Denn meine Definition erfaßt nur *eine* – erste – Dimension der ästhetischen Erfahrung, welche im Fall der Kunst noch eine zweite, *hermeneutische Dimension* haben kann.

Jedes Kunstwerk konfrontiert uns mit einer »Reflexionszumutung«[113]: Es fordert uns auf, es zu verstehen.[114] Interpretationen, Kommentare, Bild- und Kompositionsanalysen sind Zeugnisse des immer wieder unternommenen Versuchs, dieser Forderung zu genügen. In jedem Roman, den wir lesen, in jedem Gemälde, das wir betrachten, selbst in jedem Musikstück, das wir nicht nur zur Zerstreuung anhören, vermuten wir einen Sinn – auch wenn wir uns nicht immer der Mühe unterziehen, ihn ausfindig zu machen. Eine Zuckerdose, die wir ästhetisch wahrnehmen, befragen wir dagegen ebensowenig nach ihrer Bedeutung wie eine Wolkenformation, die wir in ästhetischer Einstellung studieren. Wir fragen nicht nach dem Sinn des ästhetisch wahrgenommenen nächtlichen Sternenhimmels und ziehen keine Interpretation des ästhetisch gewahrten Reiseweckers in Betracht. Ebensowenig suchen wir in einer Landschaft, die wir durch unseren ästhetisch eingestellten Blick »in der uns umgebenden Natur konstituierend entwerfen«[115], nach einer Aussage, die zu entschlüsseln wäre.[116]

Natürlich können wir uns auch bei einem Gemälde oder Gedicht auf jene besondere Aufmerksamkeitskonzentration beschränken, durch die sich unser Wahrnehmen als ästhetisches Wahrnehmen erweist. Wir müssen es nicht einmal ästhetisch wahrnehmen – nicht nur an Kunst Desinteressierte verzichten darauf, Kunstwerke ästhetisch zu erfahren. Auch ein Restaurator wird Leonardos Mailänder *Abendmahl* während seiner Arbeit daran nicht ästhetisch wahrnehmen, obwohl er es immer wieder auch als ganzes betrachten muß, um sein eigenes Tun zu kontrollieren. Er verweigert die Einnahme der ästhetischen Einstellung genauso wie der sogenannte Kunstsachverständige, der festzustellen sucht, ob das Gemälde, das er vor sich hat, womöglich eine Fälschung ist. In ähnlicher Weise dispensieren wir uns vom ästhetischen Erfahren, wenn wir Musik hören, um uns zu zer-

113 Mollenhauer 1988, 457.

114 Vgl. Danto 1973, 15: »The moment something is considered an artwork, it becomes subject to an *interpretation.*« (Herv. i. O.)

115 Smuda 1986, 50.

116 Die von Georg Simmel (1957, 142 ff.) angesonnene Interpretation der Wahrnehmung von Landschaft als Sonderform der Kunsterfahrung scheint mir deshalb mindestens irreführend zu sein.

streuen oder uns – sei es am Steuer eines Fahrzeugs oder beim Schreiben eines Buchs – vor dem Ermüden zu bewahren.

Niemand wird jedoch bestreiten, daß ein Gemälde oder Gedicht, wenn es in ästhetischer Einstellung wahrgenommen wird, darauf hin befragt werden *kann*, wie es zu verstehen sei. Selbst Werke der Architektur lassen diese Frage zu. Nur jene Bauwerke nehmen wir nämlich als Kunstwerke wahr, die ihrer jeweiligen Zweckbestimmung durch eine gleichsam sprechende Gestalt sinnfälligen Ausdruck verleihen und so »Vorstellungs- und Gedankenwelten, die über die praktischen Erfordernisse der Architektur hinausgingen, in eben dieser Architektur in Erscheinung treten lassen«.[117] Angesichts eines Gebäudes, in dem wir ein Kunstwerk sehen, erscheint uns die Frage, wie es zu verstehen sei, deshalb nicht als deplaziert.

Auch Musik können wir nach ihrer Bedeutung befragen.[118] Denn sie ist, wie vor allem Susanne K. Langer verdeutlicht hat, weder nur »a stimulus to evoke emotions, nor [...] a signal to announce them«: »It is not usually derived *from* affects nor intended *for* them; but we may say [...], that it is *about* them.«[119] Sowenig Musik Emotionen nur hervorruft, sowenig bildet sie sie lediglich ab. Als deren »logical expression«[120], wie Langer sie nennt, macht sie Emotionen vielmehr zum Thema, erörtert sie gewissermaßen und animiert, indem sie wortlos etwas über Emotionen ›sagt‹, den, der sie hört, zu dem für Kunsterfahrung konstitutiven Verstehensversuch.[121] Dieser kann sich nicht

117 Habig 1990, 26; vgl. Wittgenstein 1994, 481.

118 Vgl. Kuhns 1978, bes. 120; Schering 1990, bes. 46; Lissa 1990; Nadin 1991, 170 ff. Auch von Interpreten wird die Legitimität der Frage nach der Bedeutung eines musikalischen Werks ausdrücklich anerkannt (vgl. z. B. Harnoncourt 1982).

119 Langer 1957, 218 (Herv. i. O.).

120 Ebd. (Herv. d. O. getilgt).

121 Die neuere Musiktheorie hat gegen Langers Auffassung u. a. geltend gemacht, es sei nicht plausibel, daß Musik nur Emotionen zum Thema haben könne. Ich halte diesen Einwand für berechtigt. Meines Erachtens spricht nichts gegen die Annahme, daß Musik auch Naturphänomene – an die Kneif (1990, 140) in diesem Zusammenhang erinnert hat – und Sachverhalte auf ihre Weise zum Thema zu machen vermag. Langers Einsicht, daß Musik die Frage, wie sie zu verstehen sei, *zuläßt*, bleibt davon jedoch unberührt.

– wie Plessner glaubt[122] – allein in musikalischen Aufführungen, sondern – wie die Vielzahl musikhermeneutischer Studien belegt – auch alltagssprachlich artikulieren. Daß der Kunsterfahrung wesentlich die Möglichkeit eines tentativen Verstehens zugehört, heißt allerdings nicht, daß diese Möglichkeit bei den Werken jedweder Kunst *in gleichem Maße* ergriffen wird. Musik zum Beispiel lädt uns oftmals in besonderem Maße dazu ein, auf das Ergreifen dieser Möglichkeit (wie auch auf das Ergreifen der Möglichkeit ihrer ästhetischen Erfahrung überhaupt) zu verzichten und uns auf ihre voraästhetische existentielle Wahrnehmung zu beschränken. Daraus ist jedoch nicht ableitbar, daß Musikerfahrung nicht in ein tentatives Verstehen einmünden kann.

Wenn aber der ästhetischen Erfahrung von Kunst die Möglichkeit eigentümlich ist, in die Frage einzumünden, wie ihr jeweiliger Gegenstand zu verstehen sei, ist das Potential ästhetischen Erfahrens, das uns Kunstwerke eröffnen, erst dann ausgeschöpft, wenn sich der Wahrnehmende diese Frage stellt. Wer ein Kunstwerk ästhetisch gewahrt, ohne sich diese Frage vorzulegen, betrügt sich um das Ganze der ästhetischen Kunsterfahrung. Wer dagegen ein Naturphänomen in ästhetischer Einstellung perzipiert, ohne nach einer Bedeutung zu forschen, läßt das ästhetische Potential des Gegenstands, den er erfährt, nicht notwendigerweise unausgeschöpft.

122 Plessner 1968, 73. – Es scheint mir richtig zu sein, daß wir der Forderung nach einem Verstehensversuch, mit der uns Kunstwerke konfrontieren, wenn wir sie ästhetisch erfahren, erst dann *umfassend* Rechnung tragen, wenn wir unser hypothetisches Verständnis sprachlich artikulieren. Mit einer schönen Metapher von Josef König (1978, 303, Herv. i. O.) kann man deshalb wohl sagen, daß die ästhetische Wirkung erst dann »*erwacht*«, »wenn und indem der Mensch sie beschreibt«. Dies bedeutet aber nicht, daß unsere Verstehensversuche immer und notwendigerweise in der Versprachlichung von Interpretationshypothesen ihren Niederschlag finden müßten. Vielmehr scheint mir die Verwendung des Begriffs ›Interpretation‹ zur Beschreibung musikalischer (oder theatralischer) Aufführungen und Aufführungstypen darauf hinzuweisen, daß das tentative Verstehen eines Kunstwerks auch einen nichtsprachlichen Ausdruck finden kann. Insoweit bin ich mit Plessner durchaus einig.

Martin Seel hat diese Differenz der ästhetischen Kunsterfahrung und der ästhetischen Naturerfahrung antithetisch zugespitzt: »Kunst will verstanden sein, Natur ist nicht zu verstehen.«[123] Eine Abwandlung dieser Formel, die berücksichtigt, daß nicht nur Natur und Kunst zum Gegenstand ästhetischen Wahrnehmens werden können, bietet sich an, wenn man die Eigenart der ästhetischen Kunsterfahrung sichtbar machen will: *Ästhetische Kunsterfahrung kann und will in ein Verstehen einmünden, die ästhetische Erfahrung anderer Gegenstände kann und will dies nicht.*[124]

Das Kunstverstehen bleibt freilich immer ein aspekthaftes und hypothetisches Verstehen. Der Versuch, ein Kunstwerk zu deuten, kann nicht abschließend gelingen. Rüdiger Bubner hat diesen tentativen Charakter des Kunstverstehens, der schon bei Kant gesehen ist, besonders eindringlich beschrieben: »In Kunst scheint etwas zu sein, das verstanden werden will und kann, hingegen keinem Zugriff letztlich standhält. [...] Man sieht die Unfaßlichkeit nicht auf den ersten Blick. Man sieht Seiten, Aspekte, mögliche Zugänge des Phänomens [...]. Die ästhetische Erfahrung fühlt sich zunächst durch ein sinnliches Objekt angesprochen, indem sie darin *mehr* zu erkennen meint, als

123 Seel 1991, 272 (Herv. d. O. getilgt). Seel unterschätzt allerdings die Tragweite dieser Differenz, die er durch eine Ausweitung des Verstehensbegriffs auf Formen des existentiellen Wahrnehmens nivelliert (vgl. ebd., 272 f.), um Natur und Kunst gleichermaßen als »›Einheitsphänomene‹ des Ästhetischen« (ebd., 269) auffassen zu können. Das besondere Potential der ästhetischen Kunsterfahrung bleibt deshalb bei Seel unterbestimmt: Wenn Natur ein Einheitsphänomen des Ästhetischen ist, dann ist Kunst *mehr* als ein Einheitsphänomen des Ästhetischen.

124 Daß die spezifische Bedeutsamkeit der Kunst, die in dieser Definition ausgesprochen ist, schon in Kants Begriff der ›ästhetischen Idee‹ anerkannt ist, obwohl Kant nicht nur die Kunst-, sondern auch die Naturschönheit »den Ausdruck ästhetischer Ideen« nennt (*KdU* [§ 51], B 204, Herv. d. O. getilgt), hat Wolfgang Bartuschat (1987, 96 f.) gezeigt. In der wahrheitsästhetischen Tradition der modernen Kunstphilosophie wird die hermeneutische Dimension der Kunsterfahrung dagegen zwar gesehen, aber gewissermaßen im selben Augenblick wieder verdrängt, indem der Kunst mit Hilfe des Wahrheitsbegriffs eine Bedeutung zugeschrieben wird, die zwar verstanden werden will, vor aller Kunsterfahrung jedoch philosophisch immer schon verstanden ist (siehe oben, 45).

was in die Erkenntnis irgendeines sinnlichen Erfahrungsgegenstandes eingeht. [...] Macht sich die Erfahrung [...] daran, den empfundenen Überschuß als das Etwas zu bestimmen, als das sie ihn zu sehen und zu vernehmen meinte, so muß der Versuch mißlingen. [...] die Unmöglichkeit endgültigen Zugriffs gehört demnach zur ästhetischen Erfahrung ebenso, wie die anfängliche Ahnung des ästhetischen Gegenstands, die den Verstehensakt initiiert.«[125]

Bubner führt das tentative Verstehen, in das die ästhetische Kunsterfahrung einmünden kann und will, allerdings allein darauf zurück, daß die menschliche Subjektivität einen »Übertritt in die ästhetische Verhaltensweise«[126] vollzieht. Dieser Übertritt sei nämlich gleichbedeutend mit einer »Suggestion von Totalität«, d.h. der Unterstellung, die der Wahrnehmung sich darbietenden Details seien »mehr [...] als nur Details«, nämlich Momente eines sinnvoll strukturierten Ganzen, das als solches in dem der Wahrnehmung Gegebenen bereits vorliege und nicht erst durch strukturierende, selegierende oder subsumierende Ordnungsleistungen des Verstandes konstituiert werden müsse.[127] Da der unterstellte Totalitätscharakter mit dem sinnlichen Material vermittelt werden müsse, löse diese Unterstellung ein »Spiel der Reflexion«[128] aus, das sich in potentiell immer neuen Versuchen niederschlage, das der Wahrnehmung Gegebene nicht nur als ein Gegebenes, sondern als ein in sich Sinnvolles zu verstehen.

Bubners These, daß es eine »Suggestion von Totalität« ist, die am Anfang des Kunstverstehens steht, ist zweifellos sehr plausibel. Daß diese Suggestion allein durch die Einnahme der ästhetischen Einstellung ausgelöst wird, ist jedoch eine zu einseitige Sicht. Ästhetische Erfahrung setzt zwar voraus, daß die menschliche Subjektivität einen »Übertritt in die ästhetische Verhaltensweise« vollzieht. Das ergibt sich schon daraus, daß wir nicht ästhetisch erfahren *müssen*. Aber mit

125 Bubner 1989, 41 ff. (Herv. d. O. z.T. getilgt); vgl. auch Stierle 1997, 83.
126 Bubner 1989, 128.
127 Diskussionsbeitrag von Bubner beim 1. Paderborner Kolloquium über »Kunst und Philosophie«, zitiert nach Oelmüller 1981, 263. Daß für Kunsterfahrung die »an das Kunstwerk gestellte Foderung eines einheitlichen Totaleindruckes« konstitutiv ist, notiert bereits Fechner (1876 II, 15). Vgl. auch Carrier 1979, 60.
128 Bubner 1989, 63 (Herv. d. O. getilgt).

einem solchen »Übertritt« ist noch nicht darüber entschieden, ob die ästhetische Erfahrung in ein tentatives Verstehen einmünden will und kann. Denn wir können uns zwar vom ästhetischen Erfahren dispensieren; aber wir werden nicht von jedem Wahrnehmungsgegenstand zu jener »Suggestion von Totalität« animiert, die sich gleichsam als Antwort des ästhetisch erfahrenden Subjekts auf die Forderung von Kunstwerken, sie zu verstehen, einzustellen scheint. Natur oder Alltagsdinge lassen sich zwar jederzeit ästhetisch wahrnehmen, ästhetisch aber nicht jederzeit als Kunst erfahren. Die Differenz, welche die Kunsterfahrung von der ästhetischen Erfahrung nichtkünstlerischer Gegenstände trennt, ist deshalb nicht einfach auf einen Einstellungswechsel des wahrnehmenden Subjekts zurückführbar.

c) Kunstästhetik als philosophische Theorie der kunstspezifischen Differenz

Das bisher Gesagte stellt zwar keinen Beweis der Notwendigkeit einer kritischen Grundlegung der Kunstphilosophie dar, belegt aber die Aktualität eines solchen Unternehmens. Eine vorläufige Zusammenfassung ergibt nämlich das folgende Bild: Die Kunstphilosophie der Moderne hat, zumal im deutschen Sprachraum, die ästhetische Kunst überwiegend unter dem nachhaltigen Einfluß der Hegelschen Kunstphilosophie als eine der diskursiven Vernunft kommensurable Weise menschlichen Welt- und Selbstverstehens gedeutet. Die Unzulänglichkeit dieses wahrheitsästhetischen Erklärungsmodells legt den in jüngerer Zeit mehrfach unternommenen Versuch einer Aufhebung der Kunstphilosophie in Ästhetik nahe. Diesem Versuch ist die Wiedererinnerung jener Einsichten in die Eigenart und Binnenstruktur der ästhetischen Erfahrung zu danken, die vor allem die Kantische und die phänomenologische Ästhetik der Philosophie gewonnen haben. Er muß jedoch an der Grenze scheitern, die sich aus der Gegenstandsbezogenheit der ästhetischen Erfahrung ergibt. Die Ästhetik ist nämlich genötigt, die Kunst als einen besonderen Gegenstand der ästhetischen Erfahrung anzuerkennen, der dieser eine Dimension eröffnet, die ihr andere Gegenstände nicht zu eröffnen vermögen. Als (allgemeine) Ästhetik kann die philosophische Reflexion diese Besonderheit der Kunst jedoch nur konstatieren, ohne daß mit einer sol-

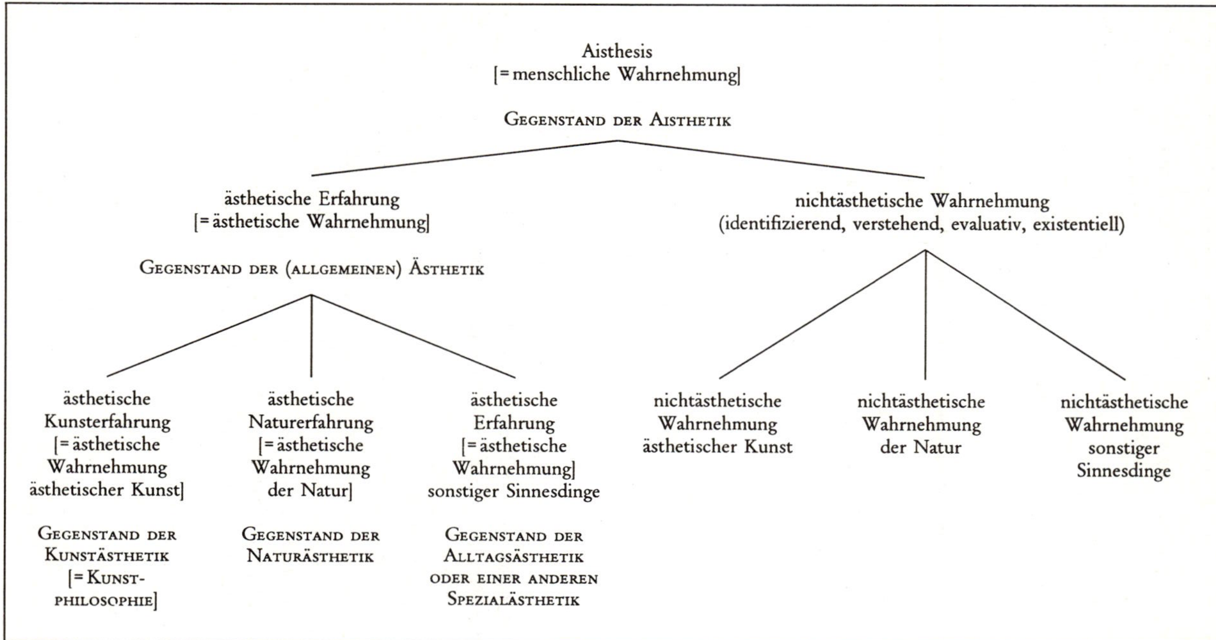

Abb. 1: Die unterschiedlichen Gegenstandsbereiche von Aisthetik, Ästhetik und Kunstästhetik

chen Feststellung das Phänomen bereits zureichend beschrieben wäre. Als Ästhetik kann sie zwar die hermeneutische Dimension ästhetischer Kunsterfahrung als solche erfassen; die kunstspezifische Differenz, die Kunstwerke von anderen Wahrnehmungsgegenständen trennt, ist damit aber nur in einer ersten Annäherung bestimmt. *Warum* es Objekte der ästhetischen Erfahrung gibt, die sich gegenüber anderen durch eine eigentümliche »Auslegungsbedürftigkeit«[129] auszeichnen, beantwortet sich auf diesem »Weg durch die Erfahrung«[130] nämlich nicht. Wer sich nicht mit der wenig erhellenden Auskunft begnügen will, Kunstwerke seien deshalb besondere Gegenstände ästhetischer Erfahrung, weil sie eigens für diese hergestellt worden seien, muß daher den Horizont einer Phänomenologie der ästhetischen Erfahrung überschreiten.

Wenn dieses Argument triftig ist, ist Kunstphilosophie mitnichten eine überflüssige, obsolet gewordene Disziplin. Zu einer allgemeinen Ästhetik steht sie dann allerdings nicht in Konkurrenz, sondern in einem Ergänzungsverhältnis.[131] Indem die Ästhetik die *ästhetische* Differenz zwischen Aisthesis und ästhetischer Erfahrung bestimmt, nimmt sie von der Besonderheit der ästhetischen Kunsterfahrung zwar Notiz. Jene *kunstspezifische* Differenz zu bestimmen, durch die sich Kunstwerke als besondere Gegenstände der ästhetischen Erfahrung auszeichnen, überläßt sie aber einer Philosophie der Kunst, die Kunst nicht allein als Gegenstand einer besonderen ästhetischen Erfahrung bestimmt (siehe Abbildung 1). Sowenig die Ästhetik ohne Kenntnis der kunstspezifischen Differenz die Eigenart der ästhetischen Kunsterfahrung begreiflich machen kann, sowenig kann andererseits die Kunstphilosophie ohne Kenntnis der ästhetischen Differenz die ästhetische Erfahrbarkeit der Kunst erklären. Ästhetik und Kunstphilosophie sind deshalb wechselseitig aufeinander bezogen. Die neuerdings erhobene Forderung, »Ästhetik nicht primär als Theorie der Kunst zu betreiben, sondern sie als Theorie über Wahrneh-

129 Kulenkampff 1978, 160.

130 Seel 1985, 69.

131 Dessen war sich die Philosophie zu Beginn des 20. Jahrhunderts mitunter deutlicher bewußt als an seinem Ende; vgl. etwa Groos 1902, 1f., oder die Begründung, die Lipps (1903, v) für die zweibändige Anlage seiner *Ästhetik* gibt.

mung anzugehen«[132], suggeriert zwar, wir hätten zwischen beidem die Wahl. Ästhetik ist aber nicht entweder Kunstphilosophie oder Aisthetik[133], sondern nichts anderes als die Theorie der ästhetischen Erfahrung, die deren Differenz zur alltäglichen Aisthesis bestimmt.

Die Kunstphilosophie hingegen muß ihre Aufgabe in der Beschreibung der *kunstspezifischen* Differenz erblicken. Um Kunst geht es ihr dabei freilich nur in jenem speziellen Sinn, in dem das deutsche Wort bestimmte Gegenstände ästhetischer Erfahrung meint – kurz: ästhetische Kunst. Diejenige philosophische Disziplin, die die kunstspezifische Differenz zu bestimmen sucht, werde ich deshalb künftig auch *Kunstästhetik* nennen. Anders als der traditionelle Name *Kunstphilosophie*, den ich in gleicher Bedeutung verwende, bringt dieser Begriff zum Ausdruck, daß der philosophischen Kunsttheorie der Moderne ein eingeschränkter Kunstbegriff zugrunde liegt. Deutlicher als die herkömmliche Bezeichnung zeigt er außerdem an, daß die Kunstphilosophie *auch* eine ästhetische Disziplin ist, da sie, indem sie das Wesen der Kunst zu bestimmen sucht, es zugleich unternimmt, die Eigenart der ästhetischen Kunsterfahrung zu erklären.

Ob Kunstästhetik als philosophische Theorie ästhetischer Kunst möglich ist, hängt zunächst davon ab, ob sich ein hinreichend genau umgrenzter Begriff ästhetischer Kunst gewinnen läßt. Dies prüfe ich im nächsten Kapitel. Daß dieser – erste – Schritt einer kritischen Grundlegung der Kunstphilosophie ebensowenig verzichtbar ist wie diese selbst, scheint mir nach dem Bisherigen keine bloße Behauptung mehr zu sein. Es kann nämlich nicht sinnvoll sein, einer Reihe unzureichender Kunsttheorien lediglich eine weitere hinzuzufügen, deren Möglichkeit ebenso ungeklärt ist wie die ihrer Vorgänger und deren Plausibilität nicht abschließend beurteilt werden kann, solange Unklarheit über den ontologischen Status von Kunstwerken besteht.

132 So Wolfgang Welsch 1990 in einer Rundfunkdiskussion (zitiert nach Rötzer 1991, 193f.); zur Begründung dieses Programms vgl. Welsch 1993 u. 1997, zur Kritik der von ihm implizierten Forderung nach einer Eingemeindung der Erkenntnistheorie in die Ästhetik Seel 1996, 40ff.

133 So sieht es Welsch (1987; 1990, 9f.); ähnlich auch Lambert Wiesing (1997, 120, Anm. *), für den die Ästhetik vor der Alternative steht, sich entweder als »Theorie der Sinne« oder als »Theorie der Kunst« zu begreifen.

3 Gegenstand und Aufgabe kunstästhetischer Theorie

3.1 Ästhetische und mechanische Kunst

Kunstästhetik ist Theorie ästhetischer Kunst. Kunst ist aber nicht in jedem Fall ästhetische Kunst. Denn das Wort ›Kunst‹ hat heute zwei allgemeine lexikalische Grundbedeutungen.[1] Einerseits bezeichnet es die ästhetische, andererseits aber auch eine »mechanische« Kunst, die, wie Kant definiert, »dem Erkenntnisse eines möglichen Gegenstandes angemessen, bloß ihn wirklich zu machen die dazu erforderlichen Handlungen verrichtet«.[2] Die dritte lexikalische Grundbedeutung, in der das Wort die bildende Kunst bezeichnet, ist dagegen speziellerer Natur; denn die bildende Kunst ist eine besondere Form ästhetischer Kunst.

Kants Definition der mechanischen Kunst ist allerdings zu speziell. Denn die Kunst des Kugelstoßens und die des Stabhochsprungs, die Kunst des Autofahrens und die Meditationskunst des Zen-Buddhisten finden in seiner Systematik keinen Platz. Sie sind weder angenehme noch schöne, mithin keine ästhetischen Künste. Kant kann sie aber auch nicht zu den mechanischen Künsten rechnen, da sie nicht die Herstellung eines möglichen Gegenstandes zum Ziel haben. Wir sollten seine Definition deshalb modifizieren und *eine jede Kunst* als *mechanisch* betrachten, *die,* kantisch gesprochen,

1 Ich gehe im folgenden vom Wortgebrauch im Deutschen aus. Später wird sich zeigen, inwiefern das, was ich über ästhetische Kunst sagen werde, auch über den deutschen Sprachraum hinaus Gültigkeit beanspruchen kann (siehe unten, 148 ff.).

2 Kant *KdU* (§ 44), B 177 (Herv. d. O. getilgt).

der Erkenntnis eines möglichen Handlungszieles angemessen, bloß zu dessen Erreichung die dazu erforderlichen Schritte unternimmt.[3] Indem diese Definition den Begriff der mechanischen Kunst weiter faßt als Kant, grenzt sie zugleich den Bereich der ästhetischen Kunst stärker ein. Mechanisch im Sinne dieser Bestimmung ist nämlich auch jene »angenehme«, von Kant zur ästhetischen gezählte Kunst, deren Ziel das bloße Hervorrufen angenehmer Empfindungen ist.[4] Der Begriff der ästhetischen Kunst kann deshalb reserviert bleiben für die ästhetische Kunst in jenem engeren Sinn, in dem sie bei Kant »schöne Kunst« heißt. Damit erübrigt sich ein Begriff, der eher irreführt, weil Schönheit, jedenfalls im landläufigen Verstande, heute nicht mehr konstitutiv ist für die im engeren Sinn ästhetische Kunst – wenn sie es denn je einmal war.

Die definitorische Grenzverschiebung gegenüber Kant besitzt allerdings noch einen weiteren Vorzug: Legt man die gegenüber Kant modifizierte Definition einer mechanischen Kunst zugrunde, lassen sich nämlich ästhetischer und mechanischer Kunst unterschiedliche Verwendungsweisen des Wortes ›Kunst‹ zuordnen. Die Unterscheidung ästhetischer und mechanischer Kunst erscheint infolgedessen nicht mehr als willkürliche Distinktion, sondern kann – jedenfalls im

3 Vgl. Schleiermachers indirekte Definition einer mechanischen Kunst: »Ich rede nicht von dem, was irgend einem Bedürfnis abhilft, oder irgend einem Zwecke dient [...]: denn es ist jetzt schon eine alte Rede, daß was nach der Angemessenheit zu irgend einem bestimmten Zweck beurteilt werden muß, aus dem Gebiet der eigentlichen oder schönen Kunst ausgeschlossen bleibt. Aber wenn wir uns auch auf diese Weise der mechanischen Künstler in Betreff ihres eigentlichen Berufs entledigen: so kehrt doch ein großer Teil von ihnen mit neuen Ansprüchen zurück, indem sie uns zeigen, wie sie aus reinem Interesse an dem schönen ihren Erzeugnissen schöne Formen geben, die für den Zweck derselben ganz gleichgültig sind [...].« (*UBK*, 807)

4 Kant nennt als Beispiele »alle die Reize [...], welche die Gesellschaft an einer Tafel vergnügen können: als unterhaltend zu erzählen, die Gesellschaft in freimütige und lebhafte Gesprächigkeit zu versetzen, durch Scherz und Lachen sie zu einem gewissen Tone der Lustigkeit zu stimmen«, aber »auch die Art, wie der Tisch zum Genusse ausgerüstet ist, oder wohl gar bei großen Gelagen die Tafelmusik«, »ferner alle Spiele, die weiter kein Interesse bei sich führen, als die Zeit unvermerkt verlaufen zu machen« (*KdU* [§ 44], B 178).

Deutschen – empirische Evidenz beanspruchen. Sowohl der ästhetischen als auch der mechanischen Kunst korrespondiert nämlich jeweils ein bestimmtes prototypisches Syntagma, so daß sich dem syntagmatischen Kontext des Wortes ›Kunst‹ entnehmen oder durch eine Umformungsprobe ermitteln läßt, ob von ästhetischer oder mechanischer Kunst die Rede ist (1). Darüber hinaus fällt der Unterschied zwischen ästhetischer und mechanischer Kunst noch in einer anderen Hinsicht mit einer semantischen Zweideutigkeit des Kunstbegriffs zusammen (2). Die Unterscheidung bewährt sich aber auch in einem vermeintlich problematischen Grenzfall, wie Gebrauchskunst ihn darstellt (3).

1. Das Wort ›Kunst‹ kann in verschiedenen syntagmatischen Kontexten auftreten. Sieht man von wenigen Sonderfällen ab, lassen sich drei Typen syntagmatischer Kontextualisierung unterscheiden: einmal ein *absoluter Gebrauch*, bei dem die Vokabel als Nomen ohne weitere Zusätze (wie Artikel, Pronomen oder Attributionen) auftritt; zweitens ein *indefiniter Gebrauch*, bei dem ihr der unbestimmte Artikel voransteht; und schließlich ein *definiter Gebrauch*, bei welchem dem Wort ›Kunst‹ der bestimmte Artikel oder (beispielsweise durch ein Präfix oder ein Genitivattribut) eine nähere Bestimmung beigegeben ist.

Absolut gebraucht ist das Wort ›Kunst‹ in Sätzen wie diesen:

(a) Ich schätze Kunst.
(b) Ach so, der Klotz ist Kunst!
(c) Ist das etwa alles Kunst?

Indefinit ist es in den folgenden Beispielen gebraucht:

(d) Das ist ja wirklich eine Kunst!
(e) Wer solch eine Kunst beherrscht, wird niemals darben.
(f) In einer Kunst ist sie wohl Meisterin?

In diesen Sätzen liegt dagegen ein definiter Gebrauch vor:

(g) Morgen zeige ich euch (die) Kunst der Neuen Wilden.
(h) Ob er je die Kunst der Meditation erlernen wird?
(i) Nur wer die Kochkunst beherrscht, ist ein ganzer Mann.

Wer über Sprachkompetenz verfügt, weiß spontan, daß in den Beispielen (a), (b) und (c) von ästhetischer, in den Beispielen (d), (e) und (f) dagegen von einer mechanischen Kunst die Rede ist. Denn der absolute Gebrauch des Wortes ›Kunst‹ indiziert, daß dieses sich auf ästhetische, der indefinite hingegen, daß es sich auf eine mechanische Kunst bezieht. Anders der definite Gebrauch: Er gibt nicht ohne weiteres zu erkennen, von welcher Kunst die Rede ist; denn das definit gebrauchte Wort ›Kunst‹ kann sich sowohl auf ästhetische als auch auf eine mechanische Kunst beziehen, wie der Vergleich von (g) mit (h) und (i) zeigt. Dasselbe gilt für Syntagmen, die sich keinem Typus zuordnen lassen. Dazu gehören insbesondere solche Wortverbindungen, in denen dem Wort ›Kunst‹ ein Fragepronomen oder das Indefinitpronomen ›keine(r)‹ vorangestellt ist, wie etwa im folgenden Satz:

(j) Das ist doch wirklich keine Kunst.

Welche Bedeutung das Wort ›Kunst‹ besitzt, wenn es definit gebraucht ist wie in (g), (h) und (i) oder in Verbindung mit dem Indefinitpronomen ›keine(r)‹ wie in (j), kann man durch eine Umformungsprobe feststellen. Jeder Satz, der die Vokabel ›Kunst‹ enthält, läßt sich nämlich bedeutungsneutral – wenn auch mit stilistisch mitunter erbärmlichem Resultat – so umformen, daß das Wort darin entweder absolut oder indefinit gebraucht erscheint. Jede Verwendung des Wortes ›Kunst‹ läßt sich also entweder auf die Normalform des absoluten Wortgebrauchs – das prädikative Syntagma ›ist (nicht) Kunst‹ – oder auf die Normalform des indefiniten Wortgebrauchs – das prädikative Syntagma ›ist (nicht) eine Kunst‹ – zurückführen. Erkennbar ist das an den Beispielen (g') bis (i'):

(g') Was ich euch morgen zeige, ist Kunst, und zwar die der Neuen Wilden.

(h') Ob er je die Meditation, die eine Kunst ist, erlernen wird?

(i') Nur wer zu kochen versteht, was eine Kunst ist, ist ein ganzer Mann.

In manchen Fällen hängt es allerdings von sprachexternen Faktoren ab, welche Umformung adäquat erscheint. So bestehen für den Beispielsatz (j) theoretisch beide Umformungsmöglichkeiten:

(j') Das ist doch wirklich nicht Kunst!

(j'') Das ist doch wirklich nicht eine Kunst!

Ob mir (j') adäquater erscheint als (j'') oder umgekehrt, werde ich von Fall zu Fall entscheiden – je nachdem, worauf das satzeinleitende Demonstrativum jeweils verweist. Ist (j) die Äußerung der Begleiterin, mit der ich mich als *documenta X*-Besucher in Carsten Höllers und Rosemarie Trockels *Haus für Schweine und Menschen* befinde, werde ich (j') als adäquate Transformation ansehen. Ist (j) jedoch die Reaktion eines Hardwarespezialisten auf meine stolze Auskunft, es sei mir gelungen, den Arbeitsspeicher meines Computers zu erweitern, wird mir (j") als die angemessenere Umformung erscheinen. Allgemeiner gesprochen: Bezieht sich das satzeinleitende Demonstrativum auf ein ästhetisch erfahrbares Artefakt, entscheiden wir uns für die Umformung (j'), nimmt es hingegen auf ein Vermögen Bezug, das als eine besondere Kunstfertigkeit betrachtet werden kann, wählen wir (j"). Damit bestätigt sich noch einmal, daß zwischen ästhetischer Kunst und absolutem Wortgebrauch ebenso eine interne Beziehung besteht wie zwischen mechanischer Kunst und indefinitem Gebrauch: Ästhetische Kunst ist immer dann gemeint, wenn das Wort ›Kunst‹ entweder absolut oder so gebraucht ist, daß sein Gebrauch durch bedeutungserhaltende Satzumformung in einen absoluten Gebrauch transformiert werden kann.[5] Dagegen ist immer dann eine mechanische Kunst gemeint, wenn das Wort ›Kunst‹ entweder indefinit oder so gebraucht ist, daß sein Gebrauch durch bedeutungserhaltende Satzumformung in einen indefiniten Gebrauch transformiert werden kann. Ästhetische Kunst zeichnet sich also dadurch aus, daß sich das Wort ›Kunst‹ auf sie absolut, nicht aber indefinit anwenden läßt. Demgegenüber gilt für mechanische Kunst, daß das Wort ›Kunst‹ auf sie nicht absolut, wohl aber indefinit anwendbar ist.

2. Darüber hinaus fällt der Unterschied zwischen ästhetischer und mechanischer Kunst mit einer Differenz zusammen, die in einer anderen Hinsicht ebenfalls eine Zweideutigkeit des Wortes ›Kunst‹ konstituiert. Dieses bezeichnet nämlich einmal eine teleologische

5 Der absolute Gebrauch des Wortes ›Kunst‹ indiziert freilich nur, daß *ästhetische* Kunst gemeint ist; er besagt nicht, wie man vermuten könnte, daß von *absoluter* Kunst die Rede ist, d. h. von Kunstwerken, die – nach der Definition von Kambartel (1991, 21) – »überhaupt keinen ›normalen‹ (funktional definierten) Gebrauch besitzen, sondern als *bloße* Gegenstände oder Vollzüge der *Betrachtung* zu verstehen« wären (Herv. i. O.). Auch von ästhetisch erfahrbaren, jedoch funktional definierten Artefakten läßt sich nämlich grundsätzlich prädizieren, sie seien Kunst (wir sprechen in solchen Fällen oft auch von Gebrauchskunst).

Handlungskompetenz, andererseits aber Artefakte, d.h. Hervorbringungen menschlicher Subjektivität, die uns durch sinnliche Wahrnehmung zugänglich sind.[6] Solche Hervorbringungen müssen nicht Dingcharakter besitzen; sie können sich ebensogut in temporären Aktionen manifestieren. Von Artefakten spreche ich also in einem sehr weiten Sinn, der sich nicht unbedingt mit dem alltäglichen Wortgebrauch deckt, der aber der »Verzeitlichung der Werkstruktur« Rechnung trägt, die Hans Robert Jauß[7] beobachtet hat. In ebenso weitem Sinn gebrauche ich auch das Wort ›Kunstwerk‹, das deshalb auch planvoll herbeigeführte Kunstereignisse bezeichnen kann. Der Artefaktbegriff, der alltagssprachlich auch als Synonym für ›Kunstwerk‹ geläufig ist, impliziert für mich jedoch keine Aussage über den Kunstcharakter eines Phänomens.

Woran ist nun die erwähnte Zweideutigkeit des Wortes ›Kunst‹ zu erkennen? Schlicht daran, daß es in manchen Fällen durch die Vokabel ›Kunstwerk‹ (in der unbestimmten Singular- oder Pluralform) ersetzt werden kann und in anderen nicht. So ließe sich ›Kunst‹ in den Sätzen (a), (b), (c) und (g) bedeutungsneutral austauschen gegen die Vokabel ›Kunstwerk‹:

(a^{syn}) Ich schätze Kunstwerke.
(b^{syn}) Ach so, der Klotz ist ein Kunstwerk!
(c^{syn}) Sind das etwa alles Kunstwerke?
(g^{syn}) Morgen zeige ich euch (die) Kunstwerke der Neuen Wilden.

Die Ersatzprobe zeigt, daß sich das Wort ›Kunst‹ in den Sätzen (a), (b), (c) und (g) auf Artefakte bezieht. Anders verhält es sich dagegen in den Fällen (d), (e), (f), (h) und (i). Hier ist die Substitution von ›Kunst‹ durch ›Kunstwerk(e)‹ entweder gar nicht möglich – wie in den Sätzen (e), (f), (h) und (i) – oder nur um den Preis einer Bedeutungsveränderung, wie sie die entsprechende Umformung von (d) bewirkt:

6 Warum diese etwas umständliche Formulierung notwendig ist (und Artefakte nicht als sinnlich wahrnehmbare Hervorbringungen menschlicher Subjektivität definiert werden können), wird sich erst im Verlauf der Kritik des kunstontologischen Physizismus zeigen (siehe unten, Kap. 5.2, 169 ff.).

7 Jauß 1984, 64. – Zur Geschichte und zum Wandel des Werkbegriffs vgl. Oelmüller 1983, Thierse 1990.

(d^{bv}) Das ist ja wirklich ein Kunstwerk!

In diesen Fällen, in denen keine oder keine bedeutungsneutrale Ersetzung von ›Kunst‹ durch ›Kunstwerk‹ möglich ist, bezieht sich das Wort ›Kunst‹ nicht auf Artefakte, sondern jeweils auf eine bestimmte teleologische Handlungskompetenz.

Das ist jedoch noch nicht alles, was sich den Beispielen entnehmen läßt. Denn darüber hinaus fällt auf, daß sich das Wort ›Kunst‹ immer dann auf Artefakte bezieht, wenn ästhetische Kunst angesprochen ist. Dagegen bezieht es sich immer dann, wenn eine mechanische Kunst gemeint ist, auf eine bestimmte teleologische Handlungskompetenz. Das bedeutet, daß *das Wort ›Kunst‹ hinsichtlich ästhetischer Kunst artefaktbezeichnende, hinsichtlich einer mechanischen Kunst jedoch handlungskompetenzbezeichnende Kraft besitzt.*[8] ›Kunst‹ ist also nur hinsichtlich ästhetischer Kunst ein Synonym für ›Kunstwerk‹ (bzw. ein Sammelbegriff für mehrere oder die Gesamtheit aller Kunstwerke). Hinsichtlich einer mechanischen Kunst bezeichnen die Vokabeln ›Kunst‹ und ›Kunstwerk‹ dagegen Verschiedenes: Während das Wort ›Kunst‹ eine teleologische Handlungskompetenz benennt, dient das Wort ›Kunstwerk‹ zur Bezeichnung von Artefakten, die sich der tätigen Nutzung einer solchen Handlungskompetenz verdanken. Mechanische Künste können sich demnach zwar in Kunstwerken *manifestieren.* Doch sie *sind* selbst niemals Kunstwerke, weil sie Fertigkeiten und keine Artefakte sind. Umgekehrt *setzt* ästhetische Kunst im allgemeinen die Beherrschung einer mechanischen Kunst seitens des Künstlers *voraus.* Doch sie *ist* niemals mit jener mechanischen Kunst *identisch*, weil nicht die künstlerische Kompetenz, sondern deren Produkt in jener besonderen Weise wahrnehmbar ist, die wir als Kunsterfahrung bezeichnen: Nicht die Kunst der Fuge, sondern allein das Kunstwerk, das sich dem Tonsetzer verdankt, der sie beherrscht, läßt sich ästhetisch erfahren. Wo der Kunstbegriff ein Vermögen zur Erzeugung von Kunstwerken bezeichnet, nimmt er mithin nicht auf ästhetische Kunst als solche, sondern auf die mechanische Kunst ihrer Hervorbringung Bezug.

8 Aus diesem Grund können Kunsttheorien, die ästhetische Kunst als eine menschliche *Fähigkeit* bestimmen (z. B. Lange 1895, 23; Dewey 1980, 214), nicht überzeugen.

3. Im Hinblick auf Artefakte, die einerseits funktional, andererseits aber als Kunstwerke erfahrbar sind, mutet die Unterscheidung ästhetischer von mechanischer Kunst allerdings problematisch an: Gebrauchskunst – das Wiener Hundertwasserhaus etwa oder Werbegrafik von Andy Warhol – sei, so ist man zu vermuten geneigt, sowohl ästhetische als auch mechanische Kunst, denn sie stelle kein bloßes Objekt der Betrachtung, sondern zugleich ein Mittel zur Erreichung von Zwecken dar.

Die Funktionalität von Artefakten ist jedoch keine teleologische Handlungskompetenz, sondern eine Eigenschaft, die manche Artefakte unabhängig davon besitzen, daß sie als Kunstwerke erfahren werden. Ihre Funktionalität macht Artefakte – auch solche, die als Kunstwerke erfahrbar sind – darum noch nicht zu mechanischer Kunst. Im übrigen ist das Kompositum ›Gebrauchskunst‹ genauso zweideutig wie das Grundwort ›Kunst‹, auf dem es basiert. Es läßt sich ebensogut absolut wie indefinit verwenden bzw. in seinem Gebrauch auf eine dieser beiden Verwendungsweisen zurückbeziehen. Je nachdem, in welcher Weise es verwendet ist, verweist es entweder auf einzelne oder mehrere Artefakte, die sowohl als Kunstwerke erfahrbar als auch funktional sind (bzw. weder das eine noch das andere), oder aber auf eine spezifische teleologische Handlungskompetenz. Eine solche Kompetenz kann zwar in Artefakten ihren Niederschlag finden, die sowohl als Kunstwerke erfahrbar als auch funktional sind. Als ein bloßes Vermögen kann sie jedoch nicht selbst unmittelbar Gegenstand einer Kunsterfahrung sein. Sofern sich das Wort ›Gebrauchskunst‹ auf *Artefakte* wie das Hundertwasserhaus oder Warhols Mercedes-*Cars* bezieht, ist deshalb von ästhetischer (und nur von solcher) Kunst die Rede. Sofern es sich aber auf eine *Fähigkeit* bezieht, ob auf die des Errichtens phantasievoll gestalteter Wohnbauten oder auf die des Imitierens kommerzieller Produktwerbung, ist von einer mechanischen (und nur von einer solchen) Kunst die Rede. Eine Überschneidung der beiden Bedeutungen läge nur vor, wenn das Wort ›Gebrauchskunst‹, absolut oder indefinit gebraucht, ohne Modifikation seines syntagmatischen Kontextes *gleichzeitig* Artefakte *und* eine Fähigkeit bezeichnen könnte. Dies ist aber nicht der Fall.

3.2 Kunstästhetik als explikative Theorie

Mit linguistischen Mitteln habe ich im vorigen Kapitel das Feld der Kunstästhetik abgesteckt: Ihr Gegenstand ist im Deutschen immer dann angesprochen, wenn das Wort ›Kunst‹ absolut gebraucht oder so verwendet ist, daß sich sein Gebrauch ohne Bedeutungsveränderung in einen absoluten Gebrauch transformieren läßt.[9] Immer dann ist nämlich ästhetische Kunst gemeint. Nur in diesem besonderen, jedoch nicht auf die bildende Kunst eingeschränkten Sinn war in diesem Buch bisher von Kunst die Rede, wo von ihr ohne erläuternde Zusätze die Rede war. Nur in diesem speziellen Sinn spreche ich auch künftig von Kunst, wo ich auf erläuternde Zusätze verzichte. Sofern nicht ausdrücklich anderes gesagt ist, abstrahiere ich also von der Mehrdeutigkeit des Wortes ›Kunst‹ und setze – auch in meinen Beispielen – voraus, daß es sich auf ästhetische Kunst bezieht. Außerdem unterscheide ich zwischen den Vokabeln ›Kunst‹ und ›Kunstwerk‹ künftig nur noch da, wo ihre Differenz von Bedeutung ist. Wo sie keine Rolle spielt, spreche ich statt dessen summarisch und abkürzend vom Kunstbegriff. Darunter verstehe ich nicht nur die deutschen Wörter ›Kunst‹ und ›Kunstwerk‹, sofern sie der Kennzeichnung ästhetisch erfahrbarer Artefakte dienen, sondern ebenso alle Vokabeln anderer natürlicher Sprachen, die ihnen in dieser Hinsicht äquivalent sind. In analoger Weise unterscheide ich generell zwischen ›Wort‹ und ›Begriff‹: ›Wort‹ nenne ich jede Vokabel einer bestimmten natürlichen Sprache, dagegen verwende ich das Wort ›Begriff‹, um gleichzeitig auf ein deutsches Wort und seine anderssprachigen Äquivalente Bezug zu nehmen. Sofern es nicht zu Mißverständnissen führen kann, spreche ich im übrigen auch dort schlicht von ästhetischer Erfahrung, wo die ästhetische Kunsterfahrung ge-

9 Hinfällig wird mit dieser Bestimmung das Argument, das Rudolf Haller (1986, 97) gegen die Möglichkeit einer Wesensdefinition der Kunst vorgebracht hat: Weil die Ästhetik der Kunst nur nach dem Wesen der ästhetischen Kunst fragt, muß sie nicht, wie Haller argwöhnt, nach dem »gemeinsame[n] Wesen« suchen, »das der Kochkunst und der Kunst der Logik, der Kunst, seine Kinder zu erziehen, und der Kunst des Teppichwebens, der Kriegskunst und der Schauspielkunst genauso zu eigen wäre wie dem *Moses* von Michelangelo und der *Eroica* von Beethoven«.

meint ist: Dahinter verbirgt sich nicht mehr als ein Zugeständnis an die stilistische Bequemlichkeit.

Die linguistische Analyse kann natürlich nur ein Anfang der Kunstästhetik sein, nicht schon deren Ziel. Aus ihr ergibt sich zwar, daß der Artefaktcharakter (in dem beschriebenen weiten Sinn des Begriffs) für Kunst konstitutiv ist, weil das Wort ›Kunst‹, sofern es sich auf ästhetische Kunst bezieht, ein Synonym für ›Kunstwerk(e)‹, also ein artefaktbezogener Ausdruck ist. Ich setze deshalb fortan voraus, daß sich der Kunstbegriff auf Artefakte bezieht. *Warum* dies der Fall ist, das offenbart die linguistische Analyse jedoch nicht. Ebenso läßt sie ungeklärt, *warum* uns bestimmte Artefakte als Werke der ästhetischen Kunst gelten und andere nicht. Die linguistische Analyse belehrt uns zwar darüber, woran sich im Deutschen (und in vielen anderen Sprachen) erkennen läßt, *daß* in sprachlichen Äußerungen von ästhetischer Kunst die Rede ist. Sie deutet so immerhin eine Möglichkeit an, wie wir zu (relativen) Aussagen darüber kommen können, *daß* bestimmte Artefakte Kunstwerke sind. Denn dazu genügt es offenbar, festzustellen, *daß* sich das Wort ›Kunst‹ auf bestimmte Artefakte absolut anwenden läßt. Die Analyse der Verwendungsweisen von ›Kunst‹ gibt aber keine Auskunft über jene kunstspezifische Differenz, die Kunst von Nicht-Kunst trennt und von der her die Besonderheit der ästhetischen *Kunst*erfahrung, die die allgemeine Ästhetik konstatiert, allererst verständlich werden kann. Die Kunstästhetik kann sich deshalb mit dem Resultat der linguistischen Analyse nicht zufriedengeben. Sie muß vielmehr *Gründe* dafür beizubringen suchen, warum ästhetische Kunst immer Artefaktcharakter hat und warum bestimmte Artefakte Kunstwerke sind.

Warum kommt es der Kunstästhetik auf die Kenntnis dieser Gründe an? Weil es ihr darum geht, Kunstwerke als solche zu identifizieren? So naheliegend diese Antwort scheint, so offensichtlich ist ihre Unzulänglichkeit. Denn Kunstästhetik, die ihre Aufgabe in der Identifikation von Kunstwerken erblickte, müßte sich als eine normative Theorie verstehen, die vorschreibt, welche Artefakte unter den Kunstbegriff zu subsumieren sind und welche nicht. In vielen Fällen wissen wir jedoch spontan, ohne philosophischer Belehrung zu bedürfen, ob ein Artefakt ein Kunstwerk ist oder nicht. Das zeigt sich schon daran, daß wir zumeist spontan entscheiden, ob wir den

Kunstbegriff absolut oder indefinit verwenden, bzw. spontan wissen, welche Transformation unseres definiten Gebrauchs wir als adäquate Umformung billigen würden und welche nicht. Daß wir mitunter Mühe haben, unsere Wahl einer bestimmten Art der Verwendung des Kunstbegriffs auf Nachfrage theoretisch zu begründen, illustriert die hier in Rede stehende Spontaneität. Sie ist ein Indiz dafür, daß es historisch eingespielte intersubjektive Verwendungsweisen des Kunstbegriffs gibt, an denen wir uns, wenn wir Sprachkompetenz besitzen, orientieren können, ohne daß wir in der Lage sein müßten, sie begrifflich zu explizieren.

Die Hoffnung, den Gebrauch des Kunstbegriffs durch eine philosophische Kunsttheorie normieren und so ein bestimmtes Kunstverständnis allgemein durchsetzen zu können, ist deshalb trügerisch. Zur Richterin über die Legitimität historisch eingespielter intersubjektiver Verwendungsweisen des Kunstbegriffs taugt die Kunstästhetik schon deshalb nicht, weil es ihr – zum Glück! – an Sanktionen fehlt, durch die sie Künstler, Kunstkritiker und Kunstrezipienten zu einem von ihr dekretierten Begriffsgebrauch anzuhalten vermöchte. Kunstästhetische Theorien wirken zwar häufig auf das Urteil der einschlägig interessierten Öffentlichkeit zurück; insofern trägt das Votum der Kunstphilosophie nicht selten zu Modifikationen des eingespielten Kunstverständnisses bei. Doch der einzelne Kunsttheoretiker ist im polyphonen Konzert des kunstkritischen Diskurses, durch den das Gemeinverständnis von Kunst tradiert und weiterentwickelt wird, nur eine einzige Stimme – die zudem oft genug von schrilleren Klängen übertönt wird. Der Herausforderung durch neu entwickelte Kunstformen, die das Gemeinverständnis unter den Kunstbegriff subsumiert, obgleich sie dessen Grenzen zu sprengen scheinen, kann die Kunstästhetik deshalb nicht begegnen, indem sie bestreitet, daß der Kunstbegriff auf sie anwendbar ist. Denn dessen Anwendbarkeit auf Artefakte neuer Art ist in der Regel längst anerkannt, wenn sie dem Kunstästhetiker zum Problem wird. Am Beispiel der *ready mades*, die ihren Siegeszug durch die Kunstmuseen angetreten haben, lange bevor die Kunstästhetik über die *Transfiguration of the Commonplace*[10] nachzudenken begann, wäre das zu be-

10 Danto 1981.

legen. Um Anwendungsbedingungen für den Kunstbegriff vorzuschreiben, kommt die Kunstästhetik daher immer schon zu spät. Wenn sie die bunte Vielfalt der Kunsterscheinungen in graue Theorie einzuholen sucht, haben sich die Erscheinungsformen der Kunst längst potenziert. Wo sich die Kunstästhetik darauf verlegt, der Verwendung des Kunstbegriffs aus eigenem Recht Grenzen zu setzen, mißachtet sie deshalb sträflich ihre eigene Grenze. Bestenfalls gelingt es ihr so, *ex negativo* künftige Kunstwerke zu antizipieren. So war sich Harold Osborne 1981 noch sicher, »[that] it would be odd to describe the act of giving birth to a beautiful baby as a work of art«.[11] Zwölf Jahre später huldigten die internationalen Kunstfeuilletons dem amerikanischen Pop-Artisten Jeff Koons, als dieser den eigenen Liebesakt mit Ilona Staller zum Kunstereignis stilisierte und das gemeinsame Kind dem Kunstmarkt noch im Windelalter als ›erste biologische Skulptur‹[12] andiente.

Weit davon entfernt, Vorschriften machen zu können, wie der Kunstbegriff zu verwenden sei, ist die Kunstästhetik aufs *Erklären* verwiesen[13]: Ihre Definition der Kunst kann keine normative, son-

11 Osborne 1981, 9.

12 Zitiert nach Kipphoff 1993, 53.

13 Das hat Ernst Meumann schon 1914 sehr deutlich gesehen: »Die Aufgabe der Ästhetik ist allein darin zu suchen, daß sie das ganze Lebensgebiet der Kunst und des Kunstschaffens und Kunstgenießens unserem Verständnis näher bringen soll. Sie soll weder Vorschriften für den Künstler aufstellen, noch ein allezeit gültiges Kunstideal entwickeln, noch den Geschmack und das Urteil des kunstgenießenden Laien regulieren; sondern allen Tatsachen der Kunst und des Kunstschaffens und Genießens gegenüber hat sie die Rolle einer empirischen Forschung zu spielen, die uns dieses eigenartige Lebensgebiet von einheitlichen Gesichtspunkten aus darstellt und *erklärt.*« (9, Sperrung i. O., Kursive R. S.) Vgl. die ähnliche Position von Lipps (1903, 3), Volkelt (1905, 31) und Lange (1907, 15 u. ö.). Die empirische Ausrichtung der Kunstästhetik darf allerdings nicht im Sinne einer strikten methodischen Orientierung an den Naturwissenschaften verstanden werden: Daß die Kunstästhetik ihrer explikativen Funktion nicht gerecht werden kann, wenn sie ihre Theoriebildung an Experimenten orientiert, wie Fechner (1871) und Meumann (1894) es vorgeschlagen und praktiziert hatten, verdeutlicht bereits Lange (1907, 22) mit ironischer Lakonie. Vgl. auch die kritischen Anmerkungen von Volkelt (1905, 36).

dern nur eine *explikative* sein. Ihr *erstes* Anliegen kann die Kunstästhetik folglich auch nicht darin erblicken, Kriterien für die Bewertung von Kunstwerken beizubringen – so dringend wir uns auch als Kunstrezipienten gerade in diesem Punkt Hilfestellung von der Philosophie erhoffen mögen. Solange nämlich darüber Unklarheit herrscht, warum Kunstwerke Kunstwerke sind, lassen sich solche Maßstäbe nur von außen an die Kunst herantragen. Im Alltag messen wir Kunst zwar oft an Normen, die nicht an ihr gewonnen sind. Bewertungen, die sich an sachfremden Maßstäben orientieren, können jedoch keine Allgemeingültigkeit beanspruchen, weil ihnen stets die subjektive Willkür anhaftet, die bei der Kriterienwahl den Ausschlag gab. Solche Werturteile sind deshalb nur bedingt theoriefähig; denn sie disqualifizieren jede Theorie, die sich auf sie beruft, zu einer mehr oder weniger privaten, solipsistischen Theorie.

Ziel der Kunstästhetik ist demnach weder das Identifizieren noch das Evaluieren von Kunst, sondern das Begreifen und Erklären ihrer eigentümlichen Natur. Wir bedürfen der Kunstästhetik, um zu verstehen, warum einige Artefakte nicht bloß Artefakte, sondern Kunstwerke sind.[14] William E. Kennick irrt, wenn er glaubt, »[i]f anyone is able to use the word ›art‹ or the phrase ›work of art‹ correctly, [...] he knows ›what art is‹, and no formula in the world can make him wiser«.[15] Wer Kunstwerke vor dem Horizont eines kultur- und zeitspezifischen Kunstverständnisses spontan als solche zu identifizieren und den Kunstbegriff insofern ›korrekt‹ zu verwenden weiß, weiß zwar, welche Artefakte Kunstwerke sind. Er weiß damit aber noch nicht, »what art is«; denn er weiß nicht, was es heißt, daß Artefakte Kunstwerke sind. Dazu bedürfte er nicht nur der Fähigkeit, Kunstwerke als solche zu erkennen, sondern auch der Kenntnis der Gründe, die sich für die Kunsthaftigkeit von Kunstwerken anführen lassen.

14 Daß Artefakte Kunstwerke *sind*, ist natürlich eine abbreviatorische Ausdrucksweise, die – hier wie im Folgenden – stets den Sachverhalt bezeichnet, daß sie es im Horizont eines kultur- und zeitspezifischen Kunstverständnisses sind.

15 Kennick 1958, 321. Das Zitat ist die Abwandlung einer These von Friedrich Waismann (1950, 27).

Natürlich sind Produktion und Rezeption von Kunstwerken nicht an die Kenntnis dieser Gründe gebunden: Auch als kunstästhetischer Ignorant kann ich Künstler oder Kunstliebhaber sein.[16] Zu wissen, was man tut, wenn man Kunstwerke produziert oder rezipiert, bedeutet jedoch einen Erkenntnisgewinn. Um dieses Erkenntnisgewinns willen sucht die Kunstästhetik stets von neuem nach dem Grund für das, was wir spontan immer schon wissen, indem sie fragt: Warum ist das, was Kunst ist, Kunst?

Wo sich die Kunstästhetik die Bestimmung der kunstspezifischen Differenz versagt, entzieht sie sich folglich selbst den Boden. Das gilt um so mehr, als die Kenntnis der kunstspezifischen Differenz die unabdingbare Voraussetzung bildet für eine Theorie der Bewertung von Kunst. Ohne ein Wissen darum, was Kunst eigentlich ist, lassen sich Kriterien für die Bewertung von Kunstwerken nicht plausibel begründen. Ohne Kenntnis des Wesens der Kunst ist deshalb auch keine normative Kunsttheorie möglich.

3.3 Die essentialistische Prämisse kunstästhetischer Theorie

Eine Theorie, die das Wesen der Kunst zu bestimmen sucht, kommt nicht ohne eine Prämisse aus, die ich als *essentialistisch* bezeichnen möchte: Sie muß annehmen, daß es Kunst als solche gibt – genauer: daß von Kunst *als solcher* sinnvoll die Rede sein kann. Essentialistisch kann diese Prämisse heißen, weil sie zum Ausdruck bringt, daß die Frage nach dem *Wesen* der Kunst danach fragt, was sich über Kunst als solche begründeterweise sagen läßt. Essentialistisch ist diese Prämisse jedoch nicht notwendigerweise im Sinn jener metaphysischen Tradition, die Essentialismus mit Realismus identifiziert. Kunsthaftigkeit muß kein Attribut sein, das die Realität eines abstrakten Gegenstandes besitzt. Ebensowenig ist es erforderlich, anzunehmen, daß der Kunstbegriff eine Klasse von Artefakten bezeichnet, denen *als Dingen an sich* eine gemeinsame Eigenschaft zukommt, die andere Artefakte nicht besitzen. Denn die essentialistische Prämisse kunst-

16 Vgl. Hampshire 1970, 169.

ästhetischer Theorie ist ontologisch in dem genauen Sinn indifferent, daß sie nichts darüber impliziert, welchen ontologischen Status Kunsthaftigkeit besitzt.[17] Sie setzt nicht einmal voraus, daß Kunsthaftigkeit eine *Eigenschaft* von Artefakten ist. Strenggenommen besagt sie nur, daß von Kunst als solcher sinnvoll *die Rede sein kann*. Sie unterstellt damit lediglich ein philosophisch *thematisierbares* Wesen der Kunst, ohne etwas darüber zu prädizieren, wie dieses Wesen ontologisch aufzufassen sei.

Die Gemeinsamkeitsunterstellung, die die essentialistische Prämisse der Kunstästhetik zum Ausdruck bringt, unterstellt dem Kunstbegriff also lediglich einen spezifischen semantischen Gehalt, aber keine Realität *ante res* oder *in rebus*. Die Möglichkeit einer kunstästhetischen Theorie ist damit ›nur‹ an die Semantizität des Kunstbegriffs geknüpft. Da diese jedoch, wie das nächste Kapitel zeigen wird, bestritten wird, steht jene vorerst ebenfalls in Frage.

17 Daß die Annahme eines Wesens der Kunst ontologisch indifferent ist, bedeutet natürlich nicht, daß die Frage nach dem ontologischen Status *von Kunstwerken* sinnlos wäre: Es ist eines, nach dem ontologischen Status von *Kunst als solcher* zu fragen – d. h. nach der Existenzweise jener Kunsthaftigkeit, von der die Möglichkeit kunstästhetischer Theorie unmittelbar abhängig ist –, und ein anderes, die Frage nach dem ontologischen Status zu stellen, den *ein bestimmtes Kunstwerk als solches* besitzt (siehe dazu unten, Kap. 5, 163 ff.).

4 Die Möglichkeit kunstästhetischer Theorie

4.1 Die Herausforderung der Kunstästhetik durch die zeitgenössische Kunst und Philosophie

Warum sind bestimmte Artefakte Kunstwerke? Solange die ästhetischen Künste einen mehr oder minder geschlossenen Kanon bildeten, konnte die Antwort unproblematisch erscheinen. Denn die Demarkationslinie zwischen Kunst und Nicht-Kunst war leicht zu erkennen – wenigstens schien es so: Kunst war, was in seiner phänomenalen Beschaffenheit bei aller relativen Originalität den konventionellen Normen einer der kanonischen Künste weitgehend entsprach.[1]

Heute sind die Grenzen nicht mehr so leicht zu ziehen. Die Entwicklung der modernen Kunst hat einen Typus von Kunst hervorgebracht, der die Unterscheidbarkeit von Kunst und Nicht-Kunst prinzipiell in Frage stellt. Ganz grob lassen sich drei Stufen dieser Herausforderung der Kunstästhetik durch die Kunst unterscheiden. Seit Marcel Duchamp 1913 in seinem Pariser Atelier das *ready made* erfand, ist potentiell jeder beliebige Gegenstand Kunst, der ein Produkt menschlicher Kunstfertigkeit darstellt. Seit Kurt Schwitters 1919 und in seiner Nachfolge die Surrealisten das *objet trouvé* zum Kunstobjekt erhoben, entfällt auch das Kriterium des Gemachtseins: Jeder beliebige Gegenstand ist potentiell Kunst. Und spätestens mit den

1 Zur phänomenalen Beschaffenheit eines Wahrnehmungsobjekts rechne ich dabei auch solche Eigenschaften, die sich der unmittelbaren sinnlichen Wahrnehmung entziehen, gleichwohl aber spontan erkannt werden können, zum Beispiel die Fiktionalität bestimmter Texte.

happenings der Pop-Art- und Fluxuskünstler vierzig Jahre später greift die Entgrenzung des Kunstbegriffs auch auf die transitorischen Künste über: Alles, ob Gegenstand oder Aktion, ist seither potentiell Kunst.[2]

Natürlich ist die Einschränkung wichtig: Nur *potentiell* ist alles Kunst. In Wirklichkeit hingegen wissen wir meist sehr genau, ob wir ein *ready made* vor uns haben oder ein stinknormales Pissoir. Aber wir hätten gewiß Schwierigkeiten, unser spontanes Wissen zu begründen und eine Regel anzugeben, die das *ready made* von seinem profanen Pendant zu unterscheiden erlaubte.[3] Auf ein äußeres Unterscheidungsmerkmal könnten wir jedenfalls nicht verweisen. Denn es liegt in der Natur dieser Kunst, daß sich das *ready made* in seiner phänomenalen Beschaffenheit nicht (oder allenfalls durch die Signatur des Künstlers) von einem Alltagsding unterscheidet, ist es doch nichts anderes als ein Alltagsding, das zum Kunstwerk avancierte. Es ist diese Gleichheit der phänomenalen Beschaffenheit von Kunstwerken und Alltagsdingen, die Zweifel am Fortbestehen des Gegenstands kunstästhetischer Reflexion weckt. Seitdem Kunstwerke Alltagsdingen so ähnlich sehen wie die von Philippe Thomas (alias *readymades belong to everyone*) auf der *documenta IX* ausgestellte Installation *Alain Clairet: By the same token*[4] einem 35 Quadratmeter großen Parkettfußboden aus Eichenfurnier-Paneele, scheint es fraglich, ob es jenes Wesen der Kunst überhaupt noch gibt, nach dem der Kunstästhetiker forscht. Ist es nicht vielmehr so, daß Kunst und Nicht-Kunst ununterscheidbar geworden sind?

2 Rüdiger Bubners These einer »Ästhetisierung der Lebenswelt« (1989, 143 ff.) bringt dieses Verschwinden des Unterschieds zwischen Kunst und Alltagswelt aus einer komplementären Perspektive auf den Begriff. Aus diesem Blickwinkel ist es nicht so sehr die Kunst, die sich der alltäglichen Lebenswelt angleicht, sondern umgekehrt diese, die sich an die Kunst assimiliert und deren Verfahrensweisen, Ziele und Ideale zu Elementen des Alltagsverhaltens werden läßt. Träfe Bubners Diagnose – der diejenige ähnelt, die Berman (1984/85) und Jameson (1984, 87 ff.) aus amerikanischer Sicht gestellt haben – tatsächlich zu, wäre eine Utopie verwirklicht, die bereits Nietzsches expansiver Kunstbegriff impliziert (vgl. dazu Meyer 1993, bes. 4 f.).

3 Für eine empirische Bestätigung vgl. z. B. Burdorf 1996, 247 ff.

4 Vgl. die Abbildung in Documenta 1992 III, 462 f.

Die Kunstästhetik kann auf diese Herausforderung durch die Kunst grundsätzlich auf zweierlei Weise reagieren. Einmal kann sie bestreiten, daß es sich wirklich um eine qualitativ neue Situation handelt. In diesem Fall wird sie vor allem geltend machen, daß wir im Alltag immer noch zwischen Kunst und Nicht-Kunst zu unterscheiden wissen – selbst wenn es sich um Phänomene handelt, die diese Unterscheidung dem Anschein nach unterlaufen. Sie wird daraus den Schluß ziehen, daß der Eindruck der Gleichheit, den bestimmte Kunst- und Alltagsphänomene erwecken, trügt, weil es jenseits der äußeren Gestalt, in der sie sich gleichen, eine kunstspezifische Differenz gibt, durch die sie sich unterscheiden. Alles Totengeläut für die Kunstästhetik ist aus dieser Sicht falscher Alarm. Denn die Suche nach dem Wesen der Kunst ist ihr zufolge weder sinnlos noch überflüssig; sie muß sich nur auf eine Kunsteigenschaft richten, die sich der unmittelbaren sinnlichen Wahrnehmung entzieht.

Die Kunstästhetik kann sich der Herausforderung durch die Kunst aber auch auf andere Weise stellen: Sie kann davon ausgehen, daß durch die Avantgardekunst des 20. Jahrhunderts tatsächlich eine qualitativ neue Situation entstanden ist. In diesem Fall müßte sie annehmen, daß Kunst und Nicht-Kunst zwar früher einmal zu unterscheiden waren, es heute aber nicht mehr sind. Die Kunst wäre dann nur noch ein historisches Phänomen – in einem weit radikaleren Sinn, als Hegel glaubte, dem sie nur »nach der Seite ihrer höchsten Bestimmung für uns ein Vergangenes«[5] schien. Und mit ihrem Verschwinden hätte auch die Kunstästhetik ihr Daseinsrecht eingebüßt.

Gegen diese Deutung, die dem Selbstverständnis vieler zeitgenössischer Künstler gewiß mehr entgegenkäme als die Insistenz auf der fortwährenden Möglichkeit der Unterscheidung von Kunst und Nicht-Kunst, spricht allerdings ein entscheidendes Argument. Auch *vor* Duchamps *Fountain* gab es keine Regel für die Verwendung des Kunstbegriffs, die zur zweifelsfreien Identifizierung eines jeden Kunstwerks getaugt hätte. So sah sich schon Schleiermacher in der ersten Akademierede *Über den Umfang des Begriffs der Kunst* am 11. August 1831 zur Klage über die »Verlegenheit« genötigt, welche »oft im einzelnen [entsteht], wenn bestimmt werden soll, ob diese oder

5 Hegel *WW XIII*, 25.

jene Leistung zur Kunst gehöre oder nicht«.[6] Wenn wir aber bei der Unterscheidung von Kunst und Nicht-Kunst *vor* der vermeintlich so revolutionären Zäsur, als die *ready mades*, *objets trouvés* und *happenings* leicht erscheinen, genauso auf unser spontanes Wissen verwiesen waren, wie wir es heute sind, dann läßt sich die These eines historischen Bruchs schwerlich aufrechterhalten. Tatsächlich hat sie in der philosophischen Kunsttheorie auch kaum Anhänger gefunden.[7]

Trotzdem hat die Herausforderung durch die Avantgardekunst der ersten Hälfte des 20. Jahrhunderts in der Kunstphilosophie ihre Spuren hinterlassen. Denn sie bot der Kunstästhetik Anlaß zu einer radikalen Selbstkritik. Einige Ästhetiker aus dem englischen Sprachraum weigerten sich nämlich, angesichts der irritierenden Werke moderner Kunst einfach wieder zur Tagesordnung der kunstphilosophischen Tradition überzugehen. Angeregt vor allem durch die Sprachspieltheorie Wittgensteins, begannen sie Ende der vierziger Jahre damit, die Verwendungsweise des Kunstbegriffs zu überprüfen. Dabei kamen sie zu dem Ergebnis, daß der Kunstästhetik, sofern sie sich als Theorie über das Wesen der Kunst versteht, nicht erst durch die neuen Kunstphänomene ihr Gegenstand abhanden gekommen sei. Dieser sei vielmehr immer schon nur ein Phantom gewesen. Diese Auffassung ist noch radikaler als die Annahme einer historischen Zäsur, weil sie die Möglichkeit einer Kunstdefinition generell und nicht nur von einem bestimmten Zeitpunkt an in Abrede stellt. Ich will sie die Position der *kunstästhetischen Skepsis* nennen. Obgleich die in den vierziger und fünfziger Jahren von ihren Vertretern geäußerten Argumente seither auch auf Widerspruch gestoßen sind, hat sie inzwischen auch in Deutschland Anhänger gefunden (die sich allerdings einer modifizierten Begründung bedienen).[8] Der Zweifel am Sinn der Suche nach dem Kunsthaften der

6 Schleiermacher *UBK*, 806.

7 Am deutlichsten hallt vielleicht in der oben (39 ff.) erörterten Auffassung von Bubner (1989, 33), daß »die Krise des Werkbegriffs ein wesentliches Signum der modernen Epoche« und die Kunstphilosophie daher zu einer radikalen Erfahrungsästhetik genötigt sei, etwas von dem revolutionären Selbstbewußtsein der Avantgarden nach, die zumindest eine Zeitlang eine neue Situation hervorgebracht zu haben glaubten.

8 Vgl. Lüdeking 1998 (zuerst 1988); Scholz 1991, 156 f.; Otto 1993.

Kunst ist also nach wie vor virulent. Und mir scheint, daß es nicht die Kunst der Avantgarden des 20. Jahrhunderts ist, sondern diese kunstästhetische Skepsis, welche die eigentliche Herausforderung der Kunstphilosophie darstellt: eine Herausforderung der philosophischen Theorie durch die Philosophie selbst. Denn die äußerliche Gleichheit avantgardistischer Kunstphänomene mit Alltagsphänomenen stellt die Möglichkeit einer Kunsttheorie nicht mehr in Frage, wenn man eine nicht unmittelbar sinnlich wahrnehmbare Kunsteigenschaft annimmt; die generelle kunstästhetische Skepsis sprachanalytischer Autoren läßt sich dagegen nicht so leicht entkräften. Wäre diese aber im Recht, könnte keine kunstästhetische Theorie Erkenntnischarakter beanspruchen. Die Kunstästhetik müßte zwar nicht verstummen; der Status ihrer Reflexion über das, was der Kunst als solcher wesentlich ist, wäre jedoch nur der einer normativ-postulatorischen Theorie.

Will die Kunstästhetik vor dem kunstästhetischen Zweifel nicht einfach kapitulieren, muß sie ihn als unberechtigt erweisen. Sie muß sich dazu vergewissern, daß (und wie) von Kunst als solcher die Rede sein kann. Im folgenden werde ich deshalb zunächst die Argumente der kunstästhetischen Skeptiker prüfen, um anschließend eine Bestimmung des Gegenstands kunstästhetischer Reflexion vorzuschlagen, die ihre berechtigten Anliegen berücksichtigt, zu kunstästhetischer Skepsis jedoch keine Veranlassung gibt.

4.2 Kritik der kunstästhetischen Skepsis

Für die kunstästhetischen Skeptiker gibt es Kunst nicht als solche. Damit ist nicht nur gemeint, daß der Kunstbegriff eine eigene Existenz weder *ante res* noch *in rebus* habe, wie dies der klassische Nominalismus für Allgemeinbegriffe immer schon behauptet hat. Vielmehr wird auch die nominalistische Pointe ausgeschlossen, indem dem Terminus ›Kunst‹ der Charakter eines Allgemeinbegriffs im traditionellen Sinn überhaupt bestritten wird. Wenn ›Kunst‹ der Name für die Gesamtheit aller Kunstwerke ist, entspricht diesem gemeinsamen Namen nach Auffassung der kunstästhetischen Skeptiker auch keine *post res* abstraktiv zu ermittelnde Gemeinsamkeit. Für sie gibt es die Klasse der Kunstwerke nur in einem sehr diffusen Sinn: als ein kontingentes Ensemble mehr oder weniger heterogener Phänomene, angesichts dessen die Frage nach dem Wesen der Kunst fehl am Platze sei. ›Kunst‹ ist demnach ein Begriff, der verschiedenen Phänomenen beigelegt wird – einem Gemälde El Grecos genauso wie einer Oper von Mozart, einem Sonett von Shakespeare ebenso wie einer Video-Installation von Paik –, ohne daß sich daraus auf irgendeine spezifische Gemeinsamkeit dieser Phänomene schließen ließe. Die Suche der (meisten) Kunstphilosophen nach einer derartigen Essenz, die es erlauben würde, von Kunst als solcher zu sprechen, führen die Skeptiker auf einen essentialistischen Fehlschluß (»essentialist fallacy«[9]) zurück: Ihr liege die irrige Vermutung zugrunde, jeder Begriff besitze genau eine Referenz und könne daher nicht auf eine Vielheit disparater Phänomene verweisen.

Die kunstästhetischen Skeptiker verneinen zwar nicht generell die Möglichkeit von Aussagen über Kunst, schränken sie aber auf Stellungnahmen zu individuellen Werken ein. Nicht der Kunst*ästhetiker*, der nach der Kunst als solcher fragt, sondern allein der Kunst*kritiker*, der sich dem einzelnen Werk zuwendet, kann in ihren Augen Aussagen über Kunst treffen. Kunst*ästhetik* ist für die Skeptiker dagegen nur als normativ-postulatorische oder als metaästhetische Theorie möglich. Als normativ-postulatorische Theorie macht und begründet sie Vorschläge, welche Phänomene dem Kunstbegriff subsumiert werden sollen und welche nicht, oder entwirft Maßstäbe zur Bewertung von Kunst.[10] Mag sie dabei auch profundere Argumente artikulieren als das kunstkritische Urteil eines Jedermann, ist ihr Status doch derselbe, den ebendieses auch beanspruchen kann. Kunstästhetiken dieses Typs sind in den Augen der kunstästhetischen Skeptiker alle herkömmlichen kunstphilosophischen Theorien, die vorgeben, Aussagen über das Wesen der Kunst zu treffen. Den anderen Fall metaästhetischer Kunstphilosophie repräsentieren dagegen die Theorien der Skeptiker selbst. Sie erheben den Anspruch, die Irrtümer und Anmaßungen der traditionellen Kunstästhetik aufzudecken, indem sie den Kunstbegriff und die Verwen-

9 Gallie 1948, 302.
10 Vgl. Weitz 1956/57, 35; Lüdeking 1998, 193.

dung analysieren, die wir von ihm und kunstästhetischen Wertungsprädikaten machen. Denn sie glauben, dadurch nachweisen zu können, daß sich die Frage, was Kunst eigentlich ist, nicht beantworten läßt, weil der Kunstbegriff gar keine bestimmte Bedeutung besitzt.[11]

In vielen Arbeiten kunstästhetischer Skeptiker vermischen sich allerdings sprachanalytische Argumente mit allgemeineren Vorbehalten gegen eine essentialistische Theorie der Kunst. So haben einige Autoren geltend gemacht, daß sich der kunstästhetische Essentialismus nicht mit der Unterschiedlichkeit der einzelnen Werke bzw. der verschiedenen Künste vereinbaren lasse.[12] Andere haben eingewandt, daß er mit der Singularität künstlerischer Werke unverträglich sei.[13] Beide Hinweise erscheinen auf den ersten Blick berechtigt: Unterstellt nicht tatsächlich, wer generelle Aussagen über Kunst trifft, daß »despite their differences, all works of art must possess some common nature, some distinctive set of characteristics which serves to separate Art from everything else, a set of necessary and sufficient conditions for their being works of art at all«[14]? Ist nicht die Kunstästhetik zu generellen Auskünften über Kunst nur deshalb in der Lage, weil sie von der Anwendung ein und desselben Begriffs

11 Ein gutes Beispiel sprachanalytischer Metaästhetik, die sich jeder Spekulation über Kunst als solche enthält und auf die Analyse »ästhetischer Wertäußerungen« beschränkt, bietet die Arbeit von Strube (1981). Sie offenbart in aller Deutlichkeit auch den Preis, der für solche Askese zu zahlen ist: Kunstästhetik wird transformiert in eine »Philosophie der Kunstkritik« (wie Zimmermann [1980, 145] treffend die sprachanalytische Ästhetik charakterisiert), mehr noch: in eine Analyse sprachlich vermittelten Urteilens schlechthin. Dieser aber wird der spezifische Gegenstand kunstkritischen Urteilens tendenziell gleichgültig, so daß ihre Ergebnisse »im großen und ganzen [...] auch andernorts, zum Beispiel für die Beurteilung von Weinen«, Gültigkeit haben können, wie Kambartel (in: Koppe 1991, 383) mit Blick auf einen neueren Beitrag von Strube (1991) zu Recht moniert.

12 Vgl. Gallie 1948, 305; Passmore 1951, 330 f., 335; Ziff 1953, 66; Kennick 1958, 319.

13 Vgl. Hampshire 1970, 169; Macdonald 1970, 118. Die Singularität jedes einzelnen Kunstwerks haben vor allem die Vertreter des *New Criticism* betont (vgl. Richards 1960; Wimsatt/Beardsley 1958, 222; siehe aber auch Strawson 1966, 8 ff.).

14 Kennick 1958, 319.

auf eine Mehrzahl von Phänomenen umstandslos auf deren Wesensgleichheit schließt? Und spricht nicht schon der erste Sinnenschein für den antiessentialistischen Skeptiker, der die Zulässigkeit dieser Folgerung in Zweifel zieht? Ist nicht jedes Kunstwerk in der Tat singulär, weil zwei phänomenal ununterscheidbare Artefakte nur als zwei Manifestationen ein und desselben Kunstwerks (beispielsweise als zwei Exemplare eines Romans oder auch als Original und Fälschung eines Gemäldes) vorstellbar sind, nicht aber als zwei verschiedene Kunstwerke? Appelliert nicht die Malerei an einen anderen menschlichen Sinn als die Musik? Bedienen Literatur und Plastik sich nicht unterschiedlicher Materialien und technischer Mittel?[15] Benutzen Musik und Literatur nicht ganz andere Notationssysteme?[16] Müssen wir folglich nicht zu demselben Ergebnis kommen wie Konrad Fiedler, der schon 1887 befand, daß »es nicht eine Kunst im allgemeinen, sondern nur Künste gibt«?[17] Und mit Karl Heinz Bohrer die Konsequenz ziehen, daß eine »Ästhetische Theorie«, die sich als Kunstphilosophie versteht, »nur als ausdifferenzierte Kunst- und Literaturwissenschaft die relevanten Fragen stellen« kann?[18]

15 Vgl. dazu Sartre 1948b, 60.

16 Vgl. Goodman 1976, bes. 127ff.

17 Fiedler *UkT*, 185. – Der Sprachphilosoph und Literaturtheoretiker Michail M. Bachtin hat in einer scharfsinnigen Analyse gezeigt, daß diese auch im russischen Formalismus weitverbreitete »klassische Losung«, es gebe »nicht *die* Kunst«, sondern »nur einzelne Künste«, untrennbar mit dem kunstästhetischen *»Primat des Materials«* verbunden ist, das – »wenn es im Bewußtsein des Ästhetikers methodisch in den Vordergrund gerückt wird – die einzelnen Künste *isoliert*« (1979, 99; Herv. i. O.). Bachtin hat mit Recht gegen diese kunsttheoretische Priorisierung des Materials (unter anderem) eingewandt, sie nivelliere die Differenz zwischen »a. dem ästhetischen Objekt, b. der außerästhetischen materiellen Gegebenheit des Werks, c. der teleologisch verstandenen kompositionellen Organisation des Materials« (ebd., 105) und tauge nicht als Basisprämisse einer philosophischen Ästhetik, die, wenngleich sie vorrangig die ästhetische Kunsterfahrung aufzuklären habe, auch das Phänomen des »ästhetische[n] Sehen[s] außerhalb der Kunst« im Blick behalten und dessen Verwandtschaft mit der ästhetischen Kunsterfahrung erhellen müsse (ebd., 108f.; Herv. d. O. getilgt).

18 Bohrer 1994, 130. Vgl. auch Peter Kivys Plädoyer für *Philosophies of Arts* (1997). Indem Kivy die Philosophien der Künste als Komplement einer

Sosehr der erste Sinnenschein den kunstästhetischen Skeptikern Recht zu geben scheint – dem zweiten Blick zeigt sich ihr doppeltes Unverträglichkeitsargument in etwas anderem Licht. Natürlich unterscheiden sich die Künste in ebenso vielfältiger Weise wie die einzelnen Werke. Daraus folgt aber weder für diese noch für jene, daß ihnen nichts gemeinsam ist. Ebensowenig folgt daraus zwar das Gegenteil. Doch daß wir Bartóks *Konzert für Orchester*, Hölderlins *Andenken* und Altdorfers *Alexanderschlacht* gleichermaßen unter den Kunstbegriff subsumieren, obwohl es sich um Artefakte höchst unterschiedlicher Art handelt, läßt sich besser mit der Annahme einer ihnen gemeinsamen kunstspezifischen Eigenschaft erklären als durch deren Bestreitung. Sowenig damit die Richtigkeit dieser Annahme bereits erwiesen ist, der jede Theorie über das Wesen der Kunst stillschweigend oder ausdrücklich anhängt, sowenig ergibt sich ein triftiger Grund für die prinzipielle Skepsis der Antiessentialisten. Zu Unrecht hat man jedenfalls dem britischen Kunsttheoretiker Harold Osborne, der als Kunsteigenschaft die »organic unity«[19] von Sinneseindrücken annimmt, den Vorwurf gemacht, sein Festhalten am kunstästhetischen Essentialismus sei mit einer Reduktion von Kunstwerken auf reine Wahrnehmungsphänomene erkauft.[20] Der Einwand verwechselt nämlich Abstraktion und Reduktion: Wer Menschen als Säugetiere klassifiziert, nimmt ihnen nicht ihre Vernunftbegabung, sondern sieht von ihr lediglich ab, um die Gemeinsamkeiten zwischen Menschen und bestimmten anderen Lebewesen zu betonen. Wollte man eine derartige Abstraktion als methodisch illegitim betrachten, wären Aussagen nur als Individualaussagen möglich. Dieser Restriktion kann sich aber keine Wissenschaft unterwerfen, ohne ihren Erkenntnisanspruch aufzugeben; deshalb sollte es auch die Kunstästhetik nicht tun.

Die Geschichte dieser Disziplin scheint allerdings die Zweifel der Skeptiker zu bestätigen: Wo Kunstästhetiker bisher eine besondere Kunsteigenschaft entdeckt zu haben glauben, läßt sich oft leicht erkennen, daß sie sich im Irrtum befinden. Das gilt nicht nur für die

Kunstästhetik konzipiert, die Kunst als solche zu definieren sucht, grenzt er sich aber von der kunstästhetischen Skepsis ab (vgl. ebd., x).

19 Osborne 1952, 125.

20 Vgl. Lüdeking 1998, 25 f.

unterschiedlichen Spielarten der Wahrheitsästhetik[21], sondern auch für Theorien aus jüngster Zeit. Oft genug erweist sich nämlich das vermeintliche Charakteristikum der Kunst als unspezifisch. Aus diesem Grund fragwürdig ist etwa das kunstästhetische Programm von Wolfgang Welsch. Welsch sieht die besondere Bedeutsamkeit der Kunst darin, daß »sie uns unsere Grundverfassung – eben die der Pluralität – so nachdrücklich zur Erfahrung bringt, wie sonst kein Medium das vermag«.[22] Die komparative Formulierung kann zwar notdürftig kaschieren, daß die Fähigkeit zur Ermöglichung von Pluralitätserfahrung keine kunstspezifische Eigenschaft ist. Sachlicher Überprüfung hält Welschs These jedoch kaum stand: Nichts spricht dafür, daß die »Einübung in Pluralität«[23] mit Hilfe der Kunst besser gelingen sollte als etwa mit Hilfe fernbedienbarer Unterhaltungselektronik, die fortwährend zum Channel-Switching animiert.

Der Hinweis auf die Erfolglosigkeit bisheriger Versuche, eine spezifische Kunsteigenschaft zu ermitteln[24], reicht zur Begründung der These vom essentialistischen Fehlschluß allerdings nicht aus: Womöglich hat die kunstästhetische Forschung bisher einfach auf die falschen Kandidaten gesetzt. Insofern erscheint die essentialistische Vermutung einer Wesensgleichheit aller Kunstphänomene nach wie vor als eine legitime heuristische Hypothese. Daran ändert auch das Argument nichts, daß »every work of art is unique«[25], mit dem Margaret Macdonald der Kunstkritik das ihr von Collingwood zuerkannte Recht bestreitet, sich auf allgemeine, aus dem Wesen der Kunst abgeleitete Bewertungsstandards zu berufen. Das Argument beruht nicht nur selbst auf einer Generalisierung, in der man leicht eine essentialistische Voraussetzung erkennen kann[26]; es suggeriert auch eine falsche Alternative: Heterogenität und Einzigartigkeit künstlerischer Werke sind mit der Annahme einer ihnen gemeinsamen Kunsteigenschaft durchaus verträglich.

21 Siehe oben, 32 ff.

22 Welsch 1990, 71.

23 Ebd., 70.

24 Er findet sich vor allem bei Kennick (1958, 319 f.).

25 Macdonald 1955/56, 392 f.; dies. 1970, 118; vgl. dagegen Collingwood 1938, 280.

26 Vgl. Gallie 1956, 99 f.; Lüdeking 1998, 55.

Unverträglich sind sie allein mit Theorien, die aller Kunst ein und dieselbe Funktion oder Bedeutung unterstellen. Ein Kennzeichen solcher Theorien ist es, daß sie über ein einzelnes Kunstwerk keine andere, spezifischere Auskunft zu geben vermögen als über Kunst überhaupt. Ein besonders prägnantes Beispiel dafür bietet Sarah Kofmans Buch *Mélancolie de l'art.* Dort findet sich im Titelessay eine Passage, die Kofmans Kunstauffassung mit beinahe denselben Worten resümiert, mit denen ein anderer Aufsatz des Bandes Balthus' Gemälde *Le chat au miroir* (1977/1980, Privatbesitz[27]) und zugleich Balthus' Malerei allgemein charakterisiert.[28] Offenbar ist Kofman der Meinung, Balthus' Bild(er) sei(en) eine Manifestation dessen, was Kunst als solche ist. Damit erliegt sie jedoch der Verführung eines kunstästhetischen Induktionismus, der von der Beschaffenheit *eines* Kunstwerks (oder von der Eigenart der Werke *eines* Künstlers, der Beschaffenheit *eines* Typs von Kunstwerken oder der Natur *einer* der Künste) auf das Wesen *der* Kunst schließen zu können glaubt. Dies ist jedoch kein zulässiger Schluß.[29] Denn *Le chat au miroir* läßt sich ebensowenig wie irgendein anderes von Balthus' Gemälden oder irgendein anderes Kunstwerk als einzige Manifestation des Wesens der Kunst privilegieren: Nichts spricht dafür, daß gerade dieses oder irgendein anderes ganz bestimmtes Kunstwerk mehr als jedes andere ein Spiegel dessen ist, was Kunst als solche ist. Ebensowenig ist es jedoch plausibel, daß jedes Kunstwerk darüber dieselbe Auskunft gibt – dazu sind die Kunstwerke offensichtlich zu verschieden.

Wer unterstellt, daß jedes Kunstwerk durch ein anderes substituierbar ist, muß die Heterogenität der Kunst ebenso leugnen wie die Singularität jedes einzelnen Werks. Wer jedoch davon ausgeht, daß Kunstwerke Unikate sind, kann durchaus vermuten, daß sie sich in mancher Hinsicht gleichen. W. B. Gallie, der ›Erfinder‹ der These vom essentialistischen Fehlschluß, beharrt zwar zu Recht darauf, »that [...] the job of criticism is not to show what is common to one work of art and all others [...] but to show what is unique, and therefore important, in a given work«.[30] Ebenso wie Macdonald (und vie-

27 Vgl. die Abbildung in Leymarie 1990 (Tafel 54).

28 Kofman 1985, vgl. 15 ff. u. 91.

29 Siehe unten, 156 ff.

30 Gallie 1948, 313.

le andere sprachanalytische Ästhetiker) übersieht er jedoch die Differenz, die Kunstästhetik und Kunstkritik voneinander trennt. *Art criticism* und *philosophy of art* sind nicht zwei Namen ein und derselben Sache, sondern verhalten sich komplementär zueinander. Der Kunstästhetiker muß die Akzente genau andersherum setzen als der Kunstkritiker. Steht für diesen das Individuelle des einzelnen Werks im Vordergrund, fragt jener nach dem Allgemeinen der Kunst. Setzt der Kritiker voraus, daß er es mit Kunstwerken zu tun hat, sucht der Ästhetiker zu begründen, warum das, was den Kritiker beschäftigt, Kunst ist. Umgekehrt setzt der Ästhetiker voraus, daß er es mit einer Vielfalt von Kunstwerken zu tun hat, deren jeweilige Individualität erst der Kritiker vollauf zur Geltung bringen kann. Sowenig die Kunstästhetik ohne die Kunstkritik um die Singularität ihrer Gegenstände wüßte, so wenig wüßte deshalb die Kunstkritik ohne die Kunstästhetik um die Kommensurabilität der ihren.

Der Haupteinwand der kunstästhetischen Skepsis ist damit allerdings noch nicht widerlegt. Er setzt beim Gebrauch des Kunstbegriffs an. Die essentialistische Prämisse jeder Theorie der kunstspezifischen Differenz, so lautet die sprachanalytische Begründung des skeptischen Zweifels, widerspreche der Art und Weise, in welcher der Kunstbegriff Verwendung finde. Kurz: Wer nach dem Wesen der Kunst suche, mißdeute das Wesen des Kunstbegriffs.[31]

So einig sich die Skeptiker darin sind, daß die herkömmliche Kunstästhetik das Wesen des Kunstbegriffs fehlinterpretiert, so wenig herrscht unter ihnen allerdings Einigkeit, warum der Gebrauch, den wir vom Kunstbegriff machen, zu kunstästhetischer Skepsis nötigt. Gemeinsam ist ihnen zwar die Überzeugung, daß sich der Kunstbegriff in doppelter Weise benutzen läßt: deskriptiv-klassifikatorisch und normativ-wertend. Eine Spielart der kunstästhetischen Skepsis stützt sich jedoch ausschließlich auf die Analyse der deskriptiven Verwendung des Kunstbegriffs, während sich die skeptische Pointe der anderen Variante allein aus der Betrachtung des norma-

31 Mit Absicht bediene ich mich hier, wenn ich vom Wesen des Kunstbegriffs spreche, der Redeweise der Metaphysiker und Essentialisten. Ich möchte damit deutlich machen, daß auch die kunstästhetische Skepsis nicht ohne eine essentialistische Prämisse auskommt – die sich allerdings nicht auf die Kunst, sondern auf den Kunst*begriff* bezieht.

tiven Begriffsgebrauchs ergibt. Jene ist also *deskriptivistisch*, diese *normativistisch*.

a) Deskriptivistische Skepsis

Deskriptivistische Skeptiker sind (oder waren) vor allem eine Reihe älterer sprachanalytischer Ästhetiker, namentlich Gallie, Kennick und Weitz.[32] Sie verbindet die Überzeugung, allgemeine Aussagen über Kunst als solche wären nur möglich, wenn sich Eigenschaften angeben ließen, die Sinnesdinge besitzen müssen, damit der Kunstbegriff korrekterweise auf sie angewandt werden kann. Dies ist in ihren Augen jedoch nicht der Fall. Denn der Kunstbegriff ist für sie ein poröser, vager, flexibler oder *offener Begriff*, der – ähnlich wie Wittgenstein es für den Begriff des Spiels oder der Zahl annahm[33] – auf unterschiedliche Phänomene Anwendung finde auf Grund von Ähnlichkeitsbeziehungen, die jeweils zwischen einigen von ihnen bestehen. Diese Interferenzen nennt die sprachanalytische Ästhetik – mit einem ursprünglich von Schopenhauer[34] stammenden Zentralbegriff der Wittgensteinschen Sprachspieltheorie – »Familienähnlichkeiten«.[35] Der Kunstbegriff findet nach dieser Vorstellung zwar nicht

32 Vgl. Gallie 1948; Weitz 1956/57; Kennick 1958; Weitz 1977, 49 ff. Implizit scheinen auch Macdonald (bes. 1951), Ziff (1953) und Haller (1986, 94 ff.) eine ähnliche Auffassung zu vertreten. Auch Wittgenstein selbst, dem alle genannten Autoren wichtige Impulse verdanken, stand der deskriptivistischen Skepsis zumindest zeitweise nahe (vgl. Kaspar 1992, 59 ff., zum Unterschied zwischen Wittgensteins eigener kunstästhetischer Skepsis und der durch ihn inspirierten Position auch Matthews 1979/80, 40 f.). Von den Genannten hat Gallie seine Position später allerdings stark modifiziert (1956, 101), ohne indes die Möglichkeit einer Theorie über das Wesen der Kunst wirklich zu bejahen: Die verschiedenen Definitionen der kunstspezifischen Differenz erscheinen ihm nun vielmehr als Indizien für die Umstrittenheit des Kunstbegriffs, die er für dessen Wesensmerkmal hält (Gallie 1955/56, 182; ders. 1956, 111). Gallies spätere Auffassung steht damit der normativistischen Skepsis nahe.

33 Wittgenstein 1984 (§§ 66 ff.), 277 ff.

34 Vgl. Schopenhauer *WWV* I (§§ 17 u. 27), 147 u. 204.

35 Gallie 1948, 304; Weitz 1956/57, 31; Kennick 1958, 323; vgl. auch Macdonald 1951, 564.

völlig willkürlich Verwendung; aber er bezeichnet keine Klasse von Phänomenen, die ein gemeinsames Wesensmerkmal aufweisen, das eine kunstästhetische Theorie beschreiben könnte.

Der prominenteste Vertreter dieser Auffassung ist Morris Weitz[36], dessen Theorie gewissermaßen den Prototyp deskriptivistischer Skepsis darstellt und den ich deshalb hier als ihren Wortführer auftreten lasse. Natürlich decken sich seine Argumente nur zum Teil mit denen anderer deskriptivistischer Skeptiker. Es genügt jedoch, am Leitfaden seiner Theorie das Argumentationsmuster dieser ersten Spielart kunstästhetischer Skepsis vorzuführen, da kein anderer Autor eine schlüssigere Begründung der deskriptivistischen Skepsis gegeben hat.[37]

Obgleich Weitz die Möglichkeit der evaluativen Verwendung des Kunstbegriffs ausdrücklich anerkennt, beruht seine kunstästhetische Skepsis allein auf der Betrachtung des deskriptiv-klassifikatorischen Begriffsgebrauchs. Offenbar ist Weitz (genauso wie seine deskriptivistischen Mitstreiter) der Meinung, der evaluative Gebrauch könne keinen begriffsspezifischen Verwendungsbedingungen unterliegen, da er *per se* Ausdruck unhintergehbar subjektiver Werturteile sei. Für ihn steht jedenfalls fest: »[...] what cannot be maintained is that theories of the evaluative use of ›Art‹ are true and real definitions of the necessary and sufficient properties of art.«[38] Auch die Analyse des deskriptiv-klassifikatorischen Begriffsgebrauchs eröffnet jedoch in seinen Augen keine Möglichkeit einer Realdefinition der Kunst. Weitz bezweifelt nämlich, daß die deskriptiv-klassifikatorische Verwendung des Kunstbegriffs stets denselben Kriterien gehorcht. Dagegen spreche der »very expansive, adventurous character of art«: »With ›art‹ its conditions of application can never be exhaustively enumerated since new cases can always be envisaged or created by artists, or even nature [...].«[39] Weil Kunst beständig im Wandel begriffen sei und das, was heute noch nicht Kunst ist, es morgen schon

36 Da Weitz ein zum Skeptiker bekehrter Essentialist ist, dokumentieren seine Arbeiten vor 1956 noch die später von ihm vehement kritisierte Position (vgl. etwa Weitz 1950 mit Weitz 1956/57 u. 1977, 49 ff.).

37 Das zeigt vor allem die kritische Studie von Lüdeking (1998).

38 Weitz 1956/57, 35.

39 Ebd., 32; ähnlich argumentiert auch Haller (1986, 106).

sein könne, glaubt Weitz, die Logik des (deskriptiv verwendeten) Kunstbegriffs sei die eines »open concept«: eines offenen Begriffs, der auf keine kunstspezifische Eigenschaft verweist.

Der Hinweis auf die ständige Weiterentwicklung der Kunst ist jedoch kein zwingendes Argument gegen die Annahme einer kunstspezifischen Eigenschaft: Erstens impliziert er selbst die durchaus essentialistische Vermutung, daß beständige Innovation zum Wesen der Kunst gehört.[40] Weitz' Antiessentialismus wird insofern schon durch die Begründung in Frage gestellt, die ihn stützen soll. Hinzu kommt, daß Weitz mit seiner These vom »very expansive, adventurous character of art« unhinterfragt das Selbstverständnis künstlerischer Avantgarden übernimmt. Sind aber die von Künstlern immer wieder inszenierten Revolutionen wirklich jene radikalen Traditionsbrüche, als die sie ausgegeben werden? Gibt es nicht womöglich doch eine Kontinuität der Kunst, die über sie hinausreicht und nur auf den ersten Blick nicht sogleich sichtbar ist?[41] Allzu wörtlich scheint Weitz das methodische Postulat Wittgensteins zu nehmen: »Sag nicht: Es *muß* ihnen etwas gemeinsam sein [...] – sondern *schau*, ob ihnen allen etwas gemeinsam ist.«[42] Er verläßt sich nämlich ganz auf den äußeren Schein, der eine fundamentale Verschiedenheit avantgardistischer von herkömmlichen Kunstphänomenen suggeriert, ohne die Möglichkeit einer optisch nicht wahrnehmbaren (Struktur-)Verwandtschaft ernsthaft zu erwägen.[43] Sein Argument reicht deshalb nicht aus, die Hoffnung des nach dem Wesen der Kunst forschenden Kunstästhetikers als illusorisch zu erweisen.

Gleichwohl könnte Weitz' kunstästhetische Skepsis berechtigt erscheinen – dann nämlich, wenn seine Interpretation von ›Kunst‹ als

40 Vgl. Diffey 1973, 115.

41 Weil diese Möglichkeit grundsätzlich besteht, scheint mir Hallers (1986, 106) These, Kunstwerke neuer Kunstrichtungen könnten nur dann unter den Kunstbegriff gereiht werden, »wenn die Bedingungen für die Anwendung eines Wortes als Ausdruck des Begriffes nicht hinreichend und notwendig bestimmt sind«, falsch zu sein. Nichts spricht jedenfalls dafür, von Kunstwerken neuer Kunstrichtungen *a priori* anzunehmen, sie könnten keiner begriffsspezifischen Konjunktion notwendiger und hinreichender Anwendungsbedingungen genügen.

42 Wittgenstein 1984 (§ 66), 277 (Herv. i. O.).

43 Darauf hat vor allem Mandelbaum (1965, 222) hingewiesen.

offenem Begriff eine schlüssige Erklärung dafür böte, daß sich unsere deskriptive Verwendung dieses Begriffs sowohl auf Werke der althergebrachten Künste als auch auf so extreme Formen zeitgenössischer Kunst wie *ready mades*, *objets trouvés*, Video-Installationen, Internet-Präsentationen und *happenings* erstrecken kann. Auch dann wäre die Falschheit der essentialistischen Prämisse kunstästhetischer Theorie zwar noch nicht erwiesen. Solange keine plausiblere Erklärung für die deskriptive Anwendbarkeit des Kunstbegriffs auf scheinbar völlig verschiedene Phänomene gefunden ist, spräche jedoch viel für die von Weitz und seinen Mitstreitern geäußerte kunstästhetische Skepsis.

Folgt man Weitz, ist es das Kennzeichen eines offenen Begriffs, daß seine Verwendbarkeit nicht auf der Existenz eines spezifischen Bündels notwendiger und hinreichender Anwendungsbedingungen beruht, wie es sich für andere Begriffe angeben lasse, sondern auf dem Vorliegen unterschiedlicher, sich aber überschneidender Ähnlichkeitsbeziehungen.[44] Demnach kann ein offener Begriff einerseits auf Phänomene Anwendung finden, die er traditionellerweise immer schon bezeichnet, andererseits aber auch auf neu- oder andersartige Dinge, sofern diese einigen der Phänomene, zu deren Bezeichnung er herkömmlicherweise benutzt wird, in einigen Hinsichten ähnlich sind.[45] Weitz läßt allerdings offen, in wievielen Hinsichten

44 Da sich bei einem semantisch leeren Begriff deskriptiver und evaluativer Gebrauch gar nicht unterscheiden ließen, wäre die Annahme einer semantischen Leere des Kunstbegriffs unverträglich mit der Ausgangsprämisse der deskriptivistischen Skepsis. Die deskriptivistischen Skeptiker interpretieren die Offenheit des (deskriptiv verwendeten) Kunstbegriffs folglich nicht im radikalen Sinne semantischer Leere, sondern im schwächeren Sinn eingeschränkter semantischer Offenheit. Die These von der Offenheit des Kunstbegriffs besagt daher nur, daß es *außer der Existenz von Ähnlichkeitsrelationen* keine weiteren notwendigen Bedingungen für den deskriptiven Gebrauch des Kunstbegriffs gibt. Das gilt nicht nur für Weitz: Selbst Kennick (1958), der glaubt, daß ›Kunst‹ ein vager Begriff sei, den wir spontan verwenden, ohne dabei Kriterien in Anspruch zu nehmen, rechnet damit, daß sich unter den Phänomenen, die wir spontan als Kunstwerke bezeichnen, Familienähnlichkeiten ausmachen lassen (319 f., 322 f.).

45 Vgl. Weitz 1956/57, 32. Vorbereitet wird diese Idee offener Begriffe bereits bei Stevenson (1938). Den Gedanken einer »open texture« von

und zu wievielen traditionellerweise mit dem Begriff bezeichneten Phänomenen Ähnlichkeit vorliegen muß, damit ein offener Begriff auf ein neu- oder andersartiges Phänomen angewandt werden kann. Dagegen glaubt Gallie (der von dieser Auffassung später allerdings wieder abgerückt ist), der Kunstbegriff stehe »for a group of entities between whose every member and at *least two others* there hold two *different* relations of likeness (or relations of likeness in two different respects)«.[46]

Faßt man ›Kunst‹ als einen offenen Begriff im Sinne von Gallies Definition auf, läßt sich tatsächlich sehr gut erklären, warum er nicht nur auf Werke der traditionellen Künste angewandt wird, sondern beispielsweise auch auf das Urinal, das – als Replik von Duchamps *Fountain* – seit 1963 im Stockholmer Moderna Museet ausgestellt ist: Farblich und vom Material her ähnelt es zweifellos mindestens zwei anderen Objekten, die schon vorher dort oder in einem anderen Kunstmuseum Aufnahme gefunden haben. Unerklärlich wird allerdings, warum wir nicht jedes Urinal als Kunstwerk betrachten. Denn die Ähnlichkeit, die jenes eine Urinal aufweist, dem das Moderna Museet Asyl gewährt, ist doch offenbar bei *jedem* Urinal gegeben. Wenn also Gallies Mindestbedingung für die Anerkennung einer Familienähnlichkeit – Ähnlichkeit in wenigstens zwei verschiedenen Hinsichten mit mindestens zwei anderen allgemein als Kunstwerke anerkannten Phänomenen – der Verwendung des Kunstbegriffs überhaupt Grenzen setzt, so sind diese auf jeden Fall wesentlich weiter als jene, die das historisch eingespielte Gemeinverständnis von Kunst heute zieht: Wenn nicht auf alle, so doch zumindest auf ungemein viele Phänomene, die uns gemeinhin nicht als Kunst gelten, wäre der als »open concept« interpretierte Kunstbegriff anwendbar.

Wahrnehmungsbegriffen äußert dann erstmals Waismann (1945, 121 u.ö.). Waismann, der die Vermutung der »Vagheit der Sprache« schon 1939 in dem erst posthum veröffentlichten Manuskript *Logik, Sprache, Philosophie* festgehalten hatte (1976, 114ff.), nahm damit möglicherweise einen von diesem selbst wieder verworfenen Begriff Wittgensteins auf (vgl. das Nachwort der Hrsg. zu Waismann 1976, 655). – Zur Geschichte der Begriffe »open concept« und »open texture« und zu ihrer Abgrenzbarkeit vgl. Weitz 1972, bes. 89ff.; ders. 1977, 25ff., 51f.

46 Gallie 1948, 304 (Herv. i. O.).

Denn irgend zwei Ähnlichkeiten mit irgend zwei als Kunstwerke anerkannten Phänomenen weisen wohl die meisten Phänomene auf, die sich unserer Wahrnehmung darbieten. Gallies Definition kann also nicht den Anspruch erheben, unsere tatsächliche Verwendung des Kunstbegriffs zu beschreiben. Sie ist überdies dermaßen weit gefaßt, daß sie die Unterscheidung von Kunst und Nicht-Kunst nicht hinlänglich motivieren kann. Diese Unterscheidung trifft aber jeder Sprecher, der den Kunstbegriff benutzt, bereits dadurch, daß er sich seiner bedient: Niemand würde etwas als Kunst bezeichnen, wenn er nicht davon ausginge, daß es (mindestens der Möglichkeit nach) auch Nicht-Kunst gibt.

Weitz schlägt denn auch einen anderen Weg ein als Gallie. Er verzichtet darauf, eine Mindestbedingung für das Vorliegen einer Familienähnlichkeit zu formulieren, und erklärt die Frage, ob der Kunstbegriff auf ein bestimmtes neues Phänomen angewendet werden könne, zu einem Entscheidungsproblem, »which will demand decisions on the part of those interested, usually professional critics, as to whether the concept should be extended or not«.[47] Demnach legen Kunstkritiker und andere Experten Ähnlichkeitsbedingungen (»similarity conditions«) fest, nach denen sich entscheidet, ob ein Phänomen ein Kunstwerk ist oder nicht.[48] Zur Klasse der Kunst-

47 Weitz 1956/57, 32.

48 George Dickie hat diese Auffassung zur sogenannten Institutionentheorie der Kunst weiterentwickelt. Deren ursprünglicher Version zufolge ist ein Kunstwerk »in the classificatory sense [...] (1) an artifact [and] (2) a set of the aspects of which has had conferred upon it the status of candidate for appreciation by some person or persons acting on behalf of a certain social institution (the artworld)« (1974, 34; vgl. 1969, 254). Diese Definition setzt sich zwar nicht den vier Einwänden aus, die ich im folgenden gegen Weitz' Auffassung geltend mache, und sie erkennt im Unterschied zu dieser ausdrücklich auch die Artefaktbedingung als eine notwendige Bedingung der Verwendbarkeit des Kunstbegriffs an. Sie ist jedoch insofern zirkulär, als der Begriff der Kunstwelt, den sie von Danto (1964) übernimmt und als Definiens heranzieht, ohne Kenntnis des Definiendums ›Kunst‹ schwerlich zu explizieren ist. Dickie hat diesen Zirkel durch eine Revision seiner Theorie vollends offenkundig gemacht: Seiner *New Institutional Theory of Art* (1984b) zufolge ist nämlich (a) »[a] work of art [...] an artifact of a kind created to be presented to an artworld public« (1984a, 80; vgl. 1984b,

werke gehören also nicht alle Phänomene, die beliebigen anerkannten Kunstwerken in beliebigen Hinsichten ähneln, sondern nur solche, die Ähnlichkeitsbedingungen erfüllen, welche zu irgendeinem Zeitpunkt von einem Kreis interessierter Experten für hinreichend erachtet worden sind.[49] Für Weitz sind diese Similaritätskriterien jedoch weder notwendige noch hinreichende Bedingungen der korrekten deskriptiven Verwendung des Kunstbegriffs, weil an ihre Stelle im Prinzip jederzeit andere, insbesondere weiter gefaßte Ähnlichkeitsbedingungen treten können, sofern ein Kreis interessierter Experten diese bereits für hinreichend hält.

Weitz' Lösung des Problems ist zweifellos eleganter als die von Gallie, da sie den Kunstbegriff nicht so weit faßt, daß die Unterscheidung von Kunst und Nicht-Kunst unplausibel wird. Gegen sie sind allerdings vier Einwände zu erheben.

1. Genauso wie Gallies Definition krankt sie daran, daß sie Phänomenen den Rang von Kunstwerken zubilligt, die diesen Status offenkundig gar nicht besitzen. Geht man mit Weitz davon aus, daß Kunstwerke deshalb Kunstwerke sind, weil sie Ähnlichkeitsbedin-

63; 1997, 92), (b) »[t]he artworld [...] the totally of all artworld systems« (1984a, 81; vgl. 1997, 92) und (c) »[a]n artworld system [...] a framework for the presentation of a work of art by an artist to an artworld public« (1984a, 82; vgl. 1997, 92). Dickie räumt die Zirkularität dieser Definition unumwunden ein, sieht in ihr aber keinen Mangel seiner Theorie (1984a, 78ff.; 1997, 92f.), sondern den Ausdruck der »*inflected* nature of art [...] the elements of which bend in one, presuppose, and support one another«, weshalb sie keine nicht-zirkuläre Kunstdefinition erlaube (1984a, 79, Herv. i. O.). Seine Verteidigungslinie hat Dickie damit so weit zurückgezogen, daß die Institutionentheorie der Kunst, wie Robert Steckers (1997, 66ff.) überzeugende Kritik belegt, auf dieselbe skeptische Pointe hinausläuft, die sich für die »antidefinitionists« Weitz und Kennick aus der Analyse der Verwendung des Kunstbegriffs ergibt (ebd., 75). Widersprüchlich und deshalb nicht zu halten ist jedoch auch diese Position. Denn indem Dickie der Kunst eine »*inflected* nature« unterstellt, gibt er selbst eine Kunstdefinition. Im übrigen läßt die Institutionentheorie die Frage unbeantwortet, »what is *meant* by members of the artworld when they call anything a work of art« (Osborne 1981, 5, Herv. i. O.; vgl. Diffey 1979, 1f.).

49 Weil Snoeyenbos (1978, 15) diese Einschränkung übersieht, greift seine Kritik an Weitz zu kurz.

gungen genügen, die ein Kreis interessierter Experten für hinreichend befunden hat, müßten nämlich auch alle anderen Artefakte, die dieselben Ähnlichkeitsbedingungen erfüllen, Kunstwerke sein. Das ist aber nicht plausibel. Nehmen wir an, ein phototechnisch versierter Zeitgenosse hätte viel Mühe und Zeit darauf verwendet, die Berliner Motive Moholy-Nagys bei geeigneten Lichtverhältnissen noch einmal abzulichten, und seine Aufnahmen sähen den Photographien des berühmten Künstlers bemerkenswert ähnlich. Alle plausiblen Ähnlichkeitsbedingungen, denen die Bilder von Moholy-Nagy genügen, würden womöglich auch von diesen Photos erfüllt. Wären diese deshalb aber schon Werke der Kunst? Blieben sie nicht vielmehr selbst dann Resultate eines faden kunstgewerblichen Epigonentums, wenn sich die Ähnlichkeit zu den Werken Moholy-Nagys auch auf den Kontext ihrer Präsentation erstreckte? Das Beispiel zeigt, daß das Kriterium, von dem Weitz die Mitgliedschaft in der Klasse der Kunstwerke abhängig machen will, nicht spezifisch genug ist, weil es den faktischen Sprachgebrauch, den es doch erklären soll, gerade nicht zu begründen vermag.

2. Weitz verschweigt eine entscheidende Voraussetzung seiner These, die diese aporetisch werden läßt: Weil Ähnlichkeit eine relationale Eigenschaft ist, läßt sie sich von keinem Phänomen ohne Bezug auf ein anderes fordern. Weitz' Kriterium kann die Zugehörigkeit eines Phänomens zur Klasse der Kunstwerke deshalb nur motivieren, sofern von irgendwelchen anderen Phänomenen bereits feststeht, daß sie Kunstwerke sind. Um einen infiniten Regreß zu vermeiden, muß Weitz folglich insgeheim die erstmalige Verwendung des Kunstbegriffs im Unterschied zu dessen späterem Gebrauch als einen rein dezisionistischen Akt interpretieren. Dann gibt es jedoch mindestens ein Phänomen, das zwar anderen Kunstwerken ähnelt, aber nicht deshalb ein Kunstwerk ist, weil es einmal einer Ähnlichkeitsbedingung genügt hat. Diese bei Weitz unausgesprochen bleibende Implikation seiner These stellt aber nicht nur jedes konkrete Similaritätskriterium potentiell zur Disposition; aus ihr folgt vielmehr auch, daß die Mitgliedschaft in der Klasse der Kunstwerke nicht an die allgemeine Bedingung irgendeiner Ähnlichkeit überhaupt gebunden ist. Weitz' Auffassung läuft somit auf die Auskunft hinaus, daß die deskriptive Verwendung des Kunstbegriffs auf der Existenz von Ähn-

lichkeitsbeziehungen beruhen kann, aber nicht muß. Wie diese nachgerade nichtssagende Bestimmung die Unterscheidung zwischen einem deskriptiv-klassifikatorischen und einem normativ-wertenden Gebrauch des Kunstbegriffs zu rechtfertigen vermag, ist jedoch völlig unklar.

Zwei weitere Überlegungen zeigen, daß nicht nur Weitz' Interpretation des Kunstbegriffs unzulänglich ist. Sie stellen auch seine kunstästhetische Skepsis grundsätzlich in Frage.

3. Weitz' Beschreibung der Offenheit des Kunstbegriffs läßt vermuten, daß der Kunstbegriff für ihn allein deshalb ein offener Begriff ist, weil sich seine Extension erweitern und seine Intension entsprechend modifizieren läßt. Diese Möglichkeit besteht aber grundsätzlich bei jedem Begriff, der zur Bezeichnung einer Klasse von Gegenständen dient. Wer vor fünfzig Jahren bestritten hätte, daß nur ein alkoholisches Getränk Bier heißen könne, hätte sich dem Verdacht mangelnder Sprachkompetenz ausgesetzt. Heute ist alkoholfreies Bier in vielen Ländern der Erde schon fast eine Selbstverständlichkeit. Und es gehört keine seherische Gabe zu der Prophezeiung, daß mit der immer perfekteren Angleichung von Geruch und Geschmack des alkoholfreien Biers an die Qualitäten seines alkoholischen Vorbilds der unterscheidende Zusatz ›alkoholfrei‹ im Alltagssprachgebrauch entfallen wird. Soll die Offenheit des Kunstbegriffs lediglich darin bestehen, daß seine Extension ausgeweitet und seine Intension entsprechend modifiziert werden kann, dann läßt sich aus ihr keine *auf die Kunst beschränkte* erkenntnistheoretische Skepsis ableiten. Denn dies ist bei allen Begriffen möglich, die eine Klasse von Gegenständen konstituieren. Die Konsequenz erkenntnistheoretischer Skepsis müßte sich deshalb, wenn sie denn tatsächlich aus der Erweiterbarkeit der Extension eines referentiellen Begriffs und aus der entsprechenden Modifizierbarkeit seiner Intension zu ziehen wäre, auf die Relata *aller* referentiellen Begriffe erstrecken. Das gilt zumal deshalb, weil unklar ist, wie sich ein Standpunkt einnehmen ließe, von dem aus die Abgeschlossenheit der Extension irgendeines referentiellen Begriffs auch für die Zukunft gewußt und behauptet werden kann. Weitz' metaästhetische Theorie müßte deshalb in diesem Fall ihren Anspruch aufgeben, eine spezifische Theorie des *Kunst*begriffs zu sein. Sowenig eine Theorie der kunstspezifischen

Differenz dann noch möglich wäre, sowenig möglich wäre dann auch *kunst*ästhetische Skepsis.

4. Weitz verwickelt sich bei seinem Versuch, die kunstästhetische Skepsis zu begründen, in einen fundamentalen Widerspruch: Beinahe im selben Atemzug, in dem er die Nichtexistenz notwendiger und hinreichender Bedingungen für die Verwendung des Kunstbegriffs behauptet, führt er selbst eine zugleich notwendige und hinreichende Bedingung für den Gebrauch des Kunstbegriffs ein, indem er annimmt, der Kunstbegriff könne auf neue Phänomene Anwendung finden, sofern diese anderen Phänomenen, die er bislang schon bezeichnet hat, in Hinsichten ähneln, die ein bestimmter Personenkreis für hinreichend erachtet hat. Zudem setzt er auch insofern Anwendungsbedingungen des Kunstbegriffs voraus, als er davon ausgeht, daß die Entscheidung der interessierten Experten eine mögliche Begriffs*erweiterung* betrifft. Von einer Begriffserweiterung sprechen kann man aber nur bei einem Begriff, dessen Verwendung Restriktionen unterliegt.[50] Weitz unterstellt also gerade das, was er bestreitet: daß es eine Konjunktion (jeweils) notwendiger und (zusammen) hinreichender Bedingungen gibt, von deren Erfüllung es abhängt, ob der Kunstbegriff auf ein gegebenes Phänomen (deskriptiv-klassifikatorisch) angewandt werden kann oder nicht. Dieser immanente Widerspruch seiner Interpretation des Kunstbegriffs als »open concept« führt Weitz' kunstästhetische Skepsis ad absurdum. Denn der Versuch, ihn aufzulösen, zeitigt eine dilemmatische Konsequenz. Entweder interpretiert man den Kunstbegriff tatsächlich als einen offenen Begriff. Dann kann es für diesen Begriff auch keine Anwendungsbedingungen geben, so daß er sich auch auf (alle) Phänomene anwenden läßt, die uns gemeinhin nicht als Kunstwerke gelten. Oder man sucht die übliche Verwendung des Kunstbegriffs durch die Einführung restringierender Anwendungsbedingungen zu erklären. Dann aber kann der Kunstbegriff kein offener Begriff sein. Wer sich für die erste Möglichkeit entscheidet, steht vor der Schwierigkeit, erklären zu müssen, warum wir, wenn wir im Alltag Kunst und Nicht-Kunst voneinander unterscheiden, ein anderes Kunstverständnis zugrunde legen als das von ihm vorausgesetzte.

50 Ähnlich argumentiert Lüdeking (1998, 74).

Eine überzeugende Begründung kunstästhetischer Skepsis kann er schon deshalb nicht liefern, weil sich sein Argument nicht auf den tatsächlichen Gebrauch des Kunstbegriffs stützt, sondern nur auf einen fiktiven, den er allein zum Zwecke der Begründung seiner Skepsis imaginiert. Wer dagegen die zweite Möglichkeit wählt, gerät zwar nicht mit der normativen Kraft des faktischen Sprachgebrauchs in Konflikt. Auch er vermag jedoch die kunstästhetische Skepsis nicht zu begründen; denn indem er die Existenz begriffsspezifischer Anwendungsbedingungen unterstellt, konzediert er die Möglichkeit einer allgemeinen Aussage über Kunst. Die Interpretation des Kunstbegriffs als eines »open concept« ist deshalb nicht nur dilemmatisch; sie kann vielmehr in keinem Fall zu kunstästhetischer Skepsis motivieren.

b) Normativistische Skepsis

Die Warnung vor einem essentialistischen Fehlschluß könnte sich allerdings doch noch als berechtigt erweisen – freilich aus ganz anderen als den von Weitz angeführten Gründen. Denn es gibt eine zweite, alternative Begründung kunstästhetischer Skepsis, die mit der deskriptivistischen Skepsis konkurriert. Ihr profiliertester Vertreter ist Karlheinz Lüdeking, der in seiner Dissertation zunächst eine Fülle triftiger Argumente zusammenträgt, um die »ausweglose Zirkularität«[51] der Überlegungen von Weitz und anderen deskriptivistischen Skeptikern nachzuweisen. Obschon sich Lüdeking von der sprachanalytischen Philosophie der Kunst, die er mit den Theorien der deskriptivistischen Skeptiker identifiziert, ausdrücklich distanziert, kann man auch seine Vorgehensweise sprachanalytisch nennen; denn er teilt mit den Autoren, die er kritisiert, die metaästhetische Perspektive.[52] Außerdem ist er, so vehement er ihre Theorien über den Kunstbegriff attackiert, mit ihnen einig im Zweifel an der Möglichkeit einer Theorie der kunstspezifischen Differenz. Wie sie glaubt auch er, daß sich nicht über Kunst als solche, sondern nur über den Kunstbegriff als solchen (und über einzelne Kunstwerke) etwas aus-

51 Lüdeking 1998, 10.

52 In einem *Prolog* zur Neuauflage seines Buches weist Lüdeking selbst darauf ausdrücklich hin, vgl. ebd., 11.

sagen läßt. Das wird nach Lüdekings Meinung allerdings erst dann deutlich, wenn man die falsche Voraussetzung der deskriptivistischen Skeptiker erkennt: ihre deskriptivistische Idealisierung des Kunstbegriffs, die den deskriptiv-klassifikatorischen Begriffsgebrauch und die Frage nach einem objektiven Erkennungsmerkmal von Kunst in den Vordergrund rückt. Diese Idealisierung stellt in Lüdekings Augen die tatsächlichen Verhältnisse auf den Kopf. Denn für ihn ist der Kunstbegriff von Haus aus ein »Wertbegriff«[53], bei dessen Verwendung wir uns nach keiner intersubjektiv gültigen semantischen Regel richten, sondern von subjektiven Bewertungskriterien leiten lassen, die von Sprecher zu Sprecher, aber auch im Hinblick auf verschiedene Künste und unterschiedliche Werke divergieren können. Lüdeking schließt sich damit einer Auffassung an, die vor ihm bereits Brown vertreten hat, allerdings nicht mit einer skeptischen, sondern mit einer relativistischen Pointe in bezug auf die Möglichkeit einer Theorie über das Wesen der Kunst.[54]

Lüdeking räumt zwar ein, es sei möglich, »den Kunstbegriff zur Feststellung der simplen Tatsache zu verwenden, daß ein bestimmter Gegenstand faktisch die Position eines Kunstwerks innehat«[55]; doch ist dieser deskriptiv-klassifikatorische Gebrauch des Kunstbegriffs in seinen Augen derivativ. Denn die deskriptiv-klassifikatorische Unterscheidung zwischen Kunst und Nicht-Kunst könne »nicht als eine Leistung des so verwendeten Begriffs verstanden werden«, sondern setze immer schon voraus, »daß eine solche Unterscheidung (aufgrund von evaluativen Kriterien) bereits getroffen wurde«.[56] Die deskriptive Klassifizierbarkeit von Kunstwerken als solchen ist deshalb nur gegeben, weil durch den evaluativen Gebrauch des Kunstbegriffs »normativ[e] Standards«[57] etabliert werden, die für die Zeit ihrer Gültigkeit den Kunstcharakter bestimmter Artefakte zu einem empirischen Faktum werden lassen. Ontologisch ist nicht sie, sondern der normative Begriff ›Kunst‹ primär: »Die Klasse der Kunstwerke muß [...] verstanden werden als ein unbeabsich-

53 Ebd., 197.
54 Brown 1968/69, 413ff.
55 Lüdeking 1998, 202.
56 Ebd., 203.
57 Ebd., 192.

tigtes und unvorhersehbares Ergebnis all der mannigfaltigen und konkurrierenden evaluativen Verwendungen des Kunstbegriffs durch unzählige individuelle Sprecher, die diesen Begriff aufgrund der verschiedensten normativen Kriterien verwenden. Die Zusammensetzung der Klasse der Kunstwerke ergibt sich als ein unkontrollierbares Resultat sozusagen ›hinter dem Rücken‹ der einzelnen Sprecher, die den Kunstbegriff nach den jeweils von ihnen favorisierten Kriterien verwenden und entsprechende Grenzziehungen vornehmen. Obwohl sich so am Ende die Klasse der Dinge, die zu einem bestimmten Zeitpunkt als Kunstwerke gelten, als ein Faktum von intersubjektiver Gültigkeit ergibt, ist diese Klasse doch nur das Resultat der Vielzahl von unkoordinierten Verwendungen des Kunstbegriffs durch zahllose individuelle Sprecher. Eben deshalb ist die Klasse der Kunstwerke auch ständig den unvorhersehbarsten Schwankungen unterworfen, die jeden Versuch einer generalisierenden Aussage über ihre Mitglieder vereiteln.«[58] Lüdeking nimmt also an, daß die Gesamtheit der subjektiven Verwendungen des Kunstbegriffs zu einem bestimmten Zeitpunkt die Klasse der Kunstwerke konstituiere, und zwar »als ein Faktum von intersubjektiver Gültigkeit«. Unklar bleibt dabei jedoch, wie dies geschieht. Gehören zu dieser Klasse alle Artefakte, auf die irgendein zeitgenössischer Sprecher den Kunstbegriff appliziert? Oder nur diejenigen, auf die alle Zeitgenossen, die den Kunstbegriff benutzen, ihn anwenden?

Lüdeking gibt darüber nicht explizit Auskunft. Er neigt aber wohl einer mittleren Position zu. Der normative Standard, der die Klasse der Kunstwerke zu einer bestimmten Zeit konstituiert, bildet sich danach seinerseits heraus auf Grund mehrheitlicher evaluativer Verwendung des Kunstbegriffs in bezug auf bestimmte Artefakte. Das ist jedenfalls die einzig plausible Antwort, die sich unter Lüdekings Prämisse geben läßt, der Kunstbegriff sei *per se* ein Wertbegriff – auch wenn das Kriterium der mehrheitlichen Verwendung immer noch sehr vage ist. Denn irgendein Filter, der nicht jeden subjektiven Gebrauch des Kunstbegriffs passieren läßt, muß dem normativen Standard vorgeschaltet sein; sonst ließe sich von einem Standard gar nicht reden. Überdies fielen deskriptiver und evaluativer Gebrauch des

58 Ebd., 203.

Kunstbegriffs andernfalls stets und notwendig zusammen, so daß ihre Unterscheidung jeden Sinn verlöre. Daher verbietet es sich, jedes Artefakt zur Klasse der Kunstwerke zu rechnen, das ein zeitgenössischer Sprecher unter den Kunstbegriff subsumiert. Andererseits verbietet es sich aber auch, die Zugehörigkeit zur Klasse der Kunstwerke an einen absoluten Konsens zu binden, der weder plausibel vorgestellt noch faktisch hergestellt werden kann. Denn der Filter, der dem normativen Standard vorgeschaltet ist, darf nicht so undurchlässig sein, daß es gar nicht zur Herausbildung eines normativen Standards kommen kann. Ohne die Existenz eines solchen Standards ließe sich nämlich ein genuin evaluativer Begriff gar nicht deskriptiv verwenden. Daß wir den Kunstbegriff auch deskriptiv benutzen können, ist jedoch evident. Auch wer Leszek Zigalskis *Es lebe die Kuh* (1988) – oder ein anderes Dokument jenes trotzigen Bekenntnisses zu naiv mimetischer Malerei, das die *1. Realismus-Triennale* 1993 in Berlin zur Schau stellte – für ein wenig beeindruckendes Gemälde hält, wird kaum bestreiten, daß es sich unter den Kunstbegriff subsumieren läßt. Womöglich wird er allerdings, sofern er sich genötigt sieht, den Kunstbegriff darauf ausdrücklich zu applizieren, durch ein abwertendes Attribut kenntlich machen, daß er Zigalskis Bild für ein schlechtes Kunstwerk hält. Daß wir den Kunstbegriff als Prädikat verwenden, uns aber gleichzeitig derart von seiner Benutzung distanzieren können, zeigt, daß er nicht in jedem Fall ein subjektives Werturteil widerspiegeln muß, sondern ebensowohl deskriptiv-klassifikatorisch gebraucht sein kann.

Lüdekings Theorie ist im Grunde nur die logische Konsequenz aus der sich schon für Weitz ergebenden Notwendigkeit, den deskriptiv-klassifikatorischen Gebrauch des Kunstbegriffs an normative Urteile zurückzubinden. Lüdeking beschränkt sich jedoch nicht auf die These von der Abkünftigkeit der deskriptiv-klassifikatorischen Verwendung des Kunstbegriffs. Aus der fehlenden Überzeugungskraft einer Interpretation als »open concept« zieht er vielmehr auch den Schluß, daß es nicht genügt, den Kunstbegriff als einen Begriff zu definieren, dessen Gebrauch sich nach unterschiedlichen Bedingungen richten kann: »Trotz seiner Verwendung aufgrund von verschiedenen Kriterien und für verschiedene Klassen von Dingen muß der Kunstbegriff aber dennoch für alle Sprecher dieselbe Bedeutung haben, denn andernfalls wäre es unmöglich, ihn überhaupt zu verwenden. Es ist zwar notorisch umstritten, welche Dinge unter den Kunstbegriff fallen und welche Kriterien hierfür ausschlaggebend sind, ein solcher Streit wäre aber unmöglich, wenn die Kontrahenten nicht wenigstens bezüglich der Bedeutung des Begriffs übereinstimmen würden, um dessen Anwendbarkeit sie streiten. [...] Deshalb muß der Terminus ›Kunstwerk‹ eine generell akzeptierte allgemeine Bedeutung haben, die unabhängig von all den verschiedenen Kriterien ist, die in seinem Gebrauch durch verschiedene Sprecher in Anspruch genommen werden können.«[59] Diese universale Bedeutung des Kunstbegriffs gründet nach Lüdekings Meinung in einem »*Ehrenstatus*«, den wir mit Hilfe dieses Begriffs bestimmten Gegenständen verleihen, indem wir ihnen einen »Anspruch auf unsere Achtung und unseren Respekt« zubilligen.[60] Der Kunstbegriff ist also kein inhaltsleerer Wertbegriff, sondern einer, der ein bestimmtes *positives* Werturteil artikuliert.

Durch diese Definition einer »generell akzeptierte[n] allgemeine[n] Bedeutung« des Kunstbegriffs verliert Lüdekings kunstästhetische Skepsis allerdings jede Plausibilität. Denn indem er den Kunstbegriff als Bezeichnung eines Ehrenstatus interpretiert, äußert Lüdeking eine Vermutung über den spezifischen Sinn dieses Begriffs. Deshalb ist es nur konsequent, wenn er sagt, daß »die *Eigenschaft, ein Kunstwerk zu sein*, darin besteht, eine bestimmte Ehrenposition einzunehmen«.[61] Nicht zu verstehen ist dagegen, warum Lüdeking gleichwohl der Meinung ist, generalisierende Aussagen über die Mitglieder der Klasse der Kunstwerke seien unmöglich. Wenn es nämlich eine Eigenschaft gibt, die ein Etwas als Kunstwerk auszeichnet, muß dieses Merkmal allen Mitgliedern dieser Klasse gemeinsam und in eine allgemeine Aussage über sie übersetzbar sein. Dieser Widerspruch zwischen seiner erklärten kunstästhetischen Skepsis und seinem impliziten kunstästhetischen Essentialismus ist Lüdekings Theorie bis in einzelne Formulierungen eingeschrieben. So spricht er von der »tiefe[n] semantische[n] Leere«[62] des Kunstbegriffs, unter der

59 Ebd., 197.
60 Ebd., 198 (Herv. i. O.).
61 Ebd. (Herv. R. S.).
62 Ebd., 200.

man sich offenbar vorstellen soll, daß dieser »semantisch *weitgehend* leer«[63] ist, wie es an anderer Stelle heißt. Entweder aber ist der Kunstbegriff semantisch tatsächlich leer; dann hat es keinen Sinn, diese Leere einschränkend zu attribuieren. Oder aber es gibt eine Semantik des Kunstbegriffs; dann besteht keine Veranlassung, ihn als »semantisch [...] leer« zu bezeichnen, wie eingeschränkt auch immer.

Lüdeking sieht hier freilich keinen Widerspruch. Für ihn besitzt der Kunstbegriff auf Grund seines evaluativen Charakters zwar einen »allgemein akzeptierte[n] semantische[n] Kern«[64]; andererseits erscheint er ihm jedoch als semantisch leer, weil sein Bedeutungsgehalt nur abstrakt-formaler Natur sei. Dieser biete nämlich kein Identifikationskriterium für Kunstwerke, sondern gebe nur an, was es heißt, ein Artefakt unter den Kunstbegriff zu subsumieren – ob dies dann im Einzelfall geschieht oder nicht, hänge von »Erwägungen über den künstlerischen Wert der betreffenden Dinge«[65] ab. Solche Erwägungen kulminierten üblicherweise zwar in individuellen (und daraus resultierenden kollektiven) Entscheidungen darüber, ob ein Artefakt den Respekt verdiene, der ihm mit der Subsumtion unter den Kunstbegriff zuteil würde. An welchen Merkmalen einzelne Sprecher sich bei solchen Entscheidungen orientieren, bleibe dabei aber ihnen überlassen. So sei ein semantischer Gehalt des Kunstbegriffs insoweit zwar gegeben, als dessen Verwendung einen bestimmten evaluativen Sinn habe. Damit aber sei nichts über die Zusammensetzung der Klasse der Kunstwerke präjudiziert. Für Lüdeking ist der Kunstbegriff deshalb zwar nicht völlig leer, aber doch so weitgehend, daß er »allen möglichen Kriterien für künstlerische Qualität Raum bieten kann«.[66]

Den Widerspruch löst dieses Argument allerdings nicht auf. Es trifft zwar zu, daß aus Lüdekings formal-abstrakter Bestimmung der Semantik des Kunstbegriffs keine bestimmte Zusammensetzung der Klasse der Kunstwerke abzuleiten ist. Das bedeutet aber nicht, daß sie keine allgemeine Aussage über die unter den Kunstbegriff subsumierbaren Artefakte enthielte. Dies wäre nur dann der Fall, wenn

63 Ebd., 204 (Herv. R.S.).
64 Ebd., 198.
65 Ebd., 199.
66 Ebd.

der Kunstbegriff für Lüdeking ein semantisch leerer Wertbegriff wäre, der keine bestimmte Wertung zum Ausdruck brächte. Keine normativistische Interpretation kann aber den Kunstbegriff semantisch für leer erachten; denn nur von einem Begriff, der eine bestimmte Wertung artikuliert, können wir überhaupt wissen, daß es sich dabei um einen Wertbegriff handelt. Insofern können semantisch leere Begriffe niemals Wertbegriffe und Wertbegriffe niemals semantisch leer sein. Mit der normativistischen Interpretation des Kunstbegriffs ist also der erste Schritt zu einer essentialistischen Kunstästhetik schon getan. Das gilt auch für Lüdekings Theorie. Ihr zufolge stellt eine Äußerung, in der der Kunstbegriff evaluativ Verwendung findet, ein Votum für die Nobilitierung eines Artefakts dar. Geht man von dieser Bestimmung aus, kann von semantischer Leere des Kunstbegriffs keine Rede sein. Denn über Kunstwerke als solche läßt sich dann immerhin sagen, daß sie einen Ehrenstatus einnehmen, der sich in entweder allgemeinem oder (auf einen einzelnen oder mehrere individuelle Sprecher) begrenztem Respekt manifestiert. Das ist zugegebenermaßen nicht sehr viel, aber doch eine allgemeine Aussage über Kunst. Natürlich ist damit kein Kriterium gegeben, das uns ein Kunstwerk objektiv als solches zu identifizieren erlaubt. Es ist sogar ganz unklar, ob eine solche Identifikation überhaupt möglich ist, da der Kunstbegriff ebensowohl ein subjektives wie ein intersubjektives Werturteil artikulieren kann. Das Fehlen eines objektiven Identifikationskriteriums berechtigt uns aber nicht zur Annahme der semantischen Unbestimmtheit eines Begriffs. Wäre es dafür ein Indiz, wären auch Begriffe wie ›Güte‹, ›Liebe‹, ›Nachteil‹ oder ›Vorzug‹ semantisch leer.

Daß Lüdekings Theorie eine generelle Auskunft über Kunst als solche impliziert, erweist sich überdies daran, daß sie ein Kriterium bereitstellt, aus dem sich die *Nicht*zugehörigkeit bestimmter Artefakte zur Klasse der Kunstwerke ergibt: Artefakte, die niemand in Ehren hält, von denen mithin feststeht, daß sie keine »angesehene Rolle in unserer Kultur [...] spielen«[67], sind ihr zufolge keine Kunstwerke. Das Innehaben eines Ehrenstatus ist also eine notwendige Bedingung für jene Zugehörigkeit eines Artefakts zur Klasse der Kunstwerke, auf

67 Ebd., 198.

die der deskriptive Gebrauch des Kunstbegriffs verweist. Auch wenn es eine sehr formale Bedingung ist und im Einzelfall unklar sein kann, ob ein Artefakt in einer Kultur eine angesehene Rolle spielt oder nicht, gibt Lüdeking damit eine semantische Definition des Kunstbegriffs, die seiner erklärten kunstästhetischen Skepsis widerspricht. Lüdekings kunstästhetische Skepsis sprengt also die Konsistenz seiner eigenen Theorie.

c) Zwischenbilanz

Beide Spielarten kunstästhetischer Skepsis laufen letztlich auf die These hinaus, der Kunstbegriff sei semantisch zwar nicht leer, aber doch zu unbestimmt, um generelle Aussagen über Kunst zu gestatten. Die Prüfung der Theorien von Weitz und Lüdeking hat gezeigt, daß diese These nicht zu halten ist, weil sie an einem inneren Widerspruch krankt. Sowohl Weitz, der die deskriptiv-klassifikatorische Verwendbarkeit des Kunstbegriffs an das Vorliegen von Ähnlichkeitsbeziehungen bindet, die von interessierten Experten für hinlänglich erachtet worden sind, als auch Lüdeking, der den Kunstbegriff als Ausdruck eines bestimmten Werturteils interpretiert, treffen implizit immer schon allgemeine Aussagen über Kunst. Sie schreiben dem Kunstbegriff zwar einen wesentlich abstrakteren Bedeutungsgehalt zu als andere Autoren. Indem sie ihn aber überhaupt semantisch bestimmen, dementieren sie unweigerlich jene kunstästhetische Skepsis, um deren Begründung es ihnen eigentlich geht. Denn sofern der Kunstbegriff semantisch nicht völlig leer ist, besteht zu solcher Skepsis kein Grund. Den Kunstbegriff *jeden* semantischen Gehalts zu entleeren, scheuen sich die Skeptiker aber zu Recht. Denn es ist weder denkbar, daß ein semantisch leerer Begriff auf Dauer intersubjektiv Verwendung findet, noch vorstellbar, daß irgendein Begriff auf Dauer intersubjektiv Verwendung findet, ohne seine semantische Leere einzubüßen. Überdies setzt alle kunstästhetische Skepsis, die sich – wie die Theorien von Weitz und Lüdeking – auf den Kunstbegriff in einem immer schon eingeschränkten, auf die ästhetische Kunst limitierten Sinn bezieht, eine spezifische Semantik dieses Begriffs damit von vornherein voraus.

Vordergründig liegt zwar der Schluß nahe, der Kunstbegriff könne über keine eigene Semantik verfügen, weil er sich auf ein und dasselbe Artefakt unter Umständen nicht zu jedem Zeitpunkt und nicht in jeder Kultur bezieht. Doch werden wir gleich sehen, daß sich dieser Sachverhalt auch in einer Weise erklären läßt, die mit der Annahme einer spezifischen Semantik des Kunstbegriffs verträglich ist. Dagegen ist ohne die Unterstellung einer solchen Semantik nicht zu begreifen, warum wir die historische wie kulturelle Relativität des intersubjektiven Kunstverständnisses überhaupt gewahren können. Denn deren Wahrnehmung setzt voraus, daß wir ein intersubjektives Kunstverständnis, das vom zeitgenössischen Kunstverständnis unserer eigenen Kultur differiert, als ein anderes Verständnis ein und derselben Sache zu identifizieren vermögen. Wir müssen also eine Bedeutung des Kunstbegriffs annehmen, die insofern *schlechthin* intersubjektiv ist, als sie alle konsensuellen Festlegungen transzendiert, aus denen sich für einen bestimmten Zeitpunkt und eine bestimmte Kultur eine bestimmte Zusammensetzung der Klasse der Kunstwerke ergibt. Andernfalls bliebe unverständlich, warum wir die Differenz, in der das Kunstverständnis unserer eigenen Kultur zu abweichenden Kunstverständnissen steht, auf historischen Wandel oder die Unterschiedlichkeit kultureller Traditionen zurückführen.[68] Der semantische Gehalt des Kunstbegriffs kann deshalb nicht speziell an das deutsche Wort ›Kunst‹ oder irgendeines seiner Äquivalente in einer anderen natürlichen Sprache gebunden sein, sondern ist im Gegenteil das, was dieses Wort und alle seine Äquivalente allererst zu – wechselseitig äquivalenten – Vorkommnissen des Kunstbegriffs macht.

Um den semantischen Gehalt des Kunstbegriffs zu ermitteln, müssen wir die Art und Weise analysieren, in der der Kunstbegriff verwendet wird. Verwendung findet der Kunstbegriff aber immer in einer bestimmten Sprache, die für ihn über eine bestimmte Vokabel verfügt. Eine Theorie, die den semantischen Gehalt des Kunstbegriffs aufzuklären sucht, muß deshalb eines (oder mehrere) seiner

68 Vgl. Osborne 1981, 7. – Aus diesem Grund scheint mir auch die Meinung von Brown (1970/71) irrig zu sein, der Kunstbegriff sei semantisch zwar nicht durch Verwendungsbedingungen bestimmt, die »*eternally* necessary and sufficient« seien, doch könne »the concept [...] be illuminated by criteria operating *at a given time*« (344, Herv. R. S.).

Vorkommnisse zugrunde legen. Welches Vorkommnis sie wählt, ist im Prinzip gleichgültig. Entscheidend ist, daß die Wahl auf ein Vorkommnis fällt, dessen Gebrauch kompetent analysiert werden kann. Nur deshalb, weil dem Verfasser dieses Buches die Art und Weise, in der das Wort ›Kunst‹ in der deutschen Gegenwartssprache verwendet wird, am vertrautesten ist, geht die vorliegende Untersuchung von dieser Vokabel aus. Da der Kunstbegriff nicht unmittelbar als solcher, sondern nur in dieser vermittelten Weise analysiert werden kann, entscheidet der gewählte Ausgangspunkt allerdings darüber, auf welche Vokabeln anderer Sprachen (und auf welche anderen Epochen) die Ergebnisse der Analyse übertragbar sind. Denn indem ich der Analyse des Kunstbegriffs ein bestimmtes Vorkommnis zugrunde lege, justiere ich gleichsam den Kunstbegriff. In unserem Fall bedeutet das: Was hier über den Kunstbegriff gesagt ist, kann nur für das absolut gebrauchte deutsche Wort ›Kunst‹ und für alle Vokabeln anderer Sprachen Gültigkeit beanspruchen, denen derselbe semantische Gehalt unterstellt werden kann wie dem absolut gebrauchten deutschen Wort ›Kunst‹. Ist nämlich der Kunstbegriff auf das absolut gebrauchte deutsche Wort ›Kunst‹ justiert, dann ist eine Vokabel – welcher Sprache auch immer – nur dann ein Vorkommnis des auf die ästhetische Kunst Bezug nehmenden Kunstbegriffs, wenn ihr derselbe semantische Gehalt unterstellt werden kann wie dem absolut gebrauchten deutschen Wort ›Kunst‹.

Weil wir eine *schlechthin* intersubjektive Bedeutung des Kunstbegriffs annehmen müssen, ist die kunstästhetische Skepsis sprachanalytischer Philosophen unbegründet. Die Skeptiker stellen zwar zu Recht einen Zusammenhang zwischen der Möglichkeit einer Theorie der kunstspezifischen Differenz und der Semantizität des Kunstbegriffs her. Sie irren sich aber, wenn sie glauben, der Kunstbegriff entbehre eines semantischen Gehalts und die Betrachtung des normalen Sprachgebrauchs zwinge deshalb zu kunstästhetischem Dezisionismus oder kunstästhetischer Askese. Am Ende der Kritik der kunstästhetischen Skepsis kann deshalb nur die Rehabilitierung der traditionellen Frage nach dem Wesen der Kunst stehen: Danach zu suchen, ist sinnvoll und legitim.

Dies Ergebnis der Kritik der kunstästhetischen Skepsis kann aber nur die Zwischenbilanz einer Untersuchung sein, die nach der kunstspezifischen Differenz fragt. Denn unsere bisherigen Überlegungen haben zwar ergeben, daß der Kunstbegriff semantisch nicht leer sein kann; welchen Inhalt er hat, wissen wir jedoch noch nicht. Wir wissen nicht einmal, was für ein Begriff der Kunstbegriff ist. Die kritische Grundlegung kunstästhetischer Theorie kann sich mit diesem Resultat nicht zufriedengeben. Wir müssen deshalb die Analyse des Kunstbegriffs und seiner Verwendung weitertreiben.

4.3 Eine semantische Interpretation des kunstästhetischen Essentialismus

Indeed, the upshot of our discussion will be that meanings don't exist in quite the way we tend to think they do. But electrons don't exist in quite the way Bohr thought they did, either. There is all the distance in the world between this assertion and the assertion that meanings (or electrons) »don't exist.«

Hilary Putnam

a) Die doppelte Verwendbarkeit des Kunstbegriffs

Beide Interpretationen des Kunstbegriffs, mit denen uns die kunstästhetische Skepsis konfrontiert, sind nicht so falsch wie die skeptische Konsequenz, die sie angeblich nahelegen. Keine von ihnen wird zwar der Semantik des Kunstbegriffs wirklich gerecht. Aber jede von ihnen steuert zu ihrem Verständnis wichtige Hinweise bei, die sich so korrigieren, ergänzen und miteinander verbinden lassen, daß sich ein vollständigeres Bild ergibt.

Weitz täuscht sich zwar in der Annahme einer prinzipiellen semantischen Offenheit des Kunstbegriffs; er weist aber zu Recht darauf hin, daß sein prädikatorischer Gebrauch zwei verschiedene Funktionen haben kann[69]: »As we actually use the concept, ›Art‹ is both

69 Ich vermeide hier und im folgenden weitgehend die oftmals naheliegende Terminologie der Sprechakttheorie. Denn den Fokus meines Arguments bildet die Frage nach dem semantischen Potential des Kunstbegriffs; pragmatische Aspekte blende ich deshalb nach Möglichkeit aus. Ohnehin kommt es mir für den hier beabsichtigten Nachweis der

descriptive (like ›chair‹) and evaluative (like ›good‹); i.e., we sometimes say, ›This is a work of art,‹ to describe something and we sometimes say it to evaluate something.«[70] Der Kunstbegriff kann demnach nicht nur deskriptiv, sondern auch evaluativ verwendet werden. Diese Unterscheidung zweier Weisen seines Gebrauchs würde mißverstanden, wenn sie lexikalisch oder intentionalistisch verstanden würde. Beide Mißverständnisse sind aber außerordentlich lehrreich; denn sie führen uns schrittweise an ein Verständnis heran, das der alltagssprachlichen Verwendung des Kunstbegriffs angemessen ist.

b) Das lexikalische Mißverständnis

Das lexikalische Mißverständnis besteht in der Annahme, die beiden unterschiedlichen Verwendungsweisen gingen auf die Differenz zwischen ästhetischer und mechanischer Kunst zurück, ließen sich also auf die beiden lexikalischen Grundbedeutungen von ›Kunst‹ abbilden. Da der Kunstbegriff genau dann, wenn er sich auf ästhetische Kunst bezieht, eine Klasse von Gegenständen bezeichnet, liegt diese Vermutung nahe. Prädiziere ich nicht von Sophokles' *Antigone* tatsächlich deskriptiv, sie sei Kunst, von der Fähigkeit meiner Schwiegermutter zur Herstellung unvergleichlichen Backwerks dagegen evaluativ? Doch obschon das Beispielpaar die lexikalische Interpretation zu stützen scheint, ist sie falsch. Denn die Unterscheidung zwischen deskriptiver und evaluativer Verwendung des Kunstbegriffs liegt quer zur Differenz von ästhetischer und mechanischer Kunst. Weder kann der deskriptive Gebrauch auf die ästhetische Kunst beschränkt werden noch der evaluative auf die mechanische. Nicht wenige mechanische Künste sind beispielsweise lehrbar: Der Kunst-

Möglichkeit einer Theorie der kunstspezifischen Differenz darauf an, meine Argumention von – ihrerseits begründungsbedürftigen – allgemeinen sprachphilosophischen Voraussetzungen soweit wie möglich freizuhalten. Ich begnüge mich daher mit einer Analyse der prädikatorischen Verwendung des Kunstbegriffs, von der ich meine, daß sie zumindest in ihren wesentlichen Zügen unabhängig von den Prämissen einer bestimmten sprachphilosophischen Theorie Evidenz beanspruchen kann.

70 Weitz 1956/57, 33.

begriff bezeichnet in solchen Fällen (etwa im Titel eines Lehrbuchs der Heilkunst) eine bestimmte disziplinäre Kompetenz, ohne daß sein Gebrauch unmittelbar einen Akt der Wertung enthielte. Umgekehrt ist der Status eines Kunstwerks keineswegs ein distinktes Merkmal, das bestimmten Artefakten objektiv zukäme und anderen nicht. Sonst könnte die Zusammensetzung der Klasse der Kunstwerke nicht historisch und kulturell variieren. Auch derjenige benutzt den Kunstbegriff deshalb evaluativ, der von einem neuartigen Artefakt, dessen Zugehörigkeit zur Klasse der Kunstwerke strittig ist, prädiziert, es sei Kunst.[71] Wir können also für jede der beiden allgemeinen Grundbedeutungen des Kunstbegriffs einen deskriptiven von einem evaluativen Gebrauch unterscheiden (und wir können dies auch für jene speziellere Bedeutung des Kunstbegriffs, in der er sich auf die bildende Kunst bezieht). Die Projektion der beiden unterschiedlichen Verwendungsweisen auf die Differenz zwischen ästhetischer und mechanischer Kunst geht also fehl.

c) Das intentionalistische Mißverständnis

Das intentionalistische Mißverständnis besteht in der Annahme, deskriptiver und evaluativer Begriffsgebrauch gingen auf entsprechende Sprecherintentionen zurück. Nach dieser Annahme macht derjenige vom Kunstbegriff deskriptiv Gebrauch, der ein Artefakt als Kunst bezeichnet, um es als Kunstwerk zu identifizieren. Wer ein Artefakt als Kunst bezeichnet, um ihm einen besonderen Rang zuzuweisen, verwendet den Kunstbegriff dagegen evaluativ. Diese intentionalistische Interpretation des Unterschieds zwischen deskriptivem und evaluativem Begriffsgebrauch vereinfacht das Problem in unzulässiger Weise. Sie übersieht, daß Sprechakte Elemente unseres kommunikativen (Alltags-)Handelns sind, die sich nicht auf mentale Intentionen individueller Sprecher reduzieren lassen – genausowenig, wie die intentionale Disposition individueller Sprecher umgekehrt auf die Bedeutung festlegbar ist, die ihre Sprechakte intersubjektiv gewinnen.

71 Diesen evaluativen Begriffsgebrauch, der vor allem bei der Arbeit des Kunstkritikers zum Tragen kommt, hat Weitz bei seiner Unterscheidung im Auge.

Träfe die intentionalistische Interpretation tatsächlich zu, dann hinge es allein von meiner subjektiven Absicht als Sprecher ab, ob ich von einem Artefakt deskriptiv oder evaluativ prädiziere, es sei Kunst. Von jedem Artefakt müßte sich also im Prinzip jederzeit *sowohl* deskriptiv *als auch* evaluativ prädizieren lassen, es sei Kunst. Jedes sprachkompetente Mitglied einer Sprachgemeinschaft, die das Phänomen ästhetischer Kunst kennt (welche Vokabel auch immer sie dafür benutzt), weiß aber von manchen Phänomenen spontan, daß sie Kunst(werke) *sind*, und nimmt Prädikationen, die ebendies besagen, deshalb spontan als deskriptiv wahr: Wer des Deutschen mächtig ist (und Sophokles' *Antigone* kennt), wird die Äußerung »Sophokles' *Antigone* ist Kunst« spontan als eine deskriptive (und deshalb triviale) Aussage identifizieren – auch wenn ihm der Sprecher versichert, er habe sie nicht in deskriptiver, sondern in evaluativer Absicht getan. Dagegen wird er die Äußerung »Sophokles' *Antigone* ist kein Kunstwerk« als einen Akt subjektiver Wertung auffassen – wie deskriptiv auch immer der Sprecher sie gemeint haben will. Denn er weiß, daß Sophokles' *Antigone* Kunst *ist*.[72] Gibt es aber solche Phänomene, von denen wir spontan wissen, daß sie Kunst sind, dann läßt sich von ihnen nicht in einem spezifisch evaluativen Sinn aussagen, sie seien Kunst – jedenfalls dann nicht, wenn ›evaluativ‹ etwas anderes bedeuten soll als ›deskriptiv‹. Ebensowenig läßt sich von ihnen deskriptiv bestreiten, daß sie Kunst sind. Umgekehrt kann ich von Phänomenen, die sprachkompetente Mitglieder meiner Sprachgemeinschaft spontan als Nicht-Kunst identifizieren, nicht deskriptiv behaupten oder evaluativ bestreiten, daß sie Kunst sind. Innerhalb des Horizonts einer bestimmten Sprachgemeinschaft läßt sich also von einigen Wahrnehmungsdingen deskriptiv nur behaupten und

72 Auf Grund gemeinsamer kultureller Traditionen reicht die Intersubjektivität solcher spontan aktivierbaren Wissensbestände oft über die Grenzen einzelner Sprachgemeinschaften hinaus. Das gilt um so mehr, als gegenwärtig eine immer stärker zunehmende ›Internationalisierung‹ (d.h. interkulturelle Vereinheitlichung) des intersubjektiven Kunstverständnisses zu beobachten ist. Allerdings wird der Kunstbegriff in den verschiedenen natürlichen Sprachen durch unterschiedliche Vokabeln repräsentiert. Die spontane Beurteilung konkreter Äußerungen funktioniert deshalb nur dann, wenn Sprecher und Hörer sprachkompetente Mitglieder derselben Sprachgemeinschaft sind.

evaluativ nur bestreiten, von anderen hingegen deskriptiv nur bestreiten und evaluativ nur behaupten, daß sie Kunst sind.

Gilt dies aber auch dann, wenn der Horizont jedweder Sprachgemeinschaft transzendiert wird? Die Frage geht von einer falschen Voraussetzung aus. Denn einen horizontindifferenten Gebrauch des Kunstbegriffs gibt es nicht, weil jeder, der diesen Begriff intentional benutzt oder seine Bedeutung in einer gegebenen Äußerung versteht, immer schon das Kunstverständnis einer – seiner – Sprachgemeinschaft als lebensweltliches Hintergrundwissen in Anspruch nimmt. Das gilt – um ein naheliegendes Gegenbeispiel sogleich zu entkräften – auch für den Ethnologen, der von einem vermeintlich objektiven Beobachterstandpunkt aus vergleicht, welche Phänomene in unterschiedlichen Gesellschaften als Kunst gelten und welche nicht. Denn ohne einen zumindest vagen Vorbegriff von Kunst, den er dem lebensweltlichen Hintergrundwissen seiner eigenen Sprachgemeinschaft entnimmt, könnte er die fremdsprachigen Äquivalente des Kunstbegriffs seiner Muttersprache gar nicht als solche identifizieren.

Weil der Kunstbegriff nicht horizontindifferent verwendet werden kann, läßt sich von vielen Artefakten nur deskriptiv *oder* evaluativ prädizieren, sie seien Kunst. Die intentionalistische These, die den Unterschied zwischen deskriptivem und evaluativem Begriffsgebrauch auf eine unterschiedliche Sprecherintention zurückführt, ist deshalb nicht haltbar. Der spezifisch deskriptive bzw. spezifisch evaluative Charakter eines bestimmten Begriffsgebrauchs ist vielmehr durch ein Wissen konstituiert, das den Intentionen individueller Sprecher vorausliegt und dessen Erwerb Teil des Erlernens einer natürlichen Sprache ist. Wir können diesen Ausschnitt des lebensweltlichen Hintergrundwissens, auf das die sprachkompetenten Mitglieder einer Sprachgemeinschaft zurückgreifen, wenn sie einen bestimmten Gebrauch des Kunstbegriffs spontan als deskriptiv oder evaluativ identifizieren, das *intersubjektive Kunstverständnis* dieser Sprachgemeinschaft nennen. Unsere bisherigen Beobachtungen lassen sich dann in folgender These zusammenfassen: Der Bezugspunkt der Unterscheidung zwischen deskriptivem und evaluativem Gebrauch ist weder die Differenz lexikalischer Grundbedeutungen noch die private Intention individueller Sprecher, sondern das intersubjektive Kunstverständnis derjenigen Sprachgemeinschaft, in deren Sprache über die Kunsthaftigkeit eines Artefakts befunden wird. Individuelle Sprecher können das intersubjektive Kunstverständnis ihrer Sprachgemeinschaft nicht willkürlich suspendieren, weil es die Folie ist, vor der sich ihre individuellen Intentionen allererst als solche konturieren können.

d) Die Rolle des intersubjektiven Kunstverständnisses

Doch inwiefern ist die Differenz beider Verwendungsweisen durch das intersubjektive Kunstverständnis bedingt? Nehmen wir an, ich erwiese einer englischen Bekannten den Gefallen einer Führung über den Campus der Hamburger Universität. Gefragt, ob es denn auf dem Gelände keine Kunstwerke gebe, könnte ich auf einen maroden Zweckbau deuten, der den Charme eines vergammelten Hochbunkers ausstrahlt – der Volksmund nennt ihn ›Philosophenturm‹ –, und ihr mit den Worten von Weitz zu verstehen geben: »This is a work of art.« Gehen wir einmal davon aus, daß meine Bekannte weiß, daß ich ihrer Muttersprache mächtig bin, und deshalb keine sprachliche Fehlleistung vermutet. Und unterstellen wir auch, daß die Kommunikationssituation es ihr erlaubt, einen Hörfehler, ein Mißverständnis und ironischen Wortgebrauch auszuschließen. Es sei also offenkundig, daß ich den ›Philosophenturm‹ allen Ernstes als Kunstwerk bezeichne. Dies vorausgesetzt, wird meine englische Bekannte meine Antwort nicht als Information oder Feststellung rezipieren, sondern als eine *subjektive Stellungnahme*, die meine ganz persönliche Überzeugung zum Ausdruck bringt, der ›Philosophenturm‹ sei ein Werk der ästhetischen Kunst. Denn die Applikation des Kunstbegriffs auf ›Philosophentürme‹ Hamburger Provenienz ist ein Gebrauch, von dem sie auf Grund ihrer Sprachkompetenz spontan weiß, daß er dem Konsens nicht entspricht, den das intersubjektive Kunstverständnis widerspiegelt, das sich im englischen Sprachraum (ebenso wie im deutschen) historisch eingespielt hat. Aus diesem Grund ist meine Äußerung in besonderer Weise begründungsbedürftig. Denn ihre sachliche Richtigkeit versteht sich nicht in der gleichen Weise von selbst wie die eines konsenskonformen Begriffsgebrauchs. Daß seine Äußerung als subjektives Werturteil aufgefaßt wird, kann ein Sprecher zumeist an der Reaktion seiner Hörer ablesen: Im geschilderten Fall wird meine Gesprächspartnerin wahrscheinlich von mir eine Begründung einklagen, von sich aus meine Äußerung zu begründen suchen oder eine denkbare Begründung zurückweisen, von der sie vermutet, daß sie – wiewohl unausgesprochen – im Hintergrund meiner Äußerung steht.

Meine Bekannte würde meine Antwort natürlich ganz anders interpretieren, wenn wir uns in Wien befänden und ich sie, nach Kunstwerken in der Stadt gefragt, zum Hundertwasserhaus führen würde: Dies sei »a work of art«. In diesem Fall stünde mein Begriffsgebrauch im Einklang mit dem intersubjektiven Kunstverständnis, vor dessen Hintergrund wir miteinander kommunizieren. Meine Antwort würde deshalb nicht als Artikulation eines subjektiven Werturteils, sondern als sachliche *Feststellung* oder als *Information* rezipiert. Als Sprecher könnte ich das vermutlich daran erkennen, daß meine Gesprächspartnerin von mir keine nähere Begründung meiner Antwort verlangt und mir auch nicht auf andere Weise zu verstehen gibt, daß sie sie für begründungsbedürftig hält. Um sie dazu zu provozieren, eine Begründung einzuklagen, dürfte es jedoch genügen, den Kunstcharakter des Hundertwasserhauses in Abrede zu stellen, während das Verlangen nach einer Begründung umgekehrt auch dann ausbliebe, wenn ich verneinte, daß der ›Philosophenturm‹ ein Kunstwerk sei.

Ob von einem Artefakt deskriptiv oder evaluativ prädiziert wird, es sei Kunst, hängt, wie das Doppelbeispiel zeigt, von dem Status ab, den das jeweils maßgebliche intersubjektive Kunstverständnis ihm zuerkennt. Doch ist weder die Unterscheidbarkeit beider Verwendungsweisen an die Hörerperspektive gebunden, wie das Beispiel vermuten lassen könnte, noch der Charakter einer konkreten Äußerung mit ihrer Wahrnehmung durch einen sprachkompetenten Hörer identisch. Denn jeder sprachkompetente Hörer ist zugleich ein potentieller sprachkompetenter Sprecher (und umgekehrt). Daher haben wir nicht nur als sprachkompetente Hörer an einem intersubjektiven Kunstverständnis teil, sondern auch als sprachkompetente Sprecher. In der Regel teilen Sprecher und Hörer dabei auch den Horizont des intersubjektiven Kunstverständnisses, auf das sie spontan zurückgreifen: Als kompetenter Sprecher weiß ich ebensogut wie meine Gesprächspartnerin, daß der ›Philosophenturm‹

nicht zur Klasse derjenigen Artefakte gehört, die das intersubjektive Kunstverständnis, das den Horizont unserer Kommunikation bildet, als *works of art* zu bezeichnen erlaubt – wohl aber das Hundertwasserhaus. Wenn ich trotzdem vom ›Philosophenturm‹ prädiziere, er sei ein Kunstwerk, so tue ich das in beabsichtigtem Widerspruch zum eingespielten Gemeinverständnis von Kunst – vielleicht, weil ich in dieser ruinösen, phantasielos-funktionalen Behausung der Geisteswissenschaften ein prägnantes architektonisches Symbol sehe, dem das intersubjektive Kunstverständnis zu Unrecht den Titel eines Kunstwerks vorenthält. Ich intendiere also jenen evaluativen Begriffsgebrauch, den meine Bekannte in meiner Äußerung erkennt. Sprecherintention und Hörerwahrnehmung *müssen* sich allerdings nicht in dieser Weise decken. Sie können insbesondere dann voneinander abweichen, wenn sich Sprecher und Hörer nicht innerhalb des Horizonts ein und derselben Sprachgemeinschaft bewegen und deshalb nicht ein und dasselbe intersubjektive Kunstverständnis teilen. In einem solchen Fall werden sie die Aussage, das Artefakt A sei ein Kunstwerk, unter Umständen unterschiedlich interpretieren. Weil jedoch ihr jeweiliges spontanes Wissen nicht falsifizierbar ist, kann keiner von beiden für seine Deutung einen begründeten Vorrang beanspruchen. Grundsätzlich läßt sich also niemals objektiv, sondern lediglich *intersubjektiv* entscheiden, welchen Charakter eine bestimmte Begriffsverwendung besitzt – wobei Sprecher und Hörer vor dem Hintergrund gemeinsamer Teilhabe an ein und demselben intersubjektiven Kunstverständnis zumeist wechselseitig voraussetzen können, daß sie in der Bewertung einer Äußerung übereinstimmen. Das Wissen, *daß* die prädikatorische Verwendung des Kunstbegriffs entweder deskriptiven oder evaluativen Charakters ist, haben Kommunikationsteilnehmer allerdings auch dann gemeinsam, wenn sie sich in ihrer spontanen Deutung einer bestimmten Äußerung nicht einig sind.

Das Gesagte gilt natürlich nicht nur für Äußerungen, in denen der Kunstbegriff explizit Verwendung findet, sondern auch für solche, die seine Applikabilität auf einzelne oder mehrere Artefakte implizit bejahen oder verneinen, indem der Sprecher auf den Kunstbegriff Bezug nimmt, ohne sich der Vokabeln ›Kunst‹ oder ›Kunstwerk‹ zu bedienen. Nehmen wir einmal an, ich wäre nicht so skurril, ausgerechnet den Hamburger ›Philosophenturm‹ für ein Kunstwerk zu halten. Nach Kunstwerken auf dem Universitätsgelände gefragt, würde ich dann wohl zuerst an Oskar Kokoschkas Triptychon *Thermopylae* denken, das die Seitenwand eines Hörsaals im ›Philosophenturm‹ schmückt. Fragte mich meine Bekannte jedoch nicht beim Gang über den Campus, sondern abends beim Bier, müßte ich die Vokabeln ›art‹ und ›work of art‹ gar nicht in den Mund nehmen, denn ich könnte ihre Frage mit einem mundfaulen »Yes, three paintings by Kokoschka« beantworten. Da meiner Gesprächspartnerin der Name Kokoschka etwas sagt und sie überdies weiß, daß *paintings* im allgemeinen Kunstwerke sind, würde sie in diesem Fall kaum eine nähere Begründung einklagen. Dagegen würde sie, sofern sie zuvor bereits auf dem Campus war, sicherlich höchst verwundert reagieren und mich um Erklärung meiner Auskunft bitten, wenn ich ihr antworten würde: »Yes, the ›philosophers' tower‹«. Der implizite Gebrauch des Kunstbegriffs bietet also offenbar den gleichen Befund wie dessen explizite Verwendung: Auch hier läßt sich zwischen Deskription und Evaluation differenzieren. Hier wie dort gibt dabei den Ausschlag, welchen Status das Artefakt, auf das sich die Prädikation bezieht, nach Maßgabe des intersubjektiven Kunstverständnisses hat, das bei den Kommunikationsteilnehmern im Hintergrund steht. Sofern es diesem zufolge ein Kunstwerk ist, erscheint die Äußerung als *deskriptiver* (d.h. *empirisch-klassifikatorischer*), andernfalls als *evaluativer* (d.h. *subjektiv-wertender*) Gebrauch.[73]

e) Drei Einwände

Drei Einwände gegen diese Interpretation von Weitz' Unterscheidung verdienen an dieser Stelle allerdings Gehör. *Der erste Einwand* richtet sich gegen die Gleichsetzung von beschreibendem und konsens-

73 Obwohl auch Kunstkritiker den Kunstbegriff mitunter evaluativ gebrauchen, ist ihr evaluatives Geschäft oft von anderer Art. Das kunstkritische Werturteil kann sich nämlich nicht nur darauf beziehen, ob ein Artefakt in den Rang eines Kunstwerks erhoben werden soll, sondern auch darauf, welcher Rang einem Artefakt, dessen Kunsthaftigkeit allgemein anerkannt ist, in einer gedachten Hierarchie der Kunstwerke zukommen soll.

konformem Gebrauch des Kunstbegriffs. Dadurch würden Objektivität und Intersubjektivität konfundiert.

Dieser Einwand ist nicht überzeugend. Denn ein weniger subjektives Kriterium für den deskriptiven Gebrauch des Kunstbegriffs als ein historisch eingespielter weitreichender kultureller, womöglich sogar interkultureller Konsens ist nicht vorstellbar. Weil der Kunstbegriff in seiner hier allein interessierenden eingeschränkten Bedeutung *per definitionem* auf ästhetische Erfahrung, d.h. auf eine besondere *Wahrnehmung* von Artefakten verweist, ist die wahrnehmende Subjektivität die unhintergehbare Instanz, die über die Subsumierbarkeit eines Artefakts unter den Kunstbegriff entscheidet. Jedes im Vergleich zu einem weitreichenden intersubjektiven Konsens vermeintlich objektivere Kriterium für deskriptiven Begriffsgebrauch muß sich deshalb bei näherer Betrachtung als ein zum Dogma erhobenes subjektives Kriterium entpuppen. Von einem beschreibenden Gebrauch des Kunstbegriffs kann daher nur im Sinne derjenigen Verwendung die Rede sein, die zum jeweiligen Zeitpunkt in der jeweiligen Sprachgemeinschaft konsensfähig ist: Nur als Bezugnahme auf ein intersubjektives Kunstverständnis ist ein deskriptiver Gebrauch des Kunstbegriffs denkbar.

Zu einer Einschränkung zwingt dagegen *der zweite Einwand*. Er macht geltend, der Kunstbegriff lasse sich nicht nur evaluativ oder deskriptiv verwenden, sondern auch kompetent oder inkompetent und eigentlich oder uneigentlich (zum Beispiel metaphorisch oder ironisch). Das ist richtig. Allerdings betreffen diese Unterscheidungen nicht dieselbe Ebene wie die Distinktion von deskriptivem und evaluativem Begriffsgebrauch, sondern liegen ihr logisch voraus: Evaluative und deskriptive Verwendung des Kunstbegriffs sind Weisen seines kompetenten und zugleich eigentlichen Gebrauchs.

Für den deskriptiven Gebrauch liegt das auf der Hand. Denn vor dem Hintergrund gemeinsamer Teilhabe an ein und demselben intersubjektiven Kunstverständnis wird jede konsenskonforme Benutzung des Kunstbegriffs von sprachkompetenten Kommunikationsteilnehmern – Sprechern wie Hörern – spontan immer schon als kompetent *und* eigentlich identifiziert, weil sprachliche Inkompetenz und uneigentlicher Begriffsgebrauch genauso wie die Subjektivität eines Werturteils nur als Abweichungen von intersubjektiven Standards der Sprachverwendung überhaupt feststellbar sind. Bezeichne ich Kokoschkas Triptychon oder das Hundertwasserhaus als Kunst, weiß ich spontan immer schon, daß ich vom Kunstbegriff kompetent, eigentlich und deskriptiv Gebrauch mache – genauso wie dies jeder Hörer meiner Äußerung weiß, der mit mir den Horizont des für mich maßgeblichen intersubjektiven Kunstverständnisses teilt. Wenn ich den Kunstbegriff ironisch oder evaluativ verwenden und seinen Gebrauch auch so verstanden wissen will, darf ich nicht vom Hundertwasserhaus oder von Kokoschkas Triptychon prädizieren, es sei Kunst.

Schwieriger liegen die Verhältnisse beim evaluativen Gebrauch. Anders als die konsenskonforme Verwendung des Kunstbegriffs kann nämlich der kontrakonsensuelle Gebrauch auch vor dem Hintergrund gemeinsamer Teilhabe an ein und demselben intersubjektiven Kunstverständnis nicht ohne weiteres als kompetent und eigentlich identifiziert werden. Wenn ich vom Hamburger ›Philosophenturm‹ prädiziere, er sei »a work of art«, könnte meine Äußerung durchaus meinen mangelhaften Englischkenntnissen geschuldet sein. In diesem Fall läge ein kontrakonsensueller, aber inkompetenter Begriffsgebrauch vor (der von einem Sprecher nicht als solcher intendiert werden kann). Ebensogut könnte meine kontrakonsensuelle Applikation des Kunstbegriffs auf den ›Philosophenturm‹ aber auch eine ironische Aussage sein, mit der ich mein Gegenüber auf die trostlose Aura des Bauwerks aufmerksam machen möchte und die von meiner englischen Bekannten auch so verstanden wird, weil sie meinem Tonfall entnimmt (oder aus anderen Indizien schließt), daß es mir nicht ernst ist mit meiner Antwort. In diesem Fall handelte es sich um einen kontrakonsensuellen (und durchaus kompetenten), aber uneigentlichen Begriffsgebrauch. In beiden Fällen wäre der kontrakonsensuelle Gebrauch des Kunstbegriffs indes kein evaluativer Gebrauch.[74] Denn der kontrakonsensuelle Gebrauch des Kunstbe-

74 In meinem ironischen Votum des zweiten Falls liegt zwar eine subjektive Stellungnahme; ich äußere jedoch nur ein Geschmacksurteil, ohne dem Bauwerk die ästhetische Erfahrbarkeit eines Werks der ästhetischen Kunst zu attestieren. Deshalb dokumentiert meine Stellungnahme zwar eine evaluative Wahrnehmung, aber keinen evaluativen Gebrauch des Kunstbegriffs.

griffs wird nur dann spontan als evaluativ identifiziert, wenn er weder als uneigentlich noch als inkompetent erscheint.[75] Auch die evaluative Verwendung des Kunstbegriffs ist somit ein kompetenter *und* eigentlicher Gebrauch. Wenn ich vom deskriptiven und evaluativen Gebrauch als den beiden Verwendungsweisen des Kunstbegriffs spreche, so ist dies also eine abkürzende Redeweise, die strenggenommen des einschränkenden Zusatzes bedarf, daß dies lediglich die beiden Weisen seines kompetenten und zugleich eigentlichen Gebrauchs sind.

Der dritte Einwand betrifft die *exklusive* Klassifizierung des kontrakonsensuellen Begriffsgebrauchs als evaluativ. Sie führe in die Irre, da *jeder* Gebrauch des Kunstbegriffs, auch der konsenskonforme, wertend sei. In Frage stellt dieser Einwand nicht die phänomenologische Unterscheidbarkeit zweier Weisen, den Kunstbegriff zu verwenden, sondern nur die terminologische Gleichsetzung von konsenskonformem und deskriptivem Gebrauch einerseits, kontrakonsensueller und evaluativer Verwendung andererseits. Aus der Perspektive sprachkompetenter Kommunikationsteilnehmer – Sprecher oder Hörer – ist sie jedoch hinreichend plausibel: Da die prädikatorische Verwendung des Kunstbegriffs von ihnen nur dann *spontan* als wertender Begriffsgebrauch identifiziert wird, wenn sie sich nicht mit dem üblichen Gebrauch deckt, erscheint es legitim, nur in diesem Fall von einem evaluativen Begriffsgebrauch zu sprechen. Und mit gleichem Recht kann man genau und nur dann von einem deskriptiven Begriffsgebrauch sprechen, wenn der Kunstbegriff entsprechend den Üblichkeiten verwendet wird, weil sein prädikatorischer Gebrauch nur dann *spontan* als beschreibend aufgefaßt wird.

Der Einwand erinnert allerdings daran, daß auch der deskriptive Gebrauch des Kunstbegriffs ein evaluatives Fundament besitzt. Nicht weil es schlechthin gültige Bedingungen gäbe, anhand deren Kunst-

75 Woran es liegt, daß uns der kontrakonsensuelle Gebrauch des Kunstbegriffs mitunter nicht als evaluativ, sondern als uneigentlich oder inkompetent erscheint, läßt sich nicht allgemein beantworten, denn dabei spielen individuelle und situationsspezifische Faktoren eine zentrale Rolle. Festhalten läßt sich nur, daß die Applikation des Kunstbegriffs auf Wahrnehmungsgegenstände ohne Artefaktcharakter grundsätzlich nicht als evaluativer Gebrauch wahrgenommen wird.

werke sich mechanisch als solche identifizieren ließen, können wir den Kunstbegriff deskriptiv benutzen, sondern weil es weitreichende evaluative Konsense über den Kunstcharakter bestimmter Artefakte und Artefaktklassen gibt, über die wir einerseits durch Lernprozesse orientiert werden und zu deren Fortbestehen oder Veränderung wir andererseits beitragen, indem wir ihnen durch konsenskonformen Begriffsgebrauch beitreten oder sie durch inkonforme Benutzung des Kunstbegriffs in Frage stellen. Denn das intersubjektive Kunstverständnis, das den deskriptiven Gebrauch des Kunstbegriffs allererst möglich macht, beruht auf artefaktbezogener Evaluation: Es setzt sich zusammen aus einer Vielzahl historisch eingespielter, quasi-konsensueller Entscheidungen über den Kunstcharakter einzelner oder einer Reihe gleichartiger Artefakte, in deren jede wiederum eine Vielzahl individueller evaluativer Stellungnahmen eingeflossen ist. Der deskriptive Gebrauch des Kunstbegriffs spiegelt insofern die Intersubjektivität artefaktbezogener Werturteile – während der evaluative Gebrauch die Subjektivität solcher Bewertungen reflektiert.

Die evaluative Basis *jeder* Verwendung des Kunstbegriffs bleibt bei dessen deskriptivem Gebrauch allerdings unsichtbar. Deskriptiv verwenden wir den Kunstbegriff nämlich im Einklang mit der kulturellen Tradition der Sprachgemeinschaft, in der wir aufgewachsen (oder in die wir später im Leben hineingewachsen) sind. Zum einen applizieren wir ihn auf Artefakte, um deren weithin anerkannten Kunstcharakter wir wissen, weil wir ihnen in einer Galerie oder einem Kunstmuseum begegnen oder weil sie in Unterricht oder Feuilleton, Lexikon oder Schulbuch oder von einer anderen uns kompetent erscheinenden Autorität als Kunstwerke bezeichnet werden. Zum anderen wenden wir ihn auf Artefakte an, die uns denjenigen Artefakten zu ähneln scheinen, um deren weithin anerkannten Kunstcharakter wir wissen. Insofern spielen Ähnlichkeitsrelationen für den deskriptiven Gebrauch des Kunstbegriffs tatsächlich eine wichtige Rolle. Allerdings täuschen sich die deskriptivistischen Skeptiker über ihre Funktion: Ähnlichkeitsrelationen zwischen Artefakten, um deren intersubjektiv anerkannten Kunstcharakter wir wissen, und solchen, deren Zugehörigkeit zur Klasse der Kunstwerke uns nicht ausdrücklich bekannt ist, sind nämlich kein *Kriterium* für die *Identifikation* von Kunstwerken, sondern ein *Indiz*, auf Grund dessen wir Artefakte *im allgemeinen* konsenskonform als Kunstwerke *bewerten* – das uns aber weder zu einer solchen Bewertung zwingt noch uns zu garantieren vermag, daß sie allgemeine Zustimmung findet. Am Beispiel der oben erwähnten (fiktiven) Berlin-Photos, die Bildern Moholy-Nagys motivisch und technisch außerordentlich ähneln, wäre der Unterschied zu belegen.

Daß der Gebrauch des Kunstbegriffs eine wertende Stellungnahme impliziert, wird uns meist erst dann bewußt, wenn wir dem historisch eingespielten intersubjektiven Kunstverständnis im Einzelfall die Gefolgschaft versagen oder mit dem inkonformen Begriffsgebrauch anderer Sprecher konfrontiert werden. Dann nämlich steht dem konsenskonformen Begriffsgebrauch eine abweichende Verwendung gegenüber, die kein Ausdruck von Unkenntnis oder mangelnder sprachlicher Kompetenz sein muß, sondern oft genug kritisch gemeint ist: Indem ich den Kunstbegriff auf Artefakte anwende, über deren Kunstcharakter kein weitreichender Konsens besteht, oder kontrakonsensuell seine Anwendung verweigere bzw. seine Anwendbarkeit bestreite, kann ich signalisieren, daß ich die konsensuelle Einstufung bestimmter Artefakte oder Artefaktklassen nicht teile. Gebrauche ich den Kunstbegriff dagegen konsenskonform, verzichte ich auf die derart mir mögliche Kritik und bringe damit mein Einverständnis mit der historisch eingespielten Bewertung zum Ausdruck. Insofern beinhaltet die Verwendung des Kunstbegriffs auch dann eine evaluative Stellungnahme, wenn sie in Übereinstimmung mit dem intersubjektiven Kunstverständnis erfolgt. Nur wird der evaluative Gehalt in diesem Fall verdeckt durch die deskriptive Qualität, die eine konsenskonforme Begriffsverwendung gewinnt. Er kann aber jederzeit aktualisiert werden – wie dies zum Beispiel geschieht, wenn unterschiedliche kulturspezifische Konsense aufeinandertreffen. Der deskriptive Gebrauch des Kunstbegriffs besitzt also keine Autonomie. Vielmehr schlummert in ihm immer schon ein Werturteil, das sich durch kontrakonsensuelle Begriffsverwendung indirekt evozieren und unter Umständen langfristig sogar korrigieren läßt.

Erst das evaluative Fundament der deskriptiven Verwendung des Kunstbegriffs läßt uns verstehen, warum dessen Extension historisch und kulturell zu variieren vermag. Manche Artefakte und Artefaktklassen sind ja Kunst nicht sogleich, sondern werden erst dazu, wenn sich zu einem späteren Zeitpunkt ihre entsprechende Beurteilung durchsetzt. So können Kultobjekte, an die Adorno in diesem Zusammenhang erinnert hat, ihre primäre Funktion einbüßen und dadurch eine neue, anders geartete Bedeutsamkeit gewinnen.[76] Die Kunst ist insofern ein »Nach-Spiel des Kults«.[77] Historisch zu Kunstwerken werden können aber auch profane Dinge. Texten beispielsweise, die in nicht-identifizierten Alphabeten geschrieben sind, schreiben wir häufig die ästhetische Signifikanz von Kunstwerken zu.[78] Sogar unabhängig vom Verlust des lebensweltlichen Wissens um ihren spezifischen Zweck oder ihre besondere kulturelle Funktion avancieren Phänomene mitunter erst historisch zu Werken der Kunst. So diente – wenn man der Legende glauben darf – Hölderlins *Homburger Folioheft*, dessen Inhalt lange als Notat eines Geisteskranken galt, über viele Jahrzehnte dem Bibliothekar der Taunusstadt als Sitzkissen, bevor es von der Literaturwissenschaft als einzigartiges Kunstwerk entdeckt wurde.[79] Die Anerkennung des Kunstcharakters bestimmter Artefakte oder Artefaktklassen ist überdies oft gekennzeichnet durch interkulturelle Ungleichzeitigkeit. Romane, die, ungereimt, in Prosa frei erfundene Erzählstoffe darbieten, galten zum Beispiel in Europa historisch früher als Werke der Kunst als im arabischen Sprachraum, obgleich fiktionales Erzählen gerade hier eine lange oral-dialektale Tradition besaß. Bezieht man die deskriptiv-klassifika-

76 Adorno *GS VII*, 272; vgl. auch Gadamer *GW VIII/1*, 2.

77 Schlaffer 1990, 93. – Zu welchen Konflikten es dadurch kommen kann, verdeutlicht eine von Bazon Brock (1998, 217) mitgeteilte Anekdote: »[...] einmal wöchentlich erschien eine alte Bäuerin aus der Eifel im Wallrafmuseum vor einem Altarbild, kniete dort nieder und verrichtete ihre Gebete. [...] Das übrige Publikum reagierte z.T. aggressiv oder spöttisch, so daß sich die Frau ihrerseits düpiert fühlte, und es kam zur grundsätzlichen Frage: darf ein bis dahin in der Dorfkirche verehrtes Altarbild, nachdem es als Kunstwerk ins Museum abtransportiert wurde, weiterhin im rituellen Kontext verwendet werden oder nicht? Mit anderen Worten: Darf man im Museum beten?«

78 Vgl. Nadin 1991, 220.

79 Nach Sohnle 1984/85, 390. – Zur Literarizität und zur heutigen Bedeutung des *Homburger Foliohefts* vgl. Burdorf 1993.

torische Verwendbarkeit des Kunstbegriffs auf die Existenz normativer Standards zurück, die weitreichende, wenngleich nicht absolute intersubjektive Konsense widerspiegeln, lassen sich solche interkulturellen und geschichtlich bedingten Differenzen mit der begrenzten Reichweite derartiger Konsense erklären: Weil die Intersubjektivität artefaktbezogener Werturteile auf einen bestimmten Zeitraum oder eine bestimmte Sprachgemeinschaft beschränkt sein kann, kann die Zusammensetzung der Klasse der Kunstwerke, die der deskriptive Gebrauch des Kunstbegriffs konstituiert und indiziert, historisch und kulturell variieren. Diesen Kultur- und Zeitindex, den die Klasse der Kunstwerke trägt, können deskriptivistische Theorien des Kunstbegriffs nicht verständlich machen. Daß die Zusammensetzung dieser Klasse grundsätzlich variabel ist, hat zwar schon Weitz erkannt. Sein Versuch, sie auf eine eigentümliche Offenheit des Kunstbegriffs zurückzuführen, scheitert jedoch an der Widersprüchlichkeit dieser Konzeption. Weitz' Zuflucht zum Kriterium der Entscheidung Interessierter zeigt überdies, daß eine deskriptivistische Theorie die Divergenz der Anwendungsbedingungen, die sie feststellen muß, nur begründen kann, indem sie Anleihen bei einer normativistischen Interpretation des Kunstbegriffs macht. Mit den logischen Kategorien der Notwendigkeit und Suffizienz allein läßt sie sich nämlich nicht erklären.[80]

Tatsächlich hat die eigentümliche Variabilität kunstspezifischer intersubjektiver Konsense ihren Grund darin, daß jede evaluative Verwendung des Kunstbegriffs grundsätzlich deskriptive Qualität erlangen und umgekehrt jeder deskriptive in einen evaluativen Gebrauch umschlagen kann. Allerdings vollzieht sich ein solcher Wandel nur allmählich – indem entweder ein Urteil, das ein zunächst evaluativer Begriffsgebrauch artikuliert, nach und nach immer größere Zustimmung gewinnt oder indem der Konsens über die Anwendbarkeit des Kunstbegriffs auf bestimmte Artefakte oder Artefaktklassen durch das Anwachsen abweichender Begriffsverwendung im Laufe der Zeit erodiert.

Wann genau der eine Gebrauch in den anderen umschlägt, hängt davon ab, wann die Anwendung des Kunstbegriffs auf ein bestimm-

80 Vgl. Diffey 1973, 104.

tes Artefakt ein hinreichendes Maß intersubjektiver Akzeptanz erlangt bzw. einbüßt. Wie groß dieses hinreichende Maß ist, entzieht sich dabei zahlenmäßiger Fixierung. Ob wir die Anwendung des Kunstbegriffs auf ein bestimmtes Artefakt als deskriptiv (konsenskonform) oder evaluativ (kontrakonsensuell) ansehen, entscheiden wir nämlich spontan, d.h. unter Zugrundelegung individueller Wissensbestände, in die die gesellschaftliche Sprach- und Urteilspraxis unserer Kultur eingegangen ist. Objektive Standards, die darüber entscheiden, ob die Anwendung des Kunstbegriffs auf ein bestimmtes Artefakt konsenskonform ist, gibt es deshalb nicht. Aus der Beobachterperspektive ist somit – auch durch empirische Erhebungen – nicht definitiv auszumachen, wie die Anwendung des Kunstbegriffs auf ein bestimmtes Artefakt einzustufen ist. Auch der Kunsttheoretiker, der Beispiele deskriptiven und evaluativen Begriffsgebrauchs zu geben sucht, kann deshalb nur auf die Evidenz seiner spontanen Wahrnehmung vertrauen. Wo sie bestritten wird, bleibt ihm nur der Appell an die spontane Wahrnehmung des Kontrahenten: Weil es keine objektiven Anwendungsbedingungen des Kunstbegriffs gibt, gibt es auch keine über die spontane Wahrnehmung erhabene Begründungsinstanz, auf die wir uns im Streitfall berufen könnten. Auch der intersubjektive Konsens ist keine solche Begründungsinstanz, die den Streit der spontanen Wahrnehmungen zu schlichten vermöchte. Das ergibt sich schon daraus, daß in Streitfällen *ipso facto* kein absoluter Konsens herrscht. Die Berufung auf einen Konsens führte daher in einen infiniten Regreß: Ihr ließe sich stets entgegenhalten, der als Begründungsinstanz angeführte Konsens sei nicht breit genug.

Wenn sich freilich der Status der Anwendung des Kunstbegriffs auf *ein und dasselbe* Artefakt im Prinzip jederzeit ändern kann, dann ist eine Äußerung, die den Kunstbegriff explizit oder implizit auf ein bestimmtes Artefakt bezieht, niemals nur das, was sie aktuell jeweils ist: ein deskriptiver oder ein evaluativer Begriffsgebrauch. Virtuell ist sie vielmehr immer schon, was sie aktuell noch nicht, und immer noch, was sie aktuell nicht mehr ist. In konkreten Prädikationen überlagert zwar jeweils eine Verwendungsweise die andere; doch bleibt diese, obschon sie gleichsam unsichtbar ist, als jederzeit aktualisierbare Möglichkeit im Hintergrund präsent.

Wenngleich der Kunstbegriff auch da, wo er deskriptiv verwendet wird, seine immanente Wertungsbezogenheit nicht abzustreifen vermag, besitzt also der evaluative Begriffsgebrauch weder eine ontologische noch eine semantische Priorität. Es verhält sich gerade nicht so, daß der evaluative Gebrauch der eigentliche Gebrauch des Kunstbegriffs wäre und der deskriptive Gebrauch sein sekundäres Derivat. Diese Vorstellung, der Lüdeking offenbar anhängt, vereinseitigt das Verhältnis beider Verwendungsweisen viel zu stark. Denn sie übersieht, daß sich deskriptiver und evaluativer Begriffsgebrauch wechselseitig begrenzen. Einerseits limitiert nämlich jede einzelne evaluative Verwendung des Kunstbegriffs die Reichweite des intersubjektiven Kunstverständnisses. Dieses spiegelt nicht (mehr) einen absoluten Konsens, sondern nur (mehr) die Übereinkunft einer Gemeinschaft, von der sich individuelle Sprecher von Fall zu Fall distanzieren können. An jeder derartigen Distanznahme eines individuellen Sprechers scheint dabei die Möglichkeit solcher Distanzierung auf. Insofern offenbart der evaluative Begriffsgebrauch die Fragilität jener intersubjektiven Konsense, denen der deskriptive Begriffsgebrauch seine deskriptive Qualität verdankt. Diese limitative Funktion des evaluativen Begriffsgebrauchs hat jedoch ihr Komplement in der gleichfalls limitativen Funktion des deskriptiven Gebrauchs. Durch die Gesamtheit aller deskriptiven Verwendungen ist nämlich andererseits die Möglichkeit des evaluativen Begriffsgebrauchs begrenzt: Evaluativ verwenden läßt sich der Kunstbegriff nur, sofern sich meine subjektive Stellungnahme zur Kunsthaftigkeit eines Artefakts, sei sie nun affirmativ oder negativ, nicht mit dem konsensuellen Werturteil deckt.

f) Der semantische Status des Kunstbegriffs

Woher rührt die Interferenz der beiden Verwendungsweisen des Kunstbegriffs? Sie wurzelt, so lautet die These, die ich in diesem Abschnitt begründen möchte, in der zwiespältigen Natur des Begriffs selbst.

Vieles scheint zunächst dafür zu sprechen, im Kunstbegriff mit Lüdeking einen Wertbegriff zu sehen. Denn er verweist von Haus aus auf die urteilende Subjektivität, deren evaluative Akte auch das

Fundament seines deskriptiven Gebrauchs bilden. Außerdem ist der Status einer Prädikation, die ihn auf ein bestimmtes Artefakt bezieht, nicht objektiv gegeben, sondern relativ: Ob es sich um einen deskriptiven oder um einen evaluativen Gebrauch handelt, hängt von evaluativen Konsensen ab und ist damit historisch und kulturell ebenso variabel wie diese. Lüdeking, so scheint es, erfaßt also durchaus die Natur des Kunstbegriffs und zieht aus ihr lediglich den falschen Schluß, daß der genuin evaluative Charakter des Kunstbegriffs Aussagen über Kunst als solche verbiete. Doch der Kunstbegriff unterscheidet sich in einem Punkt ganz wesentlich von Wertbegriffen wie ›Vorteil‹, ›Nachteil‹ oder ›(moralisch) Gutes‹. Wie diese Begriffe bringt er zwar ein Werturteil zum Ausdruck; anders als sie besitzt er jedoch gleichzeitig die Fähigkeit, eine Klasse von Wahrnehmungsgegenständen zu konstituieren. Wertbegriffe wie ›Vorteil‹, ›Nachteil‹, ›(moralisch) Gutes‹ können dagegen weder eine Klasse sinnlich wahrnehmbarer noch eine Klasse abstrakter Gegenstände bezeichnen – weshalb sie sich auch nicht deskriptiv verwenden lassen. Bei ihrem prädikatorischen Gebrauch tritt die Subjektbezogenheit des zugrundeliegenden Urteils niemals so in den Hintergrund wie beim konsenskonformen Gebrauch des Kunstbegriffs: Ich kann nicht etwas als gut bezeichnen, ohne ihm – und sei es unaufrichtigerweise – auch subjektiv den Status von Gutem zuzuerkennen, während ich ein *ready made* jederzeit im Einklang mit dem intersubjektiven Kunstverständnis als Kunstwerk bezeichnen, im selben Atemzug aber – etwa durch Beifügung eines geeigneten Attributs – Zweifel an der Richtigkeit des konsensuellen Urteils anmelden kann. Um diese Differenz nicht einzuebnen, möchte ich den Terminus *Wertbegriff* für Begriffe reservieren, die keine dem Kunstbegriff vergleichbare Kraft besitzen, eine Klasse sinnlich wahrnehmbarer oder abstrakter Gegenstände zu konstituieren.

Sowenig der Kunstbegriff demnach ein Wertbegriff ist, so sehr unterscheidet er sich andererseits aber auch von vielen jener Begriffe, die über das Vermögen verfügen, eine Klasse von Gegenständen zu konstituieren. Weil jede Verwendung des Kunstbegriffs eine evaluative Basis hat, kann die Intension des Kunstbegriffs – anders als die anderer Begriffe, die Klassen von Gegenständen konstituieren – nicht durch ein (mehr oder weniger komplexes) Identifikationskriterium für Kunstwerke bestimmt sein. Insofern deckt sich das Resultat unserer bisherigen Überlegungen mit Annahmen von Weitz und Lüdeking. Daß der semantische Gehalt des Kunstbegriffs nicht durch eine Konjunktion von Eigenschaftsmerkmalen definiert werden kann, ist jedoch kein zwingendes Indiz für die semantische Leere des Begriffs, die die kunstästhetischen Skeptiker daraus ableiten wollen. Vielmehr ist diese Beobachtung durchaus verträglich mit der unausweichlichen Unterstellung einer spezifischen Bedeutung des Kunstbegriffs. Sie besagt nämlich nur, daß der Kunstbegriff nicht die gleiche semantische Struktur besitzt wie ein Begriff, dessen Intension in Form von Eigenschaftsmerkmalen angebbar ist. Begriffe, deren Bedeutung sich derart definieren läßt, heißen traditionell *Art- bzw. Gattungsbegriffe.*

Wie solche Begriffe nimmt zwar auch der Kunstbegriff auf das lebensweltliche Hintergrundwissen einer Sprachgemeinschaft Bezug. Doch die begriffsspezifischen Ausschnitte dieses Wissens weisen beim Kunstbegriff eine andere Struktur auf als bei Art- und Gattungsbegriffen. Wir können uns die Differenz klarmachen, indem wir den Kunstbegriff mit einem Artbegriff wie ›Wasser‹ vergleichen. Ob etwas darunter subsumiert werden kann oder nicht, wissen wir beim Begriff ›Wasser‹ zumeist ebenso mit Bestimmtheit zu sagen wie beim Terminus ›Kunst‹. Wir wissen, daß eine viskose, dunkelbraune Flüssigkeit ebensowenig Wasser ist wie ein Stück Holz. Und wir wissen auch, daß Thomas Manns *Buddenbrooks* ebenso Kunst sind wie Schuberts Streichquartette. Diese Übereinstimmung zwischen dem Kunstbegriff einerseits und dem Artbegriff ›Wasser‹ andererseits rührt daher, daß wir auf Grund unserer Sprachkompetenz beide Begriffe immer schon mit dem lebensweltlichen Hintergrundwissen unserer Sprachgemeinschaft in Verbindung bringen, durch das die Grenzen ihrer deskriptiven Verwendung festgelegt sind. Die Übereinstimmung endet freilich, sobald wir darüber im Zweifel sind, ob von einem Gegenstand unserer Wahrnehmung prädiziert werden kann, er sei Wasser bzw. Kunst. Dann zeigt sich nämlich, daß der Geltungsanspruch, den wir mit der Behauptung »x ist Wasser« verbinden, eine intersubjektive Verbindlichkeit des Behaupteten impliziert, die dem Geltungsanspruch, den wir mit der Aussage »x ist Kunst« erheben, fremd ist. Wer den mit »x ist Wasser« erhobenen Geltungsanspruch bestreitet, den werde ich, sofern ich von der Wahrheit meiner Behauptung überzeugt bin, für unwissend halten. Wer aber den mit »x ist Kunst« erhobenen Geltungsanspruch bestreitet, dem werde ich auch dann, wenn ich von der Wahrheit meiner Behauptung überzeugt bin, das Recht auf eine abweichende Meinung zubilligen.

Denken wir uns den Fall, daß mich jemand bittet, ihm ein Glas Wasser zu trinken zu geben. Während er das Glas entgegennimmt, empört er sich, die eingegossene Flüssigkeit sei ja gar kein Wasser, sondern Milch. Wenn ich seinen Zweifel für unberechtigt halte, werde ich ihm entgegnen, natürlich sei das Eingegossene Wasser; er möge doch davon probieren und sich selbst überzeugen. Da wir beide, sofern wir sprachkompetent sind und im Horizont derselben Sprachgemeinschaft kommunizieren, spontan wissen, wie Wasser schmeckt, riecht, aussieht und auf Temperaturveränderung reagiert, wird sich unser Dissens in aller Regel durch Probieren ausräumen lassen. Sollte sich aber mein Gegenüber weigern, die Wasserhaftigkeit des Eingegossenen anzuerkennen, obwohl ich mich selbst davon überzeugt habe, daß es schmeckt, riecht, aussieht und auf Temperaturveränderung reagiert wie Wasser, werde ich mich schwerlich des Eindrucks erwehren können, er wolle mich entweder zum Narren halten oder wisse nicht, was Wasser ist.

Nun lassen sich Fälle denken, in denen Probieren nicht genügt, um den Zweifel auszuräumen, ob etwas (im Sinne kompetenter und eigentlicher Begriffsverwendung) als Wasser bezeichnet werden kann. Mein Gegenüber könnte sich zum Beispiel als einer jener Pedanten entpuppen, die allein chemisch reines Wasser für Wasser halten. Meine Behauptung, das Eingegossene sei Wasser, könnte er nämlich mit dem Argument bestreiten, es handele sich dabei nicht um chemisch reines Wasser. In diesem (und in jedem vergleichbaren) Fall griffe die von Putnam beobachtete sprachliche Arbeitsteilung.[81] Denn wo fraglich ist, ob es sich bei einer Flüssigkeit im *strengen* Sinne unserer sprachlichen Konventionen um Wasser handelt, verlassen wir uns auf das Urteil von Experten, die Flüssigkeiten chemisch analysieren und so ihre Wasserhaftigkeit beurteilen können. Ermöglicht wird diese sprachliche Arbeitsteilung durch die besondere Art, in der

81 Vgl. Putnam 1975, 145 f.

sich das lebensweltliche Hintergrundwissen auf einen Artbegriff wie ›Wasser‹ bezieht: Mag auch im Einzelfall strittig sein, ob etwas unter den Begriff ›Wasser‹ subsumiert werden kann oder nicht, herrscht doch Einigkeit, welche Kriterien darüber entscheiden. Wasser hat, mit anderen Worten, Eigenschaften, die die Intension des Begriffs ›Wasser‹ bestimmen. Und sofern diese nicht jedem Mitglied einer Sprachgemeinschaft bekannt sind, sind sie zumindest einer Teilklasse von Sprechern vertraut, die zugleich von geeigneten Analyseverfahren Kenntnis haben.[82]

Anders verhält es sich mit Behauptungen des Typs »x ist Kunst«. Angenommen, ich stehe mit einer Bekannten, die davon keineswegs so beeindruckt ist wie ich, vor der Cheops-Pyramide, stammle ganz überwältigt: »Das ist wirklich Kunst!«, und ernte von ihr nur ein lapidares »Tatsächlich?«. In dieser Situation reicht es nicht aus, an das sinnliche Wahrnehmungsvermögen meiner Gefährtin zu appellieren; vielmehr muß ich, wenn mir daran liegt, sie vom Kunstcharakter des Königsgrabs zu überzeugen, ihr erklären, warum es in meinen Augen ein Kunstwerk ist. Gelingt mir das jedoch nicht – weil sie meine Gründe nicht akzeptiert oder mit Gegengründen kontert –, werde ich ihr nicht unterstellen, sie wisse nicht, was Kunst sei, sondern mich *nolens volens* damit abfinden, daß sie ein anderes Kunstverständnis hat als ich. Mag es im Einzelfall auch schmerzhaft oder unbefriedigend sein, einen solchen Dissens akzeptieren zu müssen; vermeiden läßt es sich nicht. Denn anders als bei Art- und Gattungsbegriffen trägt die sprachliche Arbeitsteilung, die es auch hinsichtlich des Kunstbegriffs gibt, nicht unbedingt zur Überwindung solcher

82 Das schließt nicht aus, daß sich auch das Bedeutungsspektrum eines Art- und Gattungsbegriffs verengt. Insbesondere wenn neue wissenschaftliche Erkenntnisse, technische oder soziale Entwicklungen eine Binnendifferenzierung des Bedeutungsgehalts eines solchen Begriffs nahelegen, verliert er unter Umständen allmählich die Kraft, alle bisher von ihm bezeichneten Phänomene zu bezeichnen. Sein semantischer Gehalt kann sich in solchen Fällen allerdings auch verdoppeln: In einem allgemeineren Sinn behält der Begriff dann seine bisherige Bedeutung, während er in einem spezielleren Sinn nur noch einen Ausschnitt seines bisherigen Bedeutungsspektrums abdeckt. In diesem Fall wird jede der verschiedenen Intensionen des Begriffs durch Eigenschaften bestimmt, deren Vorliegen überprüft werden kann.

Dissense bei. Wo fraglich ist, ob etwas (im Sinne kompetenter und eigentlicher Begriffsverwendung) als Kunst bezeichnet werden kann, können wir uns zwar auch hilfesuchend an Experten wenden, an Kunstkritiker oder Kunsthistoriker zum Beispiel. Aber es ist keineswegs ausgemacht, daß solche Experten in ihrem Urteil übereinstimmen: Meine Begleiterin hätte gewiß keine Mühe, Fachleute zu finden, die sie in ihrem Zweifel am Kunstcharakter der Cheops-Pyramide bestärken; von anderen Experten dürfte aber auch ich Bestärkung in meinem Enthusiasmus erfahren. Und zwei Literaturkritikerinnen müssen darüber, ob die gereimten Texte Friederike Kempners Kunst sind, keineswegs einer Meinung sein. Differieren können allerdings auch die Urteile zweier Experten über die Wasserhaftigkeit einer Flüssigkeit – wie überhaupt in Fragen, deren Entscheidung eine Sprachgemeinschaft an Spezialisten delegiert, die damit betrauten Fachleute ebenso fehlgehen können wie Laien. Doch anders als der mögliche Dissens von Kunstsachverständigen über die Kunsthaftigkeit eines Artefakts, der oft genug auf ein unterschiedliches subjektives Kunstverständnis verweist, beruhen solche Differenzen in aller Regel nicht auf einer Uneinigkeit über die Identifikationskriterien für Wasser, sondern betreffen die Frage, ob diese als erfüllt anzusehen sind. Der Experten-Dissens über die Wasserhaftigkeit einer Flüssigkeit läßt sich daher im allgemeinen auch durch Überprüfung oder Wiederholung derjenigen Untersuchungen ausräumen, auf denen das divergierende Urteil der Sachverständigen beruht. Die einschlägige Expertise eines Chemikers bindet Dritte deshalb stärker als jeder Richtspruch eines Kunstkritikers.[83]

Auch der Kunstbegriff verweist zwar auf einen weitreichenden intersubjektiven Konsens, der Eingang in das lebensweltliche Hinter-

83 Es gehört zwar zum Alltag naturwissenschaftlicher Forschung, daß bisherige Hypothesen (auch solche über die Eigenschaften von Stoffen) korrigiert bzw. durch bessere ersetzt werden. Die Aufstellung einer neuen Hypothese über die stofflichen Eigenschaften von etwas – beispielsweise von Wasser – ist aber nur möglich, sofern dieses Etwas – in unserem Fall also Wasser – unabhängig von der neuen Hypothese als solches identifiziert werden kann. Insofern setzt jede neue Hypothese über die Eigenschaft eines Stoffs die Fortgeltung mindestens eines Teils der bisherigen Konventionen über die Kriterien für dessen Identifikation voraus.

grundwissen einer Sprachgemeinschaft gefunden hat. Nur besagt dieses intersubjektive Kunstverständnis lediglich, daß bestimmte Artefakte Kunstwerke sind und andere nicht. Eigenschaften, durch die die Intension des Kunstbegriffs festgelegt wäre, lassen sich ihm dagegen nicht entnehmen: Während Art- und Gattungsbegriffe auf ein *intensional-kriteriales* Hintergrundwissen verweisen, ist das begriffsspezifische Hintergrundwissen, auf das wir zurückgreifen, wenn wir den Kunstbegriff kompetent verwenden oder seine kompetente Verwendung adäquat rezipieren, *extensional-exemplarischer* Natur.

Im Unterschied zu Art- und Gattungsbegriffen können wir den Kunstbegriff daher auch evaluativ – d.h. kompetent und eigentlich, aber nicht deskriptiv – verwenden, während der kompetente und eigentliche Gebrauch von Art- und Gattungsbegriffen mit ihrem deskriptiven Gebrauch zusammenfällt. So kann ich zum Beispiel bestreiten, daß Robert Schumanns *Études symphoniques op. 13* Kunst sind, ohne daß mir jemand, der mit mir den Horizont meiner Sprachgemeinschaft teilt, automatisch inkompetenten Begriffsgebrauch unterstellt. Denn ich distanziere mich damit nur *partiell* vom begriffsspezifischen Hintergrundwissen meiner Kultur: Auch wenn ich Schumanns *Études symphoniques* nicht als Kunstwerk gelten lasse, kann ich mit dem intersubjektiven Kunstverständnis darin übereinstimmen, daß die Zugspitze kein Kunstwerk, sondern eine erhabene Naturschönheit, *Lysistrata* hingegen ein ergreifendes Zeugnis griechischer Dichtkunst ist. Ermöglicht wird eine solche partielle Distanzierung durch den extensional-exemplarischen Charakter des Hintergrundwissens, das sich auf den Kunstbegriff bezieht. Bei Begriffen, deren Verwendung durch ein intensional-kriteriales Hintergrundwissen gesteuert wird, besteht diese Möglichkeit nicht. Bestreite ich zum Beispiel, daß das Wasser in meinem Glas, das mein Gesprächspartner und ich soeben gekostet haben, Wasser ist, setze ich mich unweigerlich dem Verdacht sprachlicher Inkompetenz aus. Meine Bestreitung kommt nämlich einer *völligen* Distanzierung vom begriffsspezifischen Hintergrundwissen gleich, die meinen Begriffsgebrauch sprachkompetenten Kommunikationspartnern automatisch als inkompetent erscheinen läßt.

Die Differenz erhält noch schärfere Konturen, wenn wir danach fragen, wie ich meine Überzeugung, daß die *Études symphoniques* kein

Kunstwerk seien, begründen könnte. Ich könnte zum Beispiel anführen, daß ihre symphonische Klangstruktur ganz im Dienst der spieltechnischen Perfektionierung pianistischen Könnens stehe (an das sie deshalb besondere Anforderungen stellt, weil ihre Vollstimmigkeit nur durch Vollgriffigkeit adäquat wiederzugeben ist). Ich brächte damit mein – subjektives – Kunstverständnis ins Spiel, dem zufolge Kompositionen, die in erster Linie spieltechnisch von Interesse sind, keine Kunstwerke sind. Einem Gesprächspartner muß diese Prämisse nicht einleuchten; er kann meine Begründung jedoch nicht widerlegen, sondern nur kritisieren und zurückweisen. Denn es gibt keinen Kriterienkatalog, anhand dessen sich mein Urteil intersubjektiv überprüfen ließe.[84]

Um meine Überzeugung zu begründen, daß die Flüssigkeit in meinem Glas kein Wasser ist, muß ich dagegen behaupten, daß ihr wenigstens eine Eigenschaft fehlt, die Wasser auf Grund allgemeiner Konvention besitzt. Um festzustellen, ob meine Begründung stichhaltig ist, genügt es, diese Behauptung zu überprüfen – sei es durch Probieren oder durch eine chemische Analyse.

Man kann, ohne damit eine realistische Position einzunehmen, die Differenz auf die Formel bringen: Der Kunstbegriff ist immanent *urteilsbezogen*; Art- und Gattungsbegriffe sind immanent *eigenschaftsbezogen*. Während Art- und Gattungsbegriffe auf intersubjektiv überprüfbare Eigenschaften verweisen, die Wahrnehmungsgegenstände besitzen – und sei es nicht an sich, sondern nur für diejenigen, die sie wahrnehmen –, drückt der Kunstbegriff ein phänomenbezogenes Werturteil aus, das, wenn es der Artefaktbedingung Rechnung trägt, zwar kritisierbar, aber nicht zu widerlegen ist. Die kontrakonsensuelle Anwendung eines Art- oder Gattungsbegriffs dokumen-

84 Nur einer einzigen Bedingung muß jedes Urteil Rechnung tragen: Als Kunstwerke kommen nur Artefakte in Betracht. Wird von einem Phänomen ohne Artefaktcharakter prädiziert, es sei ein Kunstwerk, ist dieser Gebrauch des Kunstbegriffs weder *aktuell* noch *virtuell* konsensfähig. Er wird deshalb im allgemeinen nicht als evaluativ wahrgenommen, sondern als inkompetent oder, sofern andere Faktoren dies näher legen, als uneigentlich. Von Phänomenen ohne Artefaktcharakter – dem Firmament zum Beispiel, dem Gewitterblitz, dem Neugeborenen im Kreißsaal oder dem Zitronenfalter im Garten – läßt sich mithin weder deskriptiv noch evaluativ prädizieren, sie seien Kunstwerke.

tiert daher entweder einen Irrtum des Sprechers oder dessen sprachliche Inkompetenz, wohingegen der kontrakonsensuelle Gebrauch des Kunstbegriffs keinen Rückschluß auf einen Irrtum oder fehlende Sprachkompetenz erlaubt.

Allerdings habe ich mir, indem ich Artbegriffe als Begriffe eingeführt habe, deren Intension in Form von Eigenschaftsmerkmalen angebbar ist, stillschweigend die Auffassung traditioneller Bedeutungstheorien zu eigen gemacht, die grundsätzlich zwischen der Bedeutung (im engeren Sinne der Intension) und der Referenz (oder Extension) unterscheiden und annehmen, daß jene diese bestimmt. Vertreter einer neueren referenzsemantischen Theorie, die vor allem von Kripke und Putnam entwickelt worden ist, lehnen diese Auffassung jedoch ab. In ihren Augen gleicht insbesondere die Bedeutung solcher Artbegriffe, die – wie mein Beispiel ›Wasser‹ – natürliche Wahrnehmungsdinge bezeichnen, der designatorischen Qualität von Eigennamen, die auf einem Taufakt beruhe, von dem die Referenz kausal herleitbar sei.[85] Natürliche Artbegriffe wären demnach Begriffe, die uns zwar zur Identifikation von Wahrnehmungsgegenständen dienen, deren Bedeutung aber nicht intensional explizierbar ist. Kommen wir der Bedeutung des Kunstbegriffs vielleicht näher, wenn wir annehmen, daß sie in ähnlicher Weise von einem Taufakt herrührt und sich deshalb nicht intensional angeben läßt?

James D. Carney und Robert J. Matthews haben diese Frage bejaht und in Anlehnung an die Kripke-Putnamsche Referenztheorie den kunstästhetischen Essentialismus in einer nominalistischen Variante zu rehabilitieren versucht.[86] Der Kunstbegriff ist demnach semantisch durch eine paradigmatische Referenz definiert und jeweils auf alle Wahrnehmungsgegenstände anwendbar, die derjenigen Kunsttheorie zufolge dem paradigmatischen Referenten gleichen, die zum fraglichen Zeitpunkt die größte Erklärungskraft besitzt. Doch wovon hängt die Erklärungskraft einer Kunsttheorie ab? Carney und Matthews geben darauf eine Antwort, die ihre eigene Theorie zirkulär werden läßt. Für sie sind Kunsttheorien nämlich fallible, verbesserungsfähige Hypothesen, deren Erklärungskraft und Revisionsbe-

85 Vgl. Kripke 1972, Putnam 1975.
86 Vgl. Carney 1975, Matthews 1979/80.

dürftigkeit sich danach bemessen, inwieweit sie anzugeben vermögen, was die avanciertesten Phänomene, die zum jeweiligen Zeitpunkt als Kunstwerke anerkannt sind, mit den paradigmatischen Werken der traditionellen Kunst verbindet. Eine Kunsttheorie muß also immer dann revidiert werden, wenn Phänomene als Kunstwerke anerkannt werden, deren Ähnlichkeit mit den Werken der traditionellen Kunst sie nicht mehr aufweisen kann. Wenn aber die Referenz des Kunstbegriffs *per definitionem* theorieabhängig ist, kann es gar keine Kunstwerke geben, die eine Theorierevision zu erzwingen vermögen. Matthews sucht diesem vitiösen Zirkel zu entgehen, indem er annimmt, bestimmte Artefakte besäßen »a *prima facie* claim to art status (perhaps because they are presented as such by recognized artists, or simply by reason of having been exhibited in a gallery)«.[87] Er setzt damit jedoch voraus, daß es Artefakte gibt, die unabhängig von der Auskunft der jeweils erklärungskräftigsten Theorie als Kunstwerke anzusehen sind – eine Prämisse, die auf Matthews' Eingeständnis hinausläuft, daß seine eigene Theorie die Extension des Kunstbegriffs nicht zutreffend beschreibt.

Auch die Interpretation des Kunstbegriffs als Sammelbezeichnung, die sich *nur* extensional – durch vollständige namentliche Aufzählung aller Mitglieder der Klasse der Kunstwerke – definieren läßt, scheidet aus.[88] Denn die Klasse der Kunstwerke ist in ihrer Zusammensetzung prinzipiell variabel – historisch und kulturell. Es können jederzeit neue Mitglieder hinzukommen und bisherige ausscheiden; und es kann Artefakte geben, die in einer Kultur dazugehören und in einer anderen nicht. Daher ist jeder Versuch, den Kunstbegriff durch Aufzählung aller Kunstwerke zu definieren, zum Scheitern verurteilt. Anders als menschliche oder tierische Individuen sind Kunstwerke zudem grundsätzlich reproduzierbar – auch wenn es von der Verfügbarkeit und dem Stand der Entwicklung einschlägiger Reproduktionstechniken abhängt, ob ein bestimmtes Werk originalgetreu reproduziert werden kann. Auch deshalb läßt sich der Kunstbegriff nicht extensional definieren. Wir greifen zwar, wenn wir

87 Matthews 1979/80, 48 (Herv. i. O.).

88 Dieser Möglichkeit scheint Saw (1961, 24) zuzuneigen. Sie muß allerdings einräumen, daß es zu einer solchen Definition einer »indefinite list« bedürfte.

ihn kompetent verwenden oder seine Verwendung kompetent rezipieren, auf ein extensional-exemplarisches Hintergrundwissen zurück. Aber der semantische Gehalt des Kunstbegriffs ist mit diesem Hintergrundwissen nicht identisch. Denn das extensional-exemplarische Hintergrundwissen gibt – wie der Name schon sagt – die Extension des Kunstbegriffs nicht vollständig, sondern nur beispielhaft an. Außerdem erhellt aus ihm nicht, welche Bedeutung der Kunstbegriff in seinem evaluativen Gebrauch haben könnte. Das begriffsspezifische Hintergrundwissen sagt uns zwar, daß bestimmte Artefakte zu jener Klasse der Kunstwerke gehören, deren Zusammensetzung das jeweilige intersubjektive Kunstverständnis bestimmt; aber es spiegelt allein den deskriptiven Gebrauch des Kunstbegriffs wider und vermag deshalb nicht zu erklären, welche Bedeutung dieser Begriff hat, wenn er auf solche Artefakte angewandt wird, die dem intersubjektiven Kunstverständnis zufolge keine Kunstwerke sind. Anders als der semantische Gehalt von Art- und Gattungsbegriffen, deren kompetent-eigentlicher Gebrauch immer schon deskriptiv ist, kann aber die Bedeutung des Kunstbegriffs nicht auf dessen deskriptive Verwendung beschränkt sein; sie muß vielmehr den gemeinsamen Bezugspunkt des deskriptiven *und* des evaluativen Begriffsgebrauchs bilden. Wir müssen deshalb annehmen, daß der semantische Gehalt des Kunstbegriffs das begriffsspezifische extensional-exemplarische Hintergrundwissen transzendiert.

Wenn wir Art- und Gattungsbegriffe summarisch als *Klassifikationsbegriffe* betrachten, können wir ein vierfaches Ergebnis unserer bisherigen Überlegungen festhalten:

1. Der Kunstbegriff ähnelt einem Wertbegriff. Denn er verweist immer schon auf die evaluative Subjektivität, deren Werturteile auch das Fundament seines deskriptiven Gebrauchs bilden.

2. Der Kunstbegriff ist jedoch kein Wertbegriff. Denn er kann prädikatorisch so gebraucht werden, daß die Subjektbezogenheit des Werturteils, das seiner Verwendung zugrunde liegt, hinter die deskriptive Bezugnahme auf eine Klasse von Wahrnehmungsgegenständen zurücktritt.

3. Der Kunstbegriff ähnelt einem Klassifikationsbegriff. Denn er besitzt die Fähigkeit, eine Klasse von Wahrnehmungsgegenständen zu konstituieren.

4. Der Kunstbegriff ist jedoch kein Klassifikationsbegriff. Denn er besitzt nicht die semantische Struktur eines Klassifikationsbegriffs, da seine Bedeutung weder intensional-kriterial angebbar noch kausal auf eine paradigmatische Referenz zurückzubeziehen ist.

Dieser Befund legt es nahe, den Kunstbegriff als einen Begriff eigenen Typs zu verstehen, der zwischen Klassifikations- und Wertbegriffen eine eigentümliche Zwischenstellung einnimmt. Tatsächlich steht der Kunstbegriff nur in bezug auf einen evaluativen Konsens in einem deskriptiv-identifizierenden Verhältnis zu Wahrnehmungsgegenständen: Deskriptiv nimmt er auf Wahrnehmungsdinge nur Bezug, solange diese Kunstwerke sind kraft eines intersubjektiven Urteils, das sich auf diese oder jene Sprachgemeinschaft bezieht und nicht unbedingt auf eine andere Sprachgemeinschaft übertragbar ist. Andererseits suchen Werturteile, die der Kunstbegriff zum Ausdruck bringt, ihre evaluative Natur immer schon zu negieren. Denn sie erheben stets Anspruch auf jene intersubjektive Zustimmung, an die sich die Mitgliedschaft der beurteilten Phänomene in der Klasse der Kunstwerke knüpft.

Als Zwitter, der Merkmale sowohl von Klassifikations- als auch von Wertbegriffen in sich vereint, ähnelt der Kunstbegriff dem Begriff des Rechts. Virtuell beschreibt ›Recht‹ ebenfalls eine Klasse von – allerdings geistigen – Gegenständen, nämlich die Klasse aller Normen (Gesetze, Verordnungen, Verwaltungsvorschriften, Gerichtsentscheide usw.), deren Befolgung ein Rechtsstaat kraft seiner »Befugnis zu zwingen«[89] durchsetzen darf und muß. Normen sind Recht im deskriptiven Sinn aber nur kraft Setzung und faktischer Anerkennung. Diese spiegeln die intersubjektive Beurteilung einer Norm als gerecht[90], d.h. als verträglich mit dem Anspruch eines *jeden* Individuums, sich Ziele wählen und sie frei verfolgen zu können.[91] Die in-

89 Kant *MdS* (Einleitung in die Rechtslehre, § E), A 36.

90 Daß der Akt der Setzung von Recht eine weitreichende intersubjektive Zustimmung spiegelt, ergibt sich daraus, daß der Begriff des Rechts die konsensuelle Anerkennung der *Legitimität* des rechtsetzenden Verfahrens impliziert: Staatliche Normen, über deren illegitimes Zustandekommen in einer Gesellschaft ein weitreichender Konsens herrscht, sind kein Recht, das dem Anspruch des Rechtsbegriffs genügt.

91 Zu dieser kantischen Interpretation der für den Begriff des Rechts zen-

tersubjektive Beurteilung einer Norm bezieht sich jedoch stets auf eine bestimmte Gesellschaft und ist nicht unbedingt auf eine andere übertragbar: Gesellschaften, deren politische und kulturelle Traditionen sich unterscheiden, können unterschiedliche Konsense darüber hervorbringen, welche Normen gerecht sind und welche nicht. Welche materialen Normen im Sinne deskriptiver Begriffsverwendung Recht sind, ist deshalb durch die Bedeutung des Rechtsbegriffs ebensowenig bestimmt, wie aus der Bedeutung des Kunstbegriffs ableitbar ist, welche Artefakte im Sinne deskriptiven Begriffsgebrauchs Kunstwerke sind. Auch der Begriff des Rechts besitzt mithin deskriptiv-identifizierenden Charakter nur in bezug auf einen evaluativen Konsens. Und er gleicht dem Kunstbegriff auch darin, daß er, sofern er evaluativ verwendet wird, ein Werturteil artikuliert, das auf jene intersubjektive Zustimmung Anspruch erhebt, an welche die Zugehörigkeit einer Norm zur Klasse der Rechtsnormen gebunden ist. Eine Norm für Recht zu erachten, bedeutet insofern nichts anderes, als ihren Anspruch auf jedermanns Beipflichtung zu billigen.

Weil Begriffe wie ›Kunst‹ und ›Recht‹ einen Begriffstypus eigener Art repräsentieren, möchte ich sie im Unterschied zu Klassifikations- und Wertbegriffen als *Beurteilungsbegriffe* bezeichnen. Wie mit Klassifikationsbegriffen läßt sich auch mit Beurteilungsbegriffen Wahrgenommenes und Vorgestelltes deskriptiv als etwas Bestimmtes identifizieren. Anders als Wertbegriffe sind Beurteilungsbegriffe deshalb auch deskriptiv verwendbar. Der für Klassifikationsbegriffe charakteristische Automatismus der Alltagswahrnehmung kann bei Beurteilungsbegriffen zwar von sprachkompetenten Kommunikationsteilnehmern entmachtet werden, doch ist er hier im Unterschied zu Wertbegriffen nicht von vornherein suspendiert. Wie mit Wertbegriffen lassen sich mit Beurteilungsbegriffen andererseits subjektive Bewertungen artikulieren, wie sie die deskriptiv-identifizierende Klassifikation von Wahrgenommenem oder Vorgestelltem noch nicht impliziert. Anders als Klassifikationsbegriffe sind Beurteilungsbegriffe deshalb auch evaluativ verwendbar. Den besonderen semantischen Status von Beurteilungsbegriffen veranschaulicht Abbildung 2. Da

tralen Beurteilungshinsicht Gerechtigkeit als Freiheitsverträglichkeit vgl. Kempski 1992, 158ff.; Bartuschat 1994, bes. 17.

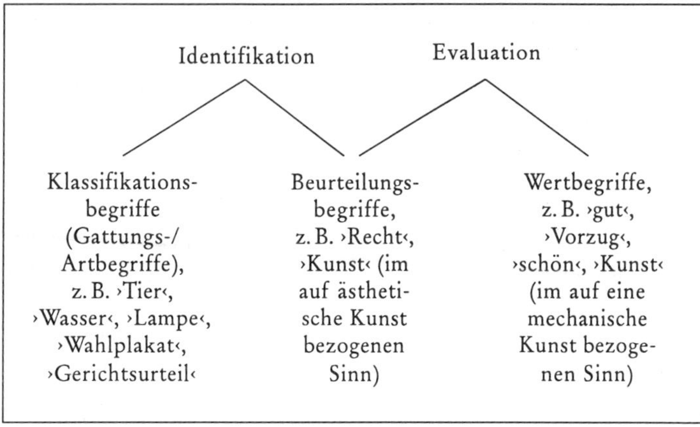

Abb. 2: Der semantische Status von Beurteilungsbegriffen

natürliche Sprachen nicht nur aus identifikationstauglichen oder zur Artikulation subjektiver Wertungen geeigneten Begriffen bestehen, gibt sie allerdings keine vollständige Übersicht empirisch aufweisbarer Begriffstypen, sondern stellt nur den in unserem Zusammenhang relevanten Ausschnitt daraus dar.[92]

92 Der Unterscheidung zwischen Identifikation und Bewertung steht nicht entgegen, daß auch der deskriptiv-identifikatorische Begriffsgebrauch ein evaluatives Moment enthält, genauso wie umgekehrt der evaluative eine bestimmte Wahrnehmung von Gegebenem impliziert. Dessenungeachtet bringen nämlich bestimmte Begriffe (die ich deshalb Klassifikationsbegriffe nenne) *in erster Linie* eine spontane Klassifizierung zum Ausdruck, während andere (für die ich den Terminus ›Wertbegriff‹ reserviert habe) *primär* eine subjektive Wertung artikulieren und solche eines dritten Typs (die Beurteilungsbegriffe) von sich aus für beide Möglichkeiten gleichermaßen offen sind, so daß der Kontext ihres jeweiligen Gebrauchs darüber entscheidet, ob sie einen identifikatorischen oder einen evaluativen Akzent tragen. Der Unterschied zeigt sich daran, daß der prädikatorischen Anwendung von Klassifikationsbegriffen durch intersubjektive Konventionen verhältnismäßig enge Grenzen gesteckt sind, ohne deren Beachtung wir Gefahr laufen, daß man uns sprachliche Inkompetenz unterstellt. Demgegenüber liegen der prädikatorischen Applikation von Wertbegriffen Entscheidungen zugrunde, etwas als etwas zu betrachten, die grundsätzlich auch anders

g) Kunstästhetik als Semantik des Kunstbegriffs

Im letzten Abschnitt hat sich gezeigt, daß der Kunstbegriff den semantischen Status eines Beurteilungsbegriffs hat, der zwar deskriptiv verwendet werden kann, dessen deskriptiver Gebrauch jedoch in evaluativen Akten wurzelt. Das erklärt, warum der Kunstbegriff nicht einfach eine Klasse von Wahrnehmungsgegenständen repräsentiert; denn die Bedeutung eines Beurteilungsbegriffs liegt jenseits von Intension und Extension: Sie gleicht derjenigen eines Wertbegriffs. Semantisch sind Wertbegriffe durch begriffsspezifische Bewertungshinsichten definiert: Ein Nachteil ist ein Aspekt einer Sache oder Handlung oder eines Sachverhalts, der vom Urteilenden als ungünstig bewertet wird. Denn die Bedeutung des Wortes ›Nachteil‹ ist durch die Bewertungshinsicht Ungünstigkeit bestimmt.

Beim Kunstbegriff liegen die Dinge ähnlich. Auch seine Bedeutung besteht in einer begriffsspezifischen Bewertungshinsicht. Allerdings artikuliert der Kunstbegriff – anders als ein Wertbegriff – keine Bewertung, die ich mir als Sprecher notwendigerweise zu eigen mache, wenn ich ihn in direkter Rede prädikatorisch verwende.[93] Diesem Unterschied verdankt der Kunstbegriff – wie jeder andere Beurteilungsbegriff – seine Fähigkeit, eine Klasse von Gegenständen zu konstituieren. Um ihn kenntlich zu machen, werde ich bei Beurteilungsbegriffen nicht von Bewertungs-, sondern von *Beurteilungshinsichten* sprechen. Beurteilungshinsichten sind Bewertungshinsichten, die einen Sprecher, der einen Begriff in direkter Rede prädikatorisch gebraucht, nicht dazu zwingen, sich das ausgesprochene Werturteil selbst zu eigen zu machen. Meine *erste These* lautet also: *Die Bedeutung des Kunstbegriffs besteht in einer begriffsspezifischen Beurteilungshinsicht.*

hätten ausfallen können, ohne daß sie deshalb einem sprachkompetenten Gesprächspartner Grund gegeben hätten, auf sprachliche Inkompetenz zu schließen. Beurteilungsbegriffe zeichnen sich hingegen dadurch aus, daß ihr konsenskonformer Gebrauch als ebenso deskriptiv wahrgenommen wird wie die konventionelle Verwendung eines Klassifikationsbegriffs, während ihr kontrakonsensueller Gebrauch als evaluativ oder inkompetent rezipiert werden kann.

93 Siehe oben, 130.

Diese These erklärt die doppelte Verwendbarkeit des Kunstbegriffs. Denn ihr zufolge schreibt die Bedeutung des Kunstbegriffs weder dessen Anwendung noch dessen Nicht-Anwendung auf ein bestimmtes Artefakt intersubjektiv verbindlich vor. Als begriffsspezifische Beurteilungshinsicht, in der ein und dasselbe Artefakt von verschiedenen Sprechern prinzipiell unterschiedlich bewertet werden kann, ist die Bedeutung des Kunstbegriffs vielmehr derjenige *schlechthin* intersubjektive Sinn, den die Anerkennung der Kunsthaftigkeit eines Artefakts *als solche* besitzt – unabhängig davon, ob sie im jeweiligen Einzelfall Konsens ist oder nicht. Deshalb manifestiert sich der semantische Gehalt des Kunstbegriffs gleichermaßen in dessen deskriptivem wie in dessen evaluativem Gebrauch: Wer den Kunstbegriff evaluativ benutzt, bezieht sich damit nicht auf eine andere Hinsicht der Beurteilung von Artefakten als derjenige, dessen Gebrauch mit dem intersubjektiven Kunstverständnis seiner Sprachgemeinschaft übereinstimmt. Er weicht nur vom Konsens darüber ab, welche Artefakte in der mit dem Kunstbegriff verknüpften Beurteilungshinsicht den Namen ›Kunst‹ verdienen und welche nicht.

Meine erste These bestimmt die Bedeutung des Kunstbegriffs allerdings nur abstrakt; sie klärt noch nicht, *welche* begriffsspezifische Beurteilungshinsicht ihn semantisch definiert. Eine Antwort darauf gibt, seiner erklärten kunstästhetischen Skepsis zum Trotz, Karlheinz Lüdeking. Seine Vermutung, der Kunstbegriff kennzeichne einen Ehrenstatus, ist allerdings zu unspezifisch: Auch historischen Erinnerungsstücken räumen wir oft einen Ehrenstatus ein – ohne deshalb in ihnen Kunstwerke zu sehen. Für die mir vertrauten Gegenwartssprachen trifft aber Lüdekings These zu, daß der Kunstbegriff von Haus aus ein *positives* Werturteil impliziert.[94] Das ist daran zu

94 Es scheint allerdings, daß der Kunstbegriff diese positive Konnotation heute einzubüßen beginnt. Außerhalb der professionell mit der Produktion, Wahrnehmung und Beurteilung von Kunst befaßten sozialen Gruppen bildet sich nämlich nach meinem Eindruck in zunehmendem Maße die Überzeugung aus, Kunst sei, was immer sie ihrem Wesen nach sei, jedenfalls dies: nutzlos, häßlich, langweilig, anstrengend, verstaubt, uninteressant. In dieser Auffassung, die zweifellos eine Reaktion auf Entwicklungstendenzen der modernen Kunst darstellt, deutet sich die Möglichkeit an, daß der Kunstbegriff eines vielleicht nicht allzu fernen Tages nicht mehr signalisiert, daß ein Artefakt in einem »*Olymp*

erkennen, daß er sich nicht ohne Beifügung pejorativer Attribute oder Ergänzungen zur negativen Beurteilung eines Artefakts benutzen läßt.[95] Ich muß schon – zwar nicht mit diesen Vokabeln, aber der Sache nach – von *schlechter* oder *minderwertiger* Kunst sprechen, wenn ich ein abschätziges Urteil über ein Artefakt zum Ausdruck bringen will, ohne ihm abzusprechen, daß es ein Kunstwerk sei. Andererseits schwingt im pejorativ attribuierten Gebrauch des Kunstbegriffs immer der Zweifel mit, ob das betreffende Artefakt überhaupt ein Kunstwerk ist.[96] Weil der Kunstbegriff ein positives Werturteil artikuliert, ist schlechte Kunst ein Paradox und gute Kunst eine Tautologie. Derart paradox oder tautologisch müssen wir jedoch mitunter reden, wenn die Diskrepanz oder Harmonie thematisch werden soll, die zwischen dem kultur- und zeitspezifischen evaluativen Konsens und unserem eigenen Werturteil besteht. Denn dazu bedarf es der Gleichzeitigkeit deskriptiven und evaluativen Begriffsgebrauchs, die sich entweder in paradoxen oder in tautologischen Redeweisen niederschlägt.[97]

der Dinge« (Lüdeking 1998, 211, Herv. R. S.) Aufnahme gefunden hat. Wer die begriffsspezifische Beurteilungshinsicht zu bestimmen sucht, in der die Bedeutung des Kunstbegriffs besteht, sollte dieser Möglichkeit Rechnung tragen.

95 Auch um die sakralisierende Aura des Kunstbegriffs generell zu negieren, muß man sich geeigneter (zum Beispiel syntaktischer) Kontextualisierungen bedienen, etwa von einer Sache prädizieren, sie sei »*nur* Kunst«: Erst eine solche Formulierung stellt den Wert von Kunst als solcher in Frage, den der Kunstbegriff andernfalls konnotiert.

96 Vgl. Adorno *GS VII*, 280: »Der Begriff des Kunstwerks impliziert den des Gelingens. Mißlungene Kunstwerke sind keine«.

97 Daß sich in solchen Redeweisen eine Diskrepanz zwischen »Umgangssprache« und »öffentliche[r] Diskussion« manifestiert, wie Otto (1993, 107 f.) meint, vermag ich allerdings nicht zu erkennen, zumal mir die Annahme eines Gegensatzes zwischen »öffentliche[r] Diskussion« und »Umgangssprache« nicht einleuchten will. Zutreffend bestimmt dagegen Josef Königs (1978, 297 f.) Analyse der Frage, »ob ein so genanntes Kunstwerk auch ein Kunstwerk ist«, die Differenz, die in solchen Redeweisen thematisch wird. König versteht nämlich den Ausdruck ›ein so genanntes Kunstwerk‹ so, daß er »*ohne jede Wertung*« etwas bezeichnet, »das wir in unserer Sprache ein Kunstwerk *nennen*« (Herv. i. O.). Verweist dieser Ausdruck mithin auf jene Zugehörigkeit eines Artefakts zur Klasse der Kunstwerke, über die der kultur- und zeitspezifische

Wir können Lüdekings Theorie also den Hinweis entnehmen, daß der Kunstbegriff im Deutschen und in anderen Gegenwartssprachen positiv konnotiert ist. Doch damit wissen wir immer noch nicht, *welche* begriffsspezifische Beurteilungshinsicht seine Bedeutung ausmacht. Ich füge indessen meiner ersten eine ergänzende *zweite These* hinzu: *Die spezifische Beurteilungshinsicht zu bestimmen, in der die Bedeutung des Kunstbegriffs besteht, ist die Aufgabe der philosophischen Kunstästhetik.*

Auf den ersten Blick scheint die zweite These mit der ersten unverträglich zu sein: Muß uns nicht die Bedeutung des Kunstbegriffs vertraut sein, damit wir ihn kompetent verwenden können? Kann es die Aufgabe der philosophischen Kunstästhetik sein, eine Beurteilungshinsicht aufzudecken, die uns bei der Entscheidung über die Anwendung des Kunstbegriffs immer schon orientierend zu Gebote steht?

Der Anschein eines Widerspruchs verschwindet, wenn man zwischen Vertrautheit und Bewußtheit differenziert. Die Kunstästhetik ist gefordert, weil die Bedeutung des Kunstbegriffs jedem Sprachkompetenten zwar in gewisser Weise vertraut, aber nicht als solche bewußt ist. Im Vollzug oder Nachvollzug begriffsspezifischer evaluativer Akte partizipieren wir zwar an einem intersubjektiven Wissen über die Bedeutung des Kunstbegriffs. Dieses Wissen steht uns aber nicht als solches zur Verfügung. Um uns die Bedeutung des Kunstbegriffs zu vergegenwärtigen, müssen wir sie daher durch philosophische Reflexion rekonstruieren. Eine solche Partizipation an intersubjektiven Wissensbeständen, die wir nicht ohne weiteres explizieren können, ist nichts Ungewöhnliches. Sie liegt oft sogar unserer alltagssprachlichen Verwendung von Klassifikationsbegriffen zugrunde. Ob ein Wahrnehmungsgegenstand Gold ist, wissen wir oft sehr genau, ohne daß wir ebenso genau anzugeben wüßten, was Gold eigentlich ist. Wir verlassen uns nämlich im Alltag zumeist auf Ähnlichkeiten, die wir spontan wahrnehmen, indem wir neue Sinneseindrücke in den Horizont des bereits Bekannten einordnen. Im Un-

evaluative Konsens entscheidet, ergibt sich die »logische Möglichkeit« der Frage nach Königs Analyse jedoch »nur [...] auf jener neuen Basis, die sich in eben dem Augenblick herstellt, in dem einer zu wissen vermeint, was ein Kunstwerk seinem Wesen nach ist«.

terschied zum prädikatorischen Alltagsgebrauch von Klassifikationsbegriffen partizipieren wir in bezug auf den Gebrauch des Kunstbegriffs allerdings nur am Rande an identifikationsermöglichenden, kriterialen Wissensbeständen – nur insofern nämlich, als wir wissen, daß allein Wahrnehmungsgegenstände und allein solche Wahrnehmungsgegenstände, die Artefakte sind, als Kunstwerke in Frage kommen. Hier steht statt dessen die präreflexive Vertrautheit mit ebenjener Hinsicht der Bewertung von Artefakten im Vordergrund, die den semantischen Gehalt des Kunstbegriffs ausmacht.

Wie läßt sich der individuelle Erwerb dieser präreflexiven Vertrautheit erklären? Es ist evident, daß der Gebrauch des Kunstbegriffs nur an Beispielen erlernt werden kann, d.h. an Artefakten, die von einzelnen oder Kollektiven als Kunstwerke beurteilt worden sind. Je mehr solcher Paradigmen uns bekannt werden und je genauer wir durch Vergleichen der Verwendung, die verschiedene Dritte vom Kunstbegriff machen, den evaluativen vom deskriptiven Begriffsgebrauch zu unterscheiden lernen, desto vertrauter werden wir mit dem semantischen Gehalt des Kunstbegriffs. Meines Erachtens spricht nichts gegen die Annahme, daß wir dabei indirekt eine begriffsspezifische Beurteilungshinsicht erfassen, die sich mit den Mitteln philosophischer Reflexion bewußtmachen läßt. Diese hätte dann ihre »Erschließungskraft« zu beweisen, indem sie die begriffsspezifische Beurteilungshinsicht als eine ›Formationsbedingung‹ von großer Allgemeinheit namhaft macht, »die nicht jedermann und jederzeit ohnedies geläufig« ist.[98] Eine kunstästhetische Theorie, die sich dieser Aufgabe stellt, trifft Aussagen über Kunst als solche, ohne irgendeine bestimmte Zusammensetzung der Klasse der Kunstwerke zu präjudizieren. Im Streitfall vermag sie nur zu sagen, was es bedeutete, ein bestimmtes Artefakt als Kunstwerk aufzufassen, und wie dies begründbar wäre – wollte sie darüber hinaus Auskunft geben, ob es ein Kunstwerk *ist*, überschritte sie ihre Kompetenz.

Doch wie können wir wissen, daß es wirklich eine begriffsspezifische Beurteilungshinsicht gibt, wenn diese in unseren spontanen Urteilen über die Kunsthaftigkeit eines Artefakts gleichsam unsichtbar bleibt? Wie können wir dessen gewiß sein, daß die philosophi-

98 Henrich 1982, 11.

sche Kunstästhetik nicht ein Phantom rekonstruiert? Und was berechtigt uns zu der Annahme, dem Gebrauch des Kunstbegriffs liege eine Beurteilungshinsicht zugrunde, die die Grenzen einzelner Sprachgemeinschaften transzendiert? Ist sie nicht unverträglich mit der Historizität und Kulturgebundenheit jedes intersubjektiven Kunstverständnisses?

Tatsächlich hat unser Wissen um den semantischen Gehalt des Kunstbegriffs indirekten, suppositorischen Charakter. Wir müssen *unterstellen*, daß es eine begriffsspezifische Beurteilungshinsicht gibt, weil die skeptische Bestreitung einer Bedeutung des Kunstbegriffs jeder Plausibilität entbehrt, dem Kunstbegriff Bedeutung jedoch nur in Gestalt einer Beurteilungshinsicht zugeschrieben werden kann. Und wir müssen darüber hinaus unterstellen, daß diese Beurteilungshinsicht nicht ebenso relativ ist wie unser intersubjektives Kunstverständnis, sondern für alle Sprachgemeinschaften, die über ein intersubjektives Kunstverständnis verfügen, gleichermaßen Gültigkeit besitzt. Denn es ist die Unterstellung einer kulturinvarianten begriffsspezifischen Hinsicht der Beurteilung von Artefakten, die uns kulturübergreifend überhaupt von Kunst zu sprechen erlaubt.[99] Insofern ist die Unterstellung einer solchen begriffsspezifischen Hinsicht der Beurteilung von Artefakten eine transzendentale Voraussetzung unseres Wissens um die Relativität jedes intersubjektiven Kunstverständnisses. Indem wir diese Voraussetzung machen, neh-

99 Das stellen nicht zuletzt die ethnologischen und kulturanthropologischen Studien über die Kunst solcher Völker und Kulturen unter Beweis, die nicht der okzidentalen Kulturtradition zuzurechnen sind. Die meisten ihrer (europäisch sozialisierten) Autoren orientieren sich nämlich – wie schon Frobenius (1954), der in seiner legendären *Kulturgeschichte Afrikas* »Bildkunst«, »Plastik«, »Architektur« und »Dichtung« dieses Kontinents beschrieb – mehr oder weniger ausdrücklich am abendländischen Kanon der Künste und setzen voraus, daß außereuropäische Kulturen »share the same kind of aesthetic sensibilities and judgements as Western peoples« (Firth 1951, 156; vgl. auch Haselberger 1961). Diejenigen aber, die sich dieser Prämisse verweigern, sehen sich gezwungen, Kunst überaus vage »as a ›focus‹ of cultural activity rather than a precisely delimited area of study« zu definieren (so Layton [1991, 40] im Hinblick auf »visual art«). Diese Definition ebnet die Differenz von ästhetischer und mechanischer Kunst jedoch völlig ein.

men wir von jeder Vokabel einer natürlichen Sprache, von der wir meinen, daß sie dem englischen Wort ›art‹ in seiner spezifisch ästhetischen Bedeutung semantisch äquivalent ist, an, daß ihre Bedeutung durch dieselbe Hinsicht der Beurteilung von Artefakten bestimmt ist, die auch die spezifisch ästhetische Bedeutung des englischen Wortes ›art‹ ausmacht. Deshalb lassen sich die englischen Vokabeln ›art‹ und ›work of art‹ ebenso wie ihre deutschen Entsprechungen ›Kunst‹ und ›Kunstwerk‹ und alle ihre anderssprachigen Äquivalente unter der Abkürzung ›Kunstbegriff‹ zusammenfassen. Indem wir aber eine kulturinvariante Bedeutung des Kunstbegriffs unterstellen, setzen wir voraus, daß das, was sich über ästhetische Kunst sagen läßt, nicht nur für den deutschen oder den englischen Sprachraum Gültigkeit beanspruchen kann, sondern für jede Sprachgemeinschaft, die über ein intersubjektives Kunstverständnis verfügt.

Die Nichtrelativität der Bedeutung des Kunstbegriffs darf freilich nicht so verstanden werden, als sei damit die Universalität ästhetischer Kunst behauptet. Wir können nicht davon ausgehen, daß es ästhetische Kunst immer und in allen Kulturen gegeben hat. Das biblische Hebräisch hat dafür zum Beispiel ebensowenig einen Begriff wie manche afrikanischen Sprachen[100], die zum Teil heute noch gesprochen werden. Und auch in den abendländischen Kulturen hat die ästhetische Kunst erst in der Neuzeit ihre heutige Bedeutung erlangt. Ästhetische Kunst ist demnach kein anthropologisches Universale, sondern ein soziokulturelles Phänomen, von dem sich vermuten läßt, daß es auf einer bestimmten Stufe kultureller Entwicklung entsteht.[101] Die Intersubjektivität des mit dem Kunstbegriff intern ver-

100 Vgl. dazu Layton (1991, bes. 11 ff.), der verschiedene Vokabeln aus der Sprache des im heutigen Zaire lebenden Volkes der Lega anführt, mit denen diverse Objekte bezeichnet werden, die die europäische Ethnologie bzw. Kulturanthropologie als Kunst apostrophiert.

101 Gestützt wird diese Vermutung durch den empirischen Befund, daß sich im interkulturellen Vergleich kulturspezifischer Kunstverständnisse zwar Ungleichzeitigkeiten, nicht aber – soweit ich zu sehen vermag – völlig gegenläufige Entwicklungen ausmachen lassen. Sie entspricht aber auch der Auffassung der philosophischen und soziologischen Tradition: Schon Hegel (*WW XIII*) situiert die Kunst in einer über sie hinausweisenden geschichtsphilosophischen Teleologie; im 20. Jahrhundert setzt sich dann auch in den Kunstwissenschaften die Auffassung durch,

knüpften Sinns evaluativer Akte reicht deshalb nur so weit, wie Sprachgemeinschaften *überhaupt* über einen Begriff (und d.h. über *irgendein* intersubjektives Verständnis) von ästhetischer Kunst verfügen. Die Bedeutung des Kunstbegriffs wird dadurch aber nicht relativiert, da von der Bedeutung eines Begriffs nur im Hinblick auf Sprachgemeinschaften die Rede sein kann, in denen er überhaupt existiert.

Eine skeptische Frage habe ich mir bisher noch nicht vorgelegt: Oben habe ich gesagt, das Ziel der Kunstästhetik sei die Bestimmung der kunstspezifischen Differenz.[102] Wie paßt dazu die These, die Kunstästhetik habe die Beurteilungshinsicht zu bestimmen, in der die Bedeutung des Kunstbegriffs besteht?

Beantworten läßt sich die Frage mit einer *dritten These: Die Bestimmung der kunstspezifischen Differenz ist mit der Bestimmung der Bedeutung des Kunstbegriffs identisch, weil die essentialistische Prämisse kunstästhetischer Theorie nur semantisch interpretiert werden kann.* Nachdem sich gezeigt hat, daß der Kunstbegriff ein Beurteilungsbegriff ist, kann diese These ohne generelle erkenntniskritische Erwägungen begründet werden. Denn jede Beurteilung eines Artefakts als Kunstwerk ist reversibel. Die Zugehörigkeit eines Artefakts zur Klasse der Kunstwerke steht deshalb niemals a priori fest, sondern trägt denselben Kultur- und Zeitindex wie der evaluative Konsens, auf dem sie beruht. Die kunstspezifische Differenz kann also keine *Eigenschaft* sein, die den Mitgliedern der Klasse der Kunstwerke *als Dingen an sich* zukommt (wenngleich es theoretisch denkbar ist, daß zu einem bestimmten Zeitpunkt kontingenterweise allen Artefakten, auf die der Kunstbegriff Anwendung findet, als Dingen an sich irgendeine Eigenschaft gemeinsam ist). Die essentialistische Prämisse kunstästhetischer Theorie kann daher nicht im Sinne des erkenntniskritischen Realismus interpretiert werden.

Ausgeschlossen ist damit aber auch die platonistische Hypothese, Kunst sei ein Universale *ante res*, dessen Instantiierungen die einzel-

die Kunstentstehung auf einer bestimmten Kulturstufe lasse sich im Anschluß an Max Weber (1920, 1 ff. u. 542 ff.) als Ausdifferenzierung einer eigenständigen kulturellen Wertsphäre beschreiben (vgl. Habermas 1981 a I, 234).

102 Siehe oben, 64.

nen Kunstwerke sind. Denn dies würde bedeuten, daß das Kunsthafte einem Kunstwerk konsensunabhängig zukommen müßte – so wie das Betthafte in Platons berühmtem Beispiel der demiurgischen Nachbildung des eidetischen Bettes als solcher zukommt und nicht kraft eines Konsenses, der das Bettverständnis einer bestimmten Zeit oder Kultur reflektiert.

Allerdings ist der Platonismus differenziert zu beurteilen. Weil kein Artefakt als solches – unabhängig von einem evaluativen Konsens – ein Kunstwerk ist, kann Kunsthaftigkeit keine *Eigenschaft* sein, die sich als platonische Entität auffassen ließe. Ausgeschlossen ist aber nicht, daß die begriffsspezifische Hinsicht der Artefaktbeurteilung, die wir als Bedeutung des Kunstbegriffs annehmen müssen, den ontologischen Status eines abstrakten Gegenstandes besitzt. Dies würde jedoch nichts daran ändern, daß die unvermeidliche essentialistische Prämisse kunstästhetischer Theorie eine semantische Interpretation erfahren muß. Wir können deshalb an dieser Stelle auf ontologische Erwägungen verzichten. Entscheidend ist, daß das Ziel der Kunstästhetik eine Semantik des Kunstbegriffs sein muß: eine Theorie, die die begriffsspezifische Beurteilungshinsicht inhaltlich bestimmt. Welchen Geltungsstatus eine solche Theorie haben und wie die Bedeutung des Kunstbegriffs – vielleicht – ermittelt werden kann, wird uns im nächsten Abschnitt beschäftigen.

h) Der Hypothesencharakter kunstästhetischer Theorie

Wenn der Gebrauch des Kunstbegriffs begriffsspezifischen Bedingungen unterläge, aus denen sich Identifikationskriterien für Kunstwerke ableiten ließen, beträfe die Identifikation von Kunstwerken dieselbe Ebene wie die Frage nach dem Wesen der Kunst. Wer die Identifikationskriterien für Kunstwerke kennte, wäre nicht nur in der Lage, Kunstwerke als solche zu identifizieren, sondern wüßte auch, worin das Wesen der Kunst besteht. Weil aber der Kunstbegriff ein Beurteilungsbegriff ist, spielt sich die ›Identifikation‹ von Kunstwerken auf der Ebene artefaktbezogener Evaluationen ab[103], während

103 Die positive artefaktkritische Evaluation eines Wahrnehmungsobjekts ist nicht nur die Voraussetzung jeder Kunsterfahrung, sie bildet auch den Hintergrund, vor dem diese sich vollzieht (vgl. Walsh 1974/75, 12).

die Wesensfrage auf einer Metaebene angesiedelt ist. Entscheiden zu können, welche Artefakte Kunstwerke sind, heißt deshalb noch nicht, zu wissen, was kunsthaft ist an der Kunst.

Auf der Ebene artefaktbezogener Evaluationen wird, sofern nicht ein bestehender evaluativer Konsens lediglich nachvollzogen wird, in kunstkritischen oder, wie wir terminologisch genauer sagen sollten: in *artefaktkritischen* Diskursen über die Zugehörigkeit von Artefakten zur Klasse der Kunstwerke entschieden.[104] Denn Konsense über die Kunsthaftigkeit von Artefakten sind nicht erzwingbar (erzwingen läßt sich nur die Übereinstimmung von Lippenbekenntnissen, nicht aber die Intersubjektivität von Beurteilungen).[105] Sie müssen deshalb, sofern sie nicht schon eingespielt und als kulturelle Traditionen wirksam sind, durch Argumentationen erzeugt werden. Gegenstand solcher Diskurse sind Artefakte, die dadurch, daß sie von einzelnen oder mehreren Sprechern explizit oder implizit als Kunstwerke apostrophiert werden, für die Mitgliedschaft in der Klasse der Kunstwerke kandidieren. Über den Erfolg ihrer Kandidatur entscheidet die (entweder unzulängliche oder hinreichende) Konsensfähigkeit jener Beurteilung, die die – ausdrückliche oder indirekte – Begriffsverwendung der als Proponenten auftretenden Sprecher artikuliert. In artefaktkritischen Diskursen, in denen die Konsensfähigkeit dieser Beurteilung ausgelotet wird, haben Argumente allerdings keine beweisende, sondern nur eine deiktische Funktion[106]: Sie heben am jeweils thematischen Artefakt Aspekte hervor, die seine Anerkennung oder Nicht-Anerkennung als Kunstwerk nahelegen. Da jeder-

Sie kann jedoch sowohl vorästhetischer als auch ästhetisch-evaluativer Natur sein. Im ersten Fall nehmen wir ein Artefakt als Kunstwerk wahr, bevor (bzw. unabhängig davon, ob) es ein Gegenstand unserer ästhetischen Erfahrung ist. Im zweiten Fall ist es dagegen die ästhetische Erfahrung eines Artefakts, die uns an ihm etwas entdecken läßt, das uns nahelegt, in ihm ein Kunstwerk zu sehen.

104 Um Verwechslungen zu vermeiden, werde ich von *kunst*kritischen Diskursen künftig nur noch dann sprechen, wenn nicht die Beurteilung der Kunsthaftigkeit eines Artefakts, sondern die Bewertung der Gelungenheit eines Kunstwerks (d.i. eines konsensuell als Kunstwerk anerkannten Artefakts) thematisch ist.

105 Vgl. Habermas 1981a I, 387.

106 Vgl. ebd., 70.

manns begriffsspezifische Beurteilung eines Artefakts jedoch unwiderleglich ist, solange sie der Artefaktbedingung[107] Rechnung trägt, läßt sich über die Kunsthaftigkeit eines Artefakts auch durch Argumentationen nicht immer Konsens erzielen. Daß Argumente gleichwohl konsensbildend wirken *können*, unterstreicht einmal mehr, wie berechtigt die Unterstellung einer allen potentiellen Argumentationsteilnehmern gemeinsamen begriffsspezifischen Hinsicht der Artefaktbeurteilung ist: Gäbe es keine solche Hinsicht, ließe sich kaum begreifen, wie es zu den weitreichenden faktischen Konsensen über die Kunsthaftigkeit vieler Artefakte kommen konnte. Die Frage, welches die mit dem Kunstbegriff intern verknüpfte Hinsicht der Artefaktbeurteilung ist, weist indessen über die Ebene artefaktbezogener Evaluationen hinaus auf die Ebene der kunstästhetischen Theorie.

Hier wird in *kunsttheoretischen* Diskursen die Frage nach dem Wesen der Kunst verhandelt, indem die Erklärungskraft konkurrierender Theorien über die begriffsspezifische Beurteilungshinsicht abgewogen wird. Daß es einer solchen Abwägung bedarf, erklärt sich aus dem Hypothesencharakter einer jeden kunstästhetischen Theorie. Ihr Geltungsanspruch ist – auch wenn mancher Kunstästhetiker es gerne anders hätte – nicht der einer Vorschrift, die Befolgung erheischt, sondern der eines *hypothetischen Erklärungsmodells*, an dessen Stelle jederzeit ein anderes treten kann, sofern dessen Erklärungskraft größer ist. Vier Maßstäbe sind es, anhand deren sich die Erklärungskraft solcher Hypothesen evaluieren läßt: erstens ihre *Konsistenz*, zweitens ihre *Suffizienz*, drittens ihre *Plausibilität* und viertens ihre *Reichweite*.

Eine Theorie, die das Kriterium der logischen *Konsistenz* nicht erfüllt, ist selbstwidersprüchlich und besitzt daher keine Erklärungskraft. Wir sollten eine solche Theorie als »unzulässig« verwerfen.[108]

Suffizient ist eine Theorie über das Wesen der Kunst, die eine begriffsspezifische Beurteilungshinsicht benennt – eine Hinsicht also, die unserer Beurteilung eines Artefakts immer und nur dann zugrunde liegt, wenn wir über dessen Subsumierbarkeit unter den

107 Siehe oben, 136, Anm. 84.
108 Hertz *GW III*, 2.

*Kunst*begriff befinden. Insuffizient ist demnach jede Theorie, die den Kunstbegriff durch eine unspezifische Beurteilungshinsicht zu erläutern sucht.

Die *Plausibilität* einer Theorie hängt von ihrer Verträglichkeit mit der kulturellen Praxis des Umgangs mit Kunstwerken ab, die sich in denjenigen Sprachgemeinschaften, die über einen Begriff von ästhetischer Kunst verfügen, eingespielt hat. Eine Theorie, die die Art und Weise des Umgangs mit Kunst nicht zu erklären vermag oder sogar zu ihr im Widerspruch steht, ist unplausibel.

Wie erklärungskräftig eine plausible Theorie ist, hängt von ihrer *Reichweite* ab. Von zwei konkurrierenden kunstästhetischen Theorien, die gleichermaßen konsistent, suffizient und plausibel sind, besitzt diejenige die größere Reichweite, die die größere Zahl begriffsspezifischer evaluativer Akte zu erklären vermag. Das bedeutet zunächst, daß sich kunstästhetische Argumentationen vorrangig an der deskriptiven Verwendung des Kunstbegriffs orientieren müssen; denn diese repräsentiert eine ungleich größere Zahl begriffsspezifischer evaluativer Akte als mein (oder eines anderen) subjektiver Begriffsgebrauch. Umgekehrt besitzt eine Kunsttheorie, die sich ausschließlich oder vornehmlich an ›Philosophentürmen‹, Kinderzeichnungen, Straßenkarten, Verkehrsschildern oder Sandburgen orientiert – an Artefakten also, die zwar vielleicht einzelnen Sprechern als Kunstwerke gelten, dem intersubjektiven Kunstverständnis zumindest der meisten zeitgenössischen Sprachgemeinschaften zufolge aber keine Kunstwerke sind –, eine erheblich geringere Reichweite als ein Gegenentwurf, der zu erklären vermag, daß Kokoschkas Bilder, Cervantes' Novellen und Schwitters *Ursonate* als Kunstwerke aufgefaßt werden. Dessen Erklärungskraft ist deshalb höher zu veranschlagen. Aus dem Kriterium der Reichweite folgt aber auch, daß von zwei gleichermaßen plausiblen Kunsttheorien diejenige die größere Erklärungskraft besitzt, die für die größere Zahl von Artefakten, welche im Sinne des deskriptiven Begriffsgebrauchs Kunstwerke sind, die Zugehörigkeit zur Klasse der Kunstwerke zu begründen vermag. Eine Theorie, die uns verstehen läßt, warum wir den Kunstbegriff auf Schwitters *Ursonate*, Kokoschkas Bilder, Beethovens Klavierkonzerte und Cervantes' Novellen gleichermaßen deskriptiv anwenden (können), ist erklärungskräftiger als eine, die nur seine Anwendbarkeit auf Lautgedichte begreiflich machen kann.[109] Das Kriterium der Reichweite gestattet es überdies, eine – freilich vage – Mindestanforderung zu formulieren, die jede plausible kunstästhetische Theorie erfüllen muß, um als erklärungskräftige Hypothese über die Semantik des Kunstbegriffs in Betracht zu kommen: Sie muß zum einen die Kunsthaftigkeit von Artefakten explizieren können, die in allen oder wenigstens den meisten zeitgenössischen Sprachgemeinschaften, die über einen Begriff ästhetischer Kunst verfügen, allgemein als Kunstwerke anerkannt sind. Andererseits muß sie begründen können, warum diese Anerkennung Artefakten, denen sie in allen oder den meisten solchen Sprachgemeinschaften versagt bleibt, vorenthalten wird. An diesem doppelten Maßstab wird jede Hypothese, die über das Wesen der Kunst Auskunft zu geben beansprucht, vorrangig zu messen sein.[110]

109 Lambert Wiesing (1997, 30) hat deshalb zu Recht davor gewarnt, das *ready made* zum alleinigen Bezugspunkt der Kunsttheorie zu machen. Als ein extremes Beispiel moderner Kunst, vor dem die traditionellen Kunsttheorien offenkundig versagen, empfiehlt sich das *ready made* jedoch, wie Danto (1981) und Steinbrenner (1996) betont haben, als Prüfstein jeder kunstästhetischen Hypothese.

110 Dieses kunstästhetischen Vorrangs des intersubjektiven Kunstverständnisses war sich bereits die psychologische und ›kunstwissenschaftliche‹ Kunstästhetik um 1900 bewußt: »Wenn wir nach dem Wesen der Kunst fragen, so gehen wir dabei von einem sprachlich gegebenen Begriff Kunst aus, der nur genauer definiert werden soll. Und indem wir das tun, wollen wir nicht ermitteln, was irgendein vielleicht sehr scharfsinniger Philosoph oder irgendein vielleicht ethisch sehr vortrefflicher Mensch Kunst nennt, sondern was ›man‹, d.h. die Gesamtheit der Menschen oder eine Mehrzahl von Gebildeten unter Kunst versteht.« (Lange 1907, 18; vgl. auch Lipps 1903, 3, sowie die Forderung Geigers [1913, 576], daß »Fälle unzweifelhaften, unbestreitbaren ästhetischen Genusses den festen Punkt abgeben müssen, an dem man sich das gesamte Phänomen zur Erschauung bringt«). Daß sich Lange (1907, 21) ausdrücklich dazu bekennt, im Zweifelsfall das Urteil der Gebildeten zugrunde zu legen, ist nicht, wie es das Vorurteil gerne hätte, Ausdruck elitärer Gesinnung, sondern in der Sache begründet: Wer mit dem Kunstbegriff mangels Bildung oder Gelegenheit nur selten Umgang pflegt, besitzt in bezug auf die Verwendung dieses Begriffs eine geringere Sprachkompetenz als derjenige, der ihn täglich hört, versteht und selber benutzt (zum Erwerb der begriffsspezifischen Sprachkompetenz siehe

Wie aber erklärt sich die Unvermeidlichkeit des Hypothesencharakters kunstästhetischer Theorie? Entscheidend ist, daß der Sinn, den das Werturteil besitzt, das sich in der Subsumtion eines Artefakts unter den Kunstbegriff zum Ausdruck bringt, nicht einfach aus der Bedeutung oder Beschaffenheit von Kunstwerken *ableitbar* ist. Wer das Gegenteil suggeriert, indem er etwa behauptet, »an der Figur des Roquairol [aus Jean Pauls *Titan*, R. S.] könnte gezeigt werden, daß der Nihilismus [...] konstitutives Moment des Ästhetischen selbst ist«[III], ignoriert die Unzulässigkeit eines Schlusses, den ich den *induktionistischen Fehlschluß* nennen möchte.

Dieser Schluß von der Bedeutung oder Beschaffenheit einzelner oder mehrerer Kunstwerke auf das Wesen der Kunst ist nicht nur bei Kunstphilosophen außerordentlich populär, sondern liegt auch vielen Künstlerästhetiken zugrunde. Er verbietet sich aber aus zwei Gründen.

Erstens beruht er entweder auf der Annahme der Gleichheit aller Kunstwerke oder auf der Privilegierung eines einzelnen Kunstwerks (oder eines bestimmten Typs von Kunstwerken) als einer ausgezeichneten Darstellung des Wesens der Kunst. Denn an der Figur des Roquairol könnte sich nur dann irgend etwas über Kunst als solche ablesen lassen, wenn entweder jedes Kunstwerk über ein Äquivalent zu ihr verfügte oder wenn gerade diese Figur (respektive das Werk, dem sie ihr fiktives ›Leben‹ verdankt) das Wesen der Kunst in ausgezeichneter Weise repräsentierte. Daß ersteres nicht der Fall ist, wird jeder zugeben, der Jean Pauls Roman kennt: Ein zweiter Roquai-

oben, 147). Seinem Urteil kommt deshalb da – und *nur* da! – geringere Bedeutung zu, wo es darum geht, im Hinblick auf den jeweils aktuellen Sprachgebrauch einer gegebenen Sprachgemeinschaft über die Zugehörigkeit eines Artefakts zur Klasse der Kunstwerke zu befinden. Denn diese ist an die deskriptive Verwendbarkeit des Kunstbegriffs gebunden, und der Sprachkompetentere vermag den jeweils aktuellen Grenzverlauf zwischen deskriptivem und evaluativem Begriffsgebrauch gewisser zu bestimmen. Insofern verhalten sich Menschen, die ihre eigene Sprachkompetenz eher gering einschätzen, rational, wenn sie in Gegenwart vermeintlich oder tatsächlich gebildeterer Zeitgenossen bei der Beurteilung des Kunstcharakters ungewohnter Artefakte Zurückhaltung üben.

III Liessmann 1991, 158.

rol ist sowenig denkbar wie ein zweiter *Titan*. Ob aber ein bestimmtes Kunstwerk das Wesen der Kunst in ausgezeichneter Weise repräsentiert, läßt sich nicht entscheiden, solange das Wesen der Kunst unbekannt ist. Daher kommt, obwohl nicht ausgeschlossen werden kann, daß ein Kunstwerk das Wesen der Kunst tatsächlich *in nuce* zur Anschauung bringt, der Berufung auf irgendein bestimmtes Werk kein kunsttheoretischer Beweiswert zu.

Zweitens unterstellt der induktionistische Fehlschluß die Ableitbarkeit der Bedeutung des Kunstbegriffs aus der Beschaffenheit oder Bedeutung von Kunstwerken. Wer aber nach der Bedeutung des Kunstbegriffs fragt, fragt nicht nach Eigenschaften, die Artefakten als Dingen an sich eignen, sondern danach, wie oder als was Artefakte, denen wir das Prädikat ›Kunst(werk)‹ zuerkennen, sich uns präsentieren und von uns wahrgenommen werden. Anders als der semantische Gehalt eines Klassifikationsbegriffs läßt sich die Bedeutung des Kunstbegriffs deshalb nicht aus irgendeiner beobachtbaren Gemeinsamkeit mehrerer Kunstwerke folgern, sondern nur als eine spekulative Hypothese formulieren, die über das besondere Verhältnis Auskunft gibt, in dem Artefakte, die wir Kunstwerke nennen, zu uns als Wahrnehmungsinstanzen stehen.[112] Für die Überzeugungskraft einer solchen Hypothese ist es nicht gleichgültig, ob sie sich am intersubjektiven Kunstverständnis einer Sprachgemeinschaft *bewähren* läßt oder nur am davon dissentierenden Urteil eines einzelnen Sprechers. Deshalb sind Artefakte, die im deskriptiv-klassifikatorischen Sinn Kunstwerke sind, die unumgänglichen Prüfsteine einer jeden kunstästhetischen Theorie. Um eine Hypothese über die begriffsspezifische Beurteilungshinsicht *aufstellen* zu können, muß man jedoch keineswegs alle Artefakte kennen, die im Sinne des deskriptiven Begriffsgebrauchs Kunstwerke sind (eine derartige Bedingung wäre tatsächlich unerfüllbar); es genügt vielmehr, von einigen Artefakten zu wissen, daß sie – von wem auch immer – als Kunstwerke

112 Aus diesem Grund ziehe ich es vor, im Falle des induktionistischen Fehlschlusses nicht mit Bertram Jessup (1963, 232) von »over-generalization« zu sprechen. Dieser Terminus legt nämlich die irrige Annahme nahe, die mit dem Kunstbegriff intern verknüpfte Beurteilungshinsicht lasse sich durch ein induktionistisches Verfahren ermitteln, sofern nur ein zulässiges Maß der Verallgemeinerung nicht überschritten werde.

beurteilt werden. Deshalb darf die begriffsspezifische Beurteilungshinsicht auch nicht mit einem Erkennungsmerkmal von Kunstwerken verwechselt werden. Sie läßt sich in ein solches Merkmal nicht einmal übersetzen, weil keine kunstästhetische Theorie, die sie rekonstruiert, dem unvermeidlich subjektiven Akt der Beurteilung der Kunsthaftigkeit eines Artefakts vorgreifen kann.

Sowenig das Wesen der Kunst aus der Beschaffenheit oder Bedeutung von Kunstwerken gefolgert werden kann, so legitim ist allerdings die Induktion, wenn sie der Gewinnung kunstästhetischer Hypothesen dient: Wer den semantischen Gehalt des Kunstbegriffs zu bestimmen sucht, kann die begriffsspezifische Beurteilung bestimmter Artefakte, die sich in einem deskriptiven oder in einem evaluativen Begriffsgebrauch manifestiert, zum Ausgangspunkt wählen, sodann nach den Gründen fragen, die das jeweilige Urteil bestimmen, und diese Gründe schließlich hypothetisch verallgemeinern. Was Moritz Geiger mit Rücksicht auf das Phänomen des ästhetischen Genusses sagt, gilt auch hier: »Nicht durch Verallgemeinerung *aus dem einzelnen Falle*«, wohl aber »durch Einsicht in das allgemeine Wesen [...] *an Hand des einzelnen Falles* ist hier Erkenntnis möglich«.[113]

Mit der induktiven Hypothesenbildung ist indessen die Gefahr einer Einengung des Blickfelds verbunden; denn Hypothesen, die auf der Analyse der Art und Weise beruhen, in der sich uns skulpturale Kunstwerke darbieten, fallen unter Umständen ganz anders aus als solche, die durch Verallgemeinerung der Art und Weise gewonnen werden, in der sich uns literarische Werke präsentieren. Eine kunstästhetische Theorie muß heute jedoch nicht mehr unmittelbar durch hypothetische Verallgemeinerung der Gründe gewonnen werden, die die konsensuelle oder subjektive begriffsspezifische Beurteilung einzelner oder mehrerer Artefakte bestimmen. Sie läßt sich vielmehr aus der kritischen Rezeption bisheriger Kunsttheorien entwickeln. Alle Kunsttheorien, auch solche, die eine Realdefinition von Kunst zu geben beanspruchen, lassen sich nämlich als spekulative Hypothesen über die mit dem Kunstbegriff intern verknüpfte Beurteilungshinsicht *interpretieren*. Dazu genügt es, ihre Auskünfte

113 Geiger 1913, 571 (Herv. R. S.).

über Kunst (oder das Wesen der Kunst) als Auskünfte darüber zu lesen, in welcher Hinsicht wir Artefakte beurteilen, wenn wir darüber urteilen, ob sie Kunstwerke sind. Im Licht einer solchen Interpretation erscheinen definitorische Aussagen über Kunst als Abbreviationen rekonstruktiver Hypothesen über die Bedeutung des Kunstbegriffs. Zugleich erscheint es im Licht der Möglichkeit, Aussagen über Kunst als Auskünfte über die Bedeutung des Kunstbegriffs zu interpretieren, legitim, aus Gründen der Sprachökonomie auf solche abkürzenden Redeweisen zurückzugreifen. Sie dürfen uns allerdings nicht den Blick dafür verstellen, daß keine Kunstdefinition einen anderen Geltungsstatus besitzen kann als den einer hypothetischen Rekonstruktion der Bedeutung des Kunstbegriffs. Im folgenden mache auch ich von dieser Lizenz zur Benutzung einer abkürzenden Redeweise teilweise Gebrauch. Daß damit das bisher Gesagte keinesfalls widerrufen ist, versteht sich von selbst.

Sosehr es sich anbietet, eine Semantik des Kunstbegriffs in kritischer Auseinandersetzung mit bisherigen Kunsttheorien zu entwickeln, um die Gefahr einer Blickfeldverengung zu verringern, so sehr wird ein solches Vorgehen allerdings durch die Vielzahl und Heterogenität kunstästhetischer Theorien erschwert. Von einem Teil der Vorstellungen, die häufig (und mitunter sogar von Kunstphilosophen) zur Definition der Bedeutung des Kunstbegriffs herangezogen werden, läßt sich leicht zeigen, daß sie dessen semantischen Gehalt verfehlen.[114] So ist es, obgleich die ästhetische Kunst auch heute noch als ›schöne Kunst‹ von mechanischer Kunst unterschieden

114 Dies stellt z.B. Tatarkiewicz (1971) für eine Reihe populärer Definitionen unter Beweis. Sein eigener Vorschlag, Kunst mit Hilfe einer Disjunktion der als unzulänglich erkannten Definitionen zu definieren (»A work of art is either a reproduction of things, or a construction of forms, or an expression of experiences such that it is capable of evoking delight, or emotion, or shock« [150]), überzeugt allerdings ebensowenig wie die von ihm kritisierten Auffassungen. Denn er läuft auf eine viel zu weite Bestimmung der Bedeutung des Kunstbegriffs hinaus, die beispielsweise nicht erklären kann, warum wir einen markerschütternden Schrei zu nächtlicher Stunde, der zwar nicht unbedingt einen Schock, wohl aber Ärger (also eine Emotion) auszulösen vermag, auch dann nicht als Kunstwerk beurteilen, wenn er Ausdruck einer physischen oder psychischen Schmerzerfahrung ist.

wird, offenkundig unzutreffend, daß wir den Kunstbegriff verwenden, um zum Ausdruck zu bringen, daß wir ein Artefakt als schön beurteilen.[115] Streiten läßt sich zwar darüber, ob erst die Moderne die nicht mehr schönen Künste[116] hervorgebracht hat oder ob Schönes und Häßliches gleichen und keineswegs neuzeitlichen Ursprungs sind[117]. Unbestreitbar ist aber nicht nur, daß es Artefakte gibt, denen wir das Prädikat ›Kunstwerk‹ vorenthalten, obwohl wir sie als schön betrachten (zum Beispiel ein Tafelservice, dessen Design uns gefällt), sondern ebenso, daß auch Nichtschönes Kunst genannt wird. Nur um den Preis seines äquivoken Gebrauchs läßt sich der Schönheitsbegriff zur Definition ästhetischer Kunst heranziehen. In Friedrich Theodor Vischers Vorträgen wird das offenkundig: »Sie wissen«, heißt es dort, »man hört oft in Galerien sagen: ›nicht eben schön, aber charakteristisch ausdrucksvoll‹, und zwar urteilen wir so über Kunstwerke, die wir wirklich als solche ansehen. Es gibt eben im Schönen verschiedene Wendungen. Schön nennen wir daher auch, was mehr charakteristisch ist als ›schön‹.«[118]

Ähnlich zu beurteilen ist die Annahme naturalistischer und idealistischer Mimesistheorien, Kunstwerke seien Nachahmungen von Wirklichem und zielten auf perzeptorische Äquivalenz bzw. auf die Hervorhebung von Wesentlichem durch idealisierende und typisierende Imitation. Wir fassen ein Artefakt nämlich keineswegs genau dann als Kunstwerk auf, wenn wir in ihm ein ausschnitthaftes Abbild der Realität erkennen. Nicht allen Photographien, die einen Ausschnitt der Realität abbilden, sondern nur manchen sprechen wir beispielsweise das Prädikat ›Kunstwerk‹ zu. Umgekehrt beurteilen

115 Vgl. etwa die ebenso amüsante wie überzeugende Kritik dieser Auffassung, mit der Lange (1895, 5 f.) seine Antrittsvorlesung eröffnet, und Georg Lukács' (*WW XVII*, 133 ff.) eindrucksvolle, allerdings Fragment gebliebene Auseinandersetzung mit den auf den Schönheitsbegriff fokussierten Kunstästhetiken im zweiten Teil der *Heidelberger Ästhetik*. Daß die ästhetische Kunst nicht mit Hilfe des Schönheitsbegriffs definiert werden kann, hat im übrigen schon Schleiermacher gesehen (*UBK*, 807 ff.; vgl. dazu Schmücker 1998, 247 ff.).

116 Vgl. Jauß 1968.

117 Das ist bekanntlich die These von Rosenkranz' *Ästhetik des Häßlichen* (*ÄdH*, 342 ff.).

118 Vischer 1898, 26.

wir auch ein abstraktes Gemälde als Kunst, obwohl wir ihm keine mimetische Qualität zubilligen.[119]

Auch Funktionslosigkeit ist kein Kriterium, das uns Aufschluß über die Bedeutung des Kunstbegriffs gibt: Zwar gibt es *abject art* – aber nicht aller Abfall gilt uns als Kunst. Andererseits wenden wir den Kunstbegriff auch auf ein Alu-Vehikel von Krzystof Wodiczko an, das einem New Yorker Obdachlosen als Unterkunft dient. Viele populäre Vorstellungen tragen also nichts zum Verständnis der Bedeutung des Kunstbegriffs bei. Sie geben uns nur Kriterien an die Hand, die es erlauben, unterschiedliche Formen und Arten von Kunst zu spezifizieren.

Die meisten Kunsttheorien sind jedoch viel schwieriger zu bewerten als solche schlichten Definitionen. Sie verbinden nicht nur verschiedene Aspekte zu komplexen Bestimmungen, sondern bedienen sich so prominenter Leitbegriffe wie ›Schönheit‹ oder ›Nachahmung‹ oft gar nicht in ihrem (heutigen) alltagssprachlichen Sinn. Überdies läßt sich die Vielzahl konkurrierender Theorien, die im Prinzip alle als Theorien über die gesuchte Beurteilungshinsicht interpretierbar sind, kaum noch überschauen. Nur eine selektive Würdigung einzelner Kunsttheorien ist deshalb noch möglich.

Auch der Rückgriff auf bisherige Kunsttheorien, der den Vorteil besitzt, uns vor einem Rückfall hinter das von der kunstästhetischen Forschung bereits erreichte Abstraktionsniveau zu bewahren, impliziert daher die Gefahr einer von vornherein eingeschränkten Sicht. Denn sowohl in die Auswahl der zu rezipierenden Theorien als auch in die Beurteilung von deren Erklärungskraft spielen unvermeidlich die Gründe meiner subjektiven begriffsspezifischen Eva-

119 Daß sich nicht einmal für die Malerei als diejenige Kunst, für die der Abbildgedanke *prima facie* die größte Plausibilität besitzt, eine nachahmungstheoretische Definition nahelegt, ergibt sich aus der ebenso eingehenden wie überzeugenden Kritik, der Oliver R. Scholz (1991, 16 ff.) die ähnlichkeitstheoretische Bildauffassung unterzogen hat. Scholz kann nämlich zeigen, daß die Ähnlichkeit mit einem Abgebildeten keine notwendige Bedingung der Bildlichkeit eines Wahrnehmungsgegenstands ist: Wäre es anders, könnte es weder »fiktionale Bilder« noch »Bilder von zukünftigen Dingen, die erst nach den Bildern gemacht werden«, noch »ungegenständliche Bilder, die gleichwohl etwas exemplifizieren oder ausdrücken«, geben (ebd., 163).

luation bestimmter Artefakte hinein. Völlig vermeiden läßt sich eine solche Blickfeldverengung nicht. Zur Verringerung der Gefahr, daß subjektive Vorlieben und Willkür allein über den Ausgangspunkt der kunstästhetischen Theoriebildung bestimmen, vermag die kritische Grundlegung der Kunstphilosophie jedoch einen Beitrag zu leisten, indem sie den ontologischen Status von Kunstwerken klärt. Den Grund dafür nennt das nächste Kapitel.

5 Der ontologische Status von Kunstwerken

5.1 Eine zweite Vorfrage kunstästhetischer Theorie

a) Was die Frage nach dem ontologischen Status von Kunstwerken erfragt

Die Frage nach dem Wesen der Kunst hat sich als legitim und sinnvoll erwiesen, sofern sie den semantischen Gehalt des Kunstbegriffs erfragt. Damit ist dargelegt, daß – und wie – Kunstästhetik möglich ist: als Theorie über die Bedeutung des Kunstbegriffs. Nicht beantwortet ist damit jedoch eine zweite Vorfrage kunstästhetischer Theorie. Sie erfragt, in welcher Weise Kunstwerke als solche existieren. Diese Erläuterung der Frage nach dem ontologischen Status von Kunstwerken ist allerdings selbst erläuterungsbedürftig, und zwar aus zwei Gründen. Erstens bedarf es der Erklärung, inwiefern sie nach der Existenzweise von Kunstwerken *als solchen* fragt. Zweitens hat der Existenzbegriff, insbesondere im 20. Jahrhundert, philosophisch in vielerlei Bedeutung Verwendung gefunden, so daß die Frage nach der Existenzweise von Kunstwerken leicht mißverstanden werden kann.

Klären wir zuerst die zweite Frage: In welchem Sinn fragt die Kunstontologie nach der Existenzweise von Kunstwerken? Um einem besonders naheliegenden Mißverständnis vorzubeugen, sei zunächst betont, daß ihre Frage nicht im Sinne einer existenzphilosophischen Fundamentalontologie gemeint ist. Ebensowenig setzt die Frage nach dem ontologischen Status von Kunstwerken aber auch den speziellen Horizont irgendeiner anderen philosophischen Richtung voraus. Vielmehr liegt ihr ein ganz allgemeiner Begriff von

Ontologie zugrunde: Es geht ihr lediglich darum, zu bestimmen, von welcher Art von Gegenständen die Rede ist, wenn von Kunstwerken die Rede ist. Ich verwende die Begriffe ›Existenz‹ und ›Sein‹ daher als allgemeinste Bezeichnungen der Art und Weise, in der etwas ein Gegenstand ist, auf den wir uns beziehen (können). Ich werde deshalb auch dann davon sprechen, daß etwas sei oder existiere, wenn es sich nicht um Physisches, sondern um Psychisches oder um Objektiv-Nichtwirkliches handelt, wie Frege es beschrieben hat.[1] Sein – obschon gewiß kein Sein von ein und derselben Art – besitzt folglich der Autor dieses Buches ebenso wie der Hamburger ›Philosophenturm‹, die Flugangst meines Onkels und die Zahl 3.

Ähnlich allgemein verwende ich die Begriffe ›Seiendes‹ und ›Entität‹. Diese Termini, die ich synonym gebrauche, implizieren für mich nicht, daß das, worauf sie Anwendung finden, physisches Sein besitzt. Ich setze damit nicht voraus, daß es abstrakte Entitäten gibt (obwohl man vielleicht merken wird, daß ich mit dieser Vorstellung sympathisiere).[2] Ich verzichte nur auf die gegenteilige Prämisse, daß es keine abstrakten Entitäten gibt. Denn in der Kunstontologie empfiehlt sich ein *pragmatischer* Standpunkt: Wenn es sich zeigen sollte, daß das Sein von Kunstwerken als physisches Sein nicht überzeugend expliziert werden kann, sollten wir uns nicht scheuen, in Betracht zu ziehen, daß Kunstwerke in anderer Weise existieren.

Was aber heißt es, nach der Existenzweise von Kunstwerken zu fragen? Wir haben festgestellt, daß die Artefaktbedingung eine notwendige Bedingung der Anwendbarkeit des Kunstbegriffs ist: Nur Artefakte lassen sich als Kunstwerke beurteilen.[3] Um den ontologischen Status von Kunstwerken zu bestimmen, müssen wir deshalb zunächst untersuchen, was für Entitäten Artefakte eigentlich sind. Die Frage danach scheint zwar zu jenen spitzfindigen, weit hergeholten Fragen zu gehören, für die Philosophen im Volksmund berüchtigt sind. Doch dieser Eindruck täuscht. Denn es ist keineswegs klar, was wir als Kunstwerk beurteilen, wenn wir *Die Satanischen Ver-*

1 Ich komme auf Freges trichotomische Ontologie unten (239 ff.) ausführlich zurück.

2 Wer sich von der Vernünftigkeit dieser Annahme überzeugen will, vgl. Künne 1983.

3 Siehe oben, 136, Anm. 84.

se als Kunstwerk beurteilen.[4] Ist es ein physisches Objekt? Oder ist der Gegenstand unserer begriffsspezifischen Beurteilung eine subjektive Entität, die, der Flugangst meines Onkels vergleichbar, nur als Vorstellung im Geist des Künstlers oder des Rezipienten existiert? Handelt es sich womöglich gar um einen abstrakten Gegenstand?

Indem die Kunstontologie klärt, was Artefakte eigentlich sind, tut sie zur Bestimmung des ontologischen Status von Kunstwerken allerdings nur den ersten Schritt. Denn die Frage nach der Seinsweise von Kunstwerken *als solchen* erfragt nicht nur, in welcher Weise Kunstwerke existieren, insofern sie Artefakte sind. Sie fragt vielmehr auch danach, in welcher Weise Kunstwerke existieren, insofern sie – kraft ihrer entsprechenden (quasi-)konsensuellen Beurteilung – Kunstwerke sind. Die Frage nach dem ontologischen Status von Kunstwerken *als solchen* bedarf deshalb einer Antwort, die einerseits klärt, was Kunstwerke sind, insofern sie Artefakte sind, andererseits aber auch der Konsensabhängigkeit ihrer Kunsthaftigkeit[5] Rechnung trägt. Eine solche Antwort kann sich nicht damit begnügen, den ontologischen Status der *Satanischen Verse* zu beschreiben, insofern diese ein Artefakt und damit ein *mögliches* Kunstwerk sind. Sie muß vielmehr angeben, in welcher Weise *Die Satanischen Verse* existieren, insofern sie ein Artefakt und zugleich *mehr* als ein bloßes Artefakt, nämlich kraft unserer (quasi-)konsensuellen Beurteilung ein Kunstwerk sind. Dieser Seite des kunstontologischen Problems hat man bisher wenig Beachtung geschenkt.[6]

Nicht verwechselt werden darf die Frage nach der Existenzweise oder Seinsart von Kunstwerken mit dem *Fiktionalitätsproblem*. Wer

4 Da mir Rushdies Roman häufig als Beispiel dient, verwende ich zu seiner Bezeichnung den deutschen Titel.

5 Diese abbreviatorische Formulierung soll zum Ausdruck bringen, daß ein Artefakt nur dann in dem hier relevanten ontologischen Sinn ein Kunstwerk *ist*, wenn über seine Kunsthaftigkeit ein so weitreichender Konsens besteht, daß von ihm *deskriptiv-klassifikatorisch* ausgesagt werden kann, daß es ein Kunstwerk ist.

6 Vgl. aber den Hinweis von Birgit Recki (1988, 150), das »ontologische Problem des Kunstwerks besteh[e] [...] in der Differenz zwischen dem Ding, welches das Kunstwerk ›ist‹, und dem Subjekt, das dieses Ding zu mehr als einem Objekt und damit erst eigentlich zum Kunstwerk ›macht‹«.

nach dem ontologischen Status von Kunstwerken fragt, fragt nicht danach, ob und ggf. in welcher Weise das fiktive Personal eines Romans existiert oder das auf einem Gemälde zu Sehende seiend ist.[7] Er fragt vielmehr danach, in welcher Weise der Roman und das Gemälde selbst als Kunstwerke existieren.

Diese Frage ist auch von derjenigen zu unterscheiden, warum die verschiedenen Exemplare eines Kunstwerks verschiedene Exemplare ein und desselben Kunstwerks sind. Das *Identitätsproblem*, auf das diese Frage zielt, läßt sich zwar nicht isoliert, ohne Rücksicht auf den ontologischen Status von Kunstwerken, lösen; es ist aber mit dem kunstontologischen *Problem der Seinsart von Kunstwerken* nicht identisch.[8]

b) Warum die Frage nach dem ontologischen Status von Kunstwerken eine kunstästhetische Vorfrage ist

Daß ich der Frage nach dem Seinsstatus von Kunstwerken breiten Raum einräume, ruft vielleicht Erstaunen hervor; denn in der deutschsprachigen Kunstästhetik spielt das kunstontologische Problem der Seinsart von Kunstwerken – sieht man von Roman Ingardens Untersuchungen[9] ab – nicht einmal eine Nebenrolle.[10] Umgekehrt streifen Untersuchungen zur allgemeinen Ontologie die Kunst

7 Zum Fiktionalitätsproblem vgl. Gabriel 1975; Henrich/Iser 1983; Künne 1983, 291 ff.; Margolis 1983; Currie 1985; Iser 1991.

8 Zum Identitätsproblem siehe unten, 246 ff.

9 Ingarden 1960, ders. 1962, ders. 1969. Für Ingarden ist die Kunst freilich nur das Feld, auf dem er den Streit zwischen Idealismus und Realismus auszutragen und durch eine differenzierte Ontologie als obsolet zu erweisen sucht.

10 Im englischen Sprachraum ist die Bedeutung kunstontologischer Fragen dagegen schon seit längerem gesehen worden – vermutlich deshalb, weil die Wirkungsmacht des Empirismus die englischsprachige Kunstästhetik erfolgreich gegen alle wahrheitsästhetischen Versuchungen immunisiert hat. Hervorzuheben sind von den englischsprachigen Untersuchungen neben Richard Wollheims Studie über *Art and its Objects* aus dem Jahre 1968 (= Wollheim 1992), an die im deutschen Sprachraum vor allem Günther Patzig (1981) angeknüpft hat, vor allem die kunstontologischen Arbeiten von Joseph Margolis (1978, 231 ff.; 1980; 1991), Nicholas Wolterstorff (1980; 1987) und Gregory Currie (1989).

meist nur am Rande und dringen in den seltensten Fällen zu Aussagen über Kunst als solche vor. Ihr Interesse konzentriert sich in der Regel auf die Entscheidung der von alters her[11] die Philosophie beschäftigenden Frage, ob es Gegenstände gibt, die der sinnlichen Wahrnehmung entzogen sind.

Die kunstontologische Frage – wie ich die Frage nach dem ontologischen Status von Kunstwerken künftig abkürzend nennen werde – muß jedoch nicht nur denjenigen interessieren, der das, worauf wir uns beziehen (können), ontologisch zu systematisieren sucht. Sie ist zwar »für denjenigen, der mit Kunstwerken aus beruflichem Interesse oder nur aus Neigung umgeht, vermutlich nicht fundamental oder dringend«[12]: Wir können Kunst produzieren und erfahren, ausstellen und (ver)kaufen, interpretieren und lieben, ohne zu wissen, in welcher Weise sie existiert. Für die *Ästhetik der Kunst* ist die kunstontologische Frage jedoch von erheblichem, oft unterschätztem Belang. Die Antwort, die sie erfährt, entscheidet zwar nicht über die Möglichkeit kunstästhetischer Theorie, aber sie grenzt das Spektrum der plausiblen kunstästhetischen Theorien ein. Was es heißt, ein Artefakt als Kunstwerk zu beurteilen, kann nämlich nicht davon unabhängig sein, in welcher Weise ein Kunstwerk als solches existiert. Eine hypothetische Erwägung verdeutlicht, warum: Existierten Kunstwerke als physische Gegenstände, könnte die Beurteilung, die der Subsumtion eines Artefakts unter den Kunstbegriff zugrunde liegt, nur in einer Hinsicht erfolgen, in der physische Objekte beurteilt werden können. Wären sie dagegen subjektive Entitäten, könnte ihre Beurteilung nicht in einer Hinsicht erfolgen, in der sich nur Sinnesdinge beurteilen lassen. Eine Kunsttheorie, deren Bestimmungen mit dem ontologischen Status von Kunstwerken unvereinbar sind, ist daher nicht plausibel. Auch die kunstontologische Frage gehört deshalb zu jenen Vorfragen, die eine kritische Grundlegung der Kunstphilosophie beantworten muß. Denn erst wenn Klarheit über den ontologischen Status von Kunstwerken besteht, ist ein begründetes Urteil über die Plausibilität einer Kunsttheorie möglich. Umgekehrt darf eine Kunsttheorie, die dem ontologischen Status von

11 Vgl. Aristoteles, *Metaphysik* III, 2, 997 a 34 f.
12 Patzig 1981, 114.

Kunstwerken in besonderer Weise Rechnung trägt, als besonders aussichtsreiche Kandidatin für die gesuchte Semantik des Kunstbegriffs gelten. Die Analyse des Seinsstatus von Kunstwerken ist deshalb nicht nur eine notwendige Voraussetzung der Beurteilung von Kunstdefinitionen, sondern verspricht darüber hinaus auch einen Hinweis auf eine erklärungskräftige Kunsttheorie. Angesichts der verwirrenden Vielfalt kunstästhetischer Theorien scheint mir auch dies ein triftiger Grund zu sein, die kunstontologische Vorfrage zu stellen.

c) Warum die Frage nach dem ontologischen Status von Kunstwerken mit der semantischen Interpretation des kunstästhetischen Essentialismus vereinbar ist

Bedeutet aber das Aufwerfen der kunstontologischen Frage nicht einen Rückschritt hinter die im ersten Teil der Untersuchung gewonnene Einsicht, daß der Kunstbegriff ein Beurteilungsbegriff ist? Ist die ontologische Analyse von Kunstwerken nicht unverträglich mit der Annahme, daß Werturteile – und damit evaluative *Wahrnehmungen* – darüber entscheiden, ob ein Artefakt unter den Kunstbegriff subsumiert wird oder nicht?

Der Einwand ist unberechtigt, sofern er die Kunstästhetik generell von der Behandlung kunstontologischer Fragen dispensieren möchte. Natürlich haben wir, wenn wir etwas als Kunstwerk beurteilen, einen konkreten Wahrnehmungsgegenstand vor Augen, den wir zum Bezugspunkt unserer Beurteilung machen. Dieser sinnliche Anlaß und Bezugspunkt unseres Urteils muß jedoch nicht mit dem als Kunstwerk Beurteilten identisch sein; es könnte sich dabei vielmehr auch um einen exemplarischen Repräsentanten des Beurteilten handeln: Wenn ich, im Autohaus einen meerblauen *Golf* vor Augen, der mein Männerherz höher schlagen läßt, mich zu dem bewundernden Urteil hinreißen lasse, der *Golf* sei ein wahres Wunderwerk der Technik, zolle ich schließlich auch nicht allein dem ozeanfarbenen Vierrädrer vor mir meinen Respekt, sondern dem Modell *Golf* als solchem. Kunstontologische Fragen haben sich deshalb durch die semantische Interpretation des kunstästhetischen Essentialismus durchaus nicht erledigt.

Der Einwand ist aber berechtigt, soweit er daran erinnert, daß jede Theorie über den ontologischen Status ästhetischer Kunst dem spezifischen Charakter des Kunstbegriffs Rechnung tragen muß. Jede Antwort auf die Frage nach dem ontologischen Status von Kunstwerken muß berücksichtigen, daß Kunstwerke kraft unserer Beurteilung Kunstwerke sind. Ich werde deshalb eine Antwort vorschlagen, die sich von anderen Lösungsvorschlägen dadurch unterscheidet, daß sie den Kunstbegriff als Beurteilungsbegriff ernst nimmt.

Den falschen Eindruck der Unverträglichkeit von semantischer Interpretation des kunstästhetischen Essentialismus und kunstontologischer Analyse könnte freilich der Umstand erwecken, daß ich häufig von *Kunstwerken als solchen* spreche. Diese Redeweise ist aber nicht Ausdruck eines epistemologischen Realismus, der zu allem bisher Gesagten im Widerspruch stünde. Sie hebt nur hervor, daß sich die kunstontologische Frage nicht auf die Frage beschränkt, welche Art von Gegenständen Kunstwerke sind, insofern sie Artefakte sind, sondern sich auf die Seinsweise von Kunstwerken als Kunstwerken bezieht. Ebensowenig ist es ein Rückfall in den kunstästhetischen Realismus, wenn im folgenden bestimmte Artefakte – sei es Goethes *Faust* oder Beethovens *8. Sinfonie* – als Kunstbeispiele herangezogen werden. Indem ich einzelne Artefakte exemplarisch erwähne, unterstelle ich nämlich nicht, diese seien gleichsam von Natur aus Werke der Kunst, sondern setze lediglich voraus, daß über ihre Kunsthaftigkeit ein außerordentlich breiter Konsens besteht, der sie zu Bezugspunkten einer Kunsttheorie prädestiniert, die eine möglichst große Reichweite erstrebt.

5.2 Kritik des kunstontologischen Physizismus

Kopie als Original entlarvt.
Frankfurter Allgemeine Zeitung

Um zu bestimmen, in welcher Weise Kunstwerke existieren, muß die Kunstontologie zunächst klären, welchen ontologischen Status Kunstwerke besitzen, insofern sie Artefakte sind. Denn nur, wenn wir wissen, in welcher Weise Kunstwerke als Artefakte existieren, können wir hoffen, auch den ontologischen Status zu erkennen, den sie besitzen, insofern sie kraft unserer Beurteilung keine bloßen Artefakte, sondern Kunstwerke sind. Ich konzentriere mich deshalb zunächst auf den – unumgänglichen – ersten Teil der kunstontologischen Analyse: die Frage nach dem ontologischen Status, den Kunstwerke besitzen, insofern sie Artefakte sind. Wie die Kunstontologie der Konsensabhängigkeit der Kunsthaftigkeit von Artefakten Rechnung tragen kann, wird die Analyse später ergeben.

Auf den ersten Blick scheint es, als hätten diejenigen Autoren, die dem Seinsstatus von Kunstwerken keine Aufmerksamkeit schenken, für ihre Abstinenz von ontologischen Erwägungen einen triftigen Grund. Denn die Frage nach der Existenzweise von Kunstwerken scheint ein Scheinproblem zu betreffen. Beurteilen wir nicht, wenn wir etwas als Kunstwerk beurteilen, einen konkreten Wahrnehmungsgegenstand? Wissen wir nicht, daß Kunstwerke Artefakte sind, also Dinge, die von Menschen gemacht werden und zu deren Herstellung jeweils bestimmte Materialien erforderlich sind? Bestehen Kunstwerke nicht aus Holz, Stein, Stoff, Druckerschwärze, Farbpigmenten, Metall, Papier oder irgendeinem anderen Stoff? Lassen sie sich nicht verschenken und gegen Diebstahl versichern? Kann man sie nicht erwerben, verkaufen und zerstören? Sind Kunstwerke nicht stets zu einem bestimmten Zeitpunkt an einem bestimmten Ort? Und ist es nicht für Kunst konstitutiv, daß sie sinnlich wahrgenommen wird? Spricht also nicht alles dafür, daß Kunstwerke physische Gegenstände sind?

Ein Einwand liegt nahe: Ist das, was wir wahrnehmen, wenn wir Beethovens *Eroica* hören, eine Tanzperformance von Pina Bausch bestaunen oder eine Aufführung von Taboris Theaterstück *Mein Kampf* besuchen, überhaupt ein physisches Objekt? Gewiß handelt es sich dabei nicht um einen dinglichen Wahrnehmungsgegenstand: Eine Tanzperformance besitzt nicht die Dauerhaftigkeit einer vor den Unbilden der Witterung geschützten Skulptur. Sie ist zwar (in vielen Fällen) wiederholbar, aber sie läßt sich nur temporär rezipieren; denn ihre Wahrnehmbarkeit ist an ihre aktuale Darbietung gebunden. Der Tanz ist deshalb, genauso wie Improvisationsmusik, keine *dingliche*, sondern eine *transitorische Kunst.* Kompositionsmusik, Oper und

Schauspiel sind dagegen *sekundärtransitorische Künste.* Als Partitur oder Dramentext lassen sich ihre Werke auch auf einer vortransitorischen Ebene rezipieren. Erst auf der Ebene ihrer Aufführung, welche die Existenz einer Partitur oder Textvorlage zur Voraussetzung hat, ist ihre Rezipierbarkeit in der für transitorische Künste charakteristischen Weise eingeschränkt: Als Aufführungen sind sie nur temporär rezipierbar. Der transitorische bzw. sekundärtransitorische Charakter mancher Künste spricht jedoch nicht gegen den Physizismus. Denn wir können den Begriff des physischen Objekts ähnlich weit fassen wie den Artefakt- und den Werkbegriff[13]. In solch einem weiten Sinn können wir unter einem physischen Objekt alles verstehen, was zu einem bestimmten Zeitpunkt oder in einem bestimmten Zeitraum an einem bestimmten Ort gegeben ist. Physische Gegenstände sind dann nicht nur Bücher und Leinwände, sondern eben auch Tanzperformances, Theateraufführungen und Operninszenierungen; denn auch solche Aktionen, in denen sich transitorische oder sekundärtransitorische Kunstwerke realisieren, sind stets in einem bestimmten Zeitraum an einem bestimmten Ort gegeben.

Auch wenn wir dem Physizismus einen derart weiten Begriff physischer Gegenständlichkeit konzedieren, wirft er allerdings erhebliche Schwierigkeiten auf; denn in vielen Künsten – in der Literatur wie in der Musik, im Film wie in der Photographie – tritt ein und dasselbe Kunstwerk oft in mehreren Exemplaren auf. Jedes von ihnen ist zwar ein physisches Objekt; doch welches Exemplar sollen wir mit dem Kunstwerk selbst identifizieren? Wenn ich einer Kollegin, die sich Rushdies Roman *Die Satanischen Verse* gewünscht hat, zum Geburtstag ihren Wunsch erfülle, überreiche ich natürlich ein physisches Objekt – was sonst hätte ich vorher gekauft, in meiner Tasche nach Hause getragen und liebevoll in Glanzpapier gehüllt? Aber verschenke ich tatsächlich das literarische Kunstwerk, das Rushdies Roman zweifellos ist? Was verschenkt dann der Freund, der seiner Freundin ein anderes Exemplar der *Satanischen Verse* – womöglich eins der englischen Originalausgabe – überreicht? Verschenken wir beide das Kunstwerk *Die Satanischen Verse*? Oder verschenken wir beide etwas anderes als das Kunstwerk *Die Satanischen Verse*?

13 Siehe oben, 70.

Will man an der Vorstellung festhalten, daß Kunstwerke physische Objekte sind, lassen sich darauf vier Antworten geben:

(a) Das Kunstwerk *Die Satanischen Verse* ist mit jedem einzelnen seiner Exemplare identisch. Wir verschenken deshalb beide das Kunstwerk als solches. Diese Antwort entspricht der These (P 1):

(P 1) Jedes einzelne physische Objekt k_x, das als ein Exemplar des Kunstwerks K wahrgenommen werden kann, ist das Kunstwerk K.

Weil (P 1) Kunstwerke als potentiell multiple physische Objekte interpretiert, ist (P 1) die These des *pluralischen Physizismus.*

(b) Das Kunstwerk *Die Satanischen Verse* ist als distributives Ganzes mit der Klasse aller seiner Exemplare identisch. Keiner von uns verschenkt deshalb das Kunstwerk als solches. Die beiden Exemplare, die wir verschenken, sind vielmehr Elemente dessen, was der Roman als Kunstwerk ist. Diese Antwort entspricht der These (P 2):

(P 2) Ein Kunstwerk K ist die Klasse aller physischen Objekte k_1, k_2, k_3, ... k_n, die als Exemplare des Kunstwerks K wahrgenommen werden können.

(P 2) ist die These des *distributiven Physizismus.*

(c) Das Kunstwerk *Die Satanischen Verse* ist als kollektives Ganzes identisch mit der (mereologischen) Summe seiner Exemplare. Keiner von uns verschenkt deshalb das Kunstwerk als solches. Die beiden Bücher, die wir verschenken, sind vielmehr Teile dessen, was Rushdies Roman als Kunstwerk ist. Diese Antwort entspricht der These (P 3):

(P 3) Ein Kunstwerk K ist die (mereologische) Summe derjenigen physischen Objekte k_1, k_2, k_3, ... k_n, die als Exemplare des Kunstwerks K wahrgenommen werden können.

(P 3) ist die These des *mereologischen Physizismus.*

(d) Das Kunstwerk *Die Satanischen Verse* ist mit seinem Original identisch. Keiner von uns verschenkt deshalb das Kunstwerk als solches, es sei denn, eines der beiden von uns verschenkten Exemplare wäre Rushdies Originalmanuskript des Romans. Diese Antwort entspricht der These (P 4):

(P 4) Ein Kunstwerk K ist dasjenige physische Objekt k_o, das als das Original des Kunstwerks K angesehen werden kann.

(P 4) ist die These des *originalistischen Physizismus.*

a) Pluralischer Physizismus

Auf den ersten Blick scheint die Art und Weise, in der wir im Alltag über Kunstwerke reden, für den pluralischen Physizismus zu sprechen: Nach einem Geschenk befragt, das ihr Freude machen würde, hat meine Kollegin natürlich nicht geantwortet, sie wünsche sich »ein Exemplar der *Satanischen Verse*«, sondern erklärt, sie würde sich »über *Die Satanischen Verse* freuen«. Und in der Buchhandlung habe ich selbstredend *Die Satanischen Verse* verlangt und nicht irgendein Exemplar derselben. Auch geht man gemeinhin nicht »in Claus Peymanns Inszenierung der *Hermannsschlacht*«, sondern »in die *Hermannsschlacht*«, nicht »in die Aufführung der *Zauberflöte* in der Staatsoper«, sondern schlicht »in die *Zauberflöte*«. Dies alles sind jedoch abbreviatorische Ausdrucksweisen, die nur in ihren jeweiligen Kontexten ihr kommunikatives Ziel zu erreichen vermögen, weil sie beim Gesprächspartner das Wissen voraussetzen, daß im einen Fall ein beliebiges Exemplar des Buches, im anderen hingegen eine bestimmte Aufführung gemeint ist. An ihre Stelle könnten auch Äußerungen treten, die das im jeweiligen Kontext Gemeinte genauer benennen. Solche Äußerungen kämen aber nicht ohne Begriffe wie ›Exemplar‹, ›Aufführung‹ oder ›Inszenierung‹ aus – Begriffe, die dort, wo das Kunstwerk als solches gemeint ist, fehl am Platze wären (zum Beispiel in der Frage: »Rechtfertigen *Die Satanischen Verse* religiös motivierte Repression?«). Die Art und Weise, in der wir im Alltag über Kunstwerke sprechen, läßt sich daher nicht in ein Argument für den pluralischen Physizismus ummünzen. Im Gegenteil: Wenn wir uns keiner elliptischen Redeweisen bedienen, weist schon unser Alltagssprachgebrauch darauf hin, daß ein Kunstwerk nicht mit jedem seiner Exemplare identisch ist. Die nähere Analyse von (P 1) erhärtet diesen Befund; denn sie zeigt, daß die These des pluralischen Physizismus mit der Eigenart der Identitätsrelation unvereinbar ist. (P 1) zufolge müßte nämlich, da Identität eine transitive Relation ist, jedes Exemplar eines bestimmten Kunstwerks mit jedem anderen Exemplar desselben Werks identisch sein. Das ist jedoch logisch ausgeschlossen. Denn kein physischer Gegenstand kann mit einem von ihm verschiedenen physischen Gegenstand identisch sein. (P 1) ist deshalb unhaltbar.

b) Distributiver Physizismus

Der distributive Physizismus segelt gewissermaßen unter falscher Flagge. Er ist nämlich gar keine physizistische Auffassung im strikten Sinn[14]: Die Klasse aller physischen Objekte, die als Exemplare eines Kunstwerks wahrgenommen werden können, ist als solche ebensowenig etwas Physisches wie die Klasse aller Stühle. Dies ist aber nur ein terminologisches Problem, das nicht gegen die Plausibilität von (P 2) spricht. Skepsis verdient der distributive Physizismus aus einem anderen Grund: Er hätte absurde Konsequenzen. Ein Kunstwerk wäre erst und nur dann vollendet, wenn es nicht mehr reproduziert werden kann. Denn bis dahin wäre es ein Potentiell-Unendliches, das niemandem *in toto* gegeben sein kann. Ein Künstler könnte also nur dann für sich in Anspruch nehmen, ein bestimmtes Werk geschaffen (und nicht nur begonnen) zu haben, wenn er das Ende von dessen Reproduzierbarkeit (üb)erlebt. (P 2) ist deshalb unvereinbar mit der generellen Zuschreibung von Kunstwerken an bestimmte Urheber.[15]

Diesen Bedenken anzufügen ist ein weiterer Einwand, den Richard Wollheim gegen den distributiven Physizismus erhoben hat. Dieser lasse, moniert Wollheim zu Recht, »totally unexplained [...] why the various copies of *Ulysses* are all said to be copies of *Ulysses* and nothing else, why all the performances of *Der Rosenkavalier* are reckoned performances of that one opera. For the ordinary explanation of how we come to group copies or performances as being of this book or of that opera is by reference to something else, something other than themselves, to which they stand in some special relation. [...] if a novel or opera just is its copies or its performances, then we cannot, for purposes of identification, refer from the latter to the former.«[16]

Zwar könne man annehmen, räumt Wollheim ein, Kunstwerke seien jeweils mit einer Klasse einander ähnlicher physischer Objekte identisch. Weder alle Exemplare des *Ulysses* noch alle Aufführungen des *Rosenkavaliers* seien jedoch einander völlig gleich. Nehme

14 Vgl. Wollheim 1992, 8.
15 Vgl. ebd.
16 Ebd., 9 (Herv. i. O.).

man aber an, die Unterschiede zwischen ihnen beträfen nur irrelevante Aspekte, stelle sich die Frage, wie sich ohne Bezugnahme auf das Kunstwerk als solches über die Relevanz oder Irrelevanz eines möglichen Unterschieds entscheiden läßt. Andererseits verbiete sich jedoch auch die Annahme, die verschiedenen Exemplare des einen Werks seien einander ähnlicher als den Exemplaren eines anderen Werks. Diese Hypothese könne zwar erklären, warum wir keine Aufführung des *Rosenkavaliers* für eine Aufführung der *Arabella* halten; sie erkläre aber nicht, warum wir nicht einige Aufführungen des *Rosenkavaliers*, die einander ähnlicher sind als allen anderen Aufführungen des *Rosenkavaliers*, als Aufführungen eines von Hofmannsthals »Komödie für Musik« verschiedenen Werks auffassen.[17] Da dieses Argument triftig ist, sollten wir den distributiven Physizismus als unplausibel verwerfen.

c) Mereologischer Physizismus

Anders als der distributive Physizismus faßt der mereologische Physizismus ein Kunstwerk zwar tatsächlich als ein physisches Objekt auf. Denn er betrachtet die einzelnen Exemplare eines Kunstwerks als integrale Bestandteile *eines* physischen Ganzen (das unter Umständen mehr als nur eine Raum-Zeit-Stelle einnimmt). Im Unterschied zum distributiven Physizismus stellt sich für den mereologischen Physizismus deshalb nicht die Frage, wodurch sich die einzelnen Exemplare eines Kunstwerks als Exemplare dieses einen bestimmten Werks ausweisen. Dies ist aber auch sein einziger Vorzug. Denn der mereologische Physizismus verzeichnet das Verhältnis von Werk und Exemplar: Wäre jedes Kunstwerk ein kollektives Gesamt und jedes seiner Exemplare dessen integraler Bestandteil, dann träfe jedes Urteil, das eine Kunstmanifestation provoziert, zugleich das Werk, das sich in ihr manifestiert. Nicht jeder Verriß einer Aufführung der *Eroica* ist aber ein Verriß der *Eroica* selbst. Vielmehr ist es für die kritische Beurteilung einer jeden Aufführung der *Eroica* unabdingbar, zwischen der Sinfonie selbst und ihrer jeweiligen Aufführung zu unterscheiden.

17 Vgl. ebd., 9 f.

Unplausibel ist auch eine andere Konsequenz der mereologischen Interpretation: Ihr zufolge wäre die Vernichtung eines einzigen Exemplars eine Beschädigung des betreffenden Werks. Daß diese Vorstellung unzutreffend ist, zeigt die Erinnerung an den 10. Mai 1933. An jenem Tag wurden auf dem Berliner Opernplatz und an vielen anderen Orten in Deutschland Bücher verbrannt, die den nationalsozialistischen Machthabern mißliebig waren. Diesem Akt der Barbarei fielen auch zahlreiche Exemplare von Heinrich Manns Roman *Der Untertan* zum Opfer. Der Roman als solcher ist aber offensichtlich unversehrt geblieben; denn wir können ihn immer noch vollständig lesen, sei es in einem nachgedruckten oder in einem der Vernichtung entgangenen Exemplar.

Auch die Annahme, ein Kunstwerk sei ein *flexibles* mereologisches Ganzes, das zu zwei verschiedenen Zeitpunkten ebensowenig aus denselben Teilen bestehen muß wie ein Orchester aus denselben Musikern, verschafft dem mereologischen Physizismus keine Plausibilität. Auch sie impliziert nämlich die Vorstellung, daß sich ein Werk in einem einzelnen seiner Exemplare nicht vollständig, sondern nur teilweise manifestiert. Jedes Exemplar eines Kunstwerks stellt uns aber das Werk als ganzes vor Augen. Nur deshalb können die verschiedenen Exemplare eines Werks einander als Exemplare substituieren. Der mereologische Physizismus gibt also keine überzeugende Antwort auf die kunstontologische Frage.

d) Originalistischer Physizismus

Aussichtsreicher als die bisher erörterten Auffassungen erscheint der originalistische Physizismus. Da wir Originale (Autographen, Erstdrucke, Originalgemälde, Uraufführungen, Premieren usw.) im allgemeinen höher schätzen als andere Exemplare oder Aufführungen, liegt es nahe, ihnen auch kunstontologisch eine besondere Rolle zuzubilligen. Dies scheint jedenfalls die einzige Möglichkeit zu sein, ein Kunstwerk als solches mit einem bestimmten physischen Objekt zu identifizieren. Denn jede Identifikation mit irgendeinem anderen einzelnen Exemplar als dem Original erschiene als willkürlich.

Gibt es aber nicht eindeutige Indizien dafür, daß wir uns ein Kunstwerk und sein physisches Original als distinkte Entitäten vorzustellen haben? Bedenken wir, welchen Sinn die Frage »Hast du *Die Satanischen Verse* gelesen?« hat. Sie erfragt, ob der Angesprochene Rushdies Roman gelesen hat. Bejahen kann die Frage aber jeder, der irgendein Exemplar des Buches gelesen hat – welches auch immer. Und bejahen ließe sie sich selbst dann noch, wenn es einem Handlanger der iranischen Diktatur gelingen sollte, Rushdies Originalmanuskript zu vernichten. Jede Identifikation des Kunstwerks, das den Titel *Die Satanischen Verse* trägt, mit einem einzelnen physischen Gegenstand – und sei dieser auch das Originalmanuskript des Autors – erscheint deshalb als problematisch.[18] Allerdings steht die Tatsache, daß die Frage »Hast du *Die Satanischen Verse* gelesen?« von jedem bejaht werden kann, der irgendein Exemplar von Rushdies Roman gelesen hat, (P 4) nicht unbedingt entgegen. Jedes physische Objekt k_X, das als das Kunstwerk K wahrgenommen werden kann, aber nicht das Original k_O ist, könnte nämlich eine Kopie oder Reproduktion von k_O sein und insofern zwar nicht unmittelbar, *mittelbar* aber ebenfalls mit dem Werk als solchem identisch sein. Sollte sich also zeigen lassen, daß jedes k_X entweder k_O ist oder eine Kopie oder Reproduktion von k_O, könnte (P 4) als plausibel

18 Man könnte versucht sein, als Gegenbeispiel Äußerungen des Typs »Wo sind denn bloß *Die Satanischen Verse*? Heute morgen lagen sie doch noch auf dem Nachttisch.« anzuführen. Im Unterschied zur Frage »Hast du *Die Satanischen Verse* gelesen?« beziehen sich Äußerungen dieses Typs jedoch stets auf einzelne oder mehrere Exemplare eines Kunstwerks, nicht auf dieses als solches. Zu welchem Typ eine Äußerung gehört, läßt sich durch eine Ergänzungsprobe leicht feststellen. Auf das Kunstwerk als solches nehmen Äußerungen immer dann Bezug, wenn eine Sinnänderung bewirkt werden würde durch (a) die Attribuierung des Werktitels durch die Beifügung eines nicht auf den Künstler bezogenen Possessivpronomens oder (b) die Umwandlung eines zum Werktitel gehörigen Artikels in ein solches Possessivpronomen oder (c) die Einfügung von »*n* Exemplar(e) von« oder »*n* Aufführung(en) von« (wobei *n* ein nicht negiertes oder ein negiertes Zahlwort ist) vor dem Werktitel. In allen anderen Fällen beziehen sich Äußerungen auf einzelne oder mehrere Exemplare bzw. Aufführungen eines Kunstwerks. *Daß* die Fragen (1) »Hast du *Die Satanischen Verse* gelesen?« und (2) »Hast du meine *Satanischen Verse* gelesen?« Verschiedenes erfragen, indiziert ebendie Differenz, die das im Haupttext vorgebrachte Argument sichtbar machen möchte.

gelten, obwohl es, um auf das Kunstwerk K Bezug nehmen zu können, genügt, irgendein physisches Objekt k_x zu kennen, das als das Kunstwerk K wahrgenommen werden kann.

Welches physische Objekt, das als das Kunstwerk K wahrgenommen werden kann, ist aber dessen Original? Bei Gemälden und Werken der Architektur fällt die Antwort vergleichsweise leicht – auch wenn sich nicht jedes Original eines Gemäldes zweifelsfrei von einer Fälschung unterscheiden läßt. Auch bei literarischen Werken scheint keine besondere Schwierigkeit zu bestehen: Als Original betrachten wir im allgemeinen die erste Niederschrift des Textes, gleichgültig, ob es sich dabei um ein Manuskript, ein Typoskript oder eine Diktataufzeichnung handelt. Es scheint allerdings erforderlich, Ausnahmen von dieser Regel zuzulassen: Einerseits ist nämlich manches literarische Werk jahrhundertelang mündlich überliefert worden, bevor es schriftlich fixiert wurde; andererseits hat zum Beispiel Paul Celan einige Druckfehler in seinen Gedichten nachträglich autorisiert, so daß die eigenhändigen Manuskripte nicht immer die nach dem Willen des Autors gültige Textgestalt wiedergeben. Im übrigen wird es im Zeitalter der elektronischen Textverarbeitung zunehmend schwieriger, genau zu bestimmen, was als erste Niederschrift anzusehen ist: Ist es der erste Ausdruck des abgeschlossenen Textes oder die auf dem Mikrochip, den der Autor als primäres Speichermedium nutzt, elektronisch archivierte Textdatei?

Größere Schwierigkeiten bereiten allerdings die Werke der sekundärtransitorischen Künste. Sie führen ein eigentümliches Doppelleben. Potentiell siedeln sie auf zwei Ebenen; denn von sekundärtransitorischen Werken kann es sowohl vortransitorische als auch transitorische Exemplare geben. Zwei Exemplare eines sekundärtransitorischen Werks können deshalb über ganz unterschiedliche Wahrnehmungsqualitäten verfügen. Sie können so verschieden sein wie eine Partitur und ein Konzert. Will jene gelesen werden (mit wieviel ›Musikverstand‹ auch immer), verlangt dieses nach einem aufnahmebereiten Gehör. Beide können gleichwohl Exemplare ein und desselben Werkes sein. Denn Beethovens *8. Sinfonie F-Dur op. 93* existiert, sofern und solange es mindestens ein Exemplar ihrer Partitur *oder* mindestens eine aktuale oder im Prinzip jederzeit wiederholbare Aufführung bzw. mindestens eine Aufzeichnung einer ihrer Aufführrungen gibt. Ebenso besitzt Goethes *Faust*-Drama Sein, sofern und solange es mindestens ein Exemplar des Dramentextes *oder* mindestens eine aktuale oder im Prinzip jederzeit wiederholbare Aufführung bzw. mindestens eine Aufzeichnung einer seiner Aufführungen gibt. Jede Aufführung eines sekundärtransitorischen Werks ist zwar zugleich ein Exemplar einer artefaktischen Interpretation dieses Werks, die als ein eigenes Werk angesehen und als solches zum Beispiel dem Interpreten, Regisseur oder Dirigenten zugeschrieben werden kann. Aber als Interpretation eines sekundärtransitorischen Werks bleibt sie ein sekundäres Kunstwerk, das sich von primären Werken dadurch unterscheidet, daß seine Exemplare immer zugleich die Exemplare eines anderen Werkes sind.[19] Am deutlichsten kommt der sekundäre Charakter solcher Werke darin zum Ausdruck, daß sie in ihrem Namen den Namen des Primärwerks, das sie interpretieren, mitführen: Nur in Kontexten, in denen der Urheber des Primärwerks ebenso als bekannt vorausgesetzt werden kann wie der Umstand, daß es sich um die Interpretation eines Primärwerks handelt, können wir abkürzend von »Gründgens' *Faust*« statt von »Gründgens' Inszenierung von Goethes *Faust*« sprechen.

Welches Exemplar sollen wir als Original eines sekundärtransitorischen Werks betrachten: das erste vortransitorische oder das erste transitorische Exemplar? Es liegt nahe, Beethovens handschriftliche Partitur als Original der *8. Sinfonie* anzusehen. Aber ist eine Partitur Musik? Entbehrt sie nicht gerade jener auditiven Erfahrbarkeit, die für Musik spezifisch ist? Gewiß ist sie das vortransitorische Original der Komposition; ähnlich wie Kafkas handschriftliches Manuskript das Original seines *Schloß*-Romans ist. Aber ist sie deshalb *das* Ori-

19 Aus diesem Grund läßt sich ein sekundäres Werk auch nicht mit solchen Werken vergleichen, die andere Werke voraussetzen, weil sie auf diese zitierend oder alludierend Bezug nehmen – ein Verfahren, das für literarische Texte inzwischen als Intertextualität ausführlich beschrieben worden ist (vgl. Jenny 1976, Stierle 1984, Broich/Pfister 1985, Ette 1985, Lachmann 1990, Plett 1991). Dagegen sind Übersetzungen und Bearbeitungen (z.B. von musikalischen Kompositionen) ebenfalls sekundäre Werke. Im Unterschied zu den artefaktischen Interpretationen sekundärtransitorischer Werke entspringen sie allerdings nicht der immanenten Teleologie der jeweiligen Primärwerke, sondern treten lediglich fakultativ zu diesen hinzu.

ginal der *8. Sinfonie*? Ist sie – als ein »System imperativistischer Symbole«[20] – nicht nur die Voraussetzung dafür, daß die von Beethoven komponierte Musik zu Gehör gebracht werden kann? Müssen wir deshalb nicht eher die Uraufführung eines Musikwerks als dessen Original betrachten?

So naheliegend diese Lösung erscheint, wenn man an Keith Jarretts *Köln Concert* denkt, dem keine Partitur zugrunde liegt, weil es sich der Improvisation des Pianisten am 24. Januar 1975 verdankt, so wenig empfiehlt sie sich für Kompositionsmusik. Denn hier macht sich der Unterschied zwischen transitorischen und sekundärtransitorischen Künsten geltend. Obwohl in spätere Aufführungen eines musikalischen Werks die Rezeption der früheren mit eingehen kann, sind alle Aufführungen einer Komposition *gleichunmittelbar zu ihrer Partitur*[21] (während Jarretts *Köln Concert* unwiederholbar ist[22] und nur dank seiner elektronischen Aufzeichnung und deren technischer Vervielfältigung weiterlebt): Während die gedruckten Exemplare eines literarischen Werks als Reproduktionen des Originalmanuskripts angesehen werden können, wäre es abwegig, in allen weiteren Aufführungen einer Komposition Duplikate oder Wiederholungen ihrer Uraufführung zu erblicken. Dasselbe gilt für die Inszenierungen eines Dramas. »Die kümmerlichste Provinzaufführung des ›Faust‹« steht, nach einer hübschen Fußnote Walter Benjamins, »in Idealkonkurrenz zur Weimarer Uraufführung«.[23] Diese Gleichunmittelbarkeit aller Aufführungen eines sekundärtransitorischen Werks ließe es willkürlich erscheinen, eine einzelne Aufführung allein auf Grund ihrer chronologischen Priorität in den Rang des Originals zu erheben. Freilich kommt bei Werken der sekundärtransitorischen Künste als Original ohnehin keine Aufführung in Betracht. Denn die Existenz von Beethovens *8. Sinfonie* hängt ganz offensichtlich weder

20 Ingarden 1962, 25.

21 Vgl. Gadamer *GW I*, 127 f.

22 Von der – rein theoretischen – Wiederholbarkeit, die auf Grund der Möglichkeit besteht, aus der elektronischen Aufzeichnung der Musik eine Partitur zu rekonstruieren, sei hier abgesehen. Sie ist weder in der musikalischen Praxis (in der derartige Rekonstruktionen mancherlei Schwierigkeiten aufwerfen) noch für mein Argument von Bedeutung.

23 Benjamin 1974, 477, Anm. 4.

von irgendeiner bestimmten Aufführung noch davon ab, daß sie überhaupt aufgeführt wurde. Wäre es anders, müßten wir jedem noch nicht aufgeführten Werk absprechen, daß es existiert. Die Existenz eines Werks ist jedoch die Bedingung der Möglichkeit seiner Aufführung, die natürlich auch bei einem noch nicht aufgeführten Werk besteht, sofern eine Partitur existiert. Jede Partitur und jedes Textbuch eines Schauspiels ist deshalb ein Exemplar des betreffenden Werks, nicht bloß eine notwendige Vorstufe dazu – auch wenn es nicht in derselben Weise rezipierbar ist wie transitorische Exemplare desselben Werks.[24] Andernfalls hätte nämlich Goethes *Faust II* erst mit der Uraufführung am 4. April 1854 im Hamburger Schauspielhaus seinen Abschluß erfahren, obwohl Goethe noch zu Lebzeiten »meinen abgeschlossenen Faust einsiegelte«[25] und das Werk seit 1832 im Buchhandel erhältlich war. Umgekehrt sind auch alle Aufführungen (und deren Aufzeichnungen) Exemplare von Goethes Werk, das uns, solange es andere Exemplare gibt, die uns von ihm Kenntnis geben, auch dann erhalten bliebe, wenn das Originalmanuskript des Autors verlorenginge. Genausowenig ist die Existenz von Beethovens handschriftlicher Originalpartitur eine notwendige Voraussetzung der Existenz der *8. Sinfonie*. Ein sekundärtransitorisches Werk kann daher auch nicht mit der Partitur des Komponisten bzw. dem Manuskript des Dramatikers identisch sein.

Dieses Resultat bestätigt sich, wenn wir die zu Beginn dieses Kapitels erwähnte Bedingung betrachten. Ihr zufolge wäre (P 4) auch dann plausibel, wenn es von manchen Kunstwerken zwar mehr als ein Exemplar gäbe, jedes Exemplar aber, das nicht selbst das Original ist, ein Duplikat des Originals wäre. Sekundärtransitorische Künste erfüllen diese Bedingung offensichtlich nicht. Denn als Original

24 Daß der Urheber eines musikalischen oder theatralischen Werks oftmals auch an dessen Uraufführung nicht beteiligt ist, spricht indessen nicht dagegen, in der Uraufführung das Original eines sekundärtransitorischen Werks zu erblicken. Mancher Holzschneider beschränkte sich nämlich wie Holbein d.J. darauf, die Zeichnung auf das als Druckstock vorgesehene Brett aufzubringen, und überließ die Arbeit mit dem Stichel anderen. Auch mancher Architekt ist an der Ausführung des von ihm geplanten Baus unbeteiligt.

25 Goethe an Boisserée, 24. November 1831; zitiert nach Goethe *SW I/7.1*, 807.

kommt nur das erste Exemplar eines Werkes in Betracht, d.h. das historisch erste derjenigen physischen Objekte, deren jedes kraft seines Gegebenseins die Existenz des betreffenden Kunstwerks zu gewährleisten vermöchte. Deshalb müssen die Partitur des Komponisten und das Manuskript des Dramatikers die Originale ihrer sekundärtransitorischen Werke sein. Andererseits sind sekundärtransitorische Werke jedoch teleologisch auf ihre Aufführung hin angelegt. Sie lassen sich deshalb nicht auf ihre vortransitorischen Exemplare beschränken. Nur von einem vortransitorischen Exemplar ließe sich aber behaupten, es sei das Original oder ein Duplikat des Originals. Aufführungen sind nämlich keine Reproduktionen oder Wiederholungen einer Partitur oder eines Dramentextes, sondern Interpretationen. Partituren und Dramentexte garantieren die Möglichkeit solcher Interpretationen, ohne selbst Interpretationen zu sein. Deshalb ist nicht jedes vom Original verschiedene Exemplar eines sekundärtransitorischen Werks ein Duplikat des Originals. Die Identifikation von Kunstwerk und Original geht deshalb zumindest für sekundärtransitorische Künste fehl.[26]

Sie läßt sich aber ebensowenig – und aus fast demselben Grund – für diejenigen Künste aufrechterhalten, mit denen Benjamin das Kunstwerk in das Zeitalter seiner technischen Reproduzierbarkeit eintreten sah: Holzschnitt, Kupferstich, Radierung, Lithographie, Photographie und Film.[27] Sie haben mit den sekundärtransitorischen Künsten – zu denen die Filmkunst in gewisser Hinsicht ohnehin gehört – in vielen Fällen ein Original gemein, das ganz andere Wahrnehmungsqualitäten besitzt als die (meisten) sekundären Exemplare desselben Werks. Denn obwohl die immanente Teleologie photographischer Werke die Herstellung von Positiven gebietet (von besonde-

26 Auch die Annahme, die Werke der sekundärtransitorischen Künste seien nicht mit dem Original, sondern mit ihrer jeweiligen idealen Aufführung identisch, rettet die physizistische Auffassung nicht. Denn eine ideale Aufführung ist, wie Wollheim (1992, 7f.) zu Recht eingewandt hat, natürlich kein physisches Objekt.

27 Vgl. Benjamin 1974, 474f. Was im folgenden für bestimmte Photographien gesagt wird, ist im wesentlichen auf die Werke aller dieser Künste (oder zumindest auf einen Teil von ihnen) übertragbar. Beim Farbholzschnitt und der traditionellen Farblithographie wird man allerdings das Set der Druckstöcke als Original ansehen müssen.

ren Einzelfällen einmal abgesehen), ist in vielen Fällen nicht der Erstabzug, sondern das (erste) Negativ das Original einer Photographie.[28] Bereits das Negativ ist nämlich oftmals ein Exemplar – nicht selten genügt das Vorhandensein des Negativs, damit eine Photographie als solche (fort)existiert. Der Status des Originals gebührt aber dem ersten Resultat des künstlerischen Produktionsprozesses, das als Exemplar eines bestimmten Kunstwerks angesehen werden kann. Photographische Positive sind indessen, sofern das Original ein Negativ ist, keine Duplikate des Originals, sondern technisch erzeugte Komplemente, die zu ihm ebenso im Verhältnis der Gleichunmittelbarkeit stehen wie die Aufführungen einer musikalischen Komposition zu deren Partitur. Für Photographien, deren Original ein Negativ ist, gilt deshalb dasselbe wie für viele Werke der anderen Künste, die Benjamin nennt: Da ein Teil ihrer (möglichen) Exemplare weder mit dem Original identisch noch als dessen Duplikat zu begreifen ist, lassen sie sich nicht mit diesem identifizieren. (P 4) kann deshalb von der Wahrheit des Physizismus ebensowenig überzeugen wie (P 1), (P 2) und (P 3). Es ist zwar logisch notwendig, als primäres Resultat des künstlerischen Produktionsprozesses ein Original zu unterstellen, und es scheint auch möglich zu sein, jedem Kunstwerk ein physisches Original zuzuordnen (und sei es ein transitorisches, zerstörtes oder verlorengegangenes); doch ist dieses offenbar nicht mit dem Kunstwerk als solchem identisch.

Keine der vier Spielarten des Physizismus hat sich damit als plausibel erwiesen. Allerdings haben wir bisher nur einige Künste betrachtet; insbesondere der Malerei und der bildenden Kunst, auf die sich Physizisten zum Beweis der Richtigkeit ihrer Auffassung meistens berufen, haben wir nur am Rande Aufmerksamkeit geschenkt. Wir sollten das Versäumte nachholen, indem wir die wichtigsten Einwän-

28 Das gilt natürlich nicht für solche photographischen Werke, deren Original ein Diapositiv ist, und ebensowenig für Photographien, für die ein besonderes Verfahren der Negativbelichtung und/oder Positiventwicklung bzw. die Verwendung eines bestimmten Photopapiers o. ä. konstitutiv ist (wie beispielsweise für viele Bilder Man Rays). Für mein Argument genügt es aber, daß es photograpische Werke gibt, deren (erstes) Negativ als ihr Original angesehen werden muß, weil es das erste Exemplar des betreffenden Werkes ist.

de erwägen, die – explizit oder implizit – gegen die Physizismuskritik erhoben werden, bevor wir ein endgültiges Urteil über die physizistische Kunstontologie fällen.

e) Begeht die Physizismuskritik einen Kategorienfehler?

Der fundamentalste Einwand gegen die Physizismuskritik stammt von Franz von Kutschera. Er sucht sie »eine[s] schlichten Kategorienfehler[s]«[29] zu überführen. Nach Kutscheras Meinung deutet die Kritik des Physizismus dessen These fälschlicherweise »so, daß Kunstwerke danach physische *Dinge* sind, und zeigt dann, daß das für Gedichte, Dramen und Musikwerke nicht gilt; da man von ihnen z. B. nicht behaupten kann, sie befänden sich zu einer bestimmten Zeit an einem bestimmten Ort. Also, schließt man, sind Kunstwerke nichts Physisches. Das ist so, als wenn man sagen würde, Masse als solche sei nichts, was an einem bestimmten Ort vorfindlich wäre, also nichts Physisches.«[30] Demgegenüber glaubt Kutschera, daß man auch die »gemeinsame Form physischer Objekte [...] als physischen *Gegenstand* bezeichnen« könne, obwohl sie als Typ oder als Klasse physischer »Vorkommnisse« selbst »kein physisches *Ding*« sei.[31] Verstehe man den Physizismus so, daß er Kunstwerken nicht die Seinsart physischer *Dinge*, sondern den ontologischen Status physischer *Gegenstände* zuschreibt, sei seine Wahrheit deshalb evident.

Kutscheras Argument, dessen außerordentlich feinsinnige Unterscheidung zwischen *physischen* Objekten und *physischen* Gegenständen man sich auf der Zunge zergehen lassen muß, läuft auf den Vorschlag hinaus, den Begriff eines physischen Gegenstandes noch erheblich weiter zu fassen, als ich dies zu Beginn dieses Kapitels getan habe. Er soll nicht nur jedes raum-zeitliche Vorkommnis, sondern auch die gemeinsame Form mehrerer raum-zeitlicher Vorkommnisse umfassen. Dieser Vorschlag löst jedoch kein einziges Problem, sondern schafft lediglich neue. Denn es ist unklar, was dazu berechtigen soll, einem physischen Objekt die »gemeinsame Form physischer Objekte« zur Seite zu stellen. Diese ist nicht nur weder

29 Kutschera 1989, 212.
30 Ebd.
31 Ebd., 211 (Herv. i. O.).

etwas Körperliches noch etwas Raum-Zeitliches; sie ist auch nicht durch irgendeine bestimmte Sinneswahrnehmung in Erfahrung zu bringen. Denn als »gemeinsame Form physischer Objekte« sieht Kutschera offenbar auch das an, was einer Partitur und einer Aufführung der *Eroica* gemeinsam ist. Dies kann aber weder etwas Akustisches noch etwas Visuelles sein und erst recht nichts Haptisches, Olfaktorisches oder Gustorisches; mithin kann es sich nicht um etwas sinnlich Wahrnehmbares handeln. Warum aber sollten wir etwas, das weder raum-zeitlich zu lokalisieren noch sinnlich wahrzunehmen ist, als einen physischen Gegenstand bezeichnen, wenn wir andererseits all das so nennen, was raum-zeitlich lokalisierbar und sinnlich wahrnehmbar ist? Warum sollten wir den Begriff des physischen Gegenstandes auf so Verschiedenes wie raum-zeitliche Sinnesdinge (»physische Dinge« in Kutscheras Terminologie) einerseits und Abstrakta (Kutscheras »gemeinsame Form physischer Objekte«) andererseits anwenden, obwohl auch Kutschera nichts darüber sagt, was diesen so heterogenen Entitäten gemeinsam ist? Kutschera zahlt für seinen Versuch einer Rettung des Physizismus einen hohen Preis: Er entleert den Begriff des Physischen jedes eindeutigen Sinns. Durch die Suggestivität des Vergleichs, mit dem Kutschera seinen äquivoken Gebrauch des Wortes ›physisch‹ zu begründen sucht, sollten wir uns nicht täuschen lassen. Daß die Ablehnung des Physizismus der Auffassung gleichkomme, »Masse als solche sei nichts, was an einem bestimmten Ort vorfindlich wäre, also nichts Physisches«, ist kein taugliches Argument. Denn es ist unklar, was in diesem Zitat mit dem Ausdruck ›Masse als solche‹ bezeichnet sein soll. Versteht man ihn – im Sinne von ›*eine* Masse als solche‹ – als Bezeichnung irgendeines bestimmten Ganzen ungeformter Materie, bezeichnet er zweifellos ein raum-zeitliches Vorkommnis und damit etwas Physisches. Zu Kutscheras Argument scheint allerdings nur ein anderes Verständnis zu passen, dem zufolge der Ausdruck ›Masse als solche‹ eine *Eigenschaft* von Seiendem als solche bezeichnet. Versteht man aber den Ausdruck ›Masse als solche‹ in diesem Sinn, mutet Kutscheras Argument erst recht abwegig an. Denn Eigenschaften von Seiendem – auch physikalische – können niemals selbst Seiendes sein, von dem sich behaupten ließe, es sei etwas Physisches. Auch die Eigenschaft des Einnehmens einer Raum-Zeit-Stelle, durch die sich Seiendes nach unserer Definition[32] als physisches Seiendes ausweist, ist als Eigenschaft kein physisches Objekt. Interpretiert man den Ausdruck ›Masse als solche‹ als Bezeichnung einer Qualität von Seiendem, sind ›Kunstwerk‹ und ›Masse‹ also kategorial verschiedene Begriffe, deren erster der evaluativen Bezeichnung von Seiendem dient, während der zweite eine Eigenschaft von Seiendem bezeichnet. Nicht die Physizismuskritik, sondern Kutscheras Verteidigung des Physizismus beruht mithin auf einem Kategorienfehler.

f) Sind manche Kunstwerke physische Objekte?

Populärer als Kutscheras ›fundamentalistische‹ Physizismusverteidigung ist eine andere Strategie. Sie besteht darin, für den Physizismus nur eine relative, auf einige Künste beschränkte Gültigkeit zu behaupten. Die Unterscheidung von Kunstwerk und Exemplar sei zwar für einige, aber nicht für alle Künste geboten. Zwar gelte für Werke der Literatur und Musik (und einiger anderer Künste), daß sie in mehreren Exemplaren existieren oder jedenfalls existieren könnten. Bei einem Gemälde oder einer Skulptur liege der Fall jedoch anders. Hier gebe es das Kunstwerk nur ein einziges Mal.[33] Der Physizismus

32 Siehe oben, 171.

33 Der Schweizer Musikpublizist Urs Frauchiger (1992, 17 ff.) hat diese Position in einem amüsanten Dialog nach Art eines Eltern-Kind-Gesprächs anschaulich gemacht, der auf seine – populärwissenschaftliche – Weise den Begründungsnotstand einer Kunstontologie pointiert, die den ontologischen Status der Werke verschiedener Künste unterschiedlich bestimmt: »Die ›Neunte‹ ist doch Kunst? – Gewiss. – Und was ist eine Schallplattenaufnahme der ›Neunten‹? – Kunst. – Die ›Mona Lisa‹ ist auch Kunst? – Gewiss. – Und was ist eine Reproduktion der ›Mona Lisa‹? – Kitsch. – Und eine blendend gemalte Reproduktion der ›Mona Lisa‹? – Blendend gemalter Kitsch. – Und eine schlechte Schallplattenaufnahme der ›Neunten‹? – Kunst. – Warum? – Kunst bleibt Kunst. – Aber bei der ›Mona Lisa‹ nicht. – Das ist etwas anderes. – Warum? – Die ›Mona Lisa‹ ist ein Bild. Ein Original. – Die ›Neunte‹ ist doch auch ein Original. – Nein. – Aber es gibt doch die Noten im Original. – Die Noten sind nicht das Werk. Die ›Mona Lisa‹ hängt im Louvre und ist das Werk. Das Kunstwerk. Das Original. – Was ist denn das Werk bei der ›Neunten‹? – Die Aufführung. – Und die ist immer Kunst? – Ja. – Auch eine Aufführung auf der Mundharmonika? – Nein.

biete deshalb zwar keine Erklärung für den Seinsstatus der Werke jener Künste, für die sich im Englischen die Bezeichnung *multiple arts* (Multiplikatkünste) eingebürgert hat; er beschreibe aber zutreffend die Existenzweise der Werke der *singular arts* (Unikatkünste).[34] Diese Auffassung, die ich als eingeschränkten Physizismus bezeichnen werde, haben vor allem Richard Wollheim und Nicholas Wolterstorff vertreten[35]; sie steht aber auch im Hintergrund der These von Jens Kulenkampff, es gebe gar kein ontologisches Problem des Kunstwerks, denn das Wort ›Kunstwerk‹ beziehe sich »einmal [...] auf einzelne Gegenstände wie Bilder und Statuen, zum andern [...] allenfalls mittelbar auf eine unbestimmt große Anzahl von Einzeldingen und Ereignissen, die eine durch eine Norm oder Regel vorgeschriebene Menge von Eigenschaften teilen«[36].

Um den eingeschränkten Physizismus zu prüfen, diskutiere ich zunächst verschiedene Möglichkeiten, zwischen Unikat- und Multiplikatkünsten zu unterscheiden. Dabei wird sich zeigen, daß die Unterscheidung zwischen *singular* und *multiple arts* die physizistische Auffassung für die Werke der Unikatkünste plausibel erscheinen läßt (1). In einem zweiten Schritt erwäge ich deshalb ein Argument, das auch eine relative Geltung des Physizismus für diese Kunstwerke auszuschließen scheint, durch Gegeneinwände aber leicht zu erschüttern ist (2). Ein anderes Argument, das ich in einem dritten Schritt vorstelle, weckt jedoch Zweifel an der Plausibilität des einge-

– Warum? – Weil sie nicht dem Original entspricht. – Aber du hast doch gesagt, bei der ›Neunten‹ gebe es kein Original. – Nein, natürlich nicht, aber es gibt die originalen Noten. Da sieht man, wie's gemeint ist. – Sieht man das genau? – Der Kenner schon. – Und dem muss man's glauben? – Ja. Deshalb ist er der Kenner. – *Schweigen* [...].« (Herv. i. O.)

34 Ich übernehme die deutschen Übersetzungen der englischen *termini technici* von Kulenkampff (1983, 574).

35 Wollheim 1992, bes. 10–34, 177 ff.; Wolterstorff 1980; ders. 1987, 233, 249 f. Angesichts der »metaphysical complexity of the topic« möchte Wollheim allerdings eine definitive Festlegung vermeiden, ob in den Künsten, auf die ihm der Physizismus zuzutreffen scheint, »the work of art is really identical with, or is merely constitutively identical with or made of the same stuff as, some physical object« (1992, 177).

36 Kulenkampff 1983, 590; vgl. auch die ähnliche Position von Gadamer (*GW VIII/1*, 82).

schränkten Physizismus, wenngleich es ihn nicht zu widerlegen vermag (3).

1. Woran läßt sich erkennen, welche Künste Unikatkünste und welche Multiplikatkünste sind? Ob die Werke einer bestimmten Kunst in mehreren Exemplaren oder nur in einem einzigen Exemplar existieren, ist offenbar kein plausibles Unterscheidungsmerkmal. Denn im Prinzip kann jedes Kunstwerk in nur einem einzigen Exemplar existieren: Von mancher Lithographie und manchem Holzschnitt ist nur noch ein einziges Exemplar vorhanden; und von vielen Texten in Hölderlins *Homburger Folioheft* gab es jahrzehntelang weder eine Abschrift noch irgendein anderes Exemplar. Gleichwohl wäre es abwegig, Lithographie, Holzschnitt und Literatur deshalb als Unikatkünste zu betrachten; denn dann gäbe es keine Multiplikatkunst. Sollen wir als Unikatkünste also diejenigen Künste ansehen, deren Werke nicht in mehreren Exemplaren existieren können? Diese Definition scheint plausibler; aber sie hat einen Schönheitsfehler: Sie schließt gerade diejenigen Künste aus, die von Physizisten als paradigmatische Unikatkünste angesehen werden. Denn auch ein Gemälde kann man kopieren, und auch von einer Skulptur und den meisten neuartigen Formen moderner bildender Kunst lassen sich Repliken herstellen.

Sind aber die Kopie eines Gemäldes und die Replik einer Skulptur wirklich Exemplare der betreffenden Werke? Fehlt ihnen nicht doch die Kraft, dieselbe ästhetische Erfahrung auszulösen wie das Original? Müssen wir Malerei und bildende Kunst deshalb nicht doch als Unikatkünste betrachten? Dagegen spricht, daß sich perfekte Kopien denken lassen, die unsere sinnliche Wahrnehmung von den jeweiligen Originalen nicht zu unterscheiden vermag.[37] Peter F.

37 Daß »die ästhetische Bedeutung des Originals und der Kopie völlig dieselben sein können, wenn die Kopie wirklich getreu ist«, betont bereits Richard Hamann (1933, 14), der auch schon darauf hinweist, daß es sogar Fälle gibt, »in denen die Kopie an ästhetischer Wirkung dem Original überlegen ist« (ebd.) – ein Sachverhalt, den Alan Rudolphs höchst ironischer Kinofilm *The Moderns* (USA 1988) aufs amüsanteste illustriert. Keine Gewähr besteht deshalb für die Richtigkeit jener gängigen Expertenurteile, die darauf hinauslaufen, unter mehreren Exemplaren ein und desselben Gemäldes, deren genauer Status unbekannt ist, dasjenige als das Original auszuwählen, das ästhetisch am

Strawson hat die Vermutung, Gemälde und Skulpturen seien Konkreta (»particulars«), daher auf die (gegenwärtig noch) unzureichend entwickelten Reproduktionsverfahren für Gemälde und Skulpturen zurückgeführt: »Are they [i.e. paintings and works of sculpture] not particulars? [...] The things the dealers buy and sell are particulars. But it is only because of the empirical deficiencies of reproductive techniques that we identify these with the works of art. Were it not for these deficiencies, the original of a painting would have only the interest which belongs to the original manuscript of a poem. Different people could look at exactly the same painting in different places at the same time, just as different people can listen to exactly the same quartet at different times in the same place.«[38]

Daß sich von einer Zeichnung, die mit dem Computer angefertigt wurde, beliebig viele Exemplare herstellen lassen, die niemandes Auge zu unterscheiden vermag, scheint ein Indiz für die Richtigkeit von Strawsons These zu sein. Unter Kunstästhetikern hat sie jedoch kaum Anhänger gefunden.[39] Weitaus größere Popularität

meisten überzeugt. So ersteigerte beispielsweise die Londoner National Gallery am 7. Dezember 1987 in Monaco ein Bild, das durch die Expertise eines renommierten Berliner Kunsthistorikers als Original von Caspar David Friedrichs *Winterlandschaft mit Kirche* ausgewiesen war. Das Verzeichnis von Friedrichs Werken, das derselbe Kunsthistoriker 1973 publiziert hatte, wies allerdings ein ganz ähnliches, in der Malart aber weniger präzise ausgeführtes Bild im Dortmunder Museum für Kunst und Kulturgeschichte als Original der *Winterlandschaft mit Kirche* aus. Presseberichten zufolge war es die größere »Ausstrahlung« des in Monaco versteigerten Bildes, die den Forscher dazu bewog, sein vormaliges Urteil zu revidieren und die Dortmunder Leinwand zu einer zeitgenössischen Kopie zu degradieren (vgl. *Der Spiegel* vom 14. Dezember 1987, 192 f.). Vermutlich besitzen solche ästhetischen Evaluationen, obwohl sie natürlich keine Gewißheit über den tatsächlichen Status bieten, deshalb eine so große Akzeptanz, weil sich der für Originale übliche höhere Preis am Kunstmarkt im Zweifelsfall eher für das ästhetisch überzeugendere Exemplar durchsetzen läßt.

38 Strawson 1959, 231, Anm. 1; vgl. ders. 1966, 10.

39 Als Ausnahme vgl. Currie (1989, 7 f.), der die »Instance Multiplicity Hypothesis«, daß »all kinds of works [of art] are multiple«, durch die Annahme zu verteidigen sucht, ein Kunstwerk sei eine ideale Entität – Currie nennt sie »action type« – und werde vom Künstler *nicht ge-*

genießt die Gegenposition Nelson Goodmans. Goodman glaubt, im Unterschied zur Kopie eines Romanmanuskripts ermögliche die Kopie eines Gemäldes oder die Replik einer Skulptur auch dann nicht dieselbe ästhetische Erfahrung wie das Original, wenn sie von diesem perzeptorisch nicht zu unterscheiden ist. Er unterscheidet deshalb zwischen *autographischer* und *allographischer* Kunst. Den Originalen der autographischen Werke spricht er jene Dignität zu, die Walter Benjamin als »Aura« beschrieb und im Zeitalter der technischen Reproduzierbarkeit des Kunstwerks verkümmern sah.[40]

schaffen, sondern *entdeckt*. Diese Auffassung, die dem Künstler und dem Zeitpunkt der ›Entdeckung‹ einer bestimmten Werkstruktur ausdrücklich die Rolle austauschbarer Variablen zuweist (vgl. ebd., 70), kann Currie aber nur plausibel machen, indem er die für die Singularität eines jeden Kunstwerks konstitutive künstlerische Subjektivität zu einem Bestandteil des Werks selbst umdeutet. Das führt ihn zu der These, zu den für seine Individualität konstitutiven Merkmalen eines Kunstwerks gehöre nicht nur dessen besondere Struktur, sondern auch ein bestimmter »heuristic path«, der ebenjene Art und Weise der Entdeckung der Werkstruktur vorschreibe, auf die das Werk durch den Künstler, den wir fälschlicherweise als seinen Produzenten betrachten, tatsächlich entdeckt worden sei. Currie blendet damit die Historizität der Struktur von Kunstwerken ebenso ab wie deren Abhängigkeit von historisch vorlaufenden Kunststilen und -praxen. Seine platonisierende Auffassung ist aber auch aus handlungstheoretischen Gründen abwegig. Denn die Substantialisierung kreativer Prozesse stellt die Möglichkeit planvollen menschlichen Handelns überhaupt in Frage. Im übrigen kommt Curries Beweisführung einer *petitio principii* zumindest gefährlich nahe. Er präsentiert seine These nämlich als Lösung eines Problems, das sich nur ergibt, wenn man Kunstwerke von vornherein nicht als Artikulationen, sondern als Entdekkungen individueller menschlicher Subjektivität begreift. Denn Currie sucht den ontologischen Status von Kunstwerken so zu bestimmen, daß sich erklären läßt, warum Beethoven und ein Putnamscher Zwillingsbeethoven völlig unabhängig voneinander zur Komposition ein und derselben Klangstruktur *hätten* gelangen *können*. Ich sehe für diese von Currie unterstellte Möglichkeit nicht die geringste empirische Evidenz und daher keinen Erklärungsbedarf. Aus der Anerkennung der prinzipiellen Reproduzierbarkeit von Kunstwerken folgt sie jedenfalls nicht; denn diese impliziert nur die Existenz strukturgleicher Kunstobjekte, die voneinander *abhängig* sind.

40 Vgl. Benjamin 1974, 477.

Goodman definiert »a work of art as *autographic* if and only if the distinction between original and forgery of it is significant; or better, if and only if even the most exact duplication of it does not thereby count as genuine. If a work of art is autographic, we may also call that art autographic. Thus painting is autographic, music nonautographic, or *allographic.*«[41] Den Sonderstatus der Originale in den autographischen Künsten führt Goodman auf eine ästhetische Differenz zwischen ihnen und anderen Vorkommnissen eines autographischen Werks zurück. Diese Differenz bestehe selbst dann, wenn Original und Fälschung (oder Kopie) eines Gemäldes sich so sehr glichen, daß man zwischen ihnen keinen Unterschied wahrnehmen kann. Das *Wissen* um die mannigfachen nichtästhetischen Unterschiede von Original und Fälschung – »e.g., in authorship, age, physical and chemical characteristics, and market value«[42] – beeinflusse nämlich jederzeit unsere Wahrnehmung der beiden Bilder: »This knowledge instructs me to look at the two pictures differently now, even if what I see is the same.«[43] Es konstituiere deshalb zwischen Original und Fälschung nicht nur eine genetische, sondern auch eine ästhetische Differenz: »In short, although I cannot tell the pictures apart merely by looking at them now, the fact that the left-hand one is the original and the right-hand one a forgery constitutes an aesthetic difference between them for me now because knowledge of this fact (1) stands as evidence that there may be a difference between them that I can learn to perceive, (2) assigns the present looking a role as training toward such a perceptual discrimination, and (3) makes consequent demands that modify and differentiate my present experience in looking at the two pictures.«[44]

In den allographischen Künsten hat diese ästhetische Differenz nach Goodmans Meinung keine Entsprechung. Verschiedene Manuskripte und Drucke eines literarischen Werks können sich zwar in Schriftstil bzw. Schrifttype, Schrift- bzw. Druckfarbe, Papiersorte, Seitenzahl oder Seitenlayout unterscheiden. Goodman zufolge sind solche Unterschiede aber ästhetisch ohne Belang, weil es für literari-

41 Goodman 1976, 113 (Herv. i. O.).
42 Ebd., 100.
43 Ebd., 104.
44 Ebd., 105.

sche Werke (genauso wie für Kompositionsmusik oder für Architektur) ein historisch entstandenes Notationssystem gibt, d.h. einen »explicit standard of correctness«[45], der konstitutive Eigenschaften eines Werks von kontingenten zu unterscheiden erlaubt: »All that matters is what may be called *sameness of spelling*: exact correspondence as sequences of letters, spaces, and punctuation marks.«[46] Die autographischen Künste hingegen verfügen über kein Notationssystem, mit dessen Hilfe sich einem Kunstwerk konstitutive Eigenschaften zuordnen ließen, die vom Original ablösbar sind und jeden Wahrnehmungsgegenstand, der sie besitzt, als Exemplar des betreffenden Kunstwerks ausweisen. Deshalb ist für ein autographisches Werk seine Originalität konstitutiv, während ein allographisches Werk konstituiert wird durch ein »articulate set of characters and of relative positions for them«.[47] Dieser Unterschied erklärt, warum nur für ein autographisches Werk die Möglichkeit einer Fälschung gegeben ist; denn eine Fälschung ist in Goodmans Augen ein physisches Objekt, das unzutreffenderweise vorgibt, jene Entstehungsgeschichte zu besitzen, die konstitutiv ist für ein bestimmtes autographisches Werk.

Goodmans Theorie impliziert die Annahme einer relativen, nämlich auf die autographischen Künste begrenzten, Wahrheit des Physizismus, auch wenn er selbst von dieser Implikation abzulenken sucht.[48] Goodman betont zwar, daß die Unterscheidung von allogra-

45 Ebd., 116.
46 Ebd., 115 (Herv. i. O.).
47 Ebd., 122.
48 In seiner Replik auf die Kritik von Wollheim (1978) sucht Goodman (1978, 54) die kunstontologische Frage als irrelevant zu erweisen, indem er einer »funktionalen Auffassung« das Wort redet, der zufolge ein physisches Objekt genau dann ein Kunstwerk sei, wenn es ›ästhetische‹ oder ›symbolische‹ Funktionen ›ausübe‹. Zu fragen gelte es deshalb nicht: *Was ist Kunst?*, sondern: *Wann ist Kunst?* (vgl. ders. 1992, 57 ff.). Dieser Vorschlag macht zwar in prägnanter Weise auf den Kultur- und Zeitindex aufmerksam, den die Klasse der Kunstwerke trägt. Er läßt jedoch ungeklärt, welchen Status diejenigen Objekte haben, die ihr zu einem bestimmten Zeitpunkt angehören. Diese Frage stellt sich Goodman offenbar deshalb nicht, weil er an der Gültigkeit des eingeschränkten Physizismus keinen Zweifel hat.

phischen und autographischen Künsten nicht mit derjenigen zwischen *multiple arts* und *singular arts* zusammenfalle; inkongruent sind die beiden Distinktionen für ihn jedoch nur, weil er der Unterscheidung von Multiplikat- und Unikatkunst allein die faktisch vorhandene Zahl von Exemplaren eines Werks zugrunde legt.[49] Dieses Kriterium hat sich aber oben bereits als unzulänglich erwiesen, weil es die Möglichkeit einer Multiplikatkunst überhaupt in Frage stellt. Es ist daher nicht plausibel, die Unterscheidung von Multiplikat- und Unikatkünsten so zu verstehen, wie Goodman es tut. Gibt man indessen das von Goodman vorausgesetzte Verständnis dieser Unterscheidung auf, werden Goodmans Einwände gegen die Gleichsetzung der beiden Distinktionen gegenstandslos. Es liegt deshalb nahe, die Unterscheidung von Multiplikat- und Unikatkünsten – anders als Goodman – im Sinne von Goodmans Unterscheidung allographischer und autographischer Kunst zu *interpretieren*. Diese Interpretation könnte die Annahme einer relativen Geltung des Physizismus stärken. Denn sie hat den Vorteil, daß sie auch die Malerei und die bildende Kunst als Unikatkünste aufzufassen erlaubt. Ob sie die relative Geltung des Physizismus zu begründen vermag, hängt allerdings davon ab, ob Goodmans Argumente für die ästhetische Inkommensurabilität von Original und perfekter Fälschung oder Kopie eines Gemäldes oder einer Skulptur stichhaltig sind.

Goodmans Unterscheidung von autographischer und allographischer Kunst hat zwei unbestreitbare Vorzüge. Sie macht darauf aufmerksam, daß Notationssysteme auch in der Kunst eine wichtige Rolle spielen, und sie vermag die Entstehung und Ausdifferenzierung solcher Systeme als einen historischen Prozeß zu erklären.[50]

49 Vgl. Goodman 1976, 114 f.

50 Es ist die doppelte Annahme des ursprünglich autographischen Charakters aller Künste und der Zurückdrängung des autographischen Moments im Laufe der Kunstentwicklung, in der Goodmans Theorie mit Benjamins Konzeption auratischer Kunst konvergiert. Anders als Benjamin (1974, 477), der die Entwertung der »Echtheit« der Kunst auf das Anwachsen der Möglichkeiten ihrer technischen Reproduktion zurückführt, vermutet Goodman (1976, 121) für die Genese allographischer Künste jedoch einen kunstinternen Grund: »Where the works are transitory, as in singing and reciting, or require many persons for their production, as in architecture and symphonic music, a notation may be

Aber sie wirft auch eine Reihe skeptischer Fragen auf. Besitzt die Kopie einer Skulptur tatsächlich einen anderen Status als die Abschrift eines Romans? Sind nicht beide Reproduktionen eines Originals? Können nicht beide mehr oder weniger originalgetreu sein? Was unterscheidet die Fälschung eines Gemäldes von der Übersetzung eines Gedichts? Sind nicht beide Nachahmungen eines Originals, deren sekundärer Charakter leicht übersehen werden kann? Gehen nicht beide (in der Regel) nicht auf den Künstler, sondern auf einen Dritten zurück? Warum sollten wir nur die eine als Exemplar des Kunstwerks akzeptieren, dem sie nachempfunden ist, und die andere nicht?

Goodman begründet die Identifikation eines autographischen Werks mit seinem Original damit, daß erst der Bezug auf ein Notationssystem die Bestimmbarkeit reproduzierbarer werkkonstitutiver Eigenschaften garantiere, ohne die es keine Duplikate eines Werks geben könne, die als Exemplare dieses Werks angesehen werden können. Die Reproduktion des Originals eines autographischen Werks könne deshalb kein Exemplar dieses Werkes sein. Diese Begründung ist nicht überzeugend. Denn sie verwechselt die Bestimmbarkeit reproduzierbarer werkkonstitutiver Eigenschaften mit der Möglichkeit von deren *standardisierter* Identifikation.[51] Natürlich erlaubt uns das Bestehen systematischer Notationskonventionen für literarische Texte die weitgehend standardisierte Identifikation werkkonstitutiver Eigenschaften, die reproduzierbar sind. Die Überprüfung, ob zwei Drucke, deren Deckblätter fehlen, Exemplare ein und desselben Textes oder zweier verschiedener Werke sind, ist deshalb ein weitgehend mechanisches Geschäft. Wir sollten daraus aber nicht den Schluß ziehen, reproduzierbare werkkonstitutive Eigenschaften ließen sich nur bei solchen Werken ausmachen, bei denen sie in der-

devised in order to transcend the limitations of time and the individual.« Gleichwohl kann man Benjamins Beschreibung des »einmalige[n] Dasein[s]« des auratischen Werks (1974, 475 f.) als Kommentar zu Goodmans Begriff autographischer Kunst lesen – sowenig der allographische Charakter einer Kunst, der im Bestehen systematischer Notationskonventionen gründet, mit der *technischen* Reproduzierbarkeit ihrer Werke zusammenfällt.

51 Diese Verwechselung findet sich auch bei Wolterstorff (1987, 250).

art standardisierter Weise identifizierbar sind. Denn dann berechtigte uns nichts mehr dazu, eine Kopie von Caspar David Friedrichs *Mondaufgang am Meer* als Kopie von Caspar David Friedrichs *Mondaufgang am Meer* zu bezeichnen. Wir können nämlich gar nicht darüber befinden, ob etwas die Reproduktion eines bestimmten Kunstwerks sei, ohne zu unterstellen, das betreffende Werk sei durch bestimmte, grundsätzlich reproduzierbare Eigenschaften konstituiert. Gewiß erfordert deren konkrete Bestimmung bei autographischen Werken mitunter ein höheres Maß an Intuition, Beobachtungsgabe und Urteilskraft als bei allographischer Kunst. Daß sie gleichwohl möglich ist, erweist sich aber daran, daß wir die Kopie eines bestimmten Gemäldes als Kopie ebendieses Gemäldes zu identifizieren wissen. Demgegenüber muß Goodman voraussetzen, es könne Kopien eines Kunstwerks geben, das allein durch irreproduzible Eigenschaften konstituiert sei. Wie sich diese Annahme gegen den Vorwurf der Inkonsistenz verteidigen läßt, vermag ich nicht zu erkennen.

Kritik verdient aber nicht nur Goodmans Begründung seiner These, die Reproduktion des Originals eines autographischen Werks sei kein Exemplar dieses Werks, sondern auch die These selbst. Denn von vielen Werken der bildenden Kunst haben wir allein auf Grund der Existenz von Kopien, Abgüssen oder Nachbildungen Kenntnis. Die Reihe möglicher Beispiele reicht von antiken griechischen Skulpturen, die uns nur in römischen Kopien überliefert sind, bis hin etwa zu Marcel Duchamps legendärem *ready made Fountain*, dessen Original unter rätselhaften Umständen verschwunden ist, von dem aber mindestens dreizehn – nur zum Teil von Duchamp autorisierte – Nachbildungen existieren.[52] Zwei dieser Repliken sind (in Stockholm und New York) in Kunstmuseen als Exemplare jenes Werks ausgestellt, das Duchamp 1917 kreiert hat. Beispiele wie dieses belegen, daß Strawson gegen Goodman Recht behält, weil auch bei Werken der bildenden Kunst das Original eines Werks, sofern nur entsprechende Reproduktionstechniken oder geeignete Ersatzobjekte zur Verfügung stehen, grundsätzlich substituierbar ist – zwar nicht als Original, aber als Exemplar des betreffenden Werks. Auch

52 Vgl. Schwarz 1969, 465 f. Zu der erstaunlichen kunsttheoretischen Karriere von *Fountain* vgl. Lüdeking 1998, 171 ff.

im Fall eines Werks der graphischen oder bildenden Kunst wird also mit dem Original nicht unbedingt auch das Kunstwerk als solches vernichtet. Dieses kann daher mit jenem nicht identisch sein. Kunsthändlern und Galeristen mag diese Feststellung unwillkommen sein; ihre Bestreitung hätte jedoch eine Konsequenz, die ihnen ebensowenig Freude bereiten dürfte: Nimmt man mit Goodman an, ein Werk der graphischen oder bildenden Kunst sei mit seinem Original identisch, muß man in jedem Duplikat des Originals ein von diesem Werk verschiedenes Artefakt erblicken, da es von dem betreffenden Werk außer dem Original kein weiteres Exemplar geben könnte. Ist aber die Kopie des Originals einer Skulptur ein von dieser verschiedenes Artefakt, muß der Kopist als dessen Urheber gelten – wie illegitim das Maß, in dem er sich von dem Werk eines Kollegen hat inspirieren lassen, auch erscheinen mag. Diese Konsequenz sollte gerade demjenigen als unannehmbar erscheinen, der, wie Goodman, die besondere Bedeutung des Originals gewürdigt wissen will; denn sie betröge den Urheber eines Werks um seine mittelbare Urheberschaft an allen Kopien des von ihm hergestellten Originals, die er nicht selbst angefertigt hat.

Es liegt allein an der Wahl des heiklen Beispiels der Fälschung, daß Goodmans These nicht von vornherein abwegig erscheint. Doch so paradox es klingt: Auch die perfekte Fälschung von Caspar David Friedrichs *Mondaufgang am Meer* ist ein Exemplar dieses Werks, gilt sie uns doch nicht als (Original-)Exemplar eines davon verschiedenen Artefakts. Ebenso ist eine photographische Reproduktion des Originals ein Exemplar des Gemäldes – wie unvollkommen auch immer sie uns vor Augen führt, was dieses unserem Sinn zu bieten vermöchte. Fälschung wie photographische Reproduktion stehen nämlich beide in einem *genealogisch-mimetischen* Abhängigkeitsverhältnis zu dem von Caspar David Friedrich geschaffenen Original. *Genealogisch* ist dieses Verhältnis, weil sie entstehungsgeschichtlich auf das Original zurückführbar sind. *Mimetisch* ist es, weil sie sich – im Gegensatz zu parodischen Formen – als Äquivalent des Originals präsentieren. Wir erkennen das daran, daß wir weder die Fälschung noch die photographische Reproduktion als Exemplar eines von Friedrichs *Mondaufgang am Meer* verschiedenen Werks rezipieren. Diese zweifache, zugleich genealogische und mimetische Abhängigkeit vom Original zeichnet jedes sekundäre Exemplar eines Kunstwerks aus.[53]

Indem Goodman die Relevanz des Unterschieds von Original und Fälschung zum Kriterium der Unterscheidung autographischer und allographischer Kunst erhebt, vermengt er Kunsttheorie und Moral. Nicht jede Kopie eines Gemäldes ist eine Fälschung; aber jede Fälschung eines Gemäldes ist eine Kopie – genaugenommen eine Kopie, die den Eindruck erwecken soll, sie sei das Original, und deshalb nicht als Kopie kenntlich gemacht ist. Was Fälschungen von ›bloßen‹ Kopien unterscheidet, ist der zu Unrecht erhobene Originalitätsanspruch, mit dem sie auftreten. Dieser Unterschied ist keiner, der sich in jedem Fall wahrnehmen läßt. Es sind Fälschungen denkbar, die sich von ›bloßen‹ Kopien derselben Werke nur dadurch unterscheiden, daß ihr Aussteller oder Verkäufer sie wahrheitswidrig als Originale ausgibt. Wenn wir solche Kopien als Fälschungen bezeichnen, anderen aber, über deren sekundären Charakter wir aufgeklärt worden sind, diesen zweifelhaften Titel vorenthalten, beruht unsere Distinktion allein auf dem *moralisch-praktischen* Urteil, daß die Vorspiegelung falscher Tatsachen illegitim sei.[54] Dieses Urteil mag wohlbegründet sein; aus ihm lassen sich jedoch keine kunstontologischen Folgerungen ziehen. Goodman glaubt zwar, daß dieses Urteil auch ästhetische

53 Ich bleibe hier die eingehende Begründung dieser These schuldig, weil sie sich unmittelbar aus der Lösung des Identitätsproblems ergibt, die ich unten (246 ff.) skizziere.

54 Der Verzicht auf die Kennzeichnung einer Replik als Replik ruft deshalb nicht aus ästhetischen Gründen Empörung hervor, sondern, weil sich der Rezipient betrogen wähnt. Ein hübscher Beleg dafür ist die Klage des Herrn Ingo Isenhardt aus Schornsheim, die am 2. Juli 1993 als Leserbrief in der Wochenzeitung *Die Zeit* erschien: »Kurz vor einer Reise in die USA besuchte ich die Documenta 8 in Kassel, auf der als Beitrag des – zuvor verstorbenen – Joseph Beuys dessen *Blitzschlag mit Lichtschein auf Hirsch* zu sehen war. Ein paar Tage später, in Los Angeles, beim Museumsbesuch [...], großes Erstaunen: Das eben noch in Kassel ›bewunderte‹ Werk ist dort aufgebaut, ohne jeglichen Hinweis, daß es eventuell nur eine Zweitausführung sein könnte. Als im Kunstgeschäft nicht Bewanderter fragte (und frage) ich mich: Welche Usancen herrschen in dieser Branche, in der ein Besucher nicht darüber informiert wird, ob es sich um Unikate oder Kopien handelt? Ob dies nur ein Ausnahmefall war?«

Relevanz besitze, weil die Legitimität des Originalitätsanspruchs, den ein Bild erhebt, darüber entscheide, wie es wahrgenommen werden *muß*. Könnte man aber nicht mit gleichem Recht behaupten, wie ein Bild wahrgenommen werden muß, entscheide sich an der ›Legitimität des dargestellten Sujets‹ (ideologisch versierte ›Ästhetiker‹ haben derlei bekanntlich jahrzehntelang festzustellen gewußt) oder daran, ob seine Produktion sich der Ausbeutung von Menschen verdankt? Es ist die Schwäche von Goodmans Theorie, daß sie den Begriff des Ästhetischen normativ auflädt, ohne den Geltungsgrund des ästhetischen Imperativs, den sie entdeckt zu haben glaubt, kunsttheoretisch ausweisen zu können. Warum sollte ich meine Wahrnehmung autographischer Kunst dem Gebot unterwerfen: »Nimm ein Duplikat, von dem du weißt, daß es zu Unrecht den Anspruch der Originalität erhebt, anders wahr als das Original, selbst wenn du es von diesem nicht unterscheiden kannst«? Goodman sucht diesen Imperativ daraus abzuleiten, daß die autographische Kunst nicht über ein Notationssystem verfügt. Doch daraus läßt sich kein Argument für die Forderung nach differenzierender Wahrnehmung von Original und perfekter Fälschung eines autographischen Werks konstruieren, weil der Bezug auf ein Notationssystem keine notwendige Bedingung der Bestimmbarkeit reproduzierbarer werkkonstitutiver Eigenschaften ist.

Natürlich ist der Unterschied zwischen Original und Fälschung eines Kunstwerks bedeutsam. Seine Relevanz ist aber außerästhetischer Natur. Fälschungen mögen auch ästhetische Delikte sein; was den Kunstmarkt an ihrer Stigmatisierung festhalten läßt, ist aber etwas anderes: Sie sind in jedem Fall Eigentumsdelikte.[55] Der Begriff

55 Die Hypothese, daß das moralische Verdikt über die Vorspiegelung falscher Tatsachen, das der pejorativ konnotierte Begriff ›Fälschung‹ zum Ausdruck bringt, seine heutige Bedeutung erst in dem Augenblick gewann, in dem Kunst als Vermögenswert bedeutsam wurde, wäre gewiß eine eigene Untersuchung wert. Die Vermutung einer historisch späten Abwertung der künstlerischen Sekundärphänomene wird jedenfalls nicht nur durch die Ende des 18. Jahrhunderts einsetzende Abwendung der Kunsttheorie von ihrem angestammten Leitbegriff der Nachahmung, sondern auch durch ein unscheinbares etymologisches Indiz gestützt: Während das deutsche Wort ›abkupfern‹ ursprünglich die Vervielfältigung eines Kupferstichs bezeichnete, dient es heute fast ausschließlich der Denunziation illegitimen Übernehmens.

des Raubdrucks macht das offenkundig. Er zeigt zugleich an, daß der Unterschied von Original und Fälschung nicht nur für diejenigen Künste Relevanz besitzt, denen der Bezug auf ein Notationssystem fehlt. Goodman gibt also, indem er einerseits die Relevanz des Unterschieds von Original und Fälschung, andererseits den Bezug auf ein Notationssystem zum Kriterium der Unterscheidung zwischen autographischen und allographischen Künsten macht, in Wirklichkeit zwei verschiedene Unterscheidungskriterien an, die sich nicht aufeinander abbilden lassen.

Plausibel ist die Unterscheidung autographischer und allographischer Künste nur, wenn sie allein auf den Bezug auf ein Notationssystem abstellt. Zur Begründung einer begrenzten Geltung des Physizismus taugt sie dann freilich nicht. Denn sie läßt sich dann nicht zur Erläuterung der Differenz von Multiplikat- und Unikatkünsten heranziehen. Wie aber ist diese Differenz zu verstehen, wenn sie nicht im Sinne von Goodmans Distinktion interpretiert werden kann? Da nur die Werke von Unikatkünsten physische Objekte sein könnten, kommt es für die Beurteilung des eingeschränkten Physizismus darauf an, welche Künste Unikatkünste sind. Sind es nur diejenigen, deren Werke nicht in mehreren Exemplaren existieren können, weil ihre Originale nicht reproduzierbar sind? Diese Definition erschien zunächst weniger attraktiv als die Adaption von Goodmans Theorie; denn sie schließt Künste aus, die von Vertretern des eingeschränkten Physizismus als paradigmatische Unikatkünste angesehen werden. Die Unhaltbarkeit der Identifikation von Unikatkunst und autographischer Kunst verweist uns aber auf sie zurück. Zumindest Improvisationsmusik und Fluxus-Kunst scheinen demnach Unikatkünste zu sein. Denn improvisierte Klänge und spontan ins Werk gesetzte Aktionen lassen sich, wenn man an die perzeptorische Äquivalenz eines Duplikats strenge Anforderungen stellt, nicht duplizieren, weil sie nicht vollkommen äquivalent wiederholbar sind. Aber auch Land-art und Architektur scheinen in Betracht zu kommen – jedenfalls dann, wenn man den topographischen Kontext ihrer Werke zu deren konstitutiven Eigenschaften zählt. Denn die Landschaft, in der allein eine bestimmte Land-art-Inszenierung ist, was sie ist, und der Ort, an dem allein ein bestimmtes Gebäude ist, was es ist, sind singulär. Insofern sind auch künstlerische Landschaftsgestaltungen und Gebäude nicht vollkommen äquivalent reproduzierbar. Gleichwohl existieren Improvisationsmusik und Fluxus-Kunst, aber auch die Werke der Land-art und der Architektur nicht notwendigerweise jeweils nur in einem einzigen Exemplar. Ein zweites Exemplar ist nämlich nicht bloß jedes perzeptorisch vollkommen äquivalente Duplikat des Originals, sondern auch jede andere – auch eine mangelhafte – Reproduktion. Das gegen Goodman ins Spiel gebrachte Argument verschlägt auch hier: Ein physisches Objekt, in dem wir die Reproduktion des Originals eines bestimmten Kunstwerks sehen, ist, unabhängig von seiner spezifischen mimetischen Qualität, ein Exemplar dieses Werks, da es nicht das Original eines davon verschiedenen Artefaktes ist. Mimetisch unvollkommene Reproduktionen sind jedoch auch von Gebäuden, künstlerischen Landschaftsgestaltungen, improvisierter Musik und spontan ins Werk gesetzten Aktionen denkbar. Daß Keith Jarretts *Köln Concert* hunderttausendfach auf Langspielplatten und Compact Discs verkauft worden ist und heute selbst in Wartezimmern zu Gehör gebracht werden kann, mag als Beispiel genügen. Sind *per definitionem* nur diejenigen Künste Unikatkünste, deren Werke nicht in mehreren Exemplaren existieren können, bleibt deshalb die Menge der Unikatkünste leer. Jedes Original eines Artefakts ist nämlich *grundsätzlich* reproduzierbar – auch wenn, aus werkspezifischen Gründen oder der Unzulänglichkeit der bislang entwickelten Reproduktionstechniken wegen, in vielen Fällen eine perzeptorisch vollkommen äquivalente Reproduktion nicht möglich ist. Auch die Definition, der zufolge Unikatkünste diejenigen Künste sind, deren Werke nicht in mehreren Exemplaren existieren können, ermöglicht daher keine Begründung eines eingeschränkten Physizismus.

Eine geringfügige Modifikation dieser Definition genügt allerdings, damit der Begriff der Unikatkunst einen Sinn erhält, der eine klare Abgrenzung von Unikat- und Multiplikatkünsten gestattet, ohne daß wir dafür in Kauf nehmen müßten, daß die Menge der Unikatkünste leer bleibt. Wir könnten nämlich unter Unikatkünsten diejenigen Künste verstehen, deren Werke nicht in mehreren perzeptorisch vollkommen äquivalenten Exemplaren existieren können. Beispiele für Unikatkünste wären demnach Improvisationsmusik und Fluxus-Kunst, Land-art und Architektur. Auch diese Definition schließt allerdings Malerei und Plastik aus der Klasse der Unikatkünste aus – Künste, die im Ruf stehen, Unikatkünste *par excellence* zu sein. Denn eine perfekte Replik oder Kopie, mag sie auch nicht die Regel sein, ist kein Ding der Unmöglichkeit.

Dieser Nachteil ist vermieden, wenn wir *unter Unikatkünsten diejenigen Künste verstehen, bei denen jedes Exemplar k_x eines Werkes k entweder das Original k_o ist oder eine Reproduktion bzw. Kopie von k_o*. Diese Definition, der gemäß ich den Begriff von nun an verwenden werde, schließt alle Künste aus, deren Werke auch in Exemplaren existieren können, die *Interpretationen* von k_o oder von Reproduktionen bzw. Kopien von k_o sind. Diese Künste können wir als Multiplikatkünste auffassen. Zu ihnen gehören insbesondere die Literatur und alle sekundärtransitorischen Künste. Denn die transitorischen Exemplare jedes sekundärtransitorischen Werks sind immer schon Interpretationen, und jedes literarische Werk kann auch in Übersetzungen existieren, die es, weil es sich dabei niemals um bloße Interlinearversionen handeln kann, stets auch interpretieren.

Ich glaube, daß diese Doppeldefinition die intuitiv plausible Unterscheidung zwischen Unikat- und Multiplikatkünsten am überzeugendsten auf den Begriff bringt und den Intentionen derjenigen Autoren, die diese (oder, wie Goodman, eine verwandte) Unterscheidung zum Ausgangspunkt kunstontologisch relevanter Erwägungen machen, besser gerecht wird als die von ihnen selbst vorgeschlagenen Bestimmungen. Denn das Kriterium, das ihr zugrunde liegt, läßt einen auf die Unikatkünste eingeschränkten originalistischen Physizismus plausibel erscheinen. Ist nämlich, so hatten wir festgehalten[56], jedes k_x entweder k_o oder eine Reproduktion bzw. Kopie von k_o, so ist (P 4), die These des originalistischen Physizismus, akzeptabel. Warum sollten wir also nicht annehmen, daß der originalistische Physizismus den Seinsstatus der Werke von Unikatkünsten zutreffend beschreibt?

2. Als Grund wird oft ein Argument genannt, das vermeintlich gegen jede physizistische Kunstontologie spricht, von mir aber bisher mit Absicht nicht aufgeboten worden ist.[57] Es macht geltend, einem

56 Siehe oben, 177.

57 Außer den von Wollheim (1992, 244) genannten Autoren hat sich dieses Argument auch Patzig (1981, 121) zu eigen gemacht. Wollheim

Kunstwerk als solchem ließen sich Eigenschaften zusprechen, die keinem seiner Exemplare als physischem Objekt zukommen können, auch nicht dem Original. Dabei spiele es keine Rolle, ob es sich um das Werk einer Unikat- oder um das einer Multiplikatkunst handelt. Denn wir könnten nicht nur von einem Gemälde sagen, es sei trist oder stimmungsvoll, obwohl beide Adjektive Eigenschaften bezeichnen, die sich keiner farbbedeckten Leinwand als solcher zusprechen lassen. Vielmehr könne auch eine Jazz-Improvisation düster sein (in wessen Augen auch immer), obwohl Düsternis keine Eigenschaft ist, die Schallschwingungen als solchen zukommen kann. Auch das Werk einer Unikatkunst, bei dem es naheliegt, es mit dem vom Künstler hergestellten physischen Objekt zu identifizieren, sei deshalb von diesem verschieden, obwohl für seine wissenschaftliche Interpretation das Originalexemplar maßgeblich ist.[58]

Gegen dieses Argument hat Franz von Kutschera eingewandt, eine Aussage wie die, das Gemälde G besitze eine große Tiefe, lasse sich stets in eine Aussage über das Gemälde als physisches Objekt übersetzen.[59] Der Hinweis trifft zwar zu, widerlegt aber nicht das antiphysizistische Argument. Denn jede derart übersetzte Aussage ist, wie Kutschera einräumt, eine Aussage des Typs »Das physische Objekt p stellt ein Gemälde von großer Tiefe dar«. Eine Aussage dieses Typs bringt aber zum Ausdruck, daß zwischen dem physischen Objekt p und dem Kunstwerk, dessen Exemplar es ist, gerade kein

(1992, 11 f.), der es am ausführlichsten diskutiert, kommt, auf allerlei Umwegen, die mir teils unnötig, teils eher verwirrend scheinen, zu einem ähnlich negativen Urteil über seine Stichhaltigkeit wie ich.

58 Aus dieser Maßgeblichkeit des Originals läßt sich deshalb nicht auf die Identität des Werks einer Unikatkunst mit seinem Original schließen, weil auch bei Multiplikatkünsten solchen Interpretationen, die sich auf das Original beziehen, im Zweifelsfall größere wissenschaftliche Autorität zukommt als solchen, die nur auf ein anderes Exemplar Bezug nehmen. Wer zum Beispiel eine (möglicherweise fehlerhafte) posthume Edition eines Romans als Textgrundlage einer Deutung wählt, kann für seine Interpretation nicht denselben wissenschaftlichen Rang beanspruchen wie derjenige, dessen Textgrundlage die Originalhandschrift des Autors ist. Wissenschaftliches Interpretieren ist allerdings nur eine mögliche Weise des Interpretierens von Kunst.

59 Kutschera 1989, 213 f.

Identitäts-, sondern ein Repräsentationsverhältnis besteht: Von einem so flachen physischen Objekt, wie eine Leinwand es ist, scheint sich nur behaupten zu lassen, es *stelle* ein Gemälde von großer Tiefe *dar*, nicht aber, es *habe* eine große Tiefe. Wer wie Kutschera auf einem physizistischen Kunstverständnis beharrt, müßte jedoch zeigen, daß sich von dem physischen Objekt p, das ein Exemplar des durch große Tiefe charakterisierten Gemäldes G ist, auch behaupten läßt, es *habe* eine große Tiefe. Diesen Nachweis bleibt Kutschera schuldig.

Bereits vor Kutschera hat jedoch Jens Kulenkampff mit einer anderen Begründung darauf insistiert, das antiphysizistische Argument suggeriere einen »nur anscheinend bestehenden Konflikt«.[60] Kulenkampff geht davon aus, daß die Werke der Unikatkünste mit ihren Originalen identisch sind. Diese ließen sich aber sowohl als physische Objekte als auch als Kunstwerke beschreiben. Die hinter dem antiphysizistischen Argument stehende »Überzeugung [...], daß man einen Kategorienfehler begeht und damit die Bedingungen sinnvoller Rede verletzt, wenn man die korrekte Beschreibung eines physischen Gegenstandes und die treffende Wiedergabe ästhetischer Sachverhalte als Beschreibungen desselben Gegenstandes auffaßt«[61], hält Kulenkampff für falsch. Die Fragen, wie groß die berühmte Erlanger Zeichnung Dürers, ein frühes Selbstbildnis, ist und was sie darstellt, beträfen vielmehr ein und denselben Gegenstand: ein bestimmtes in Erlangen verwahrtes Stück Papier. Von diesem Gegenstand ließen sich aber in unterschiedlichen Redekontexten unterschiedliche, nämlich sowohl physikalische als auch ästhetische Eigenschaften prädizieren; »unter dem Gesichtspunkt der Beschreibung eines Kunstwerks« komme es auf andere Eigenschaften an als in einem Redekontext, in dem es um die physikalische Beschaffenheit des Gegenstandes geht.[62] Die Leinwand p könne daher als physisches Objekt betrachtet flach, als Kunstwerk betrachtet jedoch von großer Tiefe sein, ohne daß dieser Gegensatz mehr wäre als eine Scheinantinomie, aus der sich keine Notwendigkeit ableiten lasse, ein Kunstwerk als eine von seinem physischen Original verschiedene

60 Kulenkampff 1983, 575.

61 Ebd., 576.

62 Ebd., 578. – Ähnlich unterscheidet bereits Aldrich (1958, 350) zwischen zwei kategorial verschiedenen ›Aspekten‹ der Kunstwahrnehmung.

Entität zu begreifen. Denn physikalische Tiefe und ästhetische Tiefe seien unterschiedliche Eigenschaften, von denen ein und dasselbe physische Objekt die eine besitzen kann und die andere nicht.

Mir scheint, daß Kulenkampffs Einwand das antiphysizistische Argument überzeugend zu entkräften vermag. Daß wir ein physisches Objekt nicht nur als solches, sondern auch in einer anderen Hinsicht beschreiben können, ist evident. Und es ist gleichfalls unbestreitbar, daß sich daraus keine Notwendigkeit ableiten läßt, so viele Entitäten anzunehmen, wie Hinsichten denkbar sind, unter denen der betreffende Gegenstand sich beschreiben ließe. Ich kann zum Beispiel den vom Blitz gespaltenen Weidenstamm vor dem Haus meiner Nachbarn als physisches Objekt wahrnehmen; ich kann in ihm aber auch ein Zeichen göttlichen Zorns erkennen (das mir willkommen ist, weil das Herbstlaub der nachbarlichen Weide seit Jahren meine Regenrinne verstopft). Es wäre jedoch absurd, deshalb zwei verschiedene Entitäten anzunehmen: erstens den Baum als solchen und zweitens das in ihm sich manifestierende Zeichen göttlichen Zorns. Die Möglichkeit der von Kulenkampff vorgeschlagenen Auflösung des gegen den Physizismus geltend gemachten Widerspruchs läßt sich daher nicht dadurch bestreiten, daß man die Möglichkeit der Einnahme unterschiedlicher Beschreibungsperspektiven auf ein und denselben physischen Gegenstand in Abrede stellt. Als Angriffspunkt scheidet aber auch Kulenkampffs zweite Prämisse aus. Denn die Annahme, daß jedes Exemplar eines Kunstwerks – entweder unmittelbar oder aber mittelbar als Reproduktion oder Kopie – mit dessen Original identisch ist, trifft auf alle Werke der Unikatkünste *per definitionem* zu, und nur für diese beansprucht Kulenkampffs Verteidigung des Physizismus Gültigkeit. Ich sehe daher nicht, wie sich Kulenkampffs Einwand gegen das antiphysizistische Argument widerlegen ließe.[63]

63 Auch in der Polemik von Risch (1986, 94 f.) gegen Kulenkampff vermag ich kein solches Argument zu erkennen, allenfalls ein Indiz für Rischs voreingenommene oder oberflächliche Lektüre ihres Antipoden. So heißt es bei Risch über Kulenkampff: »Man könne – so meint er – eine Zeichnung einmal als 1) Blatt Papier und das andere mal [!] als 2) Zeichnung beschreiben. Die Art der Beschreibung hänge vom Kontext ab. Allerdings versäumt er es, zu zeigen, weshalb man im Fall 1) nichts

3. Damit ist freilich nur über die Triftigkeit dieses Arguments entschieden, nicht über die Plausibilität des auf die Unikatkünste eingeschränkten Physizismus. Festzuhalten bleibt, daß der auf die Unikatkünste eingeschränkte Physizismus nur als Teil einer Kunstontologie Plausibilität beanspruchen kann, die auch den Seinsstatus der Werke der Multiplikatkünste klärt. Eine partiell physizistische Kunstontologie kann aber nur dann größere Plausibilität beanspruchen als eine idealistische (platonische) Theorie, wenn sie die ontologische Frage auch für die Multiplikatkünste so beantwortet, daß auf die Annahme nichtphysischer Entitäten verzichtet werden kann. Muß sie dagegen ebenso wie diese Entitäten annehmen, die keine raum-zeitlichen Vorkommnisse sind, ist sie einer idealistischen Position gegenüber dadurch im Nachteil, daß sie keine einheitliche Antwort anbieten kann. Insofern verlangt der eingeschränkte Physizismus nach einem Komplement, das seine basale Prämisse – daß alles Seiende physisches Seiendes ist – teilt. Da jedoch multiple Kunstwerke, wie wir oben sehen konnten, keine physischen Objekte sind, kommt als ein solches Komplement nur eine Theorie in Frage, die multiplen Werken abspricht, daß sie Seiendes sind. Dieser Konsequenz, die der eingeschränkte Physizismus nahelegt, obgleich er sie nicht erzwingt, ist sich Kulenkampff bewußt, wenn er fragt: »Was also ist *das* Kunstwerk im Fall einer Multiplikatkunst? Das ist eine falsch gestellte Frage, wenn verlangt wird, daß man sie irgendwie durch die Bezeichnung eines Gegenstandes beantworten kann. Daß wir es mit bestimmten Werken zu tun haben, wird allein dadurch erreicht, daß es Vorschriften, Normen oder Regeln gibt, die bestimmen, wie das beschaffen zu sein hat, was als Exemplar eines bestimmten Werkes gilt. Daß wir von *dem Werk*, *einem Typ* oder einer generischen *Entität* sprechen und darauf in Beschreibungen wie auf einen Gegenstand Bezug nehmen, ist so lange ohne falsche ontologische Konsequen-

anderes beschrieben hat als eben ein Blatt Papier und im Fall 2) mehr als ein Blatt Papier.« (ebd., 94) Dieses Argument verkennt, bei wem die Beweislast liegt: Da Kulenkampff behauptet, daß man in keinem der beiden Fälle etwas anderes beschrieben hat als ein Blatt Papier, müßte nicht er, sondern seine Kontrahentin zeigen, daß man im zweiten Fall etwas anderes als ein Blatt Papier beschrieben hat. Diesen Beweis bleibt Risch jedoch schuldig.

zen, als wir verstehen, daß hier von einem Kunstwerk zu sprechen, von den vorgeschriebenen Eigenschaften zu sprechen heißt, die die Exemplare oder Aufführungen eines Werkes haben. Und ein Irrtum wäre es, sich ein Kunstwerk dieses Bereichs als einen auf besondere Art existierenden Gegenstand zu denken.«[64]

An Kulenkampffs Definition fällt auf, daß sie zur Bezeichnung dessen, was ein Kunstwerk im Fall einer Multiplikatkunst sein soll, den Begriff der Entität (!) in Anspruch nimmt, um im nächsten Satz zu behaupten, daß das soeben als Entität Bezeichnete, das nicht in der ›gewöhnlichen‹ Weise eines physischen Objekts existiert, auch nicht als ›auf besondere Art existierend‹ gedacht werden dürfe. Ich sehe in dieser terminologischen Widersprüchlichkeit ein Indiz für die Schwäche einer Position, die nur physisch Seiendes als Seiendes gelten lassen will.[65] Die Unhaltbarkeit dieser definitorischen Einengung des Gegenstandsbereichs der Ontologie zeigt sich, wenn man die paradoxe Prämisse freilegt, die sie impliziert: Kulenkampff zufolge bezeichnet der Begriff des Kunstwerks, sofern er sich auf eine Multiplikatkunst bezieht, »die Menge von Sachverhalten und Eigenschaften [...], die gegeben sein müssen, damit ein bestimmtes Ereignis eine Aufführung eines bestimmten Werkes ist«.[66] Auch bei Kompositionsmusik und Bühnenspielen kann jedoch das, was in einem konkreten Fall als Kunstwerk bezeichnet wird, Eigenschaften haben, die offenkundig keine Eigenschaften aller Aufführungen sind, die das Gegebensein einer bestimmten Menge von Sachverhalten und Eigenschaften als Aufführungen desjenigen ausweist, das als Kunstwerk bezeichnet wird. (Man beachte, eine wie komplizierte Redeweise der von Kulenkampff postulierte Verzicht auf »falsche ontologische Konsequenzen« erforderlich macht, wenn die von Kulenkampff selbst in Kauf genommene terminologische Widersprüchlichkeit vermieden werden soll.) Kleists *Hermannsschlacht* ist zweifellos ein Drama, das vor Pathos trieft. Gleichwohl wird man von Claus Peymanns Bochumer Aufführung der *Hermannsschlacht* nicht sagen können, sie sei pathostriefend gewesen, schien sie das Stück doch beinahe in eine Komödie zu verkehren. Nur weil es solche Gegensätze gibt,

64 Kulenkampff 1983, 589 f. (Herv. i. O.).
65 Für eine Kritik dieser Auffassung vgl. auch Recki 1988, 223, Anm. 33.
66 Kulenkampff 1983, 588.

stellt sich bei jeder Aufführung eines sekundärtransitorischen Werks (mag sie den Imperativen der Partitur oder der Textvorlage auch noch so unstrittig entsprechen), aber auch bei jeder Übersetzung eines literarischen Textes (mag sie sich auch noch so getreu an den Wortlaut des Originals halten) die ohne Interpretation des Werks nicht zu entscheidende Frage, ob und inwieweit diese das Werk wirklich ›trifft‹, d.h. in seinen relevanten Eigenschaften unseren Sinnen zugänglich macht. Gibt es aber Eigenschaften, die Eigenschaften desjenigen sind, was der Begriff des Kunstwerks bezeichnet, ohne notwendigerweise zugleich Eigenschaften aller Exemplare des durch den Begriff des Kunstwerks Bezeichneten zu sein, dann müssen wir, wenn wir die ›falsche ontologische Konsequenz‹ vermeiden wollen, daß der Begriff des Kunstwerks auch im Fall der Multiplikatkünste Seiendes bezeichnet, annehmen, daß es etwas gibt, was Eigenschaften haben kann, obwohl es nichts Seiendes ist. Wir müssen, mit anderen Worten, annehmen, daß einem Ensemble »vorgeschriebene[r] Eigenschaften« *als solchem* wiederum Eigenschaften zukommen können. Diese Prämisse scheint mir ein hoher Preis für den eingeschränkten Physizismus zu sein.

Mit dieser Kritik des eingeschränkten Physizismus müssen wir es an dieser Stelle bewenden lassen. Er ist damit nicht widerlegt. Unklar ist aber, wie das Gegenstück einer Ontologie der Multiplikatkünste aussehen könnte, die zu ihm paßt. Bevor wir uns zum eingeschränkten Physizismus bekennen, sollten wir deshalb Alternativen zu einer physizistischen Kunstontologie prüfen.

5.3 Kritik des kunstontologischen Mentalismus

Läuft die physizistische Kunstontologie auf die Nichtunterscheidung eines Kunstwerks von denjenigen physischen Vorkommnissen hinaus, die den Ausgangspunkt der ästhetischen Kunsterfahrung bilden, so erweist sich der kunstontologische Mentalismus schon dadurch als Gegenthese zum Physizismus, daß er beider Unterscheidung zum Prinzip erhebt. Der Mentalismus leugnet nicht, daß es physische Gegenstände sind, die den Ausgangspunkt der ästhetischen Kunsterfahrung bilden. Er bestreitet aber, daß Kunstwerke mit diesen raum-zeitlichen Vorkommnissen identisch sind. Nach mentalistischer Überzeugung sind Kunstwerke keine physischen Objekte, sondern geistige Entitäten.

Der kunstontologische Mentalismus schließt nicht notwendigerweise die subjektivistische Annahme ein, Kunstwerke seien identitätsabhängige oder sogar epistemisch private Entitäten, die, nach der Definition Freges, nicht »gemeinsames Eigentum von vielen«, sondern »Teil oder Modus der Einzelseele« sind.[67] Die Grenze zwischen einer nur mentalistischen und einer zugleich subjektivistischen Auffassung ist allerdings oft genug fließend. Ich sehe nach Möglichkeit von diesem Schillern vieler mentalistischer Theorien ab und unterstelle, sofern ich nicht ausdrücklich auf subjektivistische Implikationen bestimmter Auffassungen hinweise, den diskutierten Autoren lediglich eine mentalistische Position. Das ist sinnvoll, weil die Unhaltbarkeit einer subjektivistischen Kunstontologie offen zutage liegt. Unabhängig davon, wie man Wittgensteins Argument gegen die Möglichkeit einer privaten Sprache beurteilt, wird man nämlich die Auffassung zurückweisen müssen, epistemische Privatheit sei ein Charakteristikum von Kunstwerken. Gegen diese Auffassung spricht schon die Tatsache, daß es eine Reihe von Kunstwerken gibt, als deren Urheber wir mehrere Künstler ansehen.[68] Aus dieser Tatsache folgt zugleich, daß der kunstontologische Subjektivismus auch dann unplausibel ist, wenn man von ihm nicht die epistemische Privatheit von Kunstwerken impliziert sieht, sondern nur ihre Identitätsabhängigkeit. Denn keine *subjektive* Entität kann als ein und dieselbe im Bewußtsein mehrerer Subjekte existieren, da die Identitätsabhängigkeit subjektiver Entitäten darin besteht, daß »die Verschiedenheit der Erlebenden [...] die Nicht-Identität der Erlebnisse impliziert«.[69] Nur ein nichtsubjektivistischer Mentalismus kommt daher als Alternative zu einer physizistischen Kunstontologie in Betracht.

Doch in wessen Geist existieren Kunstwerke als mentale Entitäten? Der *produktionsästhetische* Mentalismus nimmt an, daß ein Kunstwerk ein imaginäres Objekt im Geist des Künstlers ist (betrachtet allerdings in gewisser Weise auch die Kunstrezipienten als Künstler).

67 Frege *SuB*, 44.
68 Vgl. Patzig 1981, 128.
69 Künne 1983, 68.

Man kann Kunstwerke jedoch auch mit denjenigen Vorstellungen identifizieren, die sich bei der Wahrnehmung bestimmter physischer Objekte im Geist der Rezipienten einstellen. In dieser Auffassung dokumentiert sich eine *rezeptionsästhetische* Variante des kunstontologischen Mentalismus. Damit wir beurteilen können, ob der Mentalismus die Frage nach der Seinsweise der Kunst überzeugender als der Physizismus zu beantworten vermag, bedürfen beide Varianten eines kritischen Blicks. Wenden wir uns zunächst der ersten Spielart zu.

a) Produktionsästhetischer Mentalismus

Hauptvertreter des produktionsästhetischen Mentalismus, der deshalb oft als Croce-Collingwood-Theorie bezeichnet wird, sind Benedetto Croce und Robin George Collingwood.[70] In ihren kunstphilosophischen Hauptwerken, Croces *Estetica come scienza dell'espressione e linguistica generale* und Collingwoods *The Principles of Art*, nehmen sie eine so ähnliche Auffassung ein, daß der amerikanische Philosoph John Hospers über ihre kunstphilosophischen Positionen geurteilt hat: »[...] although they diverge on some points, and although each develops views that the other discusses only briefly, they are so substantially alike on all important points [...] that [...] the two can for all practical purposes be considered as one theory.«[71] Für unsere Zwecke genügt es also, eine der beiden Versionen der Croce-Collingwood-Theorie näher zu betrachten. Ich konzentriere mich

70 Croce 1950, bes. 11 ff.; Collingwood 1938; vgl. auch Croce 1929, 267; Collingwood 1994. Für literarische Kunstwerke hat Pierre Audiat (1924) eine ähnliche Position vertreten: »Dans l'activité mentale d'un écrivain, l'œuvre littéraire est un moment privilégié qu'on peut abstraire à bon droit. L'œuvre littéraire [...] représente une période dans la vie de l'écrivain« (38 f.). Als Ahnherr des produktionsästhetischen Mentalismus darf Schleiermacher gelten, der sich jedoch erst im Wintersemester 1832/33 in der letzten seiner Berliner Ästhetikvorlesungen die Auffassung zu eigen gemacht hat, daß das im Geist des Künstlers entstehende »innere Bild [...] das eigentliche Kunstwerk« sei (SW *III/7*, 58), weshalb »wir das Wesen der Kunst fassen können, wenn wir auch auf die äußere Darstellung keine Rükksicht nehmen« (ebd., 112).

71 Hospers 1956, 291.

deshalb auf Collingwoods Buch *The Principles of Art*, das im Vergleich zu den eher rhapsodischen Bemerkungen Croces die argumentativ transparentere und detailliertere Darstellung des produktionsästhetischen Mentalismus enthält.

Den Ausgangspunkt von Collingwoods Argumentation bildet die Abgrenzung der künstlerischen Tätigkeit von nichtkünstlerischer Artefaktproduktion. Diese unterscheide sich von der Hervorbringung eines Kunstwerks nicht allein durch ihre teleologische Ausrichtung auf die Herstellung eines physischen, in Raum und Zeit existierenden Artefakts (»real artifact«).[72] Vielmehr sei etwa der Bau einer Brücke, wie jede Produktion eines nichtkünstlerischen Artefakts, ein zweiphasiger Prozeß. Der Konstrukteur mache zunächst einen Plan, der dann in einem zweiten Arbeitsschritt durch Bearbeitung des dazu vorgesehenen Materials realisiert werde, so daß die Brücke als physischer Gegenstand entsteht. Collingwood nennt die Planungsphase, das erste Stadium dieses Prozesses, »Schöpfung« (»creation«), die zweite Phase »Herstellung« (»fabrication«). Am Ende der Schöpfungsphase müsse kein schriftlich auf Papier oder einem anderen geeigneten Material fixierter Plan stehen; damit die Planungsphase abgeschlossen ist, genüge es vielmehr, daß der Schöpfer des Artefakts den Plan im Kopf hat. Dessen schriftliche Fixierung sei zwar in vielen Fällen üblich, dem Plan selbst aber äußerlich. Da die nichtkünstlerische Artefaktproduktion die Erzeugung physischer Objekte intendiert, erreicht sie in Collingwoods Augen allerdings erst mit dem Ende der zweiten Phase ihr Ziel. Solange das Artefakt nicht als physisches Objekt fertiggestellt ist, ist sie noch nicht abgeschlossen: »If an engineer said that he had made a bridge, and when questioned turned out to mean that he had only made it in his head, we should think him a liar or a fool. We should say that he had not made a bridge at all, but only a plan for one. If he said he had made a plan for a bridge and it turned out that he had put nothing on paper, we should not necessarily think he had deceived us. A plan is a kind of thing that can only exist in a person's mind. As a rule, an engineer making a plan in his mind is at the same time making notes and sketches on paper; but the plan does not consist of what we call the

72 Vgl. Collingwood 1938, 130 ff.

›plans‹, that is, the pieces of paper with these notes and sketches on them. Even if he has put complete specifications and working drawings on paper, the paper with these specifications and drawings on it is not the plan; it only serves to tell people (including himself, for memory is fallible) what the plan is.«[73] Collingwoods Beschreibung der nichtkünstlerischen Artefaktproduktion läßt sich in zwei Thesen zusammenfassen: *(1) Nichtkünstlerische Artefaktproduktion besteht (a) aus der Schöpfung eines Artefakts durch das Aufstellen eines Plans zu seiner Herstellung und (b) aus der Herstellung eines physischen Objekts durch die planmäßige Bearbeitung des dazu vorgesehenen Materials. (2) Die Schöpfung eines Artefakts ist ein mentaler Prozeß, der sich im Bewußtsein des Schöpfers vollzieht; sie impliziert deshalb nicht die Herstellung irgendeines physischen Objekts.*

Anders als die nichtkünstlerische Artefaktproduktion, bei der die mentale Schöpfung eines Artefakts nur die erste von zwei Produktionsphasen ausmacht, beschränkt sich die künstlerische Tätigkeit nach Collingwoods Meinung auf diesen mentalen Prozeß. Während die Arbeit von Handwerkern und Technikern erst dann getan ist, wenn sie ein physisches Objekt hergestellt haben, müsse ein Künstler, um ein Kunstwerk hervorzubringen, nur schöpferisch imaginierend tätig sein. Denn ein Kunstwerk ist für Collingwood nichts anderes als eine bestimmte »imaginary experience«[74], die sich der schöpferischen Betätigung der menschlichen Einbildungskraft verdankt: »The work of art proper is something not seen or heard, but something imagined.«[75] Collingwood bezeichnet ein Kunstwerk deshalb auch als ein »imaginary thing«.[76] Wesentlich ist einem solchen imaginären Gegenstand, daß er nur im Geist[77] desjenigen existiert, der ihn imaginiert. Ein Künstler kann sein Werk zwar öffentlich machen, in-

73 Ebd., 132.

74 Ebd., 151 u.ö.

75 Ebd., 142.

76 Ebd., 130; an anderer Stelle spricht Collingwood auch von einem »imaginary object« (1994, 12).

77 Daß Collingwood die Existenz eines Kunstwerks gelegentlich im Kopf (»head«) des Künstlers ansiedelt, obwohl dessen Geist (»mind«) gemeint sein muß, hat schon Hanfling (1994, 77 ff.) moniert. Ich sehe darüber im folgenden stillschweigend hinweg, indem ich »head« in den *Principles of Art* als Synonym für »mind« auffasse.

dem er ein physisches Objekt herstellt oder herstellen läßt, das bei anderen die Imagination eines Gegenstands hervorzurufen vermag, der demjenigen gleicht, den er vor seinem eigenen inneren Auge hat erstehen lassen. Collingwood ist jedoch davon überzeugt, daß eine solche Entäußerung eines Kunstwerks an die Öffentlichkeit dem Werk als solchem äußerlich ist. Das Werk selbst ist das, was es ist, bereits in dem Moment, in dem es dem Künstler als imaginäre Erfahrung mental präsent ist. Es ist kein »real artifact«[78], kein physisches Objekt. Sein Werkcharakter leitet sich nicht aus der Entäußerung einer Imagination ab, die in einem physischen Objekt ihren Ausdruck findet. Vielmehr sind für Collingwood jene physischen Objekte, in denen der Physizismus Kunstwerke erblickt, Sekundärphänomene; denn in seinen Augen resultieren sie aus der – fakultativen – Versinnlichung von Kunstwerken, die ihren Urhebern mental zuvor bereits als imaginäre Erfahrungen umfassend gegeben sind. Jede dieser Kunstmanifestationen ist, wie Ingarden diese Auffassung des produktionsästhetischen Mentalismus zutreffend resümiert, »nur ein Mittel zur Mitteilung bzw. zur Erkenntnis des [...] Kunstwerkes selbst«.[79] Denn die sekundäre Versinnlichung des Kunstwerks in einem physischen Objekt hat für Collingwood einen zweifachen Sinn. Einerseits erlaubt sie Dritten die Imagination eines Gegenstandes, der dem vom Künstler vorgestellten imaginären Gegenstand ähnlich ist; andererseits ermöglicht sie dem Künstler zu einem späteren Zeitpunkt die Anamnese des auch ihm selbst dann womöglich nicht mehr präsenten imaginären Objekts.

Den beiden Thesen, in denen ich Collingwoods Theorie der nichtkünstlerischen Artefaktproduktion zusammengefaßt habe, läßt sich somit eine dritte These zur Seite stellen, die Collingwoods Theorie der künstlerischen Tätigkeit resümiert: *(3) Künstlerische Tätigkeit besteht in der Schöpfung eines Kunstwerks durch dessen Imagination; sie impliziert deshalb nicht die Herstellung irgendeines physischen Objekts.*

Ontologisch besitzen Kunstwerke demnach denselben Status wie Pläne, die der Herstellung eines nichtkünstlerischen Artefakts vorausgehen: So wie ein Plan schriftlich fixierbar ist, ohne daß seine Exi-

78 Collingwood 1938, 130.
79 Ingarden 1960, 9.

stenz von solcher Fixierung abhinge, kann ein Kunstwerk in einem physischen Objekt veranschaulicht werden, ohne daß diese Veranschaulichung ihm wesentlich wäre. Collingwood verdeutlicht das am Beispiel der Komposition einer Melodie: »When a man makes up a tune, he may and very often does at the same time hum it or sing it or play it on an instrument. He may do none of these things, but write it on paper. Or he may both hum it or the like, and also write it on paper at the same time or afterwards. Also he may do these things in public, so that the tune at its very birth becomes public property [...]. But all these are accessories of the real work, though some of them are very likely useful accessories. The actual making of the tune is something that goes on in his head, and nowhere else. [...] Hence the making of a tune is an instance of imaginative creation. The same applies to the making of a poem, or a picture, or any other work of art. [...] The artist, when he has made his tune, [...] may do what is called publishing it. He may sing or play it aloud, or write it down, and thus make it possible for others to get into their heads the same thing which he has in his. But what is written or printed on music-paper is not the tune. It is only something which when studied intelligently will enable others (or himself, when he has forgotten it) to construct the tune for themselves in their own heads.«[80]

Ihren Sinn hat die imaginierende Hervorbringung eines Kunstwerks, dessen strikt mentalen Charakter Collingwood hier betont, darin, den Emotionen des Künstlers Ausdruck zu verleihen: »By creating for ourselves an imaginary experience or activity, we express our emotions; and this is what we call art.«[81] Wenn wir vereinbaren, die Termini ›imaginary experience‹, ›imaginary activity‹, ›imaginary thing‹ und ›imaginary object‹, die Collingwood weitgehend synonym benutzt, im Deutschen mit dem Begriff ›imaginärer Gegenstand‹ wiederzugeben, läßt sich Collingwoods Kunstontologie deshalb – vorläufig – auf die folgende, vierte These bringen: *(4) Kunstwerke sind imaginäre Gegenstände, die im Bewußtsein desjenigen existieren, dessen Gefühle sie zum Ausdruck bringen.*

Diese These weckt nicht so sehr deshalb Bedenken, weil Colling-

80 Collingwood 1938, 134 f.

81 Ebd., 151.

woods (und Croces in diesem Punkt übereinstimmende) *Begrifflichkeit* fragwürdig anmutet. Merkwürdig wirkt zwar die Annahme, ein Bewußtseinsinhalt, dem die Entäußerung an Dritte äußerlich ist, sei der ›Ausdruck‹ (»expression« bzw. »espressione«) eines Gefühls. Entscheidend scheint jedoch ein anderer Punkt: Büßt ein Werk sein Sein tatsächlich ein, wenn die betreffende Imagination im Bewußtsein des Künstlers – ob vorübergehend oder für immer – von Lethes Macht hinweggespült wird? Sind nicht vielmehr Kunstwerke, die sich in physischen Objekten manifestieren, auch dann noch interpretierbar, wenn sie im Bewußtsein des Künstlers nicht mehr vorhanden sind? Und ist dies nicht ein Indiz für die Falschheit der Croce-Collingwood-Theorie?

Vor allem der Umstand, daß ein Kunstwerk oftmals den Tod seines Urhebers überlebt, scheint mit dem produktionsästhetischen Mentalismus unvereinbar.[82] Denn wären Kunstwerke imaginäre Gegenstände, wie Collingwood sie beschreibt, müßte, so scheint es, ihre Existenz an das Leben ihrer Urheber gebunden sein. In besonderen Fällen trifft dies zwar zu. So läßt sich ein Gedicht denken, das eine Dichterin bis zu ihrem Tode nicht vor menschlichem Publikum, sondern nur auf einsamen Spaziergängen Staren und Elstern vorgetragen und nirgends schriftlich niedergelegt hat. In diesem Fall wird man dem Kunstwerk keine über den Tod der Urheberin hinausreichende Existenz zusprechen können; denn weder Staren noch Elstern ist die Reproduktion eines Gedichts durch Vortrag oder Niederschrift möglich. In der Regel endet die Existenz eines Kunstwerks jedoch nicht in dem Moment, in dem der Künstler stirbt. Kunstwerke sind zwar nicht prinzipiell unvergänglich – auch wenn der Streit darüber, welchen Werken dieses Attribut gebührt, zu den Ritualen der Kunstkritik gehört. Das Ende ihrer Existenz fällt aber nur im Ausnahmefall mit dem Tod ihrer Urheber zusammen. Denn solange die Möglichkeit besteht, Aussagen über ein Werk zu überprüfen, sollten wir dem betreffenden Werk auf jeden Fall Sein zusprechen. Da es dazu nur in seltenen Ausnahmefällen der physischen Präsenz ihrer Urheber bedarf, können Kunstwerke deren Tod überleben. Der produktionsästhetische Mentalismus scheint damit widerlegt.

82 Vgl. Ingarden 1986, 2; Hanfling 1994, 78 ff.

Collingwood hat seine Theorie jedoch diesem Einwand zu entziehen versucht: Weil er die Kunstrezeption nicht als einen passiv-kontemplativen Akt versteht, sondern als Re-Produktion eines imaginären Objekts, legt er sich gerade *nicht* auf die durch den Einwand widerlegte These fest, ein Kunstwerk gehöre als imaginäres Objekt *allein* dem Bewußtsein seines ursprünglichen Schöpfers an.[83] Genaugenommen vertritt Collingwood nicht die These (4), sondern die These (4'): *(4') Kunstwerke sind imaginäre Gegenstände, die zunächst, aber nicht notwendigerweise ausschließlich im Bewußtsein desjenigen existieren, dessen Gefühle sie zum Ausdruck bringen.* Kunstwerke sind demnach potentiell multiple imaginäre Gegenstände, deren jeweils aktueller Produzent nicht ihr ursprünglicher Urheber – der Künstler – sein muß, sondern jedermann sein kann, der die physischen Manifestationen öffentlich gemachter Kunstwerke intelligent zu studieren weiß.[84] Collingwood kann daher annehmen, daß Kunstwerke den Tod ihrer Urheber als Nachschöpfungen im Geist Dritter zu überdauern vermögen.

Daß es den Nachschöpfenden möglich sei, »to get into their heads *the same thing* which he [i. e., the artist, R. S.] has in his« (Herv. R. S.),

83 Weil es für Collingwood kein Publikum im landläufigen Sinne gibt, greift Patzigs (1981, 127) Vorhalt zu kurz, er privilegiere den Künstler gegenüber dem Publikum hinsichtlich der Zugänglichkeit des Kunstwerks. Collingwood ist allerdings der Überzeugung, daß das physische Objekt, in dem sich ein an ein Publikum entäußertes Kunstwerk manifestiert, dem Perzipienten keine wirkliche Gewißheit, sondern nur ein approximatives Wissen über die ihm zugrundeliegende imaginäre Erfahrung des Urhebers zu verschaffen vermag. Insofern geht Patzigs Einwand nicht völlig fehl.

84 Indem Collingwood auch die imaginative *Nach*schöpfung eines Kunstwerks als einen solchen Akt künstlerischer Schöpfung ansieht, nimmt er die heute populäre Einebnung der Differenz von Kunstproduktion und Kunstrezeption vorweg: »[...] the reader is an artist as well as the writer. There is no distinction of kind between artist and audience.« (1938, 118 f.) Wenn es trotzdem legitim erscheint, Collingwood als *produktions*ästhetischen Mentalisten zu bezeichnen, so deshalb, weil er jede Bezugnahme auf Kunst als Produktion eines imaginären Gegenstandes deutet: Seine Theorie läuft, wie Ingram (1978/79, 61) zutreffend festgestellt hat, auf die Eingemeindung der Rezipienten in die Gemeinschaft der Künstler hinaus.

kann freilich nur heißen, daß die Nachschöpfung ein Objekt hervorbringt, das dem ursprünglichen imaginären Objekt äquivalent ist. Denn numerisch können beide Objekte nicht identisch sein, weil sie, insofern sie Imaginationen sind, dem Vorstellungsinhalt verschiedener Subjekte angehören. (Hier macht sich gewissermaßen ein Rest-Subjektivismus der Croce-Collingwood-Theorie geltend, von dem sich nicht absehen läßt.) Das von mir nachschöpferisch hervorgebrachte Werk müßte also ein Replikat jenes Kunstwerks sein, das dem Künstler einst vor seinem inneren Auge stand. Wie aber läßt sich die Reproduktion eines imaginären Gegenstands denken? Collingwood bringt hier diejenigen physischen Objekte ins Spiel, die Physizisten für Kunstwerke halten. Intelligent studiert, ermögliche ein solches Objekt die reproduktive Imagination eines Äquivalents jenes ursprünglichen Kunstwerks, dessen sekundäre physische Verkörperung es sei. So setze das intelligente Studium der Noten einer Melodie die der Notenschrift Kundigen instand, »to construct the tune for themselves in their own heads«.[85]

Auch die These der imaginierenden Nachschöpfbarkeit künstlerischer Werke stützt den produktionsästhetischen Mentalismus allerdings nicht, und zwar aus zwei Gründen:

1. Die Annahme, Kunstwerke seien imaginäre Gegenstände, die sich in physische Objekte transponieren und aus diesem physischen Aggregatzustand wieder in das mentale Ursprungsmedium zurückübersetzen lassen, unterstellt die Möglichkeit einer (weitreichenden) Korrespondenz imaginärer und physischer Gegenstände.[86] Auch wenn man davon absieht, daß es, gäbe es tatsächlich eine solche Korrespondenz, nicht einzuleuchten vermöchte, warum den als Transmitter dienenden physischen Objekten partout der Titel ›Kunstwerk‹ vorenthalten werden muß, ist diese Voraussetzung anfechtbar. Ein Großteil der physischen Objekte, in denen sich Kunstwerke manifestieren, kann nämlich in der Vorstellung des Künstlers keinesfalls in allen Details vorgebildet gewesen sein; ebensowenig lassen sich die meisten physischen Kunstmanifestationen im Medium bloßer Vorstellung adäquat reproduzieren. Von Mozart überliefert man

85 Collingwood 1938, 135, vgl. auch 139 u. 149 f.
86 Vgl. Hagberg 1995, 48 f.

zwar, er habe manche Sinfonie zunächst vollständig im Kopf entworfen und erst, als sie *in mente* fertig war, in Windeseile niedergeschrieben. Fraglich ist aber, ob auf diese Weise auch Improvisationsmusik entsteht.[87] Erst recht dürfte ins Reich der Legenden gehören, daß Romane oder die Werke eines Bildhauers als imaginäre Artefakte vor und unabhängig von der Existenz entsprechender physischer Objekte zu existieren vermöchten[88]: Zu komplex sind die einen, als daß unsere Einbildungskraft sie als ganze vor unserem geistigen Auge entstehen lassen könnte – wer je die minutiösen, wandtafelgroßen Pläne bewundert hat, die Heinrich Böll für seine Erzählwerke angefertigt hat, wird dafür keinen weiteren Beweis verlangen. Zu sehr sind die anderen von der Tücke des gewählten Materials mitbestimmt (dessen individuelle stoffliche Eigenschaften sich selten vollständig vorhersehen lassen), als daß unser Vorstellungsvermögen sie als ganze bereits vorgeprägt haben könnte.[89] Offensichtlich stellt der produktionsästhetische Mentalismus das Verhältnis, das in diesen und vielen ähnlichen Fällen zwischen der Artikulations- und Gestaltungsabsicht des Künstlers und dem von ihm bearbeiteten Material besteht, wenn nicht auf den Kopf, so jedenfalls zu undialektisch dar. Zwar bestimmt die künstlerische Artikulations- und Gestaltungsabsicht wesentlich mit über die Wahrnehmungseigenschaften eines jeden Werks; doch ist dieses in der Vorstellung des Künstlers nicht schon vollständig präformiert. Vielmehr wirkt der Kontakt mit dem zur Bearbeitung ausgewählten, ihr aber nicht selten unvorhergesehen sich sperrenden oder Schwierigkeiten bereitenden Material – sei es ein Steinblock, ein Stück Holz oder das Vokabular und Regelwerk einer natürlichen Sprache – in vielfältiger Weise auf die ursprüngliche Artikulations- und Gestaltungsabsicht zurück, so daß diese im Prozeß ihrer Verwirklichung eine Präzisierung, oft genug aber auch eine Veränderung erfährt.

Im Hinblick auf Kunstwerke, deren Mitbedingtheit durch die Eigenart des verwendeten Materials man bestreiten könnte und deren geringe Komplexität ihre vollständige mentale ›Vorfabrikation‹

87 Vgl. Hanfling 1994, 78.

88 Die Schwierigkeit dieser Annahme ist schon bei Dion Chrysostomos gesehen (vgl. *Or. XII*, 71).

89 Vgl. Wollheim 1992, 42.

denkbar erscheinen läßt, ist die Vorstellung allerdings nicht von vornherein abweisbar, sie existierten primär als imaginäre Gegenstände, denen sekundäre physische Objekte getreu korrespondieren. Für ein kurzes, überschaubares Gedicht läßt sie sich genauso vertreten wie für die Melodie, an der Collingwood – kaum zufällig – seine Theorie exemplifiziert.[90] Auch bei komplexeren musikalischen Kompositionen scheint eine mentale ›Vorfabrikation‹ à la Mozart nicht ausgeschlossen zu sein[91]; immerhin ist es unter Berufsmusikern üblich, auch längere und keineswegs nur simple Werke auswendig zu spielen. Hier stellt sich allerdings die Frage, ob wir in solchen Werken auch dann noch mentale Entitäten sehen sollten, wenn es von ihnen physische Manifestationen gibt.[92] Sind Mozarts Sinfonien, einmal aufgeschrieben, immer noch jene imaginären Gegenstände, die sie – wenn die Fama zutreffen sollte – vor ihrer Niederschrift waren? Haben sie immer noch denselben Seinsstatus wie vordem? Zu Recht hat Günther Patzig dagegen eingewandt, zwischen den Ideen und Ima-

90 So auch Patzig (1981, 128).

91 Der Praxis der musikalischen Komposition bedeutend näher kommen dürfte allerdings Ingardens beiläufig notierter Zweifel, »ob der Autor überhaupt fähig ist, sein Werk in seiner schöpferischen Phantasie so konkret zu gestalten, daß es ein allseitig vollbestimmtes Konkretum bildet. Es scheint in hohem Maße wahrscheinlich, daß auch der mit großer Phantasie begabte Schöpfer sich sein Werk – bevor es es ›notiert‹ hat – lediglich in einer sehr schematischen, abgekürzten und nicht seinen vollen Klang besitzenden Gestalt vorstellt, so daß er sich [...] bei den Versuchen der Vorstellung seines Werkes mit einer effektiven Ausführung gewisser Partien des Werkes hilft (oft in einer stark vereinfachten Gestalt, besonders wenn es sich um große Orchesterwerke handelt). Er hört sein Werk in seiner ganzen Fülle erst bei der wirklichen Ausführung durch sich selbst oder im Konzert.« Ingarden will deshalb nur anerkennen, daß der Komponist »zur vollen Ausgestaltung seines Werkes in der Vorstellung *strebt*« (1962, 116, Anm. 60, Herv. R. S.) .

92 Vgl. Hanfling 1994, 78. Schon Richard Maria Werner (1890, 49), der in vielem dem produktionsästhetischen Mentalismus nahesteht, beschreibt die schriftliche Fixierung eines Erlebnisses, das durch ›inneres Wachstum‹ im Geist des Lyrikers zum Gedicht herangereift ist, als eine ›Geburt‹, durch die das Gedicht »Leben erlangt«, sich ›vom Dichter löst‹ und »ihm als ein neues, von ihm unabhängiges, fremdes Wesen« entgegentritt.

ginationen von Künstlern, die sich in physischen Objekten manifestieren, und denjenigen, die keine derartige Veranschaulichung gefunden haben, bestehe ein nicht nur akzidenteller Unterschied.[93] Nur die Existenz jener Ideen und Imaginationen, die eines physischen Objekts Gestalt angenommen haben, ist nämlich nicht mehr an das Leben eines Individuums gebunden. Dagegen ist die Existenz eines imaginären Gegenstands, der nicht in (mindestens) einem physischen Objekt versinnlicht worden ist, vom Leben dessen abhängig, dessen Imagination er ist. (Noch einmal zeigt sich hier die problematische Nähe des produktionsästhetischen Mentalismus zu einer subjektivistischen Position.) Die Entäußerung eines Kunstwerks an die Öffentlichkeit, als die Collingwood die Herstellung einer physischen Kunstmanifestation begreift, ist also keinesfalls kunstontologisch indifferent, wie der produktionsästhetische Mentalismus behauptet.

2. Es ist zweifelhaft, ob die These der imaginierenden Nachschöpfung künstlerischer Werke die Rezeption von Kunstmanifestationen zutreffend beschreibt. Wohl mühen wir uns in vielen Fällen, die Artikulations- und Gestaltungsabsicht ihrer Urheber zu ergründen, und stellen folglich Mutmaßungen darüber an, welche Vorstellungen ein Künstler mit seinem Werk verbunden hat. Aber erzeugen wir tatsächlich vor unserem geistigen Auge den Wahrnehmungsgegenstand gleichsam noch einmal, dem die Aufmerksamkeit unserer Sinne gilt? Ich halte das für eine wirklichkeitsfremde Unterstellung, die jeder zu falsifizieren vermag, der die Probe aufs Exempel macht. Doch selbst wenn es sich so verhalten sollte, daß wir physische Objekte, in denen wir Kunstmanifestationen sehen, im Geist reproduzieren, ist es unklar, inwiefern der imaginäre Gegenstand, den meine nachschöpfende Tätigkeit konstituiert, als Äquivalent jener Vorstellung betrachtet werden kann, die der Künstler mit der Herstellung des betreffenden physischen Objekts verband. Collingwood scheint der Auffassung zu sein, das *intelligente* Studium der physischen Kunstmanifestation könne die Äquivalenz der beiden imaginären Gegenstände verbürgen. Er läßt jedoch ungeklärt, woran sich erweist, ob das Studium einer Kunstmanifestation intelligent ist oder nicht. Als Maßstab, anhand dessen sich die Intelligenz des Studiums einer physischen

93 Vgl. Patzig 1981, 127.

Kunstmanifestation beurteilen ließe, kommt offenbar nur ebender imaginäre Gegenstand im Geist des Künstlers in Frage, welcher der Herstellung der Kunstmanifestation vorausliegt. Dieser ist aber für den reproduktiv imaginierenden Rezipienten nicht direkt zugänglich, sondern nur vermittelt durch ebenjenes physische Objekt, das der Theorie zufolge intelligent studiert sein will, damit die ursprüngliche Imagination des Künstlers im Geist des Rezipienten wiederersteht. Collingwoods produktionsästhetischer Mentalismus verfängt sich so in einem Zirkel: Wenn wir wissen wollen, wodurch wir Zugang zum Vorstellungsinhalt des Künstlers erhalten, verweist er uns auf das intelligente Studium des physischen Objekts, in dem er sich manifestiere. Begehren wir aber zu erfahren, wann das Studium des physischen Objekts intelligent genug ist, um uns Zugang zum Vorstellungsinhalt des Künstlers zu gewähren, verweist er uns – auch wenn diese Konsequenz bei Collingwood nicht ausgesprochen ist – auf den Vorstellungsinhalt des Künstlers.

Belegen ließe sich die Inkonsistenz des produktionsästhetischen Mentalismus auch an dem äquivoken Gebrauch, den Collingwood von seinen Leitbegriffen ›Schöpfung‹ und ›Imagination‹ macht. Indem sie die ›eigentlich‹ künstlerische Tätigkeit des erfindenden Entwerfens neuer Kunstwerke bezeichnen, beschreiben sie die Konstitution origineller Artefakte durch den freien – wenn auch oft von Traditionen geleiteten und an Vorbildern orientierten – Gebrauch der menschlichen Einbildungskraft. Indem sie aber auch die getreue Reproduktion versinnlichter imaginärer Gegenstände bezeichnen, beschreiben sie zugleich eine lediglich imitierende Tätigkeit, die sich, weil ihr Produkt sonst kein Replikat eines anderen Werkes wäre, in der bloßen Rückübersetzung von Wahrnehmungsdaten in imaginative Erfahrung erschöpft. Collingwood räumt dies zwar nicht ausdrücklich ein; aber er betont die Abkünftigkeit aller Nachschöpfung gegenüber der ›eigentlich‹ künstlerischen Tätigkeit und versieht dadurch seine eigene These, Urheber und Rezipient eines Kunstwerks seien beide gleichermaßen Künstler, zumindest mit einem einschränkenden Vorzeichen: »This [i. e., that there is no distinction of kind between a poet and his audience, R. S.] does not mean that there is no distinction at all. [...] though both [i. e., the poet and his audience, R. S.] do exactly the same thing, namely express this particular emotion in these particular words, the poet is a man who can solve for himself the problem of expressing it, whereas the audience can express it only when the poet has shown them how.«[94] Unklar bleibt, warum Collingwood der Meinung ist, daß zwei, die derart Verschiedenes tun, »do exactly the same thing«. Was qualifiziert die Reproduktion eines versinnlicht vorgefundenen Werks als einen schöpferischen Prozeß, obwohl ihr das für schöpferische Imagination konstitutive Freiheitsmoment fehlt? Ist diese eher mechanische Transformation sinnlicher Wahrnehmung in Vorstellungsinhalte nicht sehr verschieden von jenem erfindenden Entwerfen von Neuem, das die schöpferische Imagination des Künstlers auszeichnet?

Ziehen wir Bilanz. Die These der imaginierenden Nachschöpfbarkeit künstlerischer Werke ist zu unplausibel, als daß sie den produktionsästhetischen Mentalismus stützen könnte. Planung und Herstellung sind, sowenig sie sich oft trennscharf voneinander abgrenzen lassen, für die Entstehung von Artefakten gleichermaßen konstitutiv. Ohne Planung, mag sie auch noch so undetailliert sein, findet ziel- und zwecklose Materialbearbeitung statt. Ohne Verwirklichung eines Plans durch Herstellung eines sinnlich wahrnehmbaren Objekts bleibt jedes Artefakt Fiktion. Davon, daß Kunstwerke Artefakte sein sollen, die von dieser Regel ausgenommen sind und nur als mentale Entitäten existieren, kann die Croce-Collingwood-Theorie nicht überzeugen.

b) Rezeptionsästhetischer Mentalismus

Kunstwerke könnten allerdings in einem anderen Sinn mentale Entitäten sein, als die Croce-Collingwood-Theorie vermutet. Denn das, was wir ein Kunstwerk nennen, könnte eine Imagination oder ein Imaginationserlebnis desjenigen sein, der ein physisches Objekt in einer bestimmten Weise wahrnimmt. Diese Annahme ist die These des rezeptionsästhetischen Mentalismus. Ihm zufolge gibt es Kunst nur als Vorstellungsinhalt eines Bewußtseins, das Sinnliches in einer bestimmten Weise rezipiert. Kunst wird also nicht nur durch den Vollzug ästhetischer Erfahrung allererst konstituiert, sondern hat gar

94 Collingwood 1938, 119.

keine von diesem Vollzug unabhängige Existenz. Dem rezeptionsästhetischen Subjektivismus stehen daher diejenigen Kunstästhetiken nahe, welche die kunstspezifische Differenz im Ausgang von der Kunsterfahrung zu erhellen suchen.

Allerdings sind, obwohl die Abgrenzung oft schwierig ist, keineswegs alle Autoren, die an die Bedeutung der Kunsterfahrung erinnern, rezeptionsästhetische Mentalisten. Hans-Georg Gadamer dürfte jedenfalls zu Unrecht die These zugeschrieben werden, daß »das Werk die Geschichte seiner Wirkung *ist*«.[95] Dafür, daß »Gadamers Kunsttheorie [...] das Kunstwerk mit seiner Wirkungsgeschichte identifiziert«[96], scheint zwar Gadamers »ontologische Explikation« des Kunstwerks als »Fest« zu sprechen, von dem dieser sagt, es sei »nur, indem es gefeiert wird«[97]. Gadamer fügt dieser Bestimmung jedoch sogleich hinzu, damit sei »keineswegs gesagt, daß es [das Fest, R. S.] subjektiven Charakters sei und nur in der Subjektivität der Feiernden sein Sein habe«.[98] Der Festlegung Gadamers auf eine mentalistische Position steht überdies seine Definition der »hermeneutische[n] Aufgabe« als der Entfaltung des »Spannungsverhältnis[ses] zwischen Text und Gegenwart« entgegen.[99] Vor allem aber spricht gegen sie, daß der rezeptionsästhetische Mentalismus mit Gadamers Interpretation des Verstehens als »Horizontverschmelzung«[100] unverträglich ist, weil diese die Nichtidentität des zu verstehenden Textes und der gegenwärtigen Situation des Interpreten zur Voraussetzung hat. Ich neige daher dazu, Gadamer so zu verstehen, daß er an der Differenz von Kunstwerk und rezeptiver Konkretisation grundsätzlich festhält. Wohl ist er der Überzeugung, Kunstwerken eigne keine Aussage, Bedeutung oder ›Wahrheit‹, die von dem Wirkungsgeschehen isolierbar wäre, das durch ein Werk ausgelöst wird. Doch die Beschreibung des (Kunst-)Verstehens als einer »Horizontverschmelzung« impliziert gerade nicht, daß ein Kunstwerk nicht als solches *existiere*. Sie besagt nur, daß ein Werk niemals rein als solches,

95 Patzig 1981, 128 (Herv. i. O.).
96 Ebd.
97 Gadamer *GW I*, 129.
98 Ebd. (Druckfehler des Originals korrigiert).
99 Ebd., 311.
100 Ebd.

vielmehr stets nur im Vollzug einer Vermittlungen stiftenden Konfrontation des durch »Vorurteile«[101] geprägten Horizonts des Interpreten mit dem seinerseits horizontbedingten Anderen des zu interpretierenden Werks *verstanden werden* kann. Wenn diese Deutung im Recht ist, bezeichnet Gadamers Auskunft, es sei »die *Erfahrung der Kunst* [...], daß das Kunstwerk kein Gegenstand ist, der dem für sich seienden Subjekt gegenübersteht«[102], den Sachverhalt ebenso subtil wie genau: Kunstwerk und rezeptives Subjekt verschmelzen für Gadamer demnach *allein* in der Perspektive dessen, der Kunst ästhetisch erfährt.

Auch Mikel Dufrenne ist kein rezeptionsästhetischer Mentalist. Dufrenne nimmt zwar an, daß sich das Objekt der ästhetischen Erfahrung im Vollzug ästhetischer Erfahrung allererst konstituiere; er unterscheidet aber das Kunstwerk von dem derart konstituierten ästhetischen Objekt. Während er dieses als eine (subjektive) mentale Entität auffaßt, ist das Kunstwerk für ihn dasjenige Sinnesding, dessen Wahrnehmung der Konstitution des zugehörigen ästhetischen Objekts zugrunde liegt: »[...] l'œuvre d'art, en tant qu'elle est là dans le monde, peut être saisie dans une perception qui néglige sa qualité esthétique, comme lorsqu'au spectacle je suis inattentif, ou qui cherche à la comprendre et à la justifier au lieu de l'éprouver, comme peut faire le critique d'art. L'objet esthétique est, au contraire, l'objet esthétiquement perçu, c'est-à-dire perçu en tant qu'esthétique. Et ceci mesure la différence: l'objet esthétique, c'est l'œuvre d'art perçue en tant qu'œuvre d'art, l'œuvre d'art qui obtient la perception qu'elle sollicite et quelle mérite et qui s'accomplit dans la conscience docile du spectateur; plus brièvement, c'est l'œuvre d'art en tant que perçue. Et c'est ainsi que nous aurons à définir son statut ontologique. La perception esthétique fonde l'objet esthétique, mais en lui faisant droit, c'est-à-dire en se soumettant à lui; elle l'achève en quelque sorte, elle ne le crée pas.«[103] Ein Kunstwerk ist demnach ein physi-

101 Ebd., 281 ff.

102 Ebd., 108 (Herv. R. S.).

103 Dufrenne 1967, 9. Auch bei Ingarden (1969, 3) findet sich die Unterscheidung zwischen Kunstwerk und ästhetischem Objekt; anders als Dufrenne bestimmt Ingarden das Kunstwerk jedoch nicht als physisches Objekt.

sches Objekt, das sich durch jene »Belebbarkeit«[104] auszeichnet, die dem ästhetisch Erfahrenden die Konstitution eines ästhetischen Objekts erlaubt.[105] Diese Auffassung ist natürlich nicht mentalistisch, sondern ebenso physizistisch wie die implizite Kunstontologie der (literaturwissenschaftlichen) Rezeptionsästhetik der Konstanzer Schule, die, wenn sie das Verstehen literarischer Texte als eine »Leerstellen«[106] besetzende Interaktion von Werk und Leser deutet, immer schon anerkennt, daß das Werk als ein materielles Substrat von Signifikanten eine von der Vorstellung des Lesers unabhängige Existenz besitzt.[107]

Sartre hingegen unterscheidet nicht zwischen Kunstwerk und ästhetischem Objekt.[108] Ein Kunstwerk ist für ihn kein physischer Gegenstand, sondern hat seine Geburtsstunde in dem Augenblick, »où la conscience opérant une conversion radicale qui suppose la néantisation du monde se constituera elle-même comme imageante«.[109] Als

104 Bensch 1994, 172.

105 Weil diese Interpretation, wie Bensch (ebd., 129 f.) gezeigt hat, die Intention trifft, die Dufrenne zwischen Kunstwerk und ästhetischem Objekt unterscheiden läßt, erscheint sie zulässig, obwohl Dufrenne – nur wenige Sätze vor der zitierten Passage und in unaufgelöstem Widerspruch zu ihr – erklärt, daß man das ästhetische Objekt keinesfalls als einen idealen Gegenstand vom Kunstwerk als einem realen Gegenstand unterscheiden dürfe.

106 Iser 1990, 284 ff.

107 Ebenso wie Iser (1988, 230), dessen Theorie erklärtermaßen »das Verhältnis von Text und Leser« beschreiben will, setzt auch Jauß' (1984, 865) an Gadamer erinnernde These, daß sich das Vorverständnis des Interpreten an der »Gegeninstanz des [literarischen, R. S.] Textes« aufhellen müsse, die Differenz von Text und rezeptivem Subjekt voraus. Warum Jauß gleichwohl davon spricht, daß »die deutsche Rezeptionsästhetik« von der »Ineinssetzung von Werk und Wirkung [...] ausgeht« (1984, 63), bleibt unklar.

108 Bensch (1994, 113 u. 128) nivelliert diese Differenz, indem er die Theorie Sartres, dem er ausdrücklich attestiert, er verwende »die Begriffe *œuvre d'art* und *objet esthétique* [...] annähernd synonym« (ebd., 113, Anm. 25, Herv. i. O.), auf Dufrennes Unterscheidung zwischen dem durch die Imagination des Rezipienten konstituierten ästhetischen Objekt und dem diesem als materiales Analogon zugrunde liegenden Kunstwerk abbildet.

109 Sartre 1948 a, 239.

solche ist demnach weder die Leinwand, die wir als Porträt Karls VIII. wahrzunehmen pflegen, ein Kunstwerk noch jene Folge von Tönen, die wir in einer bestimmten Zeitspanne an einem bestimmten Ort hören, wenn wir eine Aufführung der *7. Symphonie* Beethovens besuchen. Das Kunstwerk ist für Sartre vielmehr im einen wie im anderen Fall das Produkt der »vorstellenden Reduktion« (»réduction imageante«), durch die unser Bewußtsein die den Sinnen gegebenen physischen Objekte, die Sartre als ›Reales‹ bezeichnet, als »Analoga« eines ›Irrealen‹ identifiziert: »J'écoute, par exemple, un orchestre symphonique qui interprète la VIIe symphonie de Beethoven. [...] Au mieux l'orchestre s'effacera devant l'œuvre qu'il interprète et, si j'ai des raisons de faire confiance aux exécutants et à leur chef, je me saisirai comme *en face* de la VIIe symphonie *elle-même, en personne.* Cela, tout le monde me l'accordera. Mais, à présent, qu'est-ce que la VIIe symphonie ›en personne‹? C'est évidemment une *chose*, c'est-à-dire quelque chose qui est devant moi, qui résiste, qui dure. [...] Mais cette ›chose‹ est-elle réelle ou irréelle? Considérons d'abord que j'écoute *la Septième Symphonie.* Pour moi, cette ›VIIe symphonie‹ n'existe pas dans le temps, je ne la saisis pas comme un événement daté, comme une manifestation artistique qui se déroule dans la salle du Châtelet le 17 novembre 1938. Si demain, si dans huit jours, j'entends Furtwaengler diriger un autre orchestre qui interprète cette même symphonie, je serai de nouveau en présence de *la même symphonie.* [...] Je suis donc en face de la VIIe symphonie, mais à la condition expresse de ne l'entendre *nulle part*, de cesser de penser que l'événement est actuel et daté, à la condition d'interpréter la succession des thèmes comme une succession absolue et non comme une succession réelle qui se d'éroulerait, par exemple, dans ce temps où Pierre simultanément, fait une visite à tel ou tel de ses amis. Dans la mesure où je la saisis, la symphonie *n'est pas là*, entre ces murs, au but de ces archets. [...] Elle est entièrement hors du réel. [...] Pourtant elle dépend dans son apparition du réel: que le chef d'orchestre soit frappé d'une syncope, qu'un commencement d'incendie éclate dans la salle d'orchestre s'arrêtera soudain de jouer. N'en concluons pas que nous saisirons alors *la* Septième Symphonie comme interrompue. Non, nous penserons que *l'exécution* de la symphonie a subi un arrêt. Ne voit-on pas clairement que l'exécution de la Septième Symphonie est son *analogon*? Celle-ci ne peut se manifester que par des analoga qui sont datés et qui se déroulent dans notre temps. Mais pour la saisir *sur ces* analoga il faut opérer la réduction imageante c'est-à-dire appréhender précisément les sons réels comme analoga. Elle se donne donc comme un perpétuel ailleurs, une perpétuelle absence.«[110] Was Sartre hier als »vorstellende Reduktion« beschreibt, ist zweifellos ein wesentliches Moment der Kunsterfahrung. Vermöchten wir weder von falschen Tönen noch vom penetranten Hüsteln der im Konzertsaal neben uns Sitzenden und dem noch penetranteren Duft-Cocktail zu abstrahieren, der uns umwölkt, gäbe es vermutlich gar keine Aufführung von Beethovens *7. Symphonie*, weil wir keine Aufführung der *7. Symphonie* als eine Aufführung der *7. Symphonie* wahrnehmen könnten. Insofern ist für Kunsterfahrung die Fähigkeit unseres Bewußtseins konstitutiv, den Inhalt einer einschlägigen – d. h. auf Phänomene, die wir als Kunstphänomene beurteilen, bezogenen – Wahrnehmung nötigenfalls so zu reduzieren, zu ergänzen, zu korrigieren oder zu verdichten, daß sich in ihr ein sinnlich nicht unmittelbar präsentes Objekt zu manifestieren vermag. Allerdings kommt es nur dann zu einer solchen ›vorstellenden Reduktion‹, wenn sich uns das Objekt, auf das sich unsere Wahrnehmungstätigkeit konzentriert, als ein entstehungsgeschichtlich verwandtes Äquivalent des Originals eines bestimmten Kunstwerks präsentiert.[111]

Sartres Theorie der »vorstellenden Reduktion« betrifft indessen nur das von der ontologischen Frage verschiedene Identitätsproblem.[112] Indem sie den Abstraktionsprozeß beschreibt, der uns ein konkretes Sinnesding als Exemplar eines bestimmten Kunstwerks wahrnehmen läßt, klärt sie nämlich noch nicht den ontologischen Status eines Kunstwerks. Welchen Seinsstatus haben aber jene ›Irrealia‹, wie Sartre sie nennt, die sich uns nur in der Gestalt sinnlicher Analoga präsentieren? Sind sie Bewußtseinsinhalte jenes rezeptiven Subjekts, das die »vorstellende Reduktion« vollzieht, oder sind sie nichtphysische Entitäten anderer Art? In *Qu'est-ce que la littérature?*

110 Sartre 1948 a, 243 ff. (Herv. i. O.).

111 Siehe unten, 246 ff. Diese Voraussetzung wird von Sartre nicht gesehen.

112 Zur Differenz von ontologischer Frage und Identitätsproblem siehe oben, 166.

scheint Sartre sie als Bewußtseinsinhalte des Rezipienten aufzufassen. Dort beschreibt er das ›literarische Objekt‹ als einen Gegenstand, den erst der Lektüreakt als solchen konstituiert: »[...] l'objet littéraire est une étrange toupie, qui n'existe qu'en mouvement. Pour la faire surgir, il faut un acte concret qui s'appelle la lecture, et elle ne dure qu'autant que cette lecture peut durer. Hors de là, il n'y a que des tracés noirs sur le papier.«[113] Wenige Seiten später erscheint diese mentalistische Auffassung allerdings als eine einseitige, ergänzungsbedürftige Sicht: »En un mot, la lecture est création dirigée. D'une part, en effet, l'objet littéraire n'a d'autre substance que la subjectivité du lecteur [...]. Mais d'autre part les mots sont là comme des pièges pour susciter nos sentiments et les réfléchir vers nous [...]. Ainsi, pour le lecteur, tout est à faire et tout est déjà fait [...].«[114] Die Bestimmung der Lektüre eines literarischen Werks als »création dirigée« ist unschwer als Abbreviatur jener Definition des Rezeptionsprozesses als »synthèse de la perception et de la création« zu erkennen, die Sartre ausdrücklich nicht auf die Rezeption literarischer Werke beschränkt wissen will.[115] Der rezeptionsästhetische Mentalismus erscheint im Licht dieser Definition als unzulängliche Beschreibung eines Phänomens, dessen eigentümlicher Charakter nur durch dialektische Kontrastierung zu erfassen ist. Es ist aber, wie Georg Bensch mit der Nachsicht des Sympathisanten getadelt hat, eine »paradoxe Dialektik«[116], die Sartre zufolge die Kunstrezeption bestimmt: Hat nämlich das Werk Substanz allein (!) in der »subjectivité« seines Rezipienten, bleibt unerfindlich, warum Sartre den Rezeptionsprozeß als eine »création dirigée« beschreiben kann, bei welcher der Re-

113 Sartre 1948b, 91. – Bei genauer Lektüre des Zitats beschleichen einen natürlich hier schon Zweifel am mentalistischen Charakter von Sartres Position. Sartre legt sich nämlich nicht eindeutig auf die These fest, ein literarisches Werk existiere eben so lange, wie ein konkreter Lektürevorgang anhält. Indem er einem »objet littéraire« eben so lange Dauer zuspricht, wie der konkrete Akt seiner Lektüre dauern *kann*, scheint er vielmehr die Existenz eines Werks an die *Möglichkeit* des Lektüreakts zu binden. In dieser Annahme aber würde er sich leicht mit einem Nichtmentalisten einig.

114 Sartre 1948b, 95f.

115 Ebd., 93 u. 115, Anm. 1.

116 Bensch 1994, 121.

zipient in Fallen tappt, die nicht er selbst sich stellt. Unbestreitbar ist zwar, daß die Kunstrezeption eine schöpferische Komponente besitzt. So schließt, um bei Sartres Beispiel zu bleiben, das Lesen literarischer Texte das Verstehen des Geschriebenen ebenso ein wie das Imaginieren fiktiver Personen und Situationen. Jede Lektüre setzt jedoch den Text als ein materielles Substrat von Signifikanten voraus, dessen Urheber keineswegs mit dem Leser identisch sein muß. Was Sartre als ›dialektische‹ Beziehung von Text und Lektüre tarnt, ist deshalb nichts anderes als das Verhältnis von Ermöglichendem zu Ermöglichtem. Als Rezeptionsästhetiker sucht Sartre indessen den Rezipienten – der allererst vollende, was der Künstler nur begonnen habe – zum Koproduzenten eines jeden Kunstwerks zu erheben.[117] Sein Begriff des literarischen Werks ist deshalb inklusiv; er schließt den Lektürevorgang ein: »[...] pour le lecteur, tout est à faire et tout est déjà fait; l'œuvre n'existe qu'au niveau exact de ses capacités [...].«.[118] Weil ein literarisches Werk in seinen Augen ohne die mentale Konkretisation des Lesers nicht das wäre, was es ist, nimmt Sartre an, es werde durch die Subjektivität des Lesers als Werk allererst konstituiert.

Dieser inklusive Begriff des literarischen Werks ist jedoch ebenso unhaltbar wie die Vorstellung vom Leser als Koproduzenten, die ihm zugrunde liegt. Er setzt nämlich voraus, daß der Text, den wir gemeinhin mit einem bestimmten literarischen Werk assoziieren, nur ein Zwischenprodukt darstellt und nicht das Werk selbst. Dann müßten wir aber annehmen, daß es nicht *ein* Kunstwerk namens *Die Satanischen Verse* gäbe, dessen Urheber der Schriftsteller Salman Rushdie ist, sondern zahllose verschiedene Kunstwerke dieses Namens, deren Urheber jeweils Salman Rushdie *und* einer der Leser des von Rushdie verfaßten Textes wären. Über die Interpretation eines Textes (oder eines anderen Kunstwerks) zu streiten – wie es unter Wissenschaftlern und Laien gleichermaßen geschieht –, wäre dann

117 Manche Formulierungen Sartres, die den Rezipienten sogar als den eigentlichen Produzenten erscheinen lassen, sind offenkundig rhetorische Überpointierungen: Sartre weiß natürlich (und betont sinngemäß oft genug), daß es ohne die schwarzen Striche auf dem Papier keines jener Werke gäbe, in deren Vollendung er die Aufgabe des Lesers erblickt.

118 Sartre 1948b, 96.

ein ganz und gar sinnloses Unterfangen. Denn es gäbe keine zwei Rezipienten ein und desselben Werks, mithin auch keine zwei Personen, die *ein* bestimmtes Werk unterschiedlich zu interpretieren vermöchten.

Die Unhaltbarkeit des definitorisch eingeführten inklusiven Werkbegriffs findet ihre Bestätigung nicht zuletzt darin, daß Sartre selbst ihn nicht durchzuhalten vermag. Wenn er jedes literarische Werk einen »Appell« seines Autors an die Freiheit des Lesers nennt, an der Produktion seines Werks mitzuarbeiten[119], ist die Äquivokation offenkundig: Um den inklusiven Werkbegriff zu konturieren, nimmt Sartre – nicht nur an dieser Stelle – den herkömmlichen exklusiven Werkbegriff in Anspruch, der das Werk auf den Text des Autors beschränkt. Denn ein Appell an den Leser ist ein literarisches Werk nur als vom Autor verfaßter, noch nicht rezeptiv konkretisierter Text.

Im äquivoken Gebrauch des Werkbegriffs offenbart sich die Inkonsistenz von Sartres Literatur- und Kunsttheorie: Um die Untiefen des rezeptionsästhetischen Mentalismus zu umschiffen, macht sie der traditionellen Produktionsästhetik Konzessionen, die ihren mentalistischen Ausgangsprämissen widersprechen.

Ähnlich äquivok verwendet auch Rüdiger Bubner den Werkbegriff. Obschon Bubner unter einem Kunstwerk ausdrücklich kein physisches Objekt, sondern einen »Erfahrungsgehalt« verstehen will, dessen Identität sich »durch die Folge immer wieder realisierter ästhetischer Erfahrungen hindurch« allererst konstituiere, spricht er nämlich von der »auslösende[n] Funktion eines Werkes«, das ästhetische Erfahrung stets von neuem initiiere, weil es sich bei »anderer Beleuchtung, in anderem Zusammenhang, durch andere Inszenierung [...] ganz neu und unausgeschöpft« darbiete »wie beim ersten Mal«.[120]

119 Ebd., 96 f.: »[...] tout ouvrage littéraire est un appel. [...] Ainsi l'écrivain appelle à la liberté du lecteur pour qu'elle collabore à la production de son ouvrage.«

120 Bubner 1989, 60. – Bubner entwickelt seine mentalistische Position aus einer Kritik des produktionsästhetischen Werkbegriffs, die nicht nur deshalb zweideutig bleibt, weil sie ebenjenen Werkbegriff in Anspruch nimmt, dessen Obsoleszenz sie behauptet (siehe oben, 41). Bubner schwankt vielmehr auch zwischen einer mentalistisch-erfahrungsästhetischen Neuinterpretation des Werkbegriffs und einer generellen Bestreitung des Werkcharakters von Kunst, die ihn auch einen weit gefaßten

Solche Widersprüchlichkeit kommt nicht von ungefähr. Denn einerseits steht dem rezeptionsästhetischen Mentalismus der Kunstbegriff nicht zur Bezeichnung der Wahrnehmungsdinge zur Verfügung, die eine ästhetische Erfahrung auslösen, weil er ihn für die Bewußtseinsinhalte derjenigen Personen reserviert, die Wahrnehmungsdinge ästhetisch erfahren. Andererseits aber suchen auch rezeptionsästhetische Mentalisten die unplausible Annahme zu vermeiden, die menschliche Subjektivität bestimme sich in freier Willkür zum ästhetischen Erfahren.[121] Daher bedürfen sie einer Begrifflichkeit, mit der sich diejenigen Sinnesdinge, die eine ästhetische Erfahrung auszulösen vermögen, von anderen abheben lassen. In dieser Situation erliegen rezeptionsästhetische Mentalisten nicht selten der Versuchung, auf den Kunstbegriff zurückzugreifen, wiewohl sie von ihm doch behaupten, er bezeichne keine physischen, sondern mentale Entitäten. Die terminologische Inkonsistenz, die sich daraus ergibt, ist freilich nur ein *Indiz* für die Unzulänglichkeit des rezeptionsästhetischen Mentalismus. An Bubners Theorie ästhetischer Erfahrung sei sie im folgenden genauer belegt.

Bubner beruft sich zwar auf Kant, nimmt jedoch Abstand von der diesem selbstverständlichen Vorstellung, daß Kunst die »Hervorbringung« von »Gegenstände[n]« sei (die Kant zufolge die Natur durch die Ausstattung des Genies mit Talent bewirkt).[122] Für Bubner ist das Gegebensein von Kunst vielmehr unmittelbar an den Vollzug ästhetischer Erfahrung gebunden, die er als ein Hin- und Herspielen der

Werkbegriff ablehnen läßt (z.B. Bubner 1989, 33f. u. 88). Ich sehe im folgenden von allen Formulierungen Bubners ab, die eine generelle Ablehnung des Werkbegriffs indizieren, da diese offenkundig unbegründet ist: Ästhetische Kunst kann ohne Bezugnahme auf den Werkbegriff überhaupt nicht expliziert werden, weil (1) das Wort ›Kunst‹ immer dann, wenn ästhetische Kunst angesprochen ist, durch die Vokabel ›Kunstwerk‹ ersetzt (siehe oben, 70f.) und (2) von einem Phänomen, das keinen Artefaktcharakter besitzt, weder deskriptiv noch evaluativ prädiziert werden kann, es sei Kunst (siehe oben, 136, Anm. 84).

121 Zur Kritik dieser radikal subjektivistischen Position siehe oben, 60f.

122 Kant *KdU* (§ 48), B 187 u.ö. Vgl. auch ebd., § 45, B 180: »Nun hat Kunst jederzeit eine bestimmte Absicht, etwas hervorzubringen.« Wie selbstverständlich dies für Kant war, offenbart auch seine Definition der schönen Kunst als »*Produkt* des Genies« (ebd. [§ 46], B 182, Herv. R.S.).

Reflexion »zwischen *sinnlichem Angerührtsein* und *schöpferischem Leisten*«[123] charakterisiert: »Die Kunst west nicht in besonderen künstlerischen Objekten an, sondern konstituiert sich erst aus aktiven Leistungen der Vermittlung [...]. Es gibt Kunst offenkundig nur im Raume einer durch gewisse sinnliche Objekte ausgelösten Reflexionstätigkeit [...].«[124] Bubner distanziert sich damit nicht nur von jeder physizistischen Kunstontologie, er bekennt sich auch ausdrücklich zum rezeptionsästhetischen Mentalismus: Kunst wird in seinen Augen »konstituiert durch Bewußtseinsleistungen, die neben der ersten Wirklichkeit eine zweite setzen«.[125] Bubner fordert deshalb, Kunstästhetik strikt als »Analyse ästhetischer Erfahrung« zu betreiben.[126]

Unklar bleibt indessen, ob sich (a) Kunst für Bubner durch die Bewußtseinsleistungen einzelner Perzipienten konstituiert oder ob er (b) den Status von Kunstwerken Erfahrungsgehalten zusprechen möchte, die sich im Verlauf der Wirkungsgeschichte bestimmter sinnlicher Objekte herauskristallisieren und keinem individuellen Bewußtsein zurechenbar sind. Wir können (a) die *individualistische* und (b) die *kollektivistische* Interpretation des rezeptionsästhetischen Mentalismus nennen. Die meisten Formulierungen Bubners lassen vermuten, daß er der individualistischen Interpretation zuneigt. Es finden sich jedoch auch Hinweise auf eine Übereinstimmung mit der kollektivistischen Interpretation. So betont Bubner, es gebe ein Kunstwerk »nur zusammen mit der Geschichte seiner Auffassung und Interpretation«. Seine Identität bilde sich nämlich »nur durch die Folge immer wieder realisierter ästhetischer Erfahrungen hindurch« und sei daher instabil sowohl in der »synchronen Dimension der ästhetischen Erfahrung unter Zeitgenossen« als auch in der durch »die historische Folge der für eine Zeit maßgebenden, aber untereinander nicht gleichsinnigen Interpretationen« sich eröffnenden »diachronen Dimension«.[127]

123 Bubner 1989, 38 (Herv. i. O.).
124 Ebd. (Druckfehler des Originals korrigiert).
125 Ebd., 117.
126 Ebd., 34.
127 Ebd., 60 ff. (Herv. d. O. getilgt).

Die Zweideutigkeit von Bubners Theorie hat den Vorzug, daß sie zur Kritik sowohl der kollektivistischen (1) als auch der individualistischen Interpretation (2) des rezeptionsästhetischen Mentalismus Anlaß gibt.

1. Die *kollektivistische* Deutung des rezeptionsästhetischen Mentalismus beschreibt Kunstwerke als transindividuelle Erfahrungsgehalte, die sich im Verlauf der Wirkungsgeschichte bestimmter sinnlicher Objekte herauskristallisieren. Sie provoziert deshalb zunächst die Frage, wie ein *Erfahrungs*gehalt, der nicht objektiviert (und nach Bubners Meinung auch gar nicht objektivierbar[128]) ist, transindividuell soll gegeben sein können. Er kann jedenfalls nicht als identischer Erfahrungsgehalt aller Betrachter, Leser oder Hörer eines bestimmten physischen Objekts gegeben sein. Ablauf, Inhalt und Resultat des besonderen Reflexionsprozesses, in dem sich meine ästhetische Erfahrung eines bestimmten Objekts manifestiert, sind zwar durch meine etwaigen Kenntnisse anderer Interpretationen beeinflußt. Diese Deutungen anderer sind mir zunächst aber nur als Wissensbestände gegeben, nicht genauso unmittelbar wie die Vorstellungen, die mein eigener spontaner Reflexionsprozeß im Moment des Vollzugs ästhetischer Erfahrung hervorruft. Nur wenn ich sie mir im Augenblick des Vollzugs ästhetischer Erfahrung als meine Deutungen zu eigen mache, erlangen sie den Status unmittelbarer Bewußtseinsinhalte. Übt ein Objekt auf andere Rezipienten bestimmte Wirkungen aus, ruft es aber nicht schon deshalb, weil mir diese Wirkungen bekannt sind, bei mir dieselben Wirkungen hervor. Die Gehalte der ästhetischen Erfahrung aller Betrachter, Leser oder Hörer eines bestimmten physischen Objekts *können* daher zwar, *müssen* aber keineswegs identisch sein.

Darüber hinaus steht der kollektivistischen Interpretation des rezeptionsästhetischen Mentalismus entgegen, daß die Wirkungsgeschichte eines Objekts, sofern es nicht verlorengeht oder vernichtet wird, im Hinblick auf zukünftige Wirkungen prinzipiell unabgeschlossen ist. Kein Rezipient kann daher die gesamte Wirkungsge-

128 Vgl. ebd., 35: »Was die ästhetische Erfahrung erfährt, konstituiert sich [...] in der Erfahrung und durch die Erfahrung, so daß unabhängig von ihr nicht objektiviert werden kann, etwa in einem Werke, was Inhalt jener Erfahrung ist.«

schichte überschauen. Der kollektivistischen Interpretation des rezeptionsästhetischen Mentalismus zufolge könnten Kunstwerke deshalb, solange die zugrundeliegenden Objekte nicht verlorengehen oder vernichtet werden, prinzipiell nur als Fragmente existieren. Diese Annahme entspricht jedoch nicht der Art und Weise, in der wir uns auf Kunstwerke beziehen.

2. Bubners These, es gebe ein Kunstwerk »nur zusammen mit der Geschichte seiner Auffassung und Interpretation«, läßt aber auch ein anderes Verständnis seiner Theorie zu. Danach existiert ein Kunstwerk, unmittelbar an den Vollzug des Reflexionsprozesses gebunden, zwar nur für dessen Dauer im Bewußtsein desjenigen, den ein bestimmtes physisches Objekt zum ästhetischen Erfahren animiert.[129] Als *eine* Wirkung dieses Objekts ist ein Kunstwerk jedoch mit anderen Wirkungen desselben Objekts nicht nur durch den gemeinsamen sinnlichen Bezugspunkt verbunden, an dem sich die ästhetische Erfahrung immer wieder neu entzündet, sondern auch dadurch, daß es auf einem Wahrnehmungsakt beruht, der das zugrundeliegende sinnliche Objekt immer schon im Licht früherer oder zeitgenössischer Wirkungen desselben Objekts gewahrt, von denen der ästhetisch Erfahrende Kenntnis hat. Dieser Interpretation zufolge bezeichnet Bubners Begriff der Werkidentität keine Identität im strikten Sinn vollständiger Kongruenz, sondern nur die Übereinstimmung im Bezug auf einen gemeinsamen sinnlichen »Anla[ß] ästhetischer Erfahrung«[130]: Identisch sind nach diesem Verständnis alle Werke, deren Existenz auf der ästhetischen Erfahrung ein und desselben Sinnesdings beruht.

129 Vorgezeichnet ist diese Interpretation nicht zuletzt bei Adorno, dessen *Ästhetische Theorie* als Werkästhetik im traditionellen Verstande zu einseitig gesehen wäre (vgl. Menke-Eggers 1988): Jedes Kunstwerk ist ihm »ein Augenblick«, einer Himmelserscheinung vergleichbar, sein Prototyp »das Phänomen des Feuerwerks« (Adorno *GS VII*, 17, 137, 125; vgl. dazu Henckmann 1984). Karl Heinz Bohrer hat dieser »Ästhetik des *›Plötzlichen‹*«, die Adorno vorbereitet habe, selber jedoch nicht habe »zulassen können« (1981, 8), Konturen zu geben versucht, sie dabei jedoch weniger systematisch denn historisch-philologisch als Anamnese kunstästhetischer Vorstellungen sowohl der deutschen Frühromantik als auch Nietzsches profiliert.

130 Bubner 1989, 60.

Versteht man Bubners Theorie in diesem Sinn als eine *individualistische* Interpretation des rezeptionsästhetischen Mentalismus, stimmt sie in kunstontologischer Hinsicht mit der Auffassung überein, die Johannes Volkelt im ersten Band seines *Systems der Ästhetik* entwickelt. Volkelt erblickt in »den von dem eingreifenden, verändernden Künstler in einem Außendinge festgelegten Bestimmtheiten [...] nur die *vorästhetische Grundlage des Kunstwerkes*«: »An diese schließt sich die Auslösung der entsprechenden seelischen Äußerungen [an?, R. S.]. Diese Auslösung ist eine im Verhältnis zu jenem Eingreifen des Künstlers in die Außendinge überaus einfache und mühelose Leistung. Nichtsdestoweniger gewinnt erst in ihr, und nicht schon in jenen dem Außending auf- und eingeprägten Bedingungen, das Kunstwerk als ästhetischer Gegenstand seine Wirklichkeit. [...] Was der behauene Marmor oder die überstrichene Leinwand unabhängig von dieser psychologischen Umgestaltung ist, wird niemals Gegenstand für unsere Anschauung, unser Gefühl und unsere Phantasie. Nur unser wissenschaftliches Denken vermag jene vorästhetische Grundlage herauszuschälen.«[131] Wenn Volkelt davon überzeugt ist, das vom Künstler gestaltete Außending enthalte als vorästhetische Grundlage des Kunstwerks »gleichsam die *Vorschriften* für die Umgestaltung, die durch die von Fall zu Fall hinzutretenden seelischen Tätigkeiten des Betrachters oder Zuhörers erfolgt«[132] und das Kunstwerk allererst konstituiert, erweist sich seine Theorie der Bubnerschen Auffassung allerdings als unterlegen. Denn in der Annahme, daß sich die seelische Tätigkeit des Rezipienten nach den Bestimmtheiten der vorästhetischen Grundlage »in eindeutiger Weise richtet«[133], spiegelt sich ein unangemessen mechanistisches Verständnis der Kunsterfahrung, das nur plausibel wäre, wenn sich richtige von falscher Kunsterfahrung unterscheiden ließe.

Auch wenn man Bubners Version zugrunde legt, setzt sich der individualistisch interpretierte rezeptionsästhetische Mentalismus jedoch drei grundsätzlichen Einwänden aus. *Erstens* scheint er damit unvereinbar zu sein, daß wir als Urheber eines Kunstwerks nicht den Betrachter, Leser oder Hörer, sondern den Hersteller eines be-

131 Volkelt 1905, 11 f. (Herv. i. O.).
132 Ebd., 12 (Herv. R. S.).
133 Ebd., 11.

stimmten Sinnesdings ansehen. *Zweitens* nötigt er zu der wenig überzeugenden Annahme, es gebe mehrere, unter Umständen sogar unendlich viele verschiedene Kunstwerke gleichen Namens[134]: Weil der Erfahrungsgehalt je verschieden ist, der sich infolge des Reflexionsprozesses, den die Lektüre eines Exemplars der *Satanischen Verse* auslöst, im Bewußtsein des einzelnen Lesers sedimentiert, müßte es nach der individualistischen Interpretation ebensoviele Kunstwerke namens *Die Satanischen Verse* geben, wie Rushdies Text Leser findet. *Drittens* sehe ich nicht, wie die individualistische Interpretation die unplausible Konsequenz der epistemischen Privatheit von Kunstwerken vermeiden kann. Vielmehr scheint mir aus ihr unvermeidlich zu folgen, daß jedes Kunstwerk nur demjenigen gegeben und zugänglich ist, dessen Bewußtsein ein bestimmter Erfahrungsgehalt angehört. Da wir uns aber über *ein* bestimmtes Kunstwerk austauschen und uns darüber streiten können, wie es zu interpretieren sei, ist diese Auffassung unhaltbar.[135]

Wer am individualistisch interpretierten rezeptionsästhetischen Mentalismus festhalten will, wird alle drei Einwände mit dem Argument zu entkräften suchen, sie verwechselten das Kunstwerk mit seiner vorästhetischen Grundlage. Der Hersteller jenes physischen Objekts, dessen Wahrnehmung der Konstitution des Kunstwerks zugrunde liege, sei keineswegs der Urheber des Kunstwerks, sondern lediglich der Urheber von dessen vorästhetischer Grundlage. Da sich auch die Namen, in denen wir Bezeichnungen von Kunstwerken erblicken, in Wahrheit auf die zugrundeliegenden Sinnesdinge bezögen, sei auch der Eindruck falsch, mit der individualistischen Interpretation des rezeptionsästhetischen Mentalismus müsse man die Existenz

134 Der von Bubner ins Spiel gebrachte Begriff der Werkidentität verschleiert diese Konsequenz, weil er den Eindruck erweckt, die von verschiedenen Rezipienten mit ein und demselben physischen Objekt verknüpften Erfahrungsgehalte konstituierten bei aller Verschiedenheit doch ein und dasselbe Werk.

135 Überraschenderweise ist es gerade Volkelt (1905, 20 f.), der diese »Tatsache des Sichverständigens in ästhetischen Fragen« ausdrücklich anerkennt und gegen die kunstästhetischen Skeptiker seiner Zeit ins Treffen führt, die unter Hinweis auf die Verschiedenheit und Wandelbarkeit der ästhetischen Gefühle und Urteile die Möglichkeit wissenschaftlicher Ästhetik bestreiten.

verschiedener Kunstwerke gleichen Namens anerkennen. Anerkennen müsse man vielmehr, daß zwischen verschiedenen Personen, die über die richtige Interpretation eines Kunstwerkes zu streiten meinen, in Wirklichkeit kontrovers ist, wie jenes eine Sinnesding zu verstehen sei, das den Anlaß und sinnlichen Bezugspunkt ihrer je verschiedenen ästhetischen Erfahrung bilde.

Die Zurückweisung dieser Verteidigungsstrategie muß sich nicht darauf berufen, daß wir Salman Rushdie nicht deshalb als Autor der *Satanischen Verse* betrachten, weil er der Hersteller des Romanmanuskripts ist (das auch ein Sekretär geschrieben haben kann). Es genügt der Hinweis, daß uns differierende Interpretationen eines Romans, Gemäldes, Oratoriums oder Films auch dann als unterschiedliche Deutungen ein und desselben Werks gelten, wenn ihnen nicht ein und dasselbe sinnliche Objekt zugrunde liegt: Wer mit mir über die Interpretation der *Satanischen Verse* streiten will (oder auch darüber, ob sie ein Kunstwerk sind), muß nicht dasselbe Exemplar gelesen haben wie ich. Wer mit mir von Haydns *Schöpfung* schwärmt, muß nicht dasselbe Konzert besucht oder dieselbe Einspielung gehört haben wie ich. Die ohnedies kontraintuitive Hypothese, die Namen, die wir als Namen von Kunstphänomenen betrachten, seien auf Sinnesdinge und nicht auf Kunstwerke bezogen, wird dadurch widerlegt. Ein Verteidiger der individualistischen Interpretation könnte sich zwar auf das Argument zurückziehen, mitunter komme einer Mehrzahl von Sinnesdingen ein und derselbe Name zu, weil sich manche Objekte in bestimmten relevanten Hinsichten derart ähnelten oder glichen, daß wir sie trotz ihrer Verschiedenheit als *ein* Zugrundeliegendes wahrnähmen. Damit wäre jedoch nicht erklärt, warum oft genug verschiedene physische Objekte, die als solche offensichtlich von verschiedenen Personen hergestellt wurden (man denke nur an die Originalpartitur und eine heutige Aufführung von Beethovens *9. Symphonie*), ein und demselben Urheber zugeschrieben werden. Das Argument sichert der individualistischen Interpretation des rezeptionsästhetischen Mentalismus daher keine Plausibilität.

Einzig wenn man unter einem Kunstwerk jenen gemeinsamen Bezugspunkt versteht, den Kunstinterpretationen, die sich wechselseitig als Interpretationen ein und desselben anerkennen, implizit unterstellen, könnte Bubners These, es gebe ein Kunstwerk »nur zusammen mit der Geschichte seiner Auffassung und Interpretation«, der Plausibilitätsbedingung genügen. In einer solchen Deutung wäre jedoch die rezeptionsästhetisch-mentalistische Pointe von Bubners Theorie aufgegeben: Kunstwerke wären zwar keine physischen Objekte, aber auch keine durch ästhetische Erfahrung konstituierten Gehalte.

Damit ist deutlich, daß das kunstontologische Problem keine Lösung finden kann, die das Vorzeichen des rezeptionsästhetischen Mentalismus trägt. Zwar trifft es zu, daß kein Artefakt unabhängig von seiner Wirkungsgeschichte ein Kunstwerk ist. Doch gilt dies nur in einem ganz bestimmten Sinn. Demnach kommt Artefakten der Status von Kunstwerken nur so lange zu, wie über ihre Kunsthaftigkeit ein hinreichend großer Konsens besteht. Kunstwerke sind deshalb aber noch keine mentalen (oder gar subjektiven) Entitäten, die als Erfahrungsgehalte dem Bewußtsein der Rezipienten bestimmter Artefakte zuzurechnen wären. Dieser Folgerung des rezeptionsästhetischen Mentalismus ist vielmehr entschieden zu widersprechen. Denn so schwer es seinen Vertretern fällt, ihre Position ohne eklatanten Widerspruch zu explizieren, so unvereinbar ist der rezeptionsästhetische Mentalismus mit der Praxis unserer Bezugnahme auf Kunst. Genau besehen beruht er auf der Verwechselung der *Existenz* eines Kunstwerks mit dessen *Bedeutung*, womöglich sogar auf deren irrtümlicher Identifikation. Nicht das Kunstwerk, das ich interpretiere, gehört als subjektive Entität meinem Bewußtsein an, sondern die Deutung, die ich ihm im Moment des Vollzugs ästhetischer Erfahrung zuteil werden lasse. Nicht das Werk ist deshalb prinzipiell unabgeschlossen, sondern seine Bedeutung, die sich im unkoordinierten und unkoordinierbaren Zusammenspiel der verschiedenen Deutungen beständig fortentwickelt, solange das Werk als Kunstwerk wahrgenommen wird. Bubner gewinnt aus einer Interpretation von Kants Theorie des Naturschönen, die von deren systematischem Ort in Kants Programm einer allgemeinen Teleologie abstrahiert, eine sehr prägnante Charakteristik dieser Offenheit. Ebenso wie Sartre verkennt er jedoch, daß es nur die Offenheit der *Bedeutung* eines Kunstwerks ist, die er beschreibt. Sie lädt diejenigen, denen das Werk zum Gegenstand einer ästhetischen Erfahrung wird, stets von neuem zu Deutungsversuchen ein. Die transsubjektive *Existenz* des Werkes aber stellt sie dadurch nicht in Frage. Die Offenheit der Bedeutung eines Werks, das eine Vielzahl von Deutungen erfahren kann, setzt vielmehr voraus, daß das Werk verschieden ist von dem, was es – in wessen Augen auch immer – bedeutet: Nur weil ein Kunstwerk als Werk unabhängig von der Geschichte seiner Auffassung und Interpretation existiert, ist diese Geschichte die Geschichte *seiner* Auffassung und Interpretation.

5.4 Die ontologische Kommensurabilität von Kunstwerken und Wörtern

a) Die idealistische Hypothese

Ermutigend ist das Resultat unserer Analyse bisher nicht: Weder der Physizismus noch der Mentalismus eröffnen eine Aussicht auf eine einheitliche Erklärung der Seinsweise von Kunstwerken; lediglich für die Unikatkünste ließe sich vielleicht ein eingeschränkter Physizismus vertreten.

Daß Kunstwerke kein zeitunabhängiges, schlechthin überzeitliches Sein haben, scheint zwar zugunsten des Physizismus zu sprechen. »Nicht alles, was in einer bestimmten Zeit entstanden ist, muß« jedoch, daran hat Roman Ingarden erinnert, »eben damit etwas Reales sein.«[136] Und die Kritik des Physizismus hat ergeben, daß kein multiples Werk mit einem jener physischen Objekte identisch ist, deren Wahrnehmung uns das Werk ästhetisch erfahren läßt.

Daß Kunstwerke ihren besonderen Status menschlicher Beurteilung verdanken, scheint andererseits ein Argument für den Mentalismus zu sein. Doch nicht alles, dessen Sein von menschlichem Urteil abhängig ist, muß ebendarum als mentale Entität existieren. Die Kritik des Mentalismus hat jedenfalls nicht nur ergeben, daß Kunstwerke weder identitätsabhängig noch epistemisch privat und deshalb keine subjektiven Entitäten sind. Sie hat vielmehr auch gezeigt, daß weder diejenigen Vorstellungen, die einen Künstler bei der künstlerischen Produktion oder Präsentation bestimmen oder ihr vorausge-

136 Ingarden 1962, 37.

hen, noch diejenigen, die durch die Wahrnehmung des Originals oder eines anderen Exemplars des betreffenden Werks beim Rezipienten hervorgerufen werden, mit dem Kunstwerk als solchem identisch sind.

Dieser Befund legt es nahe, einem Vorschlag von Günther Patzig[137] zu folgen und auf der Suche nach der Seinsart von Kunstwerken endlich jenes ›dritte Reich‹ *objektiv-nichtwirklicher Entitäten* ins Auge zu fassen, das Frege dem der physischen »*Dinge der Außenwelt*« und dem unserer je subjektiven »*Vorstellungen*« an die Seite stellt.[138] Frege erläutert den ontologischen Status objektiv-nichtwirklicher Entitäten am Beispiel des Gedankens, der im pythagoreischen Lehrsatz ausgesprochen wird. Dieser ist als ein möglicher »Gegenstand des Denkens von Menschen«[139] *objektiv*, denn er gleicht den Dingen der Außenwelt darin, daß er nicht zu irgend jemandes Bewußtseinsinhalt gehört. Auch wenn ich diesen Gedanken fasse, ist er nicht meine Vorstellung: »Wenn man einen Gedanken faßt oder denkt, so schafft man ihn nicht, sondern tritt nur zu ihm, der schon vorher bestand, in eine gewisse Beziehung, die verschieden ist von der des Sehens eines Dinges und von der des Habens einer Vorstellung.«[140] Frege begründet diese Objektivität des im pythagoreischen Lehrsatz ausgesprochenen Gedankens damit, daß er »unabhängig davon wahr [ist], ob irgend jemand ihn für wahr hält« und des-

137 Vgl. Patzig 1981, 120 ff.

138 Frege *Ged.*, 43 (Herv. R. S.). – Ähnlich wie Frege unterscheidet auch Karl R. Popper drei ontologisch differente ›Welten‹: die Welt der physischen Objekte, diejenige der Bewußtseinszustände und die ›dritte Welt‹ der objektiven Gedankeninhalte (1974, 106). Popper nimmt jedoch einen »tremendous effect« der dritten auf die erste Welt an (ebd., 159). Unter dieser Prämisse erhält der ontologische Status von Entitäten der dritten Welt – anders als bei Frege – keine genaue Kontur, weil die ›Bewohner‹ der dritten Welt, wenn sie Wirkungen auszuüben vermögen, von den Entitäten, die die Welt der objektiv-wirklichen physischen Gegenstände bevölkern, nicht mehr hinreichend genau abgrenzbar erscheinen (siehe unten, 261 f.). Obwohl Popper zu den ›Bewohnern‹ (1974, 107) der dritten Welt ausdrücklich auch Kunstwerke zählt (vgl. ebd., 106), diskutiere ich die idealistische Hypothese daher im Folgenden nicht am Beispiel seiner Theorie.

139 Frege *Ged.*, 48.

140 Ebd., 44, Anm. 5.

halb »keines Trägers bedarf«: »Er ist wahr nicht erst, seitdem er entdeckt worden ist, wie ein Planet, schon bevor jemand ihn gesehen hat, mit andern Planeten in Wechselwirkung gewesen ist.«[141] Anders als die Dinge der Außenwelt, denen Freges triadisches Schema den Status objektiv-wirklicher Entitäten zuweist, ist der im pythagoreischen Lehrsatz ausgesprochene Gedanke jedoch *nichtwirklich*; denn er gehört nicht »der Außenwelt, der Welt der sinnlich wahrnehmbaren Dinge« an, einer »Welt, in der dieses auf jenes wirkt, es verändert und selbst wieder Gegenwirkungen erfährt und dadurch verändert wird«.[142] Darin gleicht er Empfindungen, Gefühlen, Stimmungen, Neigungen und Wünschen, die Frege summarisch »Vorstellungen« nennt, weil sie stets zum Bewußtseinsinhalt eines bestimmten Subjekts gehören.

Sind Kunstwerke, wie Patzig nahelegt, objektiv-nichtwirkliche Entitäten in diesem Sinn? Besitzen sie den gleichen Seinsstatus wie Gedanken und Zahlen, an denen Frege die Seinsart objektiv-nichtwirklicher Entitäten exemplifiziert? Wir können diese Hypothese als Erläuterung des ontologischen Status jenes Irrealen auffassen, dessen reale Analoga Sartre zufolge die sinnlich gegebenen Kunstobjekte sind. Weil sie die von Sartre beobachtete Irrealität von Kunstwerken erklärt, indem sie diesen den Status platonischer Ideen zuspricht, werde ich sie die *idealistische Hypothese* über den ontologischen Status von Kunstwerken nennen.

Der Charme dieser Hypothese besteht darin, daß sie den ontologischen Status der Kunst einheitlich bestimmt: Anders als der eingeschränkte Physizismus mißt sie der Unterscheidung von Unikat- und Multiplikatkünsten keine ontologische Bedeutung bei. Sie vermeidet damit alle Folgeprobleme, die sich aus den Abgrenzungsschwierigkeiten ergeben, die mit dieser Unterscheidung verbunden sind. Darüber hinaus wird sie von keinem der Einwände getroffen, denen eine physizistische oder mentalistische Kunstontologie ausgesetzt ist. Ihr größter Vorzug aber resultiert aus ihrer Vereinbarkeit mit der *Type-Token-Theorie*. Diese Theorie, die auf eine Unterschei-

141 Ebd., 43f.

142 Ebd., 50f. – Ich sehe hier davon ab, daß Frege auch erwägt, Gedanken als wirklich zu klassifizieren (ebd., 52f.; vgl. Künne 1983, 143).

dung der Peirceschen Semiotik zurückgeht[143], wirft Licht auf die eigentümliche Beziehung, die Kunstwerke mit denjenigen Wahrnehmungsdingen verbindet, die wir gewahren, wenn wir Kunstwerke ästhetisch erfahren. Die verschiedenen physischen Objekte, die uns ein bestimmtes Kunstwerk vor Augen führen, sind demnach Manifestationen (›tokens‹) eines bestimmten Typus (›type‹), welcher das Kunstwerk selbst ist. Mein Exemplar der deutschen Übersetzung von Rushdies Roman *Die Satanischen Verse* steht demnach zu dem Roman als solchem in dem gleichen Verhältnis wie der in England gekaufte Golf mit Rechtssteuerung, den meine Nachbarin fährt, zum Automodell *Golf* als solchem: Beide sind Manifestationen eines Artefakts, das uns allein in der Gestalt physischer Objekte zugänglich ist, von denen es verschieden und doch in eigentümlicher Weise ununterscheidbar ist.

Patzigs Vorschlag, Kunstwerke als ontologische Analoga von Zahlen und Gedanken (im Fregeschen Sinn) zu verstehen, geht über die Type-Token-Theorie hinaus. Denn die idealistische Hypothese *präzisiert den ontologischen Status* jenes Typus, als den die Type-Token-

143 Die entsemiotisierende Übertragung der Peirceschen Unterscheidung von *types* und *tokens* (siehe unten, 267 ff.) auf Kunstphänomene wird meistens Wollheim (1992) zugeschrieben (vgl. Scruton 1988, 23; Hanfling 1994, 80 ff.), der den Geltungsbereich der Type-Token-Theorie ebenso wie Wolterstorff (1987) auf die Multiplikatkünste beschränkt wissen will. Sie wurde jedoch bereits von Stevenson (1957) angeregt und von Margolis (1959; vgl. ders. 1980, 51 ff.) – ohne Restriktion auf die Multiplikatkünste – ausgearbeitet. Der Sache nach findet sich die Unterscheidung von verkörperndem »physical object« einerseits und »*physically presented* [...] esthetic entity« andererseits sogar schon 1946 bei Clarence I. Lewis (1971, 473 f., Herv. i. O.). Lewis gewinnt seinen Begriff des ästhetischen Gegenstandes allerdings durch eine Überakzentuierung der Konventionalität des Kontexts, in dem sich das verkörpernde Objekt unserer Wahrnehmung darbietet, und durch dessen unplausible Hypostasierung: »[...] the ›poem itself‹ [...] lies in the *context associated with* this physical entity which presents it. [...] it needs to be emphasized that what genuinely belongs to the character of the poem but is found in the context of what physically conveys it and not in that physical entity itself, is still not subjective but as fixed as law [...] by understood conventions governing both the creation of it and its interpretation.« (Ebd., 474, Herv. i. O.).

Theorie ein Kunstwerk bestimmt, indem sie ihn als eine Entität beschreibt, die weder subjektiv noch wirklich ist. Die Type-Token-Theorie hat jedoch für die idealistische Hypothese eine wichtige Funktion: Sie sichert ihre Verträglichkeit mit der Tatsache, daß Kunsterfahrung stets einen sinnlichen Ausgangs- und Anhaltspunkt hat. Erst wenn man das physische Objekt, das wir wahrnehmen, wenn wir ein Kunstwerk ästhetisch erfahren, als Manifestation eines Typus versteht, läßt sich begreifen, warum wir, wenn wir bestimmte physische Objekte gewahren, Kunstwerke zu erfahren vermögen. Insofern setzt die idealistische Hypothese voraus, daß sich das Verhältnis eines Kunstwerks zu seinen Exemplaren im Sinne der Type-Token-Theorie bestimmen läßt. Nur wenn gezeigt werden kann, daß die Realia, auf die wir uns beziehen, wenn wir uns auf Kunstwerke beziehen, keine Kunstwerke sind, sondern Exemplare, Manifestationen, Instantiationen oder Vorkommnisse von Kunstwerken (ich verwende diese Ausdrücke synonym), könnte die idealistische Hypothese zutreffen, daß Kunstwerke ontologische Verwandte von Zahlen und Gedanken sind und ihre Manifestationen mit der diesem Blatt Papier aufgedruckten 3 zu vergleichen, die nicht die Zahl 3 selbst, sondern lediglich eins ihrer Vorkommnisse ist. Um die idealistische Hypothese besser beurteilen zu können, müssen wir uns deshalb zunächst den wichtigsten Einwänden zuwenden, die gegen die Anwendung der Type-Token-Theorie auf Kunstwerke vorgebracht worden sind.

b) Zwei Vorbehalte gegen die Type-Token-Theorie

Leicht ausräumen lassen sich zwei Vorbehalte gegen die Type-Token-Theorie. Der erste wittert die Einführung einer unnötigen ontologischen Kategorie. Richard Rudner hat diesen Einwand schon gegen Überlegungen von Clarence I. Lewis vorgebracht, der die grundlegende Unterscheidung der Type-Token-Theorie noch gar nicht in der Begrifflichkeit von Peirce formuliert hatte: »There is [...] no necessity for multiplying the types of ontological entity which shall be admitted to an Esthetic. [...] the sentence ›Beethoven's *Fifth Symphony* is good but this is a bad rendition of it,‹ could be taken as an ellipsis for ›there is a musical rendition *called* Beethoven's *Fifth Symphony* which is pleasing esthetically but this musical rendition, while similar to it in important respects, is esthetically displeasing.‹«[144] In einer Fußnote zur hier zitierten Stelle bietet Rudner darüber hinaus eine weitere Umformulierung an: »More rarely, perhaps, such a sentence is an ellipsis for: ›*Beethoven's* composition (a particular thing) is esthetically pleasing, but this rendition, which is similar to it in important respects, is esthetically displeasing.‹«[145]

Rudners Einwand, den Jay E. Bachrach in modifizierter Form erneuert hat[146], ähnelt Kutscheras oben erörterter These, jede Aussage über ein Kunstwerk als solches sei in eine Aussage über ein physisches Objekt übersetzbar.[147] Kutschera behauptet allerdings nur, jede Aussage, die dem Kunstwerk K die Eigenschaft e zuschreibt, lasse sich in eine Aussage über ein physisches Objekt übersetzen, das das Kunstwerk K mit der Eigenschaft e darstelle. Rudner hingegen meint, jede Zuschreibung einer Eigenschaft e an ein Kunstwerk K sei in Wirklichkeit die Zuschreibung von e an ein physisches Objekt p. Anders als Kutschera erkennt Rudner also nicht implizit an, daß zwischen dem physischen Objekt p und dem Kunstwerk K ein Repräsentationsverhältnis vorliegt. Unklar bleibt aber, ob im Hintergrund von Rudners Einwand die Überzeugung steht, Kunstwerke seien mit ihren Originalmanifestationen identisch, oder ob Rudner in Abrede stellen will, daß der Ausdruck »Beethovens *5. Symphonie*« überhaupt etwas Bestimmtes bezeichnet. Die erste Lesart wird durch Rudners Fußnote nahegelegt, die als Synonym für »Beethoven's *Fifth Symphony*« den Ausdruck »*Beethoven's* composition (a particular thing)« offeriert. Für die zweite Lesart hingegen spricht, daß Rudner behauptet, die Ausdrücke, die wir im allgemeinen als Namen von Kunstwerken auffassen, seien Synkategoremata, entbehrten also einer eigenständigen Bedeutung.[148]

Glücklicherweise müssen wir uns nicht zwischen den beiden Lesarten von Rudners Einwand entscheiden. Denn davon, daß die Type-Token-Theorie eine überflüssige ontologische Kategorie etabliert, kann er in keinem Fall überzeugen. In der ersten Lesart deckt er sich

144 Rudner 1949/50, 385 (Herv. i. O.).
145 Ebd., 385, Anm. 2 (Herv. i. O.).
146 Vgl. Bachrach 1971, 418 ff.
147 Siehe oben, 202 f.
148 Vgl. Rudner 1949/50, 386.

mit der These des originalistischen Physizismus, die, wie wir gesehen haben, allenfalls für die Unikatkünste plausibel ist und deshalb zumindest nach einem Komplement verlangt, das die Seinsweise der Multiplikatkünste erklärt. In der zweiten Lesart aber scheitert der Einwand an seiner eigenen Prämisse. Wäre nämlich »Beethovens *5. Symphonie*« ein Synkategorema, dann bliebe unerfindlich, warum wir die beiden Aufführungen, von denen in Rudners Einwand die Rede ist, als Aufführungen desselben Musikwerks betrachten. Denn dann gäbe es keinen Maßstab, anhand dessen wir zu entscheiden vermöchten, ob sich die Ähnlichkeit zweier Aufführungen auf »important respects« erstreckt oder nicht. Die Type-Token-Theorie läßt sich dagegen, wie im nächsten Abschnitt gezeigt werden wird, um eine Theorie der Werkidentität ergänzen, die darüber Auskunft gibt, wann zwei physische Objekte Manifestationen desselben Kunstwerks sind.

Der zweite Vorbehalt verweist darauf, daß es oft, vornehmlich in den sekundärtransitorischen Künsten, das Kunstwerk auf zwei verschiedenen Ebenen gibt. Eine Aufführung von Brechts *Kleinbürgerhochzeit* in der Inszenierung, die Andrea Breth für das Bochumer Schauspielhaus erarbeitet hat, lasse sich zwar in gewisser Weise auch als *token* des von Brecht verfaßten Einakters betrachten, sei aber doch in erster Linie ein Vorkommnis von Breths Bochumer Inszenierung der *Kleinbürgerhochzeit*, die ihrerseits jedoch nicht als Vorkommnis der *Kleinbürgerhochzeit* betrachtet werden könne, da die Inszenierung ebensowenig ein Ding der Außenwelt sei wie Brechts Drama selbst. Dieser Vorbehalt beschreibt zwar ein Problem, nötigt aber nicht zur Aufgabe der Type-Token-Theorie. Denn das Problem ist in ihrem Rahmen ohne weiteres lösbar. Dazu bedarf es nicht einmal der Kategorie des Megatyps, die Stevenson zur Charakterisierung literarischer Werke einführt, deren Übersetzungen ebenso wie der originalsprachliche Text Typen *eines* Megatyps seien.[149] Es genügt, daß wir anerkennen, daß sich in einem physischen Objekt zwei verschiedene Kunstwerke manifestieren können, deren eines von dem anderen genealogisch unmittelbar abhängig ist. In meinem Beispiel wäre also die Aufführung, die ich an jenem unvergeßlichen No-

149 Stevenson 1957, 337.

vembertag 1982 besucht habe, ein Vorkommnis sowohl von Brechts *Kleinbürgerhochzeit* als auch von Breths Bochumer Inszenierung der Brechtschen *Kleinbürgerhochzeit.* Diese Auffassung hat gegenüber der von Stevenson nahegelegten Interpretation von Kunstwerken als Megatypen, die Joseph Margolis zur Grundlage einer Theorie über die Identität von Kunstwerken gemacht hat, zwei Vorteile. Einerseits kommt sie ohne die für Margolis unvermeidliche Annahme aus, es gebe Kunstmanifestationen, die – wie das Original eines Gemäldes – *Vorkommnisse eines Megatyps* sind, und solche, die – wie die Aufführung einer bestimmten Inszenierung eines Dramas – als *Vorkommnisse eines Typs* einen Megatyp nur mittelbar repräsentieren.[150] Andererseits schließt sie eine Mißdeutung des Sachverhalts aus, die bei R. A. Sharpe zu finden ist. Sharpe will die Aufführung eines sekundärtransitorischen Werks an einem bestimmten Tag und Ort nur als Vorkommnis einer bestimmten Interpretation eines Werks (einer Inszenierung zum Beispiel), nicht aber als Vorkommnis des zugrundeliegenden Werks selbst gelten lassen. Diese Auffassung hätte die absurde Konsequenz, daß ein Klavierkonzert, von dessen Aufführung durch einen bestimmten Dirigenten und ein bestimmtes Orchester zwar zahlreiche Tonbandaufnahmen, aber keine Partituren mehr vorhanden wären, nicht mehr existierte.[151]

Die Type-Token-Theorie steht indessen auch im Verdacht, die eigentümliche Relation meines Exemplars der *Satanischen Verse* zu Rushdies Werk zu schematisch zu bestimmen. Roger Scruton hat diesen Verdacht in einem Einwand formuliert, der die Erklärungskraft der Type-Token-Theorie grundsätzlich in Zweifel zieht: »The theory [...] seems to be unable to distinguish a musical performance containing a wrong note from a performance of a new work of music containing precisely that note as part of its type.«[152] Nur wenn sich

150 Vgl. Margolis 1959. Es ist unplausibel, warum auch dort ein *Mega*typ vorliegen soll, wo es – wie im Fall eines Gemäldes – gar keinen Typ gibt, zumal ein Megatyp in diesen Fällen offenbar keine andere Eigenschaft besitzt als die, die einen Typ auszeichnen soll – nämlich sich in Vorkommnissen zu manifestieren.

151 Sharpe (1979) erwägt denn auch die ontologischen Konsequenzen seiner These mit keinem Wort.

152 Scruton 1988, 23.

auch dieser Verdacht entkräften läßt, kommt die idealistische Hypothese als Erklärung des ontologischen Status von Kunstwerken in Frage. Werfen wir deshalb einen Blick auf das Identitätsproblem und prüfen wir, ob sich die Type-Token-Theorie gegen Scrutons Einwand verteidigen läßt.

c) Was ist Werkidentität?

Wann sind die Kunstwerke, die sich in zwei numerisch verschiedenen physischen Objekten manifestieren, identisch? Wann sind zwei verschiedene Kunstmanifestationen Vorkommnisse ein und desselben Werks? Eine notwendige Bedingung der *Werkidentität von Kunst* liegt auf der Hand: Zwei numerisch nichtidentische Objekte können offensichtlich nur dann werkidentisch, d.h. Manifestationen ein und desselben Werkes, sein, wenn zwischen ihnen eine entstehungsgeschichtliche Verwandtschaft besteht. Sind sie lediglich strukturell kongruent oder perzeptorisch äquivalent, entstehungsgeschichtlich aber nicht miteinander verwandt, liegt keine Werkidentität vor.[153] Kämen zwei verschiedene Personen unabhängig voneinander auf die Idee, zwei gleiche Reisewecker als *ready mades* zu präsentieren, wären ihre Präsentationen nicht zwei Vorkommnisse ein und desselben Werks. Denn wir nähmen für jedes der beiden Objekte eine andere Person als individuellen Urheber an. Ein Kunstwerk aber kann zwar einen kollektiven Urheber haben, ein und dasselbe Werk sich jedoch nicht der jeweils individuellen Urheberschaft mehrerer Personen verdanken.

Entstehungsgeschichtliche Verwandtschaft ist aber keine hinreichende Bedingung der Werkidentität numerisch nichtidentischer Objekte. Auch Parodie und Parodiertes, Persiflage und Persifliertes, Zitat und Zitiertes sind nämlich entstehungsgeschichtlich verwandt. Gleichwohl liegt hier keine Werkidentität vor, denn die entstehungsgeschichtliche Verwandtschaft paart sich hier mit Nichtäquivalenz. Als Kriterium der Werkidentität kommt daher nur eine Verknüpfung der Verwandtschaftsbedingung mit einer Äquivalenzbedingung in

153 Darauf haben vor allem Künne (am Beispiel literarischer Texte: 1983, 240 f.) und Currie (1989, 15 u. 125) aufmerksam gemacht.

Frage, wie sie Wolfgang Künnes »(idealisierter) Begriff der Identität des literarischen Werks« enthält: »Das Werk, das durch x exemplifiziert wird, ist genau dann identisch mit dem Werk, das durch y exemplifiziert wird, wenn folgende Bedingungen erfüllt sind: x ist syntaktisch kongruent mit y .&. x und y gehören zur selben Sprache .&. x ist textgeschichtlich verwandt mit y.«[154] Künnes Identitätsbegriff hätte allerdings zur Konsequenz, daß wir ein Exemplar der deutschen Ausgabe der *Satanischen Verse* als Exemplifikation eines anderen Werkes ansehen müßten als Rushdies Manuskript oder ein Exemplar der englischen Originaledition. Diese Konsequenz ist unplausibel, weil sie zu unserer üblichen Wahrnehmung von Übersetzungen (oder Theaterinszenierungen) im Widerspruch steht: Auch ein Exemplar der deutschen Ausgabe der *Satanischen Verse* ist ein Exemplar von Rushdies Roman und nicht die Exemplifikation eines davon verschiedenen Werks, das etwa dem anonymen Übersetzerkollektiv zuzurechnen wäre. Ebenso scheint es plausibler zu sein, ein Exemplar einer fehlerhaften englischen Edition, das die Bedingung der syntaktischen Kongruenz verletzt, als eine unzulängliche Manifestation der *Satanischen Verse* zu betrachten und nicht als Exemplar eines anderen Werks. Die Äquivalenzbedingung darf deshalb nicht zu eng, vor allem aber nicht formal ausgelegt werden. Sie wird zwar von perzeptorisch äquivalenten oder strukturell kongruenten Objekten erfüllt; aber sie fordert zwingend weder vollkommene perzeptorische Äquivalenz oder strukturelle Kongruenz noch überhaupt diese oder jene in einem wie immer meßbaren Sinn. Erfüllt ist sie vielmehr auch dann, wenn wir ein Objekt als Aktualisierung, (transitorische) Realisierung oder Transformation eines anderen gewahren: Eine Aufführung der *Schöpfung* ist genauso ein Exemplar von Haydns Komposition wie eine Partitur. Es genügt also offenbar, *daß* sich numerisch verschiedene Objekte, die entstehungsgeschichtlich miteinander verwandt sind, als Äquivalente präsentieren – wie immer sie das tun. Eine Parodie erfüllt diese Bedingung nicht: Sie präsentiert sich nicht als Äquivalent eines Exemplars des parodierten Werks, sondern repräsentiert ein Werk eigenen Rechts, das sich als Werk über ein Werk zu erkennen gibt. Jede Übersetzung präsentiert sich dagegen

154 Künne 1983, 241.

als ein entstehungsgeschichtlich verwandtes Äquivalent (solange sie nicht so unvollkommen ist, daß sich das Werk darin überhaupt nicht wiedererkennen läßt).

Wann aber können wir sagen, daß sich entstehungsgeschichtlich verwandte Objekte als Äquivalente präsentieren? Offenbar immer dann, wenn die ästhetische Erfahrung das eine Objekt als Stellvertreter des anderen akzeptieren könnte (und umgekehrt). Dies ist bei den meisten Äquivalenten evident. Selbst ein der Notenschrift Unkundiger wird zwei Darbietungen der durch Johannes Brahms' Partitur der *Tragischen Ouvertüre op. 81* vorgeschriebenen Klangsequenz als zwei Aufführungen *eines* Werks wahrnehmen, auch wenn das Orchester dafür im einen Fall – unter der Leitung von Karl Böhm – 13 Minuten und 36 Sekunden benötigt und im anderen seine Aufgabe – unter der Leitung von Lorin Maazel – in 11 Minuten und 24 Sekunden bewältigt.

Die Äquivalenz entstehungsgeschichtlich verwandter Wahrnehmungsgegenstände drängt sich uns aber nicht in jedem Fall in dieser Weise auf. Das kann an individuellen Voraussetzungen des Rezipienten liegen. Demjenigen, der keine musikalischen Noten lesen kann, präsentiert sich die Äquivalenz einer Partitur und einer Aufführung von Haydns *Schöpfung* vielleicht nicht unmittelbar. Umgekehrt wird, wer zweisprachig aufgewachsen ist, die Äquivalenz eines Exemplars der englischen Originalausgabe der *Satanischen Verse* und eines Drucks der deutschen Übersetzung womöglich unmittelbar erfassen, während derjenige, dem nur eine der beiden Sprachen Muttersprache ist, Urteilskraft und Wörterbuch bemühen muß, um sich von ihr zu überzeugen. Nicht immer sind es jedoch subjektive, die Kompetenz des Rezipienten betreffende Faktoren, die das unmittelbare Erfassen der Äquivalenz entstehungsgeschichtlich verwandter Objekte hindern. Ob zum Beispiel ein Exemplar der englischen Originalausgabe von *Finnegans Wake* und eines der ebensosehr bewunderten wie geschmähten deutschen Übertragung von Dieter Stündel, die Joyce zwar als Autor im Titel nennt, jedoch »Kainäh ÜbelSetzZung des Wehrkeß fun Schämes Scheuß« sein will, zwei Manifestationen desselben Kunstwerks sind, wird sich auch nach gründlicher Lektüre beider Texte nicht sagen lassen, ohne daß in unserer Feststellung ein evaluatives Moment zum Tragen käme.

Weil die Äquivalenzdiagnose in solchen, aber keineswegs in allen Fällen unvermeidlich subjektive Werturteile impliziert, schwankt die Feststellung der Werkidentität numerisch verschiedener Kunstobjekte von Fall zu Fall zwischen Klassifikation und Beurteilung: Um einen klassifikatorischen Akt handelt es sich immer dann, wenn sich die Äquivalenz entstehungsgeschichtlich verwandter Objekte so präsentiert, daß wir sie unmittelbar, mithin vor jedem subjektiven Werturteil erfassen. Ist dies nicht der Fall, ist die Feststellung der Werkidentität unvermeidlich ein evaluativer Akt. Vielleicht sollte man in diesen Fällen von einer *relativen Werkidentität* sprechen; denn kein Exemplar der Übersetzung eines literarischen Werks gleicht einer Ausgabe der Originalversion in demselben Maß, in dem zwei Drukke der Originalversion einander gleichen – und doch eröffnen uns beide den Zugang zu *einem* Werk. Der Einwand einer *contradictio in adiecto* sticht meines Erachtens jedenfalls nicht; er legt sich nur dann nahe, wenn man übersieht, daß für die Werkidentität von Kunst besondere Identitätsbedingungen gelten: Werkidentität setzt einen Grad an Übereinstimmung zwischen entstehungsgeschichtlich verwandten Objekten voraus, dessen Hinlänglichkeit im Zweifelsfall nur konsensuell festgestellt werden kann. Wäre es anders, konstituierte jede fehlerhafte Reproduktion tatsächlich ein originäres Werk.

Der Sinn des Begriffs ›Werkidentität‹ erschließt sich daher erst, wenn man ihn als Beurteilungsbegriff versteht und den Konsensindex erkennt, den jede Klasse werkidentischer Kunstobjekte ebenso trägt wie die Klasse der Kunstwerke. Werkidentisch sind, so können wir unsere bisherigen Überlegungen resümieren, solche entstehungsgeschichtlich verwandten Objekte, über deren Äquivalenz ein hinreichend großer Konsens besteht.[155] Diese Bestimmung schließt den Fall unmittelbar evidenter Äquivalenz ein; denn diese garantiert *eo ipso* den erforderlichen Konsens.

155 Ich halte deshalb eine schematische Lösung des Identitätsproblems nicht für möglich; insofern stimme ich mit Rischs (1986, 181) »Annahme einer Relativität der Identität« überein. Die von Margolis in seiner frühen Arbeit zum Identitätsproblem (1959, 50) vorgeschlagenen Identifizierungsverfahren stellen meines Erachtens keine Regeln dar, sondern lassen sich allenfalls als empirische Rekonstruktionen häufig angewandter Praktiken begreifen.

Welche Beurteilungshinsicht in solchen Zweifelsfällen, die durch Autopsie allein nicht zu klären sind, die Entscheidung der Urteilenden bestimmt, zeigt sich, wenn wir die Relation betrachten, die zwischen einem Kunstwerk und dessen physischer Manifestation besteht. Mit einer schönen Metapher von Günther Patzig kann man sagen, daß ein Kunstwerk als solches von einem bestimmten physischen Objekt aufgespannt wird.[156] Wie aber entscheiden wir, welches Kunstwerk ein konkreter Wahrnehmungsgegenstand aufspannt? Anders gefragt: Was konstituiert die Werkidentität meines Exemplars der (deutschen Übersetzung der) *Satanischen Verse* mit dem von Rushdie geschaffenen Werk? Die Antwort wird auf die eigentümliche *Prägekraft des Originals* (wie wir die physische Original*manifestation* eines Werks abgekürzt nennen können) verweisen müssen. Ihre Wirksamkeit zeigt sich darin, daß wir die Frage, ob ein Objekt x die Manifestation eines bestimmten Kunstwerks K ist, nur beantworten können, indem wir prüfen, ob x mit der Originalmanifestation von K werkidentisch ist. Damit ein physisches Objekt eine Manifestation eines bestimmten Kunstwerks ist, muß es also mit dem Original dieses Werks werkidentisch sein.[157] Diese Bedingung weist die Manifestationsbeziehung, die zwischen einem Kunstwerk und einem jeden seiner Exemplare besteht, als Derivat der Werkidentität von Wahrnehmungsgegenständen aus: Eine Manifestation von Rushdies Roman ist jedes physische Objekt, das mit dem Original(manuskript) der *Satanischen Verse* werkidentisch ist. Aus der Bedingung erhellt aber auch, warum wir uns, wenn wir über die Werkidentität von Kunstobjekten im Zweifel sind, dadurch Gewißheit zu verschaffen suchen, daß wir prüfen, ob jedes der betreffenden Objekte mit dem Original ein und desselben Kunstwerks werkidentisch ist.

In die Äquivalenzbeurteilung, die diese Prüfung einschließt, können auch Erwägungen über die Intention eingehen, der ein Objekt seine Entstehung oder seine aktuale Beschaffenheit verdankt. Kommen wir dabei zu dem Schluß, daß ein Objekt, das mit dem Original eines bestimmten Werks numerisch nicht identisch, jedoch entste-

156 Vgl. Patzig 1981, 122.

157 Diese Bedingung läßt auch die Möglichkeit zu, daß das fragliche Objekt das Original selbst ist. Numerische Identität, wie sie in einem solchen Fall vorliegt, schließt nämlich Werkidentität *eo ipso* ein.

hungsgeschichtlich verwandt und strukturell kongruent ist, nicht primär auf einer Reproduktionsabsicht, sondern auf einer parodischen Intention beruht, wird unser Urteil über die Äquivalenz dieses Objekts mit dem Original (und mit dessen eindeutigen Reproduktionen) negativ ausfallen.

Erneut bestätigt sich damit die Maßgeblichkeit des Originals. Ihm fällt nicht nur bei der Lösung des Identitätsproblems die Schlüsselrolle zu. Auch die eigentümliche Relation, die ein Kunstwerk mit einem jeden seiner Exemplare verbindet[158], läßt sich auf die Werkidentität eines physischen Objekts mit dem Original eines bestimmten Werks zurückbeziehen. Diese aber ist, sofern sie nicht qua numerische Identität *eo ipso* gegeben ist, durch die doppelte Bedingung der entstehungsgeschichtlichen Verwandtschaft und der Äquivalenz bestimmt. Werkidentität läßt sich deshalb allgemein als ein Identitätsverhältnis beschreiben, das (1) in entstehungsgeschichtlicher Verwandtschaft oder numerischer Identität mit dem Original eines bestimmten Werks und (2) in Originaläquivalenz fundiert ist: Ein Wahrnehmungsgegenstand w_1 ist genau dann werkidentisch mit einem von ihm selbst numerisch verschiedenen Wahrnehmungsgegenstand w_2, wenn (a) sowohl w_1 als auch w_2 von der Originalmanifestation von K ›abstammen‹ oder einer von beiden von ihr ›abstammt‹ und der andere mit ihr numerisch identisch ist und wenn (b) sowohl w_1 als auch w_2 Äquivalente der Originalmanifestation von K sind oder einer von beiden ein Äquivalent der Originalmanifestation von K und der andere mit ihr numerisch identisch ist.[159]

Diese Definition der Werkidentität auf dem Fundament der Type-Token-Theorie widerlegt Scrutons Befürchtung, die Type-Token-

158 Ähnlichkeit und Differenz dieser Relation zur Identitätsbeziehung hat Andrew Harrison (1967/68, 111) plausibel durch die Annahme erklärt, das Verb ›sein‹ könne *drei* verschiedene Bedeutungen haben: neben der des »›is‹ of identity« und der des »›is‹ of predication« die des »›is‹ of instantiation«.

159 Gegen diese Definition spricht nicht, daß es – zum Beispiel bei Kunstwerken, die am Computer erzeugt werden (vgl. dazu Bickel 1992) und sich via *Internet* zeitgleich und phänomenal ununterscheidbar manifestieren – *plurale Originale* gibt. Denn alle jene gleichursprünglichen Primärexemplare, die ein solches plurales Original bilden, sind perzeptorisch völlig äquivalent.

Theorie nötige zu einer Lösung des Identitätsproblems, die ein einziger falscher Ton als Scheinlösung zu entlarven vermöchte. Durch das Kriterium der Originaläquivalenz trägt sie nämlich der Tatsache Rechnung, daß die Feststellung von Werkidentität oft, wenn auch nicht immer ein evaluatives Moment impliziert. Ihr widerspricht deshalb nicht, daß wir die Premiere von Günter Kremers Bremer Inszenierung trotz der von einem Kritiker beklagten »falsche[n] Betonung vieler schöner Verse«[160] als eine Aufführung von Goethes *Faust II* ansehen und ein Exemplar der deutschen Übersetzung der *Satanischen Verse* auch dann als eine Manifestation des Romans betrachten würden, wenn die Übersetzung einen Fehler enthielte. Die vorgeschlagene Definition der Werkidentität verkennt dabei nicht die Differenz, die ein Exemplar der fehlerhaften Übersetzung eines Romans qualitativ von einem Exemplar der Originalausgabe oder gar vom Originalmanuskript trennt, denn sie schließt die Möglichkeit relativer Werkidentität ein. Sie erkennt vielmehr an, daß auch das Original nur eine Manifestation des Werkes ist und nicht dieses selbst, ohne daraus den falschen Schluß zu ziehen, alle Manifestationen eines Werks repräsentierten das Werk gleichermaßen gut. Sie trägt so der Maßstäblichkeit der Originalmanifestation Rechnung, die sich keineswegs auf ›autographische‹ Künste beschränkt, ohne die ontologische Differenz zu ignorieren, die jedes Artefakt von *jeder* seiner Manifestationen unabweisbar trennt.

Zur Sprache kommen muß allerdings noch ein Einwand gegen die Type-Token-Theorie, der ihren Geltungsbereich auf die Multiplikatkünste zu beschränken droht. Dieser Einwand, der indirekt auch die Frage der Werkidentität betrifft, knüpft sich an die materielle Veränderbarkeit physischer Objekte. Wird nicht, wenn ein Gemälde durch Gewalteinwirkung beschädigt, einer Statue ein Arm geraubt oder die Oberflächenbeschaffenheit einer Skulptur durch Witterungseinflüsse verändert wird, die ästhetische Erfahrung, die das betreffende Kunstwerk auszulösen vermag, modifiziert? Nötigt dies nicht doch dazu, jene auf den Bereich der Unikatkünste begrenzte Gültigkeit des Physizismus anzuerkennen, die dieser in seiner eingeschränkten Variante beansprucht?

160 Michaelis 1986, 64.

Günther Patzig hat dieser Konsequenz durch die Annahme auszuweichen versucht, daß »physische Veränderungen des physischen Objekts ein anderes Kunstwerk als ästhetische Wirkung dieses Objekts zur Folge haben«.[161] Das würde freilich bedeuten, daß derjenige, der ein Gemälde durch ein Salpetersäure-›Attentat‹ beschädigt, ein neues Kunstwerk schafft. Diese Konsequenz ist wenig attraktiv.

Die Annahme, aus der sie folgt, ist jedoch für die Verteidigung der generellen Gültigkeit der Type-Token-Theorie keineswegs zwingend. Diese ist vielmehr mit der prinzipiellen Veränderbarkeit physischer Objekte vereinbar, sofern nur der Begriff des Originals eine Präzisierung erfährt. Damit dies deutlich wird, müssen wir allerdings vier verschiedene Fälle unterscheiden; denn die materielle Veränderbarkeit physischer Objekte ist kunstontologisch differenziert zu beurteilen, und zwar danach, ob es zu dem Zeitpunkt, zu dem die Veränderung eintritt,

(1) mehrere Manifestationen eines Kunstwerks gibt und die Veränderung alle Manifestationen betrifft,
(2) mehrere Manifestationen eines Kunstwerks gibt und die Veränderung einzelne oder mehrere sekundäre Manifestationen betrifft,
(3) mehrere Manifestationen eines Kunstwerks gibt und die Veränderung das Original betrifft,
(4) nur eine einzige Manifestation eines Kunstwerks gibt und diese von einer Veränderung betroffen wird.

Im ersten und vierten Fall wird man sagen können, daß durch die Veränderung der physischen Manifestationen das Kunstwerk selbst verändert wird, ohne daß sich dadurch physizistische Konsequenzen nahelegten. Denn die Veränderung betrifft in diesen beiden Fällen alle existierenden Manifestationen eines Kunstwerks, so daß auch jede künftighin durch Reproduktion einer dieser Manifestationen etwa hinzukommende weitere Manifestation das Werk nur als *das* Werk repräsentieren kann, das durch die veränderten Manifestationen repräsentiert wird. Das Werk manifestiert sich also fürderhin nur noch als dasjenige, als das es sich in den veränderten Manifestationen manifestiert.

161 Patzig 1981, 122 f. (Herv. d. O. getilgt).

Etwas anders liegen die Dinge im zweiten Fall. Betrifft die Veränderung eine sekundäre Manifestation, die nicht das einzige Vorkommnis eines Werks ist, verändert sich zumeist der Grad ihrer Originaläquivalenz. Unter Umständen büßt das veränderte Objekt aber auch den Status einer Manifestation des betreffenden Werkes ein. In diesem Fall spannt es vielleicht ein neues Artefakt auf, zumeist aber wohl kein neues Kunstwerk, weil das veränderte Objekt in der Regel nicht als Kunstmanifestation beurteilt werden dürfte. Ebenso verhält es sich, wenn mehrere sekundäre Manifestationen betroffen sind.

Am schwierigsten zu beurteilen ist der dritte Fall. Nehmen wir an, daß das Original eines Gemäldes durch ein Salpetersäure-›Attentat‹ so stark beschädigt worden ist, daß sein Zustand kaum noch an seine ursprüngliche Beschaffenheit erinnert, die durch Reproduktionen bestens dokumentiert ist. Bedeutet dies, daß es das Gemälde nicht mehr gibt? Oder tritt das Original in diesem Fall seine Prägekraft an die beste Reproduktion ab? Die erste Antwort setzte den eingeschränkten Physizismus gegen die idealistische Hypothese ins Recht, die zweite spräche gegen die Bestimmung von Werkidentität, die ich vorgeschlagen habe. Der Sachverhalt ist jedoch anders zu interpretieren; denn die erste Antwort verkennt, daß das Werk als solches fortexistiert, da Aussagen darüber anhand der Reproduktionen überprüft werden können[162]; die zweite Antwort hingegen übersieht, daß sich keine Reproduktion anders als durch entstehungsgeschichtlich bedingte Originaläquivalenz als ›beste‹ Reproduktion ausweisen kann. Richtig scheint mir demgegenüber zu sein, das beschädigte Objekt nach wie vor als Original des betreffenden Werkes anzusehen. Freilich wird man ebenfalls annehmen müssen, daß eine Reproduktion gleichsam stellvertretend für das Original zum Maßstab der Originaläquivalenz wird. Denn jede Bemühung, das beschädigte Original zu restaurieren, wird sich an derjenigen Kopie oder Reproduktion orientieren, von der wir annehmen, daß sie seinen ursprünglichen Zustand am genauesten wiedergibt. Wie erklärt sich dieser scheinbar paradoxe Sachverhalt, daß sich unser Urteil über die Originaläquivalenz eines Objekts unter bestimmten Umständen nicht am Original selbst, sondern an einer Sekundärmanifestation orientiert?

162 Siehe oben, 214.

Um ihn verständlich zu machen, genügt es, das Kriterium der Originaläquivalenz so zu interpretieren, daß es das *Original im Originalzustand*, d.h. das vom Künstler geschaffene oder präsentierte Objekt in dem Zustand, in dem es von ihm präsentiert oder hinterlassen wird, zum Maßstab macht. Durch diese Interpretation erklärt sich auch, warum wir, wenn das Original verloren ist (oder scheint), zur Entscheidung von Fragen der Originaläquivalenz diejenige Manifestation, die ihm mutmaßlich am nächsten kommt, zu seinem Statthalter erwählen.[163]

Wenn diese Überlegungen plausibel sind, ist gezeigt, daß das Identitätsproblem im Rahmen der Type-Token-Theorie gelöst werden kann. Dieses Problem läßt sich deshalb schwerlich gegen die Type-Token-Theorie und die idealistische Hypothese, die sie ontologisch präzisiert, ins Treffen führen.

d) Drei Unterschiede

Indem die Definition der Werkidentität, die ich vorgeschlagen habe, die Möglichkeit relativer Werkidentität anerkennt, deutet sie allerdings einen entscheidenden Unterschied an, der Kunstwerke von solchen Entitäten trennt, wie Frege sie im Auge hat: Die Vorkommnisse eines Kunstwerks können qualitativ unterschiedlich sein (1). Darüber hinaus geht die Existenz von Kunstwerken – anders als die von Gedanken und Zahlen – auf eine im weitesten Sinn als Produktion zu beschreibende menschliche Tätigkeit zurück, die ihr einen Anfang in Raum und Zeit verleiht (2). Außerdem ist sie in bestimmter Weise an die Existenz raum-zeitlicher Manifestationen gebunden (3). Betrachten wir diese dreifache Differenz genauer.

163 Die oben getroffene Feststellung, daß im ersten und vierten Fall durch die Veränderung der physischen Manifestationen das Kunstwerk selbst verändert wird, widerspricht dieser Interpretation der Äquivalenzbedingung nicht. Ist nämlich *keine* Manifestation eines Werks von einer bestimmten Veränderung ausgenommen und haben wir keinerlei Anhaltspunkt für die Vermutung, daß das Original im Originalzustand anders beschaffen war, dann unterstellen wir, daß das Original, das wir kennen, das Original im Originalzustand ist.

1. Ein Gedanke, wie er im pythagoreischen Lehrsatz ausgesprochen wird, läßt sich weder teilweise noch ungefähr (er)fassen – wer das Parallelenaxiom ›halb begriffen‹ oder ›in etwa verstanden‹ haben will, hat es nicht begriffen. Deshalb kann der unter diesem Namen in der Geschichte der Geometrie oft erörterte Gedanke nur entweder ausgesprochen oder nicht ausgesprochen werden; eine Formulierung, die ihn schlecht trifft, trifft ihn eben nicht. Die Eigenart der Beziehung, in der die Entitäten, an denen Frege das »Reich« des Objektiv-Nichtwirklichen exemplifiziert, zu ihren Vorkommnissen stehen, läßt graduelle Unterschiede nicht zu.

Die Originaläquivalenz sekundärer Kunstmanifestationen kann dagegen graduell variieren. *Deshalb müssen nicht alle Vorkommnisse eines Kunstwerks dieses gleichermaßen gut repräsentieren.* Anders als ein Gedanke kann ein Kunstwerk mithin auch Vorkommnisse haben, die es schlecht repräsentieren. Unbeschadet ihrer geringen Originaläquivalenz sind diese – sofern sie nur überhaupt entstehungsgeschichtlich verwandte Äquivalente seines Originals sind – Manifestationen des betreffenden Werks. Das zeigt sich zum Beispiel daran, daß wir, wenn wir eine höchst unvollkommene Reproduktion von Picassos früher *Erstkommunion* (*La primera comunión*, 1896, Museo Picasso, Barcelona) in Postkartengröße gesehen haben, das Original des Gemäldes als Exemplar von Picassos *Erstkommunion* *wieder*erkennen können – auch wenn uns das Original selbst zuvor noch niemals vor Augen stand. Wer dagegen gelernt und sich eingeprägt hat, der Satz des Pythagoras besage, daß in rechtwinkligen Dreiecken die Summe der Kathetenquadrate gleich dem Hypotenusen*kubus* ist, der wird in der Formel $a^2 + b^2 = c^2$ keine Formulierung des pythagoreischen Lehrsatzes erkennen.

2. Zwischen Kunstwerken und jenen Entitäten, an denen Frege die Seinsart von Ontologisch-Nichtwirklichem exemplifiziert, besteht darüber hinaus ein weiterer Unterschied. Während der im pythagoreischen Lehrsatz ausgesprochene Gedanke unabhängig von seinem Gedachtwerden existiert, ist ein Kunstwerk seiend nur, weil es geschaffen wurde. *Das Sein eines Kunstwerks hat also einen (im Prinzip) datierbaren Anfang, der sich an einer auf ein physisches Objekt bezogenen Tätigkeit eines einzelnen oder mehrerer Personen festmachen läßt.* Ob diese *künstlerische Tätigkeit*, wie ich sie abkürzend nen-

nen will, im *engeren* Sinn herstellenden Charakter hat, scheint mir dabei nicht entscheidend zu sein. Die Grenzen sind ohnehin fließend: Ob der Objektkünstler, der ein *objet trouvé* präsentiert, ein neues physisches Objekt *herstellt*, darüber läßt sich gewiß trefflich streiten. Nicht darauf aber kommt es in unserem Zusammenhang an, sondern auf den Umstand, daß die Existenz eines Kunstwerks als einer nichtphysischen Entität durch eine im weitesten Sinn als Produktion zu beschreibende menschliche Tätigkeit bedingt ist, die zur Entstehung der ersten Manifestation des betreffenden Werkes führt. Dessen Existenz *gründet* insofern in einem Akt der Produktion eines physischen Objekts.

Auf diese Tätigkeit des Künstlers, der ein Kunstwerk produziert, indem er dessen primäre Manifestation herstellt, lassen sich, wie die Behandlung des Identitätsproblems ergeben hat, alle Manifestationen eines Kunstwerks zurückbeziehen: die verschiedenen Exemplare der unterschiedlichen Auflagen und Editionen eines Romans genauso wie die diversen Aufführungen unterschiedlicher Einstudierungen eines Cellokonzerts oder eines Dramas, aber auch alle Abzüge von dem Negativ einer Photographie oder der Kaltnadelplatte eines Kupferstichs. Die sekundären Manifestationen können dabei – wie bei sekundären Drucken eines Kupferstichs – auf die gleiche Weise erzeugt worden sein wie die primäre Manifestation. Sie können aber auch auf andere Weise hergestellt worden sein: durch manuelle oder technische Reproduktion der primären oder einer sekundären Manifestation oder auch durch bestimmte interpretative Verfahren. Eine sekundäre Manifestation eines Kunstwerks kann sich also von dessen primärem Vorkommnis phänomenal durchaus unterscheiden – es genügt, daß sie mit ihm werkidentisch ist.

Den besonderen Rang derjenigen Manifestation, deren Produktion gleichsam die Geburtsstunde eines Kunstwerks ist, kennzeichnet der Begriff des Originals. Ohne Originale gäbe es keine Kunstwerke – daran zu zweifeln, wäre absurd. Weil das Werk selbst erst durch die Produktion des Originals Sein erlangt, sind Werk und Original gleichursprünglich. Diese Fundiertheit der Existenz eines jeden Kunstwerks im Akt der Produktion seines Originals erklärt, warum dieses (oder stellvertretend für ein verlorenes oder zerstörtes Original diejenige Sekundärmanifestation, von der wir vermuten, daß sie dem Original am nächsten kommt) der Maßstab ist, anhand dessen wir nicht nur Fragen der Werkidentität entscheiden, sondern auch darüber, welche Eigenschaften einem Werk zukommen und welche nicht.

Das Sein eines Kunstwerks ist freilich nur insofern an die Existenz des Originals gebunden, als ohne dieses kein Kunstwerk Sein erlangen könnte. Hat ein Kunstwerk aber erst einmal Sein erlangt, hängt seine Fortexistenz nicht mehr davon ab, daß das Original weiterexistiert. Denn Aussagen über das Werk können *unter Umständen* auch dann getroffen und überprüft werden, wenn das Original verloren oder zerstört ist. Hätte es das Original jedoch nie gegeben, wären solche Aussagen weder möglich noch überprüfbar. Nicht, daß es eine Originalmanifestation (noch) gibt, wohl aber, daß es sie einmal gegeben hat, ist demnach für die Existenz eines Kunstwerks konstitutiv. Kunstontologisch hat das Original deshalb eine *mäeutisch*e Funktion.[164]

3. Welche Umstände aber sind es, die ein Kunstwerk auch dann noch fortexistieren lassen, wenn das Original verloren oder zerstört ist? Die Antwort weist auf einen dritten Unterschied hin, der Kunstwerke ontologisch von Zahlen und Gedanken trennt. Denn die gesuchte Voraussetzung ist offenbar die, daß es von dem betreffenden Werk noch mindestens ein Vorkommnis gibt. Demnach hängt die Existenz eines Kunstwerks nicht nur davon ab, daß es durch die Produktion seiner Originalmanifestation gleichsam das Licht der Welt erblickte. Vielmehr ist sie darüber hinaus daran gebunden, daß es mindestens eine Manifestation gibt, die die Möglichkeit seiner Wahrnehmung verbürgt. Ein Beispiel verdeutlicht das. Nehmen wir an, jemand schreibt ein Gedicht, von dem er keine Abschrift anfertigt

164 Gadamer expliziert diese mäeutische Funktion des Originals, indem er die »Zeitstruktur« der Kunst mit dem »Zeitcharakter des Festes« vergleicht: »Für das Wesen des Festes sind seine historischen Bezüge sekundär. Als Fest ist es nicht in der Weise einer historischen Begebenheit ein identisches, ist aber auch nicht derart von seinem Ursprung her bestimmt, daß einstmals das eigentliche Fest war – im Unterschied zu der Art, wie es in der Folge der Zeit gefeiert wird. Vielmehr ist an seinem Ursprung, z. B. durch seine Stiftung oder durch allmähliche Einführung, gegeben, *daß* es regelmäßig gefeiert wird.« (*GW I*, 128; Herv. R. S.)

und dessen Wortlaut er vergißt. Auf Grund unglücklicher Umstände verbrennt das Manuskript, bevor das Gedicht zum Vortrag oder zur Drucklegung gelangt, so daß es niemanden gibt, der den Wortlaut kennt. Könnte man sagen, daß das Gedicht noch existiert? Ich denke, daß die Frage verneint werden muß. Denn ein Gedicht ist keine Entität, der Sein unabhängig davon zukäme, ob es sich – in welcher Form auch immer – manifestiert. Anders als Zahlen oder Gedanken erschließt es sich nicht dem Denken, sondern allein der sinnlichen Wahrnehmung, der es nur in einer raum-zeitlichen Manifestation zugänglich ist. Das Beispiel zeigt freilich auch, daß schon die bloße Möglichkeit einer raum-zeitlichen Manifestation es erlaubt, von der Existenz eines Kunstwerks zu sprechen. Gäbe es nämlich jemanden – und wäre es der Autor –, der das Gedicht ›im Kopf‹ hätte und es im Prinzip jederzeit vortragen könnte, dann wäre das Poem existent. Denn die *Möglichkeit* seiner sinnlichen Wahrnehmung bestünde auch in diesem Fall.[165] Ähnliches gilt für bestimmte Formen transitorischer Kunst, etwa für eine Tanzperformance, bei der es ebenfalls genügt, daß den Tänzern die Choreographie ihres Tanzes so präsent ist, daß sie ihn im Prinzip jederzeit aufführen könnten. Wenn, wie in diesen Fällen, eine subjektive Kompetenz die Möglichkeit einer sinnlichen Werkmanifestation verbürgt, manifestiert sich ein Werk virtuell. Da auch eine virtuelle Manifestation die Existenz eines Kunstwerks zu sichern vermag, läßt sich die dritte Differenz auf die Formel bringen, daß *Kunstwerke existieren, solange es mindestens ein physisches Objekt gibt, in dem sie sich aktuell oder virtuell manifestieren.* Kunstwerke sind folglich keine Entitäten, deren Sein »in keiner Relation zur Welt der Realitäten steht«[166] – sowenig sie deshalb physische Objekte sind.

165 Die Existenz eines Werks ist eben nicht daran gebunden, daß es jederzeit und ohne weiteres sinnlich wahrgenommen werden kann. Bei manchen Projekten der Land-art zum Beispiel müssen bestimmte Witterungsbedingungen erfüllt sein, damit ihre Wahrnehmung möglich ist. So kann etwa Walter De Marias *Lightning Field* (1974–1977, nördlich von Quemado, New Mexico) als solches nur während eines Gewitters wahrgenommen werden, das die Spitzen der 400 Edelstahlstäbe, die gleichmäßig über eine Feldfläche von 1 Meile x 1 Kilometer verteilt sind, als Träger elektrischer Energie sichtbar macht.

166 So Liessmann (1991, 293), dessen Theorie ein prägnantes Beispiel dafür

Wenn wir diese dritte mit der oben aufgewiesenen zweiten Differenz verknüpfen, ergibt sich für die Existenz von Kunstwerken die folgende doppelte Bedingung: *Ein Kunstwerk existiert, wenn es (1) mindestens*[167] *ein physisches Objekt gab oder gibt, durch dessen Produktion das Werk konstituiert wurde,* und *wenn es (2) mindestens ein physisches Objekt gibt, in dem es sich aktuell oder virtuell manifestiert.* Patzigs Hinweis, als objektiv-nichtwirkliche Entitäten wären Kunstwerke »freilich [...] in ihrer Existenz fundiert in raum-zeitlichen Manifestationen«[168], ist in dieser Bedingung präzisiert.

e) Die Nichtwirklichkeit von Kunstwerken

Wie ist die idealistische Hypothese im Licht dieser Unterschiede zu beurteilen? Sprechen sie dagegen, Kunstwerke als objektiv-nichtwirkliche Entitäten zu bestimmen? Um diese Frage entscheiden zu können, müssen wir die Kriterien objektiver Nichtwirklichkeit betrachten. Vier Kriterien lassen sich den oben zitierten Bestimmungen Freges entnehmen: 1. *Nichtsubjektivität,* 2. *Nichtwahrnehmbarkeit,* 3. *Unveränderlichkeit,* 4. *Unfähigkeit, Wirkungen hervorzurufen.*[169]

Der Status der ersten Bedingung ist offenkundig: *Nichtsubjektivität,* verstanden als Unabhängigkeit einer Entität von einem Träger-Subjekt, ist eine notwendige, aber keine hinreichende Bedingung objektiver Nichtwirklichkeit. Ihre Notwendigkeit ergibt sich daraus, daß die Disjunktion ›objektiv‹ – ›subjektiv‹ für Frege erschöpfend ist. Daß sie nicht hinreichend ist, erhellt aus der Nichtsubjektivität auch der physischen Gegenstände.

Nichtwahrnehmbarkeit und die *Unfähigkeit, Wirkungen hervorzurufen,* sind ebenfalls notwendige, aber keine hinreichenden Bedingungen objektiver Nichtwirklichkeit. Wolfgang Künne hat gezeigt,

ist, wie irrige kunstontologische Prämissen, wie unscheinbar und beiläufig sie auch erscheinen mögen, der Kunstästhetik eine falsche Richtung weisen können (vgl. Schmücker 1992 a).

167 Die Formulierung ›mindestens ein physisches Objekt‹ trägt dem Sonderfall einer pluralen Originalmanifestation (siehe oben, 251, Anm. 159) Rechnung.

168 Patzig 1981, 120.

169 Siehe oben, 240.

daß diese beiden Bedingungen zusammenfallen, sofern man die Bedingung der Nichtwahrnehmbarkeit so versteht, daß sie fordert, daß etwas »von keinem denkbaren Sinnenwesen, gleichgültig welcher Instrumente es sich bedienen mag, wahrgenommen werden« kann.[170] Die Notwendigkeit dieser Bedingung(en) ergibt sich daraus, daß das, was Wirkungen hervorzurufen vermag, *per definitionem* wirklich ist. Dies ist natürlich eine Frage terminologischer Dezision. Wir könnten vereinbaren, auch (einige) Entitäten, die Wirkungen hervorzurufen vermögen, nichtwirklich zu nennen. Die Unfähigkeit, Wirkungen hervorzurufen, wäre dann – anders als für Frege – kein Distinktionsmerkmal, das nichtwirkliche von wirklichen Entitäten abzugrenzen erlaubt. Es gibt aber einen triftigen Grund, der dagegen spricht, Frege, dessen Begriff der Wirklichkeit auf eine frühere Bedeutung des Wortes anspielt, die heute auf das Wort ›wirk*sam*‹ übergegangen ist[171], hier die Gefolgschaft zu verweigern. Denn es ist schwer zu erkennen, in welchem anderen Sinne die Unterscheidung ›wirklich‹ – ›nichtwirklich‹ sinnvoll aufgefaßt werden könnte, da das Kriterium der Nichtwahrnehmbarkeit aus dem oben genannten Grund mit dem der Unfähigkeit, Wirkungen hervorzurufen, zusammenfällt. Wir müßten deshalb womöglich auch die physischen Objekte als nichtwirkliche Entitäten betrachten. Diese Konsequenz ist unattraktiv. Wir

170 Künne 1983, 63. Dieses Verständnis der Bedingung der Nichtwahrnehmbarkeit legt sich aus zwei Gründen nahe: Einmal vermag es zu erklären, warum Frege Nichtwirklichkeit einerseits als Nichtwahrnehmbarkeit (*GA*, 97 [wirklich ist das, »was auf die Sinne wirkt, oder was wenigstens Wirkungen hat, die Sinneswahrnehmungen zur nähern oder entferntern Folge haben können«]; *GGA* I, XVIII [wirklich ist das, was fähig ist, »unmittelbar oder mittelbar auf die Sinne zu wirken«]; *GGA* II, 86 [nichtwirklich sind diejenigen Gegenstände, die »nicht auf unsere Sinne wirken« können]; *Ged.*, 50 [die »Außenwelt« des Wirklichen ist die »Welt der sinnlich wahrnehmbaren Dinge«]), andererseits als Unfähigkeit, Wirkungen hervorzurufen (*NE*, 212 [wirklich ist das, was ›einen Einfluß ausüben und erfahren kann‹], expliziert. Darüber hinaus ist durch dieses Verständnis eine willkürliche Grenzziehung vermieden – sowohl im Hinblick auf die Zulässigkeit von Instrumenten zur Unterstützung der Wahrnehmungsorgane als auch in bezug auf die Einschränkung des Wahrnehmungsbegriffs auf bestimmte Sinnenwesen (vgl. Künne 1983, 63).

171 Künne 1983, 64, Anm. 33.

sollten deshalb diejenigen Entitäten wirklich nennen, die Wirkungen hervorzurufen vermögen, und diejenigen nichtwirklich, die diese Fähigkeit nicht besitzen. Im übrigen belegt Künnes Hinweis auf Erlebnisse, daß die Unfähigkeit, Wirkungen hervorzurufen, keine hinreichende Bedingung objektiver Nichtwirklichkeit ist.[172] Denn Erlebnisse sind subjektive Entitäten, Objektiv-Nichtwirkliches ist aber *per definitionem* nicht subjektiv.

Welchen Status die Bedingung der *Unveränderlichkeit* besitzt, ist nicht so leicht zu erkennen. Wenn wir Punkt-Ereignisse, die keine zeitliche Extension, aber eine zeitliche Position besitzen, wirklich nennen, läßt sich das Resultat, zu dem Künne mit Rücksicht auf Punkt-Ereignisse für abstrakte Gegenstände kommt[173], auf objektiv-nichtwirkliche Entitäten übertragen: Nur *Unzeitlichkeit* (Nichtbesitz sowohl einer zeitlichen Position als auch einer zeitlichen Extension), nicht aber Unveränderlichkeit ist demnach eine hinreichende Bedingung objektiver Nichtwirklichkeit; denn nur die Bedingung der Unzeitlichkeit schließt nicht nur alles Subjektive, dessen Sein an ein (sterbliches) Trägersubjekt gebunden ist, sondern auch (wirkliche) Punkt-Ereignisse aus. Notwendige Bedingungen objektiver Nichtwirklichkeit sind dagegen weder Unveränderlichkeit noch Unzeitlichkeit. Das zeigt sich, wenn wir berücksichtigen, daß auch die natürlichen Arten, deren Veränderlichkeit offenkundig ist, zu den objektiv-nichtwirklichen Entitäten gerechnet werden müssen, weil sie weder subjektiv noch wirklich sind. Mit einem von Künne präzisierten Begriff Husserls können wir solche objektiv-nichtwirklichen Entitäten, die veränderlich sind, als »gebundene Idealitäten« bezeichnen.[174]

Wenn Kunstwerke objektiv-nichtwirkliche Entitäten sind, dann sind sie gebundene Idealitäten. Denn sie sind veränderlich. Das konnten wir schon bei der Untersuchung der kunstontologischen Konsequenzen feststellen, die sich aus der materiellen Veränderbarkeit physischer Objekte ergeben.[175] Der dritte der im letzten Abschnitt genannten Unterschiede zwischen Kunstwerken und Freges Exempeln objektiv-nichtwirklicher Entitäten bestätigt diesen Befund zu-

172 Ebd., 66.
173 Ebd., 56 f.
174 Husserl 1948, 321; Künne 1983, 47, 92 f.
175 Siehe oben, 253 f.

sätzlich: Denn wenn die Existenz von Kunstwerken potentiell endlich ist, weil sie daran gebunden ist, daß es mindestens ein physisches Objekt gibt, in dem sie sich aktuell oder virtuell manifestieren, dann sind Kunstwerke nicht unveränderlich.

Sind aber Kunstwerke gebundene Idealitäten? Dagegen scheint die Tatsache zu sprechen, daß wir Kunstwerken Wirkungen zuzusprechen pflegen; denn die Unfähigkeit, Wirkungen hervorzurufen, ist eine notwendige Bedingung objektiver Nichtwirklichkeit. Wir sagen zum Beispiel: »*Die Satanischen Verse* haben mich provoziert«, »Die *Primavera* hat mich beeindruckt«, »*Also sprach Zarathustra* [Richard Strauss' »Tondichtung für großes Orchester« op. 30, deren »Introduction« meine Nachbarin zur Mitternacht anzuhören liebt] hat die Wände erzittern lassen« oder »Die *Odyssee* hat Kafka zum Schreiben der Erzählung veranlaßt, die Max Brod unter dem Titel *Das Schweigen der Sirenen* aus dem Nachlaß veröffentlicht hat«. Wir müssen aber beachten, daß die Wirkungen, von denen in solchen Sätzen die Rede ist, die Wirkungen von *Ereignissen* sind, zum Beispiel von Akten der Wahrnehmung von Kunstwerken. Der Ausdruck, der eine objektiv-nichtwirkliche Entität zu bezeichnen scheint, läßt sich in solchen Sätzen deshalb grundsätzlich durch eine Satz-Nominalisierung ersetzen.[176] Das zeigt, daß er in derartigen Sätzen als Abbreviatur der Beschreibung eines mehr oder weniger komplexen ursächlichen Ereigniszusammenhangs in der physischen Welt dient und nur aus Gründen der Sprachökonomie Verwendung findet.

Da wir nach allem bisher Gesagten keinen Grund haben, Kunstwerke für subjektiv zu halten, hat sich bisher kein Hinweis ergeben, der gegen Patzigs idealistische Hypothese spräche, Kunstwerke seien objektiv-nichtwirkliche Entitäten. Allerdings hat sich gezeigt, daß das Sein eines Kunstwerks – anders als etwa das des im pythagoreischen Lehrsatz ausgesprochenen Gedankens – von einer doppelten Bedingung abhängig ist. Wir sollten dieser besonderen Bedingung der Existenz von Kunstwerken Rechnung tragen, indem wir Kunstwerke als nichtwirkliche Entitäten einer besonderen Art auffassen, die mir am besten mit dem Begriff der *Instantialität* bezeichnet zu sein

176 Vgl. Künne 1983, 69 f.

scheint.[177] *Wenn wir unter einer instantialen Entität eine nichtwirkliche Entität verstehen, die nur existiert, wenn es (1) mindestens ein physisches Objekt gab oder gibt, durch dessen Produktion sie konstituiert wurde, und wenn es (2) mindestens ein physisches Objekt gibt, in dem sie sich aktuell oder virtuell manifestiert, dann sind Kunstwerke instantiale Entitäten.*

f) Das intersubjektiv-instantiale Sein von Kunstwerken

Als *objektiv*-instantiale Entitäten wären *Kunst*werke ontologisch allerdings nicht hinreichend beschrieben. Patzigs Vorschlag, Kunstwerke als *Objektiv*-Nichtwirkliches aufzufassen, dessen Präzisierung diese Bestimmung lediglich ist, stellt nämlich nur den ersten Schritt auf dem Weg zu einer plausiblen kunstontologischen Theorie dar. Er beschreibt zwar überzeugend die Art und Weise, in der Kunstwerke *als Artefakte* existieren. Er erklärt aber nicht, in welcher Weise Kunstwerke *als Kunstwerke* existieren; denn er blendet aus, daß der Kunstbegriff ein Beurteilungsbegriff ist und die deskriptiv zuschreibbare Kunsthaftigkeit eines Artefakts auf einem weitreichen-

177 Berührungspunkte weist mein Vorschlag, Kunstwerke als instantiale Entitäten aufzufassen, u.a. mit den kunstontologischen Erwägungen von Ralls (1972, 18), Webster (1974/75, 60) und Margolis (1974, 1980) auf. In Margolis' Bestimmung von Kunstwerken als »physically embodied and culturally emergent entities« (1974, 187) ist auch die kunst*ontologische* Bedeutung des »context of a cultural tradition« (1974, 195; 1980, 44) gesehen, die ich im folgenden hervorhebe, indem ich Kunstwerke als *intersubjektiv*-instantiale Entitäten deute. Margolis interpretiert die ›Verkörperung‹ eines Kunstwerks in einem physischen Objekt allerdings in Analogie zur ›Verkörperung‹ einer Person in einem Leib (1974, 188; 1980, 39). Diese Analogisierung halte ich für irreführend; denn Kunstwerke sind nicht an die bestimmte Körperlichkeit des Originals oder irgendeiner anderen Manifestation gebunden; als Person habe ich hingegen nur einen – meinen – Körper, den ich, auch wenn ich wollte, nicht eintauschen kann. Plausibel erscheint mir hingegen der von Franz Koppe (1995a; 1995b, 17) beobachtete Anthropomorphismus von Kunstwerken als »verkörperte[r] Metapher[n]«, der, weil er die Interpretation von Kunstwerken als »Zeichengebilde[n]« (Koppe 1995b, 16) zur Voraussetzung hat, mit der hier vertretenen kunstontologischen Position vereinbar ist.

den, unter Umständen jedoch auf bestimmte Sprachgemeinschaften, Kulturtraditionen oder historische Epochen begrenzten evaluativen Konsens beruht.[178]

Patzigs Vorschlag teilt diesen Mangel mit dem eingeschränkten Physizismus, der für die Unikatkünste die Identität eines Kunstwerks mit seinem Original behauptet. Denn auch für die Unikatkünste gilt: Nur kraft ihrer entsprechenden intersubjektiven Beurteilung sind Artefakte Kunstwerke im deskriptiv-klassifikatorischen Sinn des Begriffs. Im Unterschied zum eingeschränkten Physizismus läßt sich die idealistische Hypothese allerdings so modifizieren, daß sie mit der Konsensabhängigkeit der Kunsthaftigkeit von Artefakten verträglich wird. Deshalb – und nicht, weil sie eine einheitliche Erklärung des ontologischen Status von Kunstwerken erlaubt – ist sie dem eingeschränkten Physizismus überlegen.

Wenn wir der Tatsache Rechnung tragen wollen, daß Kunstwerke nur konsensbedingt Kunstwerke sind, müssen wir Freges Annahme aufgeben, daß die Disjunktion ›subjektiv‹ – ›objektiv‹ erschöpfend ist. Weil das Sein von Kunstwerken an weitreichende Konsense über ihre Kunsthaftigkeit gebunden ist, können Kunstwerke nämlich weder identitätsabhängig noch epistemisch privat sein. Sie sind also keinesfalls subjektiv. Aus demselben Grund sind Kunstwerke aber auch nicht objektiv. Denn sie unterscheiden sich von dem im pythagoreischen Lehrsatz ausgesprochenen Gedanken gerade dadurch, daß ihr Sein von einem Werturteil *abhängig* ist, das sich jenem ›Fassen‹ des Gedankens vergleichen läßt, von dem das Sein des Gedankens unabhängig ist.[179]

178 Siehe oben, 123 ff. – Diesen Mangel der idealistischen Hypothese verkennt Danto, wenn er den ontologischen Status eines Kunstwerks mit demjenigen eines Wetterberichts gleichsetzt (1981, 34).

179 Kunstwerke sind deshalb auch keine abstrakten Gegenstände in dem von Künne präzisierten Sinn des Begriffs, dessen Umfang sich zwar nicht mit dem der objektiv-nichtwirklichen Entitäten Freges deckt (siehe Künne 1983, 75), dessen Verwendbarkeit aber an das Erfülltsein der gleichen *notwendigen* Bedingungen gebunden ist, deren Erfülltsein auch die Voraussetzung dafür ist, daß wir eine Entität als objektiv-nichtwirklich bezeichnen können: Nichtwahrnehmbarkeit, Nichtsubjektivität und die Unfähigkeit, Wirkungen hervorzurufen (vgl. ebd., 61, 68 ff., 93).

Anders als jenes ›Fassen des Gedankens‹, von dem Frege spricht, beschränkt sich das Werturteil, kraft dessen ein Kunstwerk ein Kunstwerk ist, jedoch nicht auf die *individuelle* Subjektivität. Vielmehr liegt ihm die *intersubjektive* Übereinstimmung einer hinreichend großen Zahl von Urteilenden zugrunde. Wir sollten Kunstwerke deshalb als *intersubjektiv*-instantiale Entitäten auffassen. *Intersubjektiv-instantial können solche nichtwirklichen Entitäten heißen, die existieren, sofern (1) ein bestimmter weitreichender (Quasi-)Konsens besteht, (2) es mindestens ein physisches Objekt gab oder gibt, durch dessen Produktion sie konstituiert wurden, und (3) es mindestens ein physisches Objekt gibt, in dem sie sich aktuell oder virtuell manifestieren.*

In diese Antwort auf die kunstontologische Frage ist nicht nur die Präzisierung der Nichtwirklichkeit von Kunstwerken eingegangen, der der Begriff der Instantialität dient. Vielmehr beachtet die Antwort auch, daß sich Kunstwerke in physischen Objekten manifestieren, die grundsätzlich reproduzierbar sind, und deshalb in mehreren Exemplaren gegeben sein können. Zugleich berücksichtigt sie, daß die deskriptiv zuschreibbare Kunsthaftigkeit eines Artefakts vom Bestehen eines entsprechenden weitreichenden, unter Umständen jedoch auf bestimmte Sprachgemeinschaften, Kulturtraditionen oder historische Epochen begrenzten evaluativen Konsenses abhängig ist.

Wenn wir Kunstwerke ontologisch als intersubjektiv-instantiale Entitäten bestimmen, erhellt auch, daß die kunstspezifische Differenz, durch die sich Kunstwerke von bloßen Artefakten unterscheiden, eine ontologische Differenz impliziert: Artefakte, die keine Kunstwerke sind, sondern zum Beispiel Autos oder Atlanten, sind objektiv-instantiale Entitäten. Denn sie sind das, was sie sind, unabhängig von einem evaluativen Konsens und deshalb unter Klassifikationsbegriffe subsumierbar.

g) Der ontologische Status von Kunstwerken und Wörtern

Ich habe zu Beginn der Analyse des ontologischen Status von Kunstwerken die Hoffnung geweckt, daß sie uns einen Hinweis auf eine erklärungskräftige kunstästhetische Theorie zu geben vermöchte. Wir können jetzt erkennen, daß diese Hoffnung berechtigt war. Sind nämlich Kunstwerke intersubjektiv-instantiale Entitäten, dann besitzen sie den gleichen ontologischen Status wie die Wörter natürlicher Sprachen.[180]

Sichtbar wird diese ontologische Korrespondenz, wenn man sich vergegenwärtigt, daß ein Wort mit keiner seiner lautlichen oder graphischen Manifestationen identisch ist. Auf diesen Sachverhalt hat Peirce aufmerksam gemacht, indem er zwischen einem Wort (»Type«) und einem Wortvorkommnis (»Token«) unterschied (und damit der Kunstontologie einen wertvollen Hinweis gab[181]): »A common mode of estimating the amount of matter in a MS. or printed book is to count the number of words. There will ordinarily be about twenty *the*'s on a page, and of course they count as twenty words. In another sense of the word ›word‹, however, there is but one word ›the‹ in the English language; and it is impossible that this word should lie visibly on a page or be heard in any voice, for the reason that it is not a Single thing or Single event. It does not exist; it only determines things that do exist. Such a definitely significant Form, I propose to term a *Type*. A Single event which happens once and whose identity is limited to that one happening or a Single object or thing which is in some single place at any instant of time, such event or thing being significant only as occurring just when and where it does, such as this or that word on a single line of a single page of a single copy of a book, I will venture to call a *Token*. [...] In order that a Type may be used, it has to be embodied in a Token which shall be a sign of the Type, and thereby of the object the Type signifies. I propose to call such a Token of a Type an *Instance* of the Type.«[182] Wenn Peirce vom Wort (»Type«) sagt, daß es nicht existiere, rekurriert er, wie auch aus dem Kontext eindeutig hervorgeht, auf einen Existenzbegriff, der sich am Sein physischer Objekte orientiert. Natürlich kann von Wörtern nicht behauptet werden, sie seien in demselben Sinn seiend

180 Auf diese Gleichheit des ontologischen Status von Kunstwerken und Wörtern scheint mir Morris' (1939/40, 146) Bemerkung anzuspielen, ein Kunstwerk habe »only the type of existence which a sign has, though its sign vehicle (or vehicles) has the status of physical objects«. Dagegen begründet Danto (1981, 83) seine These, die Ontologie der Kunst sei »of a piece with that of language«, anders, als es hier geschieht.

181 Siehe oben, 241.

182 Peirce 1960 (§ 537), 423 (Herv. i. O.).

wie physische Objekte; dies gilt aber, wie wir gesehen haben, genauso für Kunstwerke, Gedanken und Zahlen. Um die Gemeinsamkeit dieser weder subjektiven noch physischen Entitäten hervorzuheben, die im Peirceschen Sinn gleichermaßen nichtexistent, in dem hier vorausgesetzten weiten Verständnis der Begriffe ›Existenz‹ und ›Sein‹ jedoch gleichermaßen ontologisch beschreibbar sind, bietet sich die Kategorie der Nichtwirklichkeit an: Kunstwerke wie Wörter sind gleichermaßen nichtwirkliche Entitäten. Weil auch Wörter in ihrem Bedeutungsgehalt, ihrer Schreibweise und ihrer Artikulation veränderlich sind (das vielfältig untersuchte Phänomen des Sprachwandels ist dafür ebenso ein Indiz wie die in Deutschland kürzlich verfügte Rechtschreibreform), stimmen beide überdies auch darin überein, daß sie *gebundene nichtwirkliche Entitäten* sind. (Gebundene *Idealitäten* sind Kunstwerke und, wie sich gleich zeigen wird, auch Wörter dagegen nicht.)

Die ontologische Korrespondenz reicht jedoch noch weiter. Ein Wort muß sich nämlich, wie Peirce hervorhebt, verkörpern, um als Zeichen fungieren zu können. Das aber heißt nichts anderes, als daß es sich lautlich oder graphisch (oder auch in anderer sinnlich wahrnehmbarer Form, etwa als Lichtsignal wie beim Morsen oder ertastbar wie im Fall der Blindenschrift), mithin in einem physischen Objekt manifestieren muß.

Peirce' Darstellung der Type-Token-Relation wäre im übrigen dahin gehend zu ergänzen, daß ein Wort, um überhaupt zu sein, zum einen mindestens eines aktuellen oder virtuellen Zeichenvorkommnisses bedarf und zum anderen einer anfänglichen, seine Existenz begründenden Manifestation: Ein nirgends (mehr) schriftlich, akustisch, mental (d.h. virtuell) oder sonstwie manifestiertes Wort gehörte nicht (mehr) zum Zeichenvorrat wenigstens einer natürlichen Sprache und wäre deshalb als Wort nicht (mehr) existent. Umgekehrt ist jedes Wort, das zum Zeichenvorrat irgendeiner natürlichen Sprache gehört, irgendwann ein erstes Mal verwendet – also im Hinblick auf etwas geschrieben oder gesprochen – und dadurch als Zeichen konstituiert worden. Auch ein Wort ist demnach eine gebundene nichtwirkliche Entität jener besonderen Art, die ich instantial genannt habe. Denn auch für ein Wort gilt, daß es existiert, weil und sofern es (1) mindestens ein physisches Vorkommnis gab oder gibt, durch dessen Produktion es konstituiert wurde, und (2) mindestens ein physisches Vorkommnis gibt, in dem es sich aktuell oder virtuell manifestiert.

Wir können jetzt erkennen, warum Peirce' ursprünglich auf sprachliche Zeichen bezogenes Modell in der Kunstontologie gewissermaßen auf fruchtbaren Boden fiel. Die ontologische Korrespondenz von Kunstwerken und Wörtern reicht jedoch auch über die von Peirce für diese und von der an ihn anschließenden kunstontologischen Type-Token-Theorie für jene beschriebene Instantialität hinaus. Ein Wort existiert nämlich nur dann als solches, wenn es als Zeichen fungieren kann. Um aber in diesem genauen Sinn Zeichen zu *sein*, bedarf jedes Wort einer intersubjektiven Übereinkunft über seinen besonderen Zeichencharakter. Diese Übereinkunft wird nicht ausdrücklich geschlossen oder erklärt; sie steht vielmehr immer schon gleichsam unsichtbar im Hintergrund unserer Verwendung sprachlicher Zeichen, obgleich sie historischem Wandel unterliegt. Denn sie findet ihren Niederschlag in der Konventionalität der lexikalischen Bedeutung eines Wortes (im Sinne des linguistischen *sens lexical*).

Wir können dieser Angewiesenheit eines Wortes auf eine – in der Regel latente – intersubjektive Übereinkunft über seinen besonderen Zeichencharakter Rechnung tragen, indem wir Wörter – ebenso wie Kunstwerke – als *intersubjektiv*-instantiale Entitäten auffassen: Auch Wörter sind nichtwirkliche Entitäten, die existieren, weil und sofern (1) ein bestimmter weitreichender (Quasi-)Konsens besteht, (2) es mindestens ein physisches Objekt gab oder gibt, durch dessen Produktion sie konstituiert wurden, und (3) es mindestens ein physisches Objekt gibt, in dem sie sich aktuell oder virtuell manifestieren. Kunstwerke und die Wörter natürlicher Sprachen sind also ontologisch kommensurabel. Ihre Kommensurabilität ist vermutlich nicht exklusiv – beispielsweise könnten auch Rechtsnormen Kandidaten für den ontologischen Status intersubjektiv-instantialer Entitäten sein. Aus ihr erhellt jedoch, daß die Kunstästhetik ihren Gegenstand eher als ein Analogon sprachlicher Zeichen begreifen denn in einem substantialistischen oder solipsistischen Horizont beschreiben sollte.

6 Eine mögliche Ästhetik der Kunst

Kunst ist wie Sprache und Kunst ist nicht wie Sprache.
Broder Christiansen

In a certain sense all art may be said to be language, but it is language in a very specific sense.
Ernst Cassirer

»[...] kein Kunstwerk ist in Kategorien der Kommunikation zu beschreiben und zu erklären.«[1] Seit diesem Diktum Adornos scheint das Urteil gesprochen über jene weitverbreitete, offenbar jedoch naive, vorphilosophische Auffassung, die in Kunstwerken die Vehikel eines Gesprächs erkennt, das Künstler und Kunstrezipient miteinander führen. Martin Seel hat jedenfalls ausdrücklich erklärt, er halte es »für aussichtslos, Adornos Begriff des ästhetischen Gegenstands kommunikationstheoretisch zu korrigieren«.[2]

Meine Grundlegung kunstphilosophischer Theorie hat für diese Skepsis gegenüber einer kommunikationstheoretischen Ästhetik der Kunst ebensowenig einen Anhaltspunkt ergeben wie für den allgemeinen kunstästhetischen Zweifel. Sie hat nicht nur die Unzulänglichkeit physizistischer, subjektivistischer und mentalistischer Auffassungen erwiesen und eine Antwort auf die kunstontologische Frage gegeben, die den plausiblen Impulsen einer idealistischen Kunstontologie folgt, ohne die Konsequenzen aus dem Auge zu verlieren, die sich aus der Eigenart des Beurteilungsbegriffs ›Kunst‹ ergeben. Sie hat vielmehr auch die ontologische Korrespondenz von Kunstwerken und Wörtern natürlicher Sprachen hervorgehoben, indem

1 Adorno *GS VII*, 167.
2 Seel 1985, 291; vgl. auch ders. 1993, 110 f.

sie gezeigt hat, daß sich Kunstwerke und Wörter als intersubjektiv-instantiale Entitäten begreifen lassen. Die Klärung der kunstontologischen Frage, mit der die Grundlegung der Kunstphilosophie ihren Abschluß gefunden hat, erlaubt es deshalb, eine *dreifache* Bedingung zu formulieren, der eine kunstästhetische Theorie genügen muß, wenn sie plausibel sein soll: Eine solche Theorie muß

- als eine Hypothese über die spezifische Hinsicht der Artefaktbeurteilung interpretierbar sein, die den Kunstbegriff semantisch bestimmt,
- mit der intersubjektiv-instantialen Seinsweise von Kunstwerken verträglich sein und
- die ontologische Kommensurabilität von Kunstwerken und Wörtern natürlicher Sprachen erklären.

Eine kommunikationstheoretische Kunstästhetik, die ein Kunstwerk als Medium eines Interaktionsprozesses begreift und eine hermeneutisch relevante Verweisungsreziprozität von Kunstproduktion und Kunstrezeption annimmt, legt sich dadurch nicht zwingend nahe, zumal Kunstwerke und Wörter möglicherweise nicht die einzigen intersubjektiv-instantialen Entitäten sind. Ihre Überzeugungskraft müßte sie – wie jede andere kunstästhetische Theorie – aus sich selbst heraus entfalten. Von einer kommunikationstheoretischen Kunstästhetik steht jedoch fest, daß sie der genannten dreifachen Bedingung genügt. Insofern (aber auch nur insofern) darf der Versuch, Kunst kommunikationstheoretisch zu begreifen, als besonders aussichtsreich gelten.

Für diesen Versuch spricht, daß die ästhetische Kunsterfahrung, wenn sie nicht fragmentarisch bleiben soll, in ein tentatives Verstehen einmünden muß.[3] Denn in dem Bemühen, das Werk, dessen Manifestation uns sinnlich gegeben ist, zu verstehen, drückt sich die *Unterstellung einer Bedeutung* aus. Die Bedeutung, die wir einem Kunstwerk unterstellen, wenn wir es ästhetisch erfahren, ist aber nicht die jener düsteren Wolke, die uns das Nahen eines Gewitters anzeigt. Und sie ist auch keine absolute Bedeutung, wie sie die Wahrheitsästhetiker von Hegel bis zu Adorno der Kunst zuschreiben. Gäbe es jene eine Wahrheit der Kunst, die sie annehmen, forderten uns

3 Siehe oben, 56 ff.; grundlegend dazu: Menke-Eggers 1988.

Kunstwerke nicht immer wieder neu zu hermeneutischer Bemühung heraus. Jedoch ist die Bedeutung, die wir einem Kunstwerk unterstellen, auch nicht allein in das Belieben des Rezipienten gestellt. Denn jede Deutung des Werks muß sich mit den wahrnehmbaren Eigenschaften seiner Manifestation(en) vermitteln lassen. Divergierende Interpretationen können daher unterschiedlich plausibel sein.

Ein Kunstwerk bedeutet also etwas, ohne daß seine Bedeutung objektiv im Sinne eines Anzeichens, absolut im Sinne einer metaphysischen Wahrheit oder subjektiv im Sinne beliebiger Projektionen des Rezipienten genannt werden könnte. Daß es etwas bedeutet, führen wir als Kunstrezipienten deshalb auf eine Absicht seines Urhebers zurück, die so geartet ist, daß sie nur durch die Analyse der Eigenheit seines Werks erschlossen werden kann. Für Konrad Lange »heißt das so viel, daß wir bei der Anschauung der Natur eben nur *den so oder so beschaffenen Gegenstand* anschauen, den wir wahrnehmen, bei der Kunst dagegen *außerdem* auch noch an den *Künstler* denken, der das Werk geschaffen hat [...]. Die Natur nimmt man hin, wie sie ist, die Kunst setzt man immer in Beziehung zu der Persönlichkeit, der man sie verdankt.«[4] Daß wir Kunstwerke, wenn wir uns einer im Alltag häufigen elliptischen Redeweise bedienen, mit dem Künstler identifizieren (»Hat sie den neuen Rushdie schon gelesen?«)[5], unterstreicht diesen Befund. Er legt es nahe, ein Kunstwerk als Medium eines kommunikativen Prozesses zu verstehen. Indem wir versuchen, ein Kunstwerk zu verstehen, unterstellen wir demnach, in dem betreffenden Werk manifestiere sich eine Mitteilung, die an keinen bestimmten Adressaten, sondern an jeden gerichtet ist, der ihm als Rezipient seine Aufmerksamkeit schenkt.[6]

4 Lange 1907, 3 (Herv. i. O.). Mikel Dufrenne charakterisiert diesen Sachverhalt als »présence vivante de l'artiste dans l'œuvre« (1967, 141).

5 Vgl. Kaspar 1992, 106.

6 Daß auch Widmungsgedichte, Briefe und andere in ähnlicher Weise adressatenbezogene Artefakte Kunstwerke sein können, widerspricht dieser allgemeinen These einer kommunikationstheoretischen Kunstästhetik nicht. Solche Artefakte beurteilen wir nämlich, wie mir scheint, nur dann als Kunstwerke, wenn wir nicht der Auffassung sind, sie seien *exklusiv* an einen bestimmten Adressaten gerichtet.

Ansätze zu einer kommunikationstheoretischen Ku finden sich schon im 19. Jahrhundert bei denjenigen Autor Schleiermacher und Tolstoi, die Kunst als Ausdruck men Gefühle sehen.[7] Erscheint hier die Kunst noch als ein Medium, dessen wir speziell zur Kommunikation von Emotionen bedürfen, ist diese Beschränkung spätestens im 20. Jahrhundert überwunden, namentlich bei Ernst Cassirer, für den Kunst als eine Betätigung der »symbolischen Funktion des Bewußtseins«[8] im »Urphänomen des Ausdrucks«[9] wurzelt. Diesen Gedanken Cassirers haben vor allem Susanne K. Langer und Nelson Goodman aufgenommen, die beide Kunstwerke als Symbole verstehen[10], während Arthur C. Danto sie als Phänomene auffaßt, die strukturell der Metapher gleichen[11].

Gesehen ist der mediale Charakter der Kunst auch bei Croce, Dewey und Collingwood, denen es mit ihren theoretischen Mitteln allerdings nicht gelingt, Kunst von anderen Medien menschlicher Interaktion hinreichend genau zu unterscheiden.[12] Präziser analysiert die semiotische Ästhetik, die ihre Wurzeln einerseits im europäischen Strukturalismus, andererseits im amerikanischen Pragmatismus hat[13], die kunstspezifische Differenz. Sie interpretiert alle – auch die nichtverbalen – Kunstwerke als Zeichenkomplexe, die sich

7 Vgl. Schleiermacher *ÄO*, 29, 44 ff.; *UBK* 813 ff.; Tolstoy *Art*, bes. 50 f. – Gerhard Plumpe (1993) interpretiert alle klassischen Theorien der deutschen Kunstphilosophie und Ästhetik seit Kant als Theorien ästhetischer Kommunikation. Im Horizont einer solchen Rekonstruktion gewinnt die kommunikationstheoretische Kunstästhetik jedoch kein klares Profil. Nicht deutlich wird dabei nämlich, daß sie die Annahme einer Verweisungsreziprozität von Kunstproduktion und Kunstrezeption in den Mittelpunkt stellt.

8 Cassirer 1956 (zuerst 1923), 22.

9 Cassirer 1958 (zuerst 1929), 526.

10 Vgl. Langer 1957; Goodman 1976; ders. 1992, bes. 66.

11 Vgl. Danto 1981, 173 ff.

12 Vgl. Croce 1950 (zuerst 1902); Dewey 1980 (zuerst 1934), bes. 104; Collingwood 1938, bes. 285.

13 Eine strukturalistische Position nehmen Mukařovský (1982, 1989), Jakobson (1992, 1993) und Eco (1988, 1990) ein; in der pragmatistischen Tradition steht insbesondere Morris (1939/40). Eigene Wege ist Bense (1965, 1998) gegangen. Für eine prägnante Zusammenfassung der Intentionen einer semiotischen Kunstästhetik vgl. Piepmeier 1981, 120 f.

von nichtkünstlerischen Zeichen in zweifacher Weise unterscheiden: einmal durch eine besondere Geformtheit, die der Ausdrucksebene Eigenwert verleiht, andererseits durch eine Variation oder Verletzung der semantischen Regeln ihres jeweiligen Mediums – der Sprache etwa oder der Tonalität –, die zur Ausbildung eines »Idiolekts«, eines »private[n] und individuelle[n] Code[s]«[14], führt und zugleich das Zeichen als solches und damit den Symbolisierungsprozeß selbst in den Mittelpunkt der Aufmerksamkeit des Rezipienten rückt[15]. Auf die kommunikative Verweisungsreziprozität von Kunstproduktion und Kunstrezeption hat zudem die Literaturtheorie Sartres aufmerksam gemacht.[16] Trotz all dieser Vorarbeiten fehlt bis heute aber eine ausgearbeitete kommunikationstheoretische Kunstästhetik.

In die Richtung einer solchen Theorie weist der Versuch von Jürgen Habermas, Kunst als ein Analogon expressiver Sprechakte zu beschreiben.[17] Denn Habermas reflektiert erstmals systematisch auch die pragmatische Dimension symbolischer Interaktion, von der die semiotische Ästhetik zugunsten einer Analyse des ästhetischen Zeichens selbst weitgehend abstrahiert. Weil er Kommunikation als ein implizit verständigungsorientiertes Handeln begreift, sieht sich Habermas jedoch zu der Annahme genötigt, die in Kunstwerken niedergelegten Erfahrungsgehalte seien durch die Kunstkritik wieder »in die Umgangssprache [...] einzuholen«.[18] Indem er der Kunstkritik aus-

14 Eco 1988, 151.

15 Diesen Aspekt betont vor allem Mukařovský, der dadurch eine besondere »ästhetische Funktion« ästhetischer Zeichen konstituiert sieht (1989, 63 u. ö.).

16 Vgl. Sartre 1948 b, 93 (»[...] l'opération d'écrire implique celle de lire comme son corrélatif dialectique et ces deux actes connexes nécessitent deux agents distincts.«); ders. 1965, 107; ders. 1971/72 III, 97 ff.

17 Daß Kunstwerke für Habermas grundsätzlich in Analogie zu expressiven Sprechakten explizierbar sind, bringt vor allem die in der *Theorie des kommunikativen Handelns* immer wiederkehrende Rede vom ›Ästhetisch-Expressiven‹ zum Ausdruck (Habermas 1981 a I, 247, 250, 334, 485; II, 374). Daß Kunstwerke ihm als Phänomene gelten, die Erlebnissen und Empfindungen Ausdruck verleihen, erhellt im übrigen auch daraus, daß er Kunst als die von den »Routinen der *Alltagswahrnehmung*« freigesetzte »Welt der Erlebnisse« beschreibt (1983, 117). Habermas greift damit Meads (1967, 147 ff.) Auffassung auf.

18 Habermas 1985, 238.

drücklich eine »Übersetzungsleistung«[19] zutraut und sie zur »Vermittler[in] zwischen Kunstproduzenten und -rezipienten«[20] bestimmt, legt er sich darauf fest, Kunstwerke als symbolische Artikulationen zu verstehen, deren Gehalt in die ›normale Sprache‹ gleichsam zurückübersetzt werden kann.[21] Kunstwerke können demnach keine symbolischen Artikulationen sein, die *auch* solchen Inhalten Gestalt und Ausdruck verleihen, die eine Übersetzung nicht einzuholen vermöchte, weil sie im Medium der Alltagsrede gar nicht kommunikabel sind. Habermas begibt sich so der Möglichkeit, zu erklären, warum es zur Ausdifferenzierung der ästhetischen Kunst als einer eigenständigen kulturellen Wertsphäre gekommen ist und warum die Kunstproduktion an kein Ende zu kommen scheint. Denn die Bedeutung, die der ästhetischen Kunst in der Moderne zugewachsen ist, läßt sich kaum plausibel motivieren, wenn man davon ausgeht, daß Kunstwerke nur Erfahrungsgehalte zu kommunizieren vermögen, die auch wesentlich einfacher, nämlich alltagssprachlich kommuniziert werden könnten.[22]

19 Habermas 1986, 244.
20 Habermas 1981a I, 229f.
21 Habermas 1986, 244. Siehe auch ders. 1985, 238.
22 Vgl. Zimmerli 1981, 128. – In diesem Zusammenhang erscheint es bezeichnend, daß die Kunst in Habermas' tabellarischer Übersicht über Verständigungsformen (1981a II, 286, Fig. 28) in der untersten Zeile, d.h. auf dem evolutionär höchsten Ausdifferenzierungsniveau, keinen Platz mehr findet – obwohl dort nach einer anderenorts in der *Theorie des kommunikativen Handelns* (II, 518) zu findenden Bemerkung, die ausdrücklich auf dieses Schaubild Bezug nimmt, zumindest die ästhetische Kritik gleichsam als ihr Platzhalter Erwähnung finden müßte. Hier deutet sich die Konsequenz an, die sich letztlich aus Habermas' Konzeption ergibt: daß nämlich die Kunst, da sie ohnehin nur Erfahrungsgehalte zum Ausdruck bringt, die sich auch alltagssprachlich vermitteln ließen, auf dem Niveau der Ausdifferenzierung spezifischer Geltungsansprüche auf *Diskurs*ebene prinzipiell auch ›wegfallen‹ könnte. Habermas geht natürlich ebensowenig wie Hegel von einem solchen faktischen Ende der Kunst aus. Seine Kunstauffassung scheint mir jedoch insofern an dem gleichen Mangel zu kranken wie diejenige Hegels, als sie im Grunde eine Erklärung dafür, *warum* dieses faktische Ende der Kunst – bislang jedenfalls – ausgeblieben ist, schuldig bleibt.

Unplausibel ist darüber hinaus die von Habermas behauptete Kommensurabilität des Authentizitätsanspruchs von Kunstwerken mit dem Wahrhaftigkeitsanspruch alltagssprachlicher Erlebnis-Expressionen.[23] Zum einen kann ein Sprecher den mit einem Sprechakt erhobenen Wahrhaftigkeitsanspruch mit einem neuen Sprechakt – für den er nur wiederum Wahrhaftigkeit beanspruchen muß – zurücknehmen, während sich ein ans Kunstwerk entäußerter Geltungsanspruch nicht derart revozieren ließe. Zum anderen kann ein Sprecher einen Sprechakt im Bewußtsein von dessen Unwahrhaftigkeit äußern, wohingegen kein Künstler mit Absicht ein unauthentisches Kunstwerk hervorzubringen vermag.

Vor allem aber impliziert die von Habermas behauptete Analogie des Geltungsanspruchs von Kunstwerken und alltagssprachlichen Erlebnis-Expressionen, daß ein Kunstwerk das Medium eines Kommunikationsprozesses ist, der dem alltagssprachlichen Mitteilen verwandt erscheint. Es ist diese Assimilierung der Kunstproduktion an das alltagssprachliche Mitteilen, die die implizite Kunstästhetik der *Theorie des kommunikativen Handelns*[24] unhaltbar erscheinen läßt. Denn es ist das Kennzeichen alltagssprachlicher Kommunikationsprozesse, daß zwischen dem Mitteilenden und dem Empfänger der Mitteilung im Regelfall eine Verständigung möglich ist. Kunstwerke lassen sich aber nicht als Medien begreifen, die zwischen Mitteilendem und Empfänger eine intersubjektive *Verständigung* erlauben, und zwar aus zwei Gründen.

Erstens kann ein Kunstwerk nicht als ein Medium verstanden werden, das wie die Alltagssprache quasi automatisch zur Verfügung steht. Wir können es nur als ein *singuläres* Zeichen auffassen, das als solches eigens produziert werden muß(te). Ein solches Zeichen kann aber keine Bedeutung besitzen, die zu dem in einer Sprechsituation nur intern aufzurufenden Hintergrundwissen gehört, das von allen

23 Habermas 1981a I, 69.

24 Von einer impliziten Kunstästhetik spreche ich, weil Habermas bisher keine ausgearbeitete Kunsttheorie vorgelegt hat und seine kunstästhetische Konzeption daher nur auf dem Wege einer Rekonstruktion zugänglich wird, die den internen Verweisungszusammenhang jener Stellen – insbesondere der *Theorie des kommunikativen Handelns* – aufzuweisen sucht, die auf Kunst Bezug nehmen.

Angehörigen einer Sprachgemeinschaft geteilt wird. Der Einfluß des Kunstproduzenten auf das, was sein Werk ›sagt‹, ist deshalb durch zwei Faktoren begrenzt: durch die Materialität der Manifestationen, aus der die Möglichkeit einer Veränderung des Werks folgt[25], welche nicht in der Absicht des Produzenten liegt, und durch die »zuschießende Imagination«[26] des Rezipienten, ohne die diesem kein Verstehen möglich ist.

Ein *zweiter* Grund ergibt sich aus der Einsicht in den unvermeidlich *tentativen* Charakter des Kunstverstehens, in das die ästhetische Erfahrung von Kunstwerken einmünden kann. Wenn das Verstehen von Kunstwerken niemals an ein Ziel gelangen kann, läßt sich die Vorstellung, Kunstwerke seien Medien eines Verständigungsprozesses und insofern alltagssprachlichen Sprechakten verwandt, nicht aufrechterhalten.

Zeigt das Scheitern von Habermas' (impliziter) Kunstästhetik an, daß sich Kunst nicht kommunikationstheoretisch erläutern läßt? Vier prinzipielle Einwände, denen sich jede kommunikationstheoretische Kunstästhetik gegenübersieht, legen diese Vermutung nahe.

Der erste Einwand nimmt ein Argument Franz von Kutscheras gegen die kommunikationstheoretische Deutung semiotischer Prozesse auf.[27] Er läuft darauf hinaus, daß die Gleichheit des ontologischen Status von Kunstwerken und Wörtern keineswegs für die Angemessenheit einer kommunikationstheoretischen Kunstästhetik spreche, weil Wörter grundsätzlich auch nicht-kommunikativ verwendet werden könnten: Sie vermöchten ebensogut der Selbstverständigung des Produzenten zu dienen wie kommunikativen Zwecken.

Der Hinweis auf die Möglichkeit des Gebrauchs von Wörtern zum Zweck der Selbstverständigung ist zweifellos berechtigt. Aus ihr folgt jedoch nicht – wie der Einwand unterstellt –, daß eine kommunikationstheoretische Deutung von Kunst unangemessen ist. Denn die verbale Selbstverständigung ist kein nichtkommunikativer Akt, sondern ein Sonderfall medialer Interaktion, bei dem Expedient und Perzipient ein und dieselbe Person sind. Das wird

25 Siehe oben, 253 f.

26 Jauß 1970, 241.

27 Vgl. Kutschera 1989, 30 f.

daran deutlich, daß jemand, der sich mit sich selbst verständigt, indem er einen Text schreibt, zu seinem Text als Rezipient eine andere Haltung einnehmen kann als die, die er beim Schreiben zu ihm hatte. Er kann den eigenen Text gleichsam ›mit anderen Augen lesen‹. Wer ein Tagebuch führt und darin gelegentlich frühere Aufzeichnungen nachliest, hat diese Erfahrung mit Sicherheit schon gemacht. Überdies kann jeder – auch der zum Zweck der Selbstverständigung geschriebene – Text prinzipiell nicht nur von seinem Urheber, sondern auch von einem Dritten rezipiert werden (weshalb wir ja ein Tagebuch vor der Neugier unerwünschter Leser zu schützen suchen). Das zeigt, daß die Wörter natürlicher Sprachen als solche auf Kommunikation bezogen sind. Die ontologische Kommensurabilität von Kunstwerken und Wörtern legt deshalb die Vermutung, daß dies auch auf Kunstwerke zutreffen könnte, durchaus nahe.

Freilich unterstellt eine kommunikationstheoretische Kunstästhetik, daß Kunstwerke durch Handlungen konstituiert werden und nicht das Resultat kontingenter Geschehensabläufe sind. *Der zweite Einwand* knüpft an diese Prämisse an: Nicht alle Phänomene, die dem intersubjektiven Kunstverständnis zufolge Manifestationen von Kunstwerken sind, seien Handlungen oder deren Produkte. Vielmehr komme bei einer Reihe von Kunstphänomenen dem Zufall eine konstitutive Funktion zu, beispielsweise beim *action painting*, bei der *écriture automatique* oder bei Musik, deren Komposition oder originale Aufführung durch einen als Zufallsgenerator fungierenden Computer gesteuert ist. Eine kommunikationstheoretische Kunstästhetik werde solchen Phänomenen »performativer Kunst«, die allein eine »Ereignisästhetik« zu beschreiben vermöge, nicht gerecht.[28]

Dazu ist anzumerken, daß natürlich auch Jackson Pollocks *action paintings* und jede Form vermeintlicher Zufallsmusik Resultate absichtsvollen menschlichen Handelns sind. Es bedarf ja gerade bestimmter (teilweise aufwendiger) Vorkehrungen, damit ein informelles musikalisches oder bildkünstlerisches Werk entsteht[29]:

28 Mersch 1997.
29 Das zeigt zum Beispiel der Bericht von Wolff (1992).

Keins von Pollocks *black paintings* verdankt sich bloßem Zufall – alle sind sie vielmehr aus einem künstlerischen Produktionsprozeß hervorgegangen, in den der Künstler höchst absichtsvoll ein Quantum Zufall *eingeplant* hat. Daß hier kein so prinzipieller Unterschied zu anderen Artefakten besteht, wie manche Anhänger der informellen Malerei und aleatorischer Musik gerne glauben machen möchten, unterstreicht im übrigen der Umstand, daß wir auch die angeblich auf kontingenten Geschehensabläufen beruhenden Werke als Werke bestimmter Künstler oder Künstlergruppen betrachten. Der Hinweis auf Kunstphänomene, deren Konstitution der Produzent scheinbar dem Zufall überläßt, vermag also eine kommunikationstheoretische Kunstästhetik nicht in Frage zu stellen.

Wie aber verhält es sich mit Environments, die sich multimedial erweitern und den Betrachter durch Feed-back-Mechanismen zu ihrem aktiven Bestandteil machen? Ein Beispiel dafür ist Robert Rauschenbergs Eventstruktur *Soundings* (1969), bei der je nach den vom Betrachter verursachten Geräuschen unterschiedliche Teile der Komposition aufleuchten. Hier – so gibt *der dritte Einwand* zu bedenken – sei jeder Rezipient der Produzent (s)eines eigenen Kunstwerks; statt von Kommunikation könne allenfalls von einem Selbstgespräch die Rede sein.

Dieser Einwand übersieht, daß zwischen der Produktionstätigkeit, die zur Entstehung von Artefakten führt, und jenem Tun, durch das der Rezipient von Rauschenbergs Eventstruktur angeblich ein Kunstwerk produziert, ein fundamentaler Unterschied besteht: Das Resultat jenes Tuns, durch das der Rezipient von Rauschenbergs Eventstruktur vermeintlich (s)ein eigenes Kunstwerk produziert, ist *heteronom prädeterminiert*. Der Betrachter kann, indem er ein bestimmtes Geräusch oder einen bestimmten Laut hervorbringt, immer nur einen bestimmten Teil der Kompositon aufleuchten lassen; das Produkt seines Tuns ergibt sich aus diesem rein mechanisch auf Grund der technischen Konstruktion der Eventstruktur, in die einzugreifen oder die zu verändern der Rezipient als solcher keine Möglichkeit hat. Selbst wenn, wie bei einer Reihe ähnlicher Werke, ein computergesteuerter Zufallsgenerator über die Gestalt entscheidet, in der sich eine Installation dem Betrachter in dem bestimmten Augenblick präsentiert, in dem er sie wahrnimmt, fehlt dem Rezipienten die für *Produktions*prozesse konstitutive Eingriffsmöglichkeit.[30] Von daher hat es seinen guten Sinn, daß wir *Soundings* als Kunstwerk Robert Rauschenberg zuschreiben und nicht uns, die wir die Eventstruktur rezipieren, als deren Urheber betrachten. Das aber heißt, daß wir auch hier zwischen Produzent und Rezipient sehr wohl zu unterscheiden wissen – mithin stellen auch Kunstphänomene, bei denen der Rezipient auf unterschiedliche Weise zum ›Mitspieler‹ wird, kein Argument gegen eine kommunikationstheoretische Kunstästhetik dar.

Der vierte Einwand berührt sich mit dem dritten insofern, als er generell bestreitet, daß sich Kunstproduktion und -rezeption voneinander unterscheiden lassen, wie dies eine kommunikationstheoretische Kunstästhetik voraussetzen muß. Das, was wir als einen Akt der Kunst*produktion* ansehen – die Herstellung der Originalmanifestation eines neuen Kunstwerks, die dieses als solches konstituiert –, sei in Wirklichkeit nichts anderes als eine spezifisch ästhetische Aneignung von Vorfindlichem, die sich von derjenigen ästhetischen Aneignung von Vorgängen und Dingen, die wir als Kunst*rezeption* bezeichnen, strukturell nicht unterscheide. Diese sei vielmehr ebensowenig ein rein passives Aufnehmen wie jene ein rein aktives Tun. Für diesen Einwand könnte man sich auf die poststrukturalistische Konzeption eines »entgrenzten Textes«[31] berufen, der zufolge jeder »texte comme absorption de et réplique à un autre texte«[32] aufzufassen ist und jede »écriture comme lecture du corpus littéraire antérieur«[33].

Unbestreitbar ist, daß jegliche Art der Kunstproduktion ein rezeptives Verhalten impliziert. Am Beispiel eines erratischen Stein-

30 Das gilt meines Erachtens auch für den Techno-Club, in dem Harald Fricke eine besonders avancierte Kunstform des ausgehenden 20. Jahrhunderts erblickt, bei der sich »Entstehung und Aneignung von Kunst« vermischen (1998, 167). Trifft nämlich zu, daß der Diskjockey, wie Fricke ausdrücklich erklärt, »dafür sorgt, daß sich aus Sound, Visualität und sozialer Interaktion ein Gesamtkunstwerk bildet« (ebd.), fehlt dem einzelnen Tänzer auch hier der Gestaltungsspielraum, der für die *Produktion* von Kunst konstitutiv ist.

31 Frank 1983, 609. Zu dieser Konzeption vgl. Frey 1990, Lachmann 1990.

32 Kristeva 1967, 444.

33 Ebd.

blocks, wie er heute als *objet trouvé* in jedem Museum für Gegenwartskunst ausgestellt sein könnte, wird das besonders deutlich: Der Künstler, der ihn als Kunstwerk hat ausstellen lassen, muß ihn zunächst an seinem Fundort wahrgenommen haben, und zwar als mögliche Manifestation eines Kunstwerks, also in einer besonderen, von unserer gewöhnlichen Art, Steinblöcke wahrzunehmen, abweichenden Art und Weise. In ähnlich unüblicher Weise muß jeder Kunstproduzent Gegebenes wahrgenommen haben: als potentielles Kunstobjekt oder als potentielles Mittel zur Produktion eines Kunstobjekts, als potentielles Motiv oder als potentielles (negatives) Vorbild. Denn Kunstproduktion ist immer schon Bezugnahme auf Vorfindliches, das sich der sinnlichen Wahrnehmung darbietet. Dieses Vorfindliche können, müssen aber nicht unbedingt andere, in physischen Objekten sich manifestierende Kunstwerke sein.

Daß Kunstproduktion stets ein rezeptives Verhalten impliziert, kann allerdings nicht bedeuten, daß sie von jenem rezeptiven Verhalten nicht zu unterscheiden wäre, das wir gegenüber Kunstmanifestationen an den Tag legen, wenn wir die in ihnen sich manifestierenden Kunstwerke ästhetisch erfahren. Denn das von künstlerischer Produktionstätigkeit implizierte rezeptive Verhalten trägt stets einen teleologischen Akzent: Es ist kein Wahrnehmen von Gegebenem um der Gewahrung seiner Eigenheit willen, sondern Wahrnehmen von Gegebenem als einem möglichen Mittel zur Produktion eines Kunstwerks. Der ästhetischen Erfahrung von Kunst ist diese teleologische Perspektive vollkommen fremd, sie läßt sich auf das der Wahrnehmung sich Darbietende um der Gewahrung seiner Eigenheit willen ein. Sie kann deshalb in ein tentatives Verstehen einmünden, während das von der künstlerischen Produktionstätigkeit implizierte rezeptive Verhalten keinerlei vergleichbare Verstehensbemühungen hervorrufen kann. Kunstproduktion und -rezeption sind demnach zwei unterschiedliche Verhaltensweisen. Auch der vierte Einwand spricht also nicht gegen eine kommunikationstheoretische Ästhetik der Kunst.

Da die Gründe, die eine solche Kunstästhetik nahelegen, fortbestehen, aus dem Ungenügen der Habermasschen Kunstauffassung jedoch die Unplausibilität einer Kunsttheorie erhellt, die im Horizont des Verständigungsparadigmas argumentiert, scheint es mir sinnvoll zu sein, Kunstwerke als Medien eines kommunikativen Prozesses *sui generis* zu begreifen. Ich schlage deshalb vor, den Kommunikationsbegriff weiter zu fassen als Habermas und Kommunikation jeden *Verweisungszusammenhang eines Zu-verstehen-Gebens und eines Zu-verstehen-Suchens* zu nennen.[34] Kunstwerke lassen sich dann als *Medien eines diskontinuierlichen Kommunikationsgeschehens* auffassen, und es scheint mir plausibel zu sein, daß unser Urteil über die Kunsthaftigkeit eines Artefakts zum Ausdruck bringt, ob wir in ihm ein potentielles Medium eines diskontinuierlichen Kommunikationsprozesses zu erkennen vermögen.

Unter diskontinuierlicher Kommunikation können wir eine Form medialer Interaktion verstehen, die *strukturell* weder auf die Erzielung eines intersubjektiven Einverständnisses noch überhaupt auf eine Verständigung der Interaktanten angelegt ist. Bei dieser Kommunikationsform *separiert* das Medium der Kommunikation die Kommunikanten. Ihre für das Gelingen der Verständigung in alltagssprachlichen Kommunikationsprozessen so notwendige Verbindung ist aber unterbrochen, ohne daß dies der Ausdruck eines zu vermeidenden Defekts des kommunikativen Prozesses wäre.

Auch in diesem Fall von Kommunikation zu sprechen, mutet zunächst vielleicht abwegig an. Im Hinblick auf die ästhetische Kunst scheint mir ebendies jedoch sinnvoll zu sein. Denn so läßt sich einerseits der *Verweisungszusammenhang von Kunstproduktion und Kunstrezeption* sichtbar machen, der sich allein aus der Perspektive einer Theorie ästhetischer Erfahrung nicht erschließt, weil diese nicht hinreichend zu bestimmen vermag, was zur *Produktion* von Kunstwerken *motiviert.* Andererseits läßt sich so die unplausible Assimilierung von Kunstwerken als alltagssprachliche Sprechakte vermeiden. Denn die Interpretation von Kunstwerken als Medien diskontinuierlicher Kommunikationsprozesse impliziert nur, daß ein Kunstwerk insofern Zeichencharakter besitzt, als es das Resultat eines Zu-verstehen-Gebens – der künstlerischen Produktionstätigkeit – und zugleich der Gegenstand eines Zu-verstehens-Suchens – der kunstspezifischen ästhetischen Erfahrung – ist.

34 Verständigung setzt einen solchen Verweisungszusammenhang voraus – nicht jeder solche Verweisungszusammenhang ermöglicht aber Verständigung.

Kunstwerke sind demnach kommunikative Zeichen in einem ganz bestimmten Sinn: Sie repräsentieren nicht, sondern teilen etwas Bestimmtes in der eigentümlichen Weise mit, daß der, dem die Mitteilung gilt, weil er das Werk ästhetisch erfährt, lediglich mitgeteilt bekommt, *daß* ihm eine bestimmte Mitteilung gilt, ohne daß er deren Inhalt definitiv zu bestimmen vermöchte. Ebendarin liegt, wie mir scheint, das Wesen der Kunst.

Wenn diese Vermutung richtig ist, beurteilen wir Artefakte, wenn wir darüber urteilen, ob sie Kunstwerke sind, unter einem ganz bestimmten Aspekt: Wir urteilen dann nämlich darüber, ob sie uns vermuten lassen, daß sie eine Mitteilung artikulieren, die jedem gilt, der sie in ästhetischer Einstellung wahrnimmt, über deren Inhalt aber nichts anderes mit Bestimmtheit in Erfahrung gebracht werden kann, als daß es ihn gibt.

Eine Kunstästhetik, die Kunstwerke in dieser Weise als Medien eines kommunikativen Prozesses *sui generis* beschreibt, sieht sich allerdings mit zwei grundlegenden Einwänden konfrontiert. Der erste bestreitet, daß Kunstwerke Medien *diskontinuierlicher* Kommunikation sind; der zweite macht geltend, Kommunikation vollziehe sich *stets* nach dem hier speziell der Kunst unterlegten Modell.

Der erste Einwand ist der des *Verständigungstheoretikers*. Er macht geltend, jeder Künstler könne uns in alltagssprachlicher Rede über seine Mitteilungsabsichten aufklären und so ein Verstehen ermöglichen, das die in seinem Werk niedergelegte Mitteilung gleichsam zu identifizieren erlaube. Einmal von seinem Urheber expliziert, sei ein Kunstwerk deshalb das symbolische Medium einer Kommunikation, die keineswegs diskontinuierlich sei.

Halten wir zunächst einmal fest, daß das Argument dazu nötigt, zwei Klassen von Kunstwerken anzunehmen: die der von ihrem Urheber explizierten und die der von ihm nicht explizierten Werke. Daß alle, also auch die nicht-explizierten Werke einer am Verständigungsparadigma orientierten Kunstästhetik zugänglich wären, zeigt das Argument aber nicht. Einen triftigen Einwand gegen die Deutung von Kunstwerken als Medien diskontinuierlicher Kommunikationsprozesse stellt es darüber hinaus auch deshalb nicht dar, weil sich die alltagsspachliche Aufklärung über den Sinn eines Kunstwerks, die den Rezipienten durch dessen Urheber zuteil werden könnte, nur auf solche Erfahrungsgehalte beziehen kann, die in Alltagssprache übersetzbar sind. Die Annahme, daß sich die in Kunstwerken niedergelegten Erfahrungsgehalte generell alltagssprachlich reformulieren lassen, ist jedoch, wie wir oben bereits gesehen haben, unplausibel. Sie bietet nämlich keine Erklärung dafür, daß Menschen überhaupt Erfahrungsgehalte in Kunstwerken niederlegen. Wir können daher nicht davon ausgehen, daß die alltagssprachliche Explikation eines Kunstwerks durch seinen Urheber den im Werk niedergelegten Sinn umfassend zu erhellen vermag. Mithin spricht nichts dafür, daß Kunstwerke durch eine solche metakünstlerische Explikation zu Medien eines Verständigungsprozesses werden, der dem Modell diskontinuierlicher Kommunikation nicht subsumierbar wäre.

Den zweiten Einwand will ich der Einfachheit halber den *poststrukturalistischen* nennen, da er insbesondere durch Derridas Kritik der Sprechakttheorie nahegelegt wird.[35] Der poststrukturalistische Einwand macht geltend, daß die Diskontinuität des Kommunikationsprozesses, die ich als Spezifikum der künstlerischen Kommunikation diagnostiziert habe, in Wirklichkeit ein Charakteristikum jeder symbolischen Interaktion sei.

Dieser Einwand bringt eine Annahme ins Spiel, die allenfalls im Kontext einer strikt bedeutungstheoretischen Argumentation, die von der Pragmatik der Sprachverwendung in Alltagskontexten absieht, plausibel ist. Denn im kommunikativen Alltagshandeln setzen wir die prinzipielle Verständlichkeit unserer Äußerungen für andere kompetente Sprecher immer schon voraus. Diese Unterstellung hat in bezug auf die Kunst kein Pendant. Wer bestreitet, daß sich alltagssprachliche Sprechakte durch ihre relative Verständlichkeit im Kontext einer gegebenen Sprachgemeinschaft oder Kulturtradition von Kunstwerken unterscheiden, steht jedenfalls unter einer besonderen Begründungspflicht: Er sollte erklären können, warum wir im Alltag trotz der von ihm angenommenen Diskontinuität auch der alltagssprachlichen Kommunikationsprozesse relativ reibungslos kooperativ zu handeln vermögen. Ich möchte den Einwand deshalb mit dem Argument eines Zeugen kontern, der auch Poststrukturalisten unverdächtig sein sollte: In seinem Essay

35 Vgl. dazu Culler 1983, 110 ff.; Frank 1990.

Critique et verité betont Roland Barthes zwar, auch die Alltagssprache besitze eine »disposition«[36] zur Mehrdeutigkeit. Die Vieldeutigkeiten der alltäglichen Sprachverwendung seien jedoch, wie es bei Barthes weiter heißt, »réductibles par la situation dans laquelle elles apparaissent: quelque chose hors de la phrase la plus ambiguë, un contexte, un geste, un souvenir, nous dit comment il faut la comprendre, si nous voulons utiliser pratiquement l'information qu'elle est chargée de nous transmettre: c'est la contingence que fait un sens clair«.[37]

Wenn diese Beobachtung zutreffend ist, sollten wir anerkennen, daß sich Kunstwerke dadurch von der Alltagssprache unterscheiden, daß sie im Unterschied zu ihr keiner Verständigung dienlich sind. Die Kunstdefinition, die ich vorgeschlagen habe, trägt dieser Differenz Rechnung, indem sie Kunstwerke als Medien diskontinuierlicher Kommunikation bestimmt. Ich vermute, daß die Kunstphilosophie, wenn sie diese Bestimmung näher entfaltet, die Bedeutsamkeit der Kunst umfassend zu beschreiben vermag. Um meine Vermutung zu begründen, deute ich zum Schluß zehn Vorzüge an, die eine Theorie, welche Kunst als Medium diskontinuierlicher Kommunikation begreift, meines Erachtens besitzt.

1. Eine solche kunstästhetische Theorie vermeidet die von der werkzentrierten Optik der Wahrheitsästhetik implizierte Unterbestimmung der Kunsterfahrung ebenso wie die erfahrungsästhetische Hypostasierung der rezeptiven Subjektivität und die unplausible Assimilierung künstlerischer Werke an alltagssprachliche Sprechakte.

2. Eine solche kunstästhetische Theorie vermeidet aber auch die Unterbestimmung der Erfahrungsgehalte, die in Kunstwerken niedergelegt sein können. Geht man nämlich davon aus, daß Kunstwerke Medien eines kommunikativen Prozesses sind, dem nicht das Ziel intersubjektiver Verständigung eingeschrieben ist, dann muß man nicht wie Habermas unterstellen, daß die in Kunstwerken sedimentierten Erfahrungsgehalte alltagssprachlich reformulierbar sind. Ebensowenig besteht Veranlassung, in einem Kunstwerk eine Mitteilung vergegenständlicht zu sehen, die denselben Explizitheits-

36 Barthes 1966, 53.
37 Ebd., 54 (Herv. d. O. getilgt).

grad hat wie alltagssprachliche Äußerungen. Denkbar ist vielmehr, daß einem Werk ein Artikulationsbegehren zugrunde liegt, dessen Inhalt dem Kunstproduzenten nicht in der Weise bewußt ist, wie er es wäre, wenn er ihn auch alltagssprachlich zum Ausdruck bringen könnte. Theorien, die mit einem Einfluß des Unbewußten auf die Kunstproduktion rechnen, lassen sich insofern an die hier vorgeschlagene Deutung von Kunst durchaus anschließen. Der Hinweis darauf, daß nicht bei jedem Kunstproduzenten eine begrifflich exakt formulierbare Intention vorausgesetzt werden kann, stellt deshalb kein Gegenargument gegen die Interpretation von Kunst als diskontinuierliche Kommunikation dar. Ebensowenig kann es einen Einwand gegen die hier vorgeschlagene Theorie bedeuten, daß manche Künstler behaupten, mit ihren Werken nichts aussagen zu wollen.

3. Eine solche kunstästhetische Theorie vermag einsichtig zu machen, warum es Kunst überhaupt (und immer noch) gibt. Tatsächlich könnte eine Form der Kommunikation, die eine hinsichtlich der Möglichkeit intersubjektiver Verständigung defizitäre Struktur aufweist, leicht als überflüssig erscheinen. Obsolet wäre Kunst jedoch nur, wenn sich *jede* Mitteilung, die in einem Kunstwerk niedergelegt sein kann, auch alltagssprachlich (oder in einem anderen gesellschaftlich vorverstandenen Zeichensystem) adäquat materialisieren ließe. Wenn wir aber Kunstwerke als Medien diskontinuierlicher Kommunikation verstehen, ist die Habermassche Unterbestimmung der Gehalte, die in Kunstwerken niedergelegt sein können, von vornherein vermieden. Wir können deshalb annehmen, daß in Kunstwerke auch solche Gehalte Eingang finden können, die mittels der gesellschaftlich vorverstandenen Zeichen nicht oder nur unzureichend kommuniziert werden können. Die hier vorgeschlagene Kunstdefinition legt also keineswegs »den möglichen Ausdruck von Kunstwerken auf kognitive Gehalte fest«.[38]

4. Eine solche kunstästhetische Theorie erklärt, warum das Kunstverstehen reduktionistisch und überbietend zugleich ist.

38 Esser 1997, 42. In einer solchen Festlegung sieht Esser den prinzipiellen Mangel aller Kunsttheorien, die Kunstwerke als »Ausdruck einer bestimmten Intention« betrachten (ebd.).

Denn sie hebt hervor, daß es einerseits die Mitteilungsabsicht des Produzenten notwendig verfehlt – dies tut es auch dort, wo es sie zufälligerweise berührt, um diese Berührung aber nicht weiß –, andererseits aber dem rezipierten Werk stets eine Bedeutung zumißt, die keine *mens auctoris* begrenzt.

5. Eine solche kunstästhetische Theorie erklärt, indem sie die Kunstproduktion als ein Zu-verstehen-Geben interpretiert, warum der Künstler sein Produkt so anlegt, *als ob* es in einem bestimmten Sinn verstanden werden könnte, und ihm eine Form gibt (oder es in einer Weise präsentiert), die als »individuelle Formation des Signifikanten [...] nichtbeliebiger Ausdruck einer Bedeutung«[39] ist.

6. Eine solche kunstästhetische Theorie bietet eine Erklärung für das, was Helmut Kuhn die zeitlose »Gegenwärtigkeit der Kunst«[40] genannt hat: die Fähigkeit vieler Kunstwerke, »für die jeweilige Gegenwart absolute Gegenwart«[41] zu sein und in dieser jeweiligen Gegenwart »das aussprechende Wort zu finden für das, was uns, die zeitlich Mitlebenden, im Innersten bedrängt«[42]. Sind nämlich Kunstwerke keine Verständigungsmedien, sondern Zeichen, die nicht gesellschaftlich vorverstanden sind, dann impliziert das Kunstverstehen die Überführung des sich präsentierenden Werks »in ein wiedererkennendes Verhältnis zum eigenen Horizont«[43]: Verstehen können wir ein Kunstwerk nur, indem wir seinen Sinn als »Wiederholung außerästhetischer Erfahrungsmuster«[44] identifizieren, also die Wahrnehmung der das Kunstwerk vorstellenden Manifestation mit unserem eigenen, je individuellen Erfahrungshorizont verschmelzen. Kunstverstehen ist deshalb immer auch »Selbstbegegnung«[45] und damit ebenso Vergewisserung und Stabilisierung wie Infragestellung der eigenen Identität.

7. Eine solche kunstästhetische Theorie erklärt, warum sich die Aufmerksamkeit der Perzipienten bei der künstlerischen Kommu-

39 Piepmeier 1983, 73.
40 Kuhn 1966c, 199; vgl. Gadamer *GW VIII/1*, 2.
41 Gadamer *GW VIII/1*, 8.
42 Kuhn 1966c, 199.
43 Menke-Eggers 1988, 110.
44 Ebd.
45 Bloch *GA XVI*, 11; Gadamer *GW VIII/1*, 6.

nikation auf das Medium – das Kunstwerk – richtet und nicht auf die Mitteilung.[46] Weil Kunstwerke keine transparenten, selbst gewissermaßen unsichtbar bleibenden Interaktionsmedien sind, die den Blick freigeben auf das, was sie zu kommunizieren suchen, fungieren sie nicht nur als Spiegel, die den jeweiligen Erfahrungshorizont ihrer Rezipienten reflektieren, sondern zwingen den Rezipienten auch dazu, bei ihnen selbst als künstlerischen Zeichen zu verweilen. Wir identifizieren ein Kunstwerk zwar als ein kommunikatives Zeichen, stellen zugleich aber fest, daß sich dieses Zeichen auf keinen Ausschnitt unseres lebensweltlichen Hintergrundwissens so projizieren läßt, daß es mit diesem zur Deckung käme. Deshalb suchen wir das Zeichen perzipierend gleichsam zu zerlegen, um es so zumindest partiell zu unserem lebensweltlichen Hintergrundwissen in Beziehung zu setzen. Wir analysieren dazu den »inneren Aufbau des Zeichens selbst«[47], würdigen seine Eigenart und besondere Geformtheit. Das kann jedoch nur geschehen, indem wir uns dem sinnlichen Objekt zuwenden, in dem sich das betreffende Kunstwerk manifestiert. Denn nur in Gestalt dieser Manifestation ist uns das künstlerische Zeichen zugänglich.

8. Eine solche kunstästhetische Theorie weist auf die mäeutische Aufgabe der hermeneutischen Kunstwissenschaften hin. Denn sie macht uns darauf aufmerksam, daß ästhetische Kunsterfahrung, wenn sie sich nicht in bloßer Kontemplation erschöpfen soll, nicht voraussetzungslos möglich ist. Der Versuch, Kunstwerke zu verstehen, kommt nämlich ohne das Bemühen, ihre Eigenart und besondere Geformtheit zu erfassen, nicht nur nicht aus, sondern oft genug gar nicht erst in Gang. Den Grund dafür verdeutlicht die hier skizzierte Theorie, indem sie Kunstwerke als Zeichen beschreibt, über deren Bedeutung keine gesellschaftliche Konvention hinreichend Auskunft gibt. Sie erinnert uns so daran, daß Kunsterfahrung der Kenntnis künstlerischer Verfahrensweisen und Traditionen ebenso bedarf wie der Einübung von Techniken des Wahrnehmens und Beschreibens, weil uns ohne diese wie ohne jene die besondere Geformtheit vieler Werke entginge. Wenn wir Kunstwer-

46 Vgl. Mukařovský 1989, 77.
47 Ebd. (Herv. d. O. getilgt).

ke als Medien diskontinuierlicher Kommunikation interpretieren, können wir also auch erkennen, daß die hermeneutischen Kunstwissenschaften unverzichtbare Entdeckungshelfer der ästhetischen Erfahrung sind.

9. Eine solche kunstästhetische Theorie verdeutlicht die Notwendigkeit spezieller kunstästhetischer Theorien. Denn sie bedarf der Erweiterung um Theorien der einzelnen Künste. Ihre Aufgabe ist es, nach Indizien zu forschen, an denen sich unser Urteil (meistens) orientiert, wenn wir darüber befinden, ob uns ein Artefakt vermuten läßt, daß es eine bestimmte Mitteilung artikuliert, die an jeden Rezipienten gerichtet ist, über deren Inhalt aber nur Vermutungen möglich sind.[48] Sie werden sich dabei nicht mit der Auskunft begnügen können, als Kunstwerke beurteilten wir diejenigen Artefakte, die eigentümlich aus dem Gewohnten herausragen[49], weil sie funktionslos sind. Denn Funktionslosigkeit läßt sich sinnvoll nur von physischen Kunst*manifestationen* prädizieren, nicht von jenen intersubjektiv-instantialen Entitäten, die Kunstwerke sind.

10. Eine solche kunstästhetische Theorie straft alle Legenden vom Tod des Künstlers und vom Ende des Werkbegriffs Lügen, ohne die trügerische Hoffnung zu wecken, das Kunstverstehen könne je die Mitteilungsabsicht des Künstlers aufklären oder über die Bedeutung eines Kunstwerks Gewißheit erlangen. Denn indem sie Kunstwerke als Produkte eines Zu-verstehen-Gebens interpretiert, dem kein Verstehen, sondern nur ein Zu-verstehen-Suchen korrespondiert, rehabilitiert sie die Frage nach der Mitteilungsabsicht des Künstlers, ohne in dieser Frage mehr zu sehen als den legitimen Ausgangspunkt ästhetischer Kunsterfahrung.

48 Exemplarisch ist dafür die Arbeit von Fricke (1981).
49 Vgl. Heidegger 1986, 67 u.ö.

Literatur

Bei Nachdrucken und Nachauflagen ist nach dem Titel in Klammern das Jahr der Erstpublikation, bei Übersetzungen die Sprache und das Jahr der Erstveröffentlichung angegeben. Ist dort außer der Erstausgabe eine weitere Auflage verzeichnet, folgt die Zitatausgabe dieser. Werden aus einem Buch, das Beiträge verschiedener Autoren versammelt, mehrere Aufsätze zitiert, so wird der Band separat nachgewiesen und bei den Beiträgen nur in der Kurzform verzeichnet. Nicht in das Literaturverzeichnis aufgenommen sind Bücher, denen nur ein Motto entnommen ist.

Theodor W. Adorno *GS VI*: *Negative Dialektik* (1966, ²1967) (= *Gesammelte Schriften*, Bd. 6). Frankfurt a. M. 1973.

Theodor W. Adorno *GS VII*: *Ästhetische Theorie*, hrsg. v. Gretel Adorno u. Rolf Tiedemann (1970) (= *Gesammelte Schriften*, Bd. 7). 2. Aufl., Frankfurt a. M. 1972.

Theodor W. Adorno *GS X*: *Kulturkritik und Gesellschaft*, hrsg. v. Rolf Tiedemann (= *Gesammelte Schriften*, Bd. 10). 2 Bde. Frankfurt a. M. 1977.

Theodor W. Adorno *GS XII*: *Philosophie der neuen Musik* (1949, ³1966) (= *Gesammelte Schriften*, Bd. 12). Frankfurt a. M. 1975.

Theodor W. Adorno 1977a: *Zeitlose Mode. Zum Jazz* (1953). In: Adorno *GS X/1*, 123–137.

Theodor W. Adorno 1977b: *Replik zu einer Kritik der »Zeitlosen Mode«* (1953). In: Adorno *GS X/2*, 805–809.

Theodor W. Adorno 1977c: *Résumé über Kulturindustrie* (1967). In: Adorno *GS X/1*, 337–345.

Virgil C. Aldrich 1958: *Picture Space*. In: *The Philosophical Review* 67, 342–352.

Jean Le Rond d'Alembert *Disc. prél.*: *Discours préliminaire des éditeurs* (1751). In: *Encyclopédie ou Dictionnaire raisonné des sciences, des arts et des métiers, par une société de gens de lettres*, éd. par Denis Diderot et Jean Le Rond d'Alembert, t. 1. Lausanne–Berne 1781, I–LXXVIII.

Christian G. Allesch 1987: *Geschichte der psychologischen Ästhetik. Untersuchungen zur historischen Entwicklung eines psychologischen Verständnisses ästhetischer Phänomene*. Göttingen–Toronto–Zürich.

Aristoteles wird unter Angabe des jeweiligen Werktitels zitiert nach den von Immanuel Bekker besorgten Aristotelis *Opera* (Berlin 1831 [Reprint: Darmstadt 1960]).

Pierre Audiat 1924: *La biographie de l'œuvre littéraire. Esquisse d'une méthode critique.* Paris.

Jay E. Bachrach 1971: *Type and Token and the Identification of the Work of Art.* In: *Philosophy and Phenomenological Research* 31, 415–420.

Michail M. Bachtin 1979: *Das Problem von Inhalt, Material und Form im Wortkunstschaffen* (russ. 1924). In: ders., *Die Ästhetik des Wortes*, hrsg. u. eingel. v. Rainer Grübel, übers. v. Rainer Grübel u. Sabine Reese. Frankfurt a. M., 95–154.

Roland Barthes 1966: *Critique et Vérité. Essai.* Paris.

Wolfgang Bartuschat 1987: *Zur ästhetischen Idee in Kants »Kritik der Urteilskraft«.* In: *Modelle für eine semiotische Rekonstruktion der Geschichte der Ästhetik*, hrsg. v. Heinz Paetzold. Aachen, 87–98.

Wolfgang Bartuschat 1994: *Recht, Vernunft und Gerechtigkeit.* In: *Archiv für Rechts- und Sozialphilosophie*, Beiheft 56: *Theorien der Gerechtigkeit*, hrsg. v. Hans-Joachim Koch, Michael Köhler u. Kurt Seelmann. Stuttgart, 9–23.

Wolfgang Bartuschat 1995: *Ästhetische Erfahrung bei Kant.* In: *Autonomie der Kunst? Zur Aktualität von Kants Ästhetik*, hrsg. v. Andrea Esser. Berlin, 49–65.

Charles Batteux 1746: *Les Beaux-Arts réduits à un même principe.* Paris.

Alexander Gottlieb Baumgarten 1739: *Metaphysica.* Halle a. d. S.

Alexander Gottlieb Baumgarten 1750: *Aesthetica.* Frankfurt a. d. O. (Reprint: Hildesheim 1961).

Alexander Gottlieb Baumgarten 1983: *Texte zur Grundlegung der Ästhetik. Lateinisch – Deutsch*, übers. u. hrsg. v. Hans Rudolf Schweizer. Hamburg.

Walter Benjamin 1974: *Das Kunstwerk im Zeitalter seiner technischen Reproduzierbarkeit* (1936 in frz. Übers.). In: ders., *Gesammelte Schriften*, Bd. I/2, hrsg. v. Rolf Tiedemann u. Hermann Schweppenhäuser. Frankfurt a. M., 471–508.

Georg Bensch 1994: *Vom Kunstwerk zum ästhetischen Objekt. Zur Geschichte der phänomenologischen Ästhetik.* München.

Max Bense 1965: *Aesthetica. Einführung in die neue Ästhetik.* Baden-Baden.

Max Bense 1998: *Einführung in die informationstheoretische Ästhetik. Grundlegung und Anwendung der Texttheorie* (1969). In: ders., *Ausgewählte Schriften*, hrsg. u. mit Einl., Anm. u. Register vers. v. Elisabeth Walther, Bd. 3: *Ästhetik und Texttheorie.* Stuttgart–Weimar, 251–417 u. 455–460.

Russell A. Berman 1984/85: *Modern Art and Desublimation.* In: *Telos*, no. 62, 31–57.

Peter Bickel 1992: *Musik aus der Maschine. Computervermittelte Musik zwischen synthetischer Produktion und Reproduktion.* Berlin.

Ernst BLOCH *GA XVI*: *Geist der Utopie. Erste Fassung* (= *Gesamtausgabe*, Bd. 16). Frankfurt a. M. 1971.

Karl Heinz BOHRER 1981: *Plötzlichkeit. Zum Augenblick des ästhetischen Scheins*. Frankfurt a. M.

Karl Heinz BOHRER 1994: *Das absolute Präsens. Die Semantik ästhetischer Zeit*. Frankfurt a. M.

Bazon BROCK 1998: *Der Künstler als gnadenloser Konkurrent Gottes. Wie Kunst wirksam wird (und doch nicht angebetet werden muß)*. In: Herrmann/Mertin/Valtink 1998, 217–230.

Ulrich BROICH/Manfred PFISTER (Hrsg.) 1985: *Intertextualität. Formen, Funktionen, anglistische Fallstudien*. Tübingen.

Lee B. BROWN 1968/69: *Definitions and Art Theory*. In: *The Journal of Aesthetics and Art Criticism* 27, 409–415.

Lee B. BROWN 1970/71: *Traditional Aesthetics Revisited*. In: *The Journal of Aesthetics and Art Criticism* 29, 343–351.

Rüdiger BUBNER 1978: *Hegel und Goethe*. Heidelberg.

Rüdiger BUBNER 1989: *Ästhetische Erfahrung*. Frankfurt a. M.

Peter BÜRGER 1983: *Zur Kritik der idealistischen Ästhetik*. Frankfurt a. M.

Peter BÜRGER 1988: *Prosa der Moderne*, unter Mitarbeit v. Christa Bürger. Frankfurt a. M.

Dieter BURDORF 1993: *Hölderlins späte Gedichtfragmente: »Unendlicher Deutung voll«*. Stuttgart–Weimar.

Dieter BURDORF 1996: *Sind Gedichte genaue Form? Was Schüler und Didaktiker vom Literaturunterricht erwarten*. In: *Wovon der Schüler träumt. Leseförderung im Spannungsfeld von Literaturvermittlung und Medienpädagogik*, hrsg. v. Joachim S. Hohmann u. Johann Rubinich. Frankfurt a. M. u. a., 247–258.

James D. CARNEY 1975: *Defining Art*. In: *The British Journal of Aesthetics* 15, 191–206.

David CARRIER 1979: *Art without Its Objects?* In: *The British Journal of Aesthetics* 19, 53–62.

Ernst CASSIRER 1956: *Philosophie der symbolischen Formen. Erster Teil: Die Sprache* (1923). 3. Aufl., Darmstadt.

Ernst CASSIRER 1958: *Philosophie der symbolischen Formen. Dritter Teil: Phänomenologie der Erkenntnis* (1929). 3. Aufl., Darmstadt.

William CHARLTON 1974: *Is Philosophy a Form of Literature?* In: *The British Journal of Aesthetics* 14, 3–16.

Robin G. COLLINGWOOD 1938: *The Principles of Art*. Oxford.

Robin G. COLLINGWOOD 1994: *Outlines of a Philosophy of Art* (1925). Bristol.

Friedrich CRAMER/Wolfgang KAEMPFER 1992: *Die Natur der Schönheit. Zur Dynamik der schönen Formen*. Frankfurt a. M.

Benedetto CROCE 1929: [Art.] *Aesthetics*. In: *The Encyclopædia Britannica. Fourteenth Edition*, vol. 1. London–New York, 263–272.

Benedetto CROCE 1950: *Estetica come scienza dell'espressione e linguistica generale* (1902, [6]1928). 9° ed., Bari.

Jonathan CULLER 1983: *On Deconstruction. Theory and Criticism after Structuralism* (1982). London–Melbourne–Henley.

Gregory CURRIE 1985: *What is Fiction?* In: *The Journal of Aesthetics and Art Criticism* 43, 385–391.

Gregory CURRIE 1989: *An Ontology of Art.* New York.

Nikolaus CUSANUS *Comp.*: *Compendium (Kurze Darstellung der philosophisch-theologischen Lehren).* Lateinisch – Deutsch, übers. u. mit Einl. u. Anm. hrsg. v. Bruno Decker† u. Karl Bormann. Hamburg 1970.

Nikolaus CUSANUS *De coni.*: *De coniecturis (Mutmaßungen).* Lateinisch – Deutsch, übers. u. mit Einl. u. Anm. hrsg. v. Josef Koch† u. Winfried Happ. Hamburg 1971.

Nikolaus CUSANUS *De docta ign.*: *De docta ignorantia (Die belehrte Unwissenheit)*, Lib. II. Lateinisch – Deutsch, übers. u. mit Vorwort, Anm. u. Register hrsg. v. Paul Wilpert. Hamburg 1967.

Milan DAMNJANOVIČ 1983: *»Es gibt Kunstwerke – wie sind sie möglich?«.* In: Oelmüller 1983, 59–67.

Arthur C. DANTO 1964: *The Artworld.* In: *The Journal of Philosophy* 61, 571–584.

Arthur C. DANTO 1973: *Artworks and real things.* In: *Theoria* 39, 1–17.

Arthur C. DANTO 1981: *The Transfiguration of the Commonplace. A Philosophy of Art.* Cambridge, Mass.–London.

Arthur C. DANTO 1986: *The Philosophical Disenfranchisement of Art.* New York.

[Theodor] Wilhelm DANZEL 1844: *Ueber die Aesthetik der Hegelschen Philosophie.* Hamburg.

Theodor Wilhelm DANZEL 1855: *Ueber den gegenwärtigen Zustand der Philosophie der Kunst und ihre nächste Aufgabe* (1844/45), in: ders., *Gesammelte Aufsätze*, hrsg. v. Otto Jahn, Leipzig, 1–84.

John DEWEY 1980: *Art as Experience* (1934). New York.

George DICKIE 1969: *Defining Art.* In: *American Philosophical Quarterly* 6, 253–256.

George DICKIE 1974: *Art and the Aesthetic.* Ithaca, N.Y.–London.

George DICKIE 1984a: *The Art Circle. A Theory of Art.* New York.

George DICKIE 1984b: *The New Institutional Theory of Art.* In: *Ästhetik, Religionsphilosophie. Akten des 8. Internationalen Wittgenstein-Symposiums*, hrsg. v. Rudolf Haller u. Wolfgang Gombocz. Bd. 1: *Ästhetik.* Wien, 57–64.

George DICKIE 1997: *Introduction to Aesthetics. An Analytic Approach.* New York–Oxford.

T. J. DIFFEY 1973: *Essentialism and the Definition of ›Art‹.* In: *The British Journal of Aesthetics* 13, 103–120.

T. J. DIFFEY 1979: *On Defining Art.* In: *The British Journal of Aesthetics* 19, 15–23.

DION CHRYSOSTOMOS *Or. XII: The Twelfth, or Olympic Dicourse: On Man's First Conception of God.* In: *Dio Chrysostom with an English Translation* by James Wilfred Cohoon, vol. 2. London–Cambridge, Mass. 1939 (Reprint: London–Cambridge, Mass. 1961), 1–87.

DOCUMENTA 1992: *Documenta IX. Kassel, 13. Juni - 20. September 1992.* 3 Bde. Stuttgart.

Hermann DRÜE 1983: *Die psychologische Ästhetik im Deutschen Kaiserreich.* In: *Ideengeschichte und Kunstwissenschaft. Philosophie und bildende Kunst im Kaiserreich*, hrsg. v. Ekkehard Mai, Stephan Waetzoldt u. Gerd Wolandt. Berlin, 71–98.

Mikel DUFRENNE 1967: *Phénoménologie de l'expérience esthétique*, t. 1: *L'objet esthétique* (1953). 2e éd., Paris.

Umberto ECO 1988: *Einführung in die Semiotik* (ital. 1968). Autorisierte deutsche Ausgabe von Jürgen Trabant (1972). 6. Aufl., München.

Umberto ECO 1990: *Das offene Kunstwerk* (ital. 1962), übers. v. Günter Memmert. Frankfurt a. M.

William ELTON (ed.) 1970: *Aesthetics and Language* (1954). Oxford.

Andrea Marlen ESSER 1997: *Kunst als Symbol. Die Struktur ästhetischer Reflexion in Kants Theorie des Schönen.* München.

Ottmar ETTE 1985: *Intertextualität. Ein Forschungsbericht mit literatursoziologischen Anmerkungen.* In: *Romanistische Zeitschrift für Literaturgeschichte* 9, 497–519.

Gustav Theodor FECHNER 1871: *Zur experimentalen Ästhetik. Erster Theil.* Leipzig.

Gustav Theodor FECHNER 1876: *Vorschule der Aesthetik.* 2 Bde. Leipzig.

Konrad FIEDLER *UkT*: *Über den Ursprung der künstlerischen Tätigkeit* (1887). In: ders., *Schriften zur Kunst*, Bd. 1 (= Nachdruck der Ausg. 1913/14, hrsg. v. Gottfried Boehm). München 1971, 183–367.

Raymond FIRTH 1951: *Elements of Social Organization.* London.

Kurt FLASCH 1965: *Ars imitatur naturam. Platonischer Naturbegriff und mittelalterliche Philosophie der Kunst.* In: *Parusia. Studien zur Philosophie Platons und zur Problemgeschichte des Platonismus.* Festgabe für Johannes Hirschberger, hrsg. v. Kurt Flasch. Frankfurt a. M., 265–306.

Manfred FRANK 1983: *Was ist Neostrukturalismus?* Frankfurt a. M.

Manfred FRANK 1989: *Einführung in die frühromantische Ästhetik.* Frankfurt a. M.

Manfred FRANK 1990: *Die Entropie der Sprache. Überlegungen zur Debatte Searle - Derrida.* In: ders., *Das Sagbare und das Unsagbare. Studien zur deutsch-französischen Hermeneutik und Texttheorie. Erweiterte Neuausgabe.* Frankfurt a. M., 491–560.

Manfred FRANK 1992: *Stil in der Philosophie.* Stuttgart.

Urs FRAUCHIGER 1992: *Was zum Teufel ist mit der Musik los? Eine Art Musiksoziologie für Kenner und Liebhaber* (1982). München–Mainz.

Gottlob FREGE *GA*: *Die Grundlagen der Arithmetik. Eine logisch-mathematische Untersuchung über den Begriff der Zahl* (1884). Darmstadt 1961.

Gottlob FREGE *Ged.*: *Der Gedanke. Eine logische Untersuchung* (1918). In: ders., *Logische Untersuchungen*, hrsg. u. eingel. v. Günther Patzig (1966). 4., durchges. u. bibliograph. erg. Aufl., Göttingen 1993, 30–53.

Gottlob FREGE *GGA*: *Grundgesetze der Arithmetik. Begriffsschriftlich abgeleitet* (1903). 2 Bde. 2. Aufl., Darmstadt 1962.

Gottlob FREGE *NE*: *Le nombre entier* (1895). In: ders., *Kleine Schriften*, hrsg. v. Ignacio Angelelli. Darmstadt 1967, 211–219.

Gottlob FREGE *SuB*: *Über Sinn und Bedeutung* (1892). In: ders., *Funktion, Begriff, Bedeutung. Fünf logische Studien*, hrsg. u. eingel. v. Günther Patzig (1962). 6. Aufl., Göttingen 1986, 40–65.

Hans-Jost FREY 1990: *Der unendliche Text.* Frankfurt a. M.

Harald FRICKE 1981: *Norm und Abweichung. Eine Philosophie der Literatur.* München.

Harald FRICKE 1998: *Stückwerk, Tagewerk. Auf der Suche nach der Kunst in den neunziger Jahren.* In: Herrmann/Mertin/Valtink 1998, 167–179.

Leo FROBENIUS 1954: *Kulturgeschichte Afrikas. Prolegomena zu einer historischen Gestaltlehre* (1933). Zürich (Reprint: Wuppertal 1993).

Gottfried GABRIEL 1975: *Fiktion und Wahrheit. Eine semantische Theorie der Literatur.* Stuttgart-Bad Cannstatt.

Gottfried GABRIEL 1991: *Zwischen Logik und Literatur. Erkenntnisformen von Dichtung, Philosophie und Wissenschaft.* Stuttgart.

Hans-Georg GADAMER *GW I*: *Wahrheit und Methode. Grundzüge einer philosophischen Hermeneutik* (1960). 5. Aufl. (= *Gesammelte Werke*, Bd. 1: *Hermeneutik I*), Tübingen 1986.

Hans-Georg GADAMER *GW VIII/1*: *Kunst als Aussage* (= *Gesammelte Werke*, Bd. 8/1: *Ästhetik und Poetik I*). Tübingen 1993.

W. B. GALLIE 1948: *The Function of Philosophical Aesthetics.* In: *Mind* 57, 302–321.

W. B. GALLIE 1955/56: *Essentially Contested Concepts.* In: *Proceedings of the Aristotelian Society* N. S. 56, 167–198.

W. B. GALLIE 1956: *Art as an Essentially Contested Concept.* In: *The Philosophical Quarterly* 6, 97–114.

Arnold GEHLEN 1958: *Soziologischer Kommentar zur modernen Malerei.* In: *Merkur* 12, 301–315.

Arnold GEHLEN 1965: *Zeit-Bilder. Zur Soziologie und Ästhetik der modernen Malerei.* Frankfurt a. M.–Bonn.

Arnold GEHLEN 1982: *Über einige Theorien des entlasteten, zumal des ästhetischen Verhaltens* (1950). In: Henrich/Iser 1982, 237–251.

Moritz GEIGER 1913: *Beiträge zur Phänomenologie des ästhetischen Genusses.* In: *Jahrbuch für Philosophie und phänomenologische Forschung*, hrsg. v. Edmund Husserl, Bd. I/2. Halle a. d. S., 567–684.

Annemarie GETHMANN-SIEFERT 1995: *Einführung in die Ästhetik.* München.

Johann Wolfgang GOETHE *SW I/7.1: Faust*, Bd. 1: *Texte*, hrsg. v. Albrecht Schöne (= *Sämtliche Werke, Briefe, Tagebücher und Gespräche*, hrsg. v. Friedmar Apel u. a., Abt. I, Bd. 7/1). Frankfurt a. M. 1994.

Johann Wolfgang von GOETHE *WW XII: Schriften zur Kunst*, textkritisch durchges. v. Erich Trunz, kommentiert v. Herbert von Einem. *Schriften zur Literatur. Maximen und Reflexionen*, textkritisch durchges. u. kommentiert v. Hans Joachim Schrimpf (= *Werke. Hamburger Ausgabe in 14 Bänden*, Bd. 12). 9., neu bearb. Aufl., München 1981.

Nelson GOODMAN 1976: *Languages of Art. An Approach to a Theory of Symbols* (1969). 2nd ed., Indianapolis, Ind.–Cambridge, Mass.

Nelson GOODMAN 1978: *Kritische Anmerkungen zu Wollheims Vortrag.* In: *Ratio* 20, 52–54.

Nelson GOODMAN 1992: *Ways of Worldmaking* (1978). 6th ed., Indianapolis, Ind.

Karl GROOS 1902: *Der aesthetische Genuss.* Gießen.

Ute GUZZONI 1988: *Denken jenseits des Subjekt-Objekt-Verhältnisses. Bemerkungen zu Adorno und Heidegger.* In: *Technik und Kunst. Heidegger : Adorno*, hrsg. v. Hartmut Schröter. Münster, 54–62.

Jürgen HABERMAS 1981 a: *Theorie des kommunikativen Handelns.* 2 Bde. Frankfurt a. M.

Jürgen HABERMAS 1981 b: *Urgeschichte der Subjektivität und verwilderte Selbstbehauptung* (1969). In: ders., *Philosophisch-politische Profile. Erweiterte Ausgabe.* Frankfurt a. M., 167–179.

Jürgen HABERMAS 1983: *Moralbewußtsein und kommunikatives Handeln.* Frankfurt a. M.

Jürgen HABERMAS 1985: *Die Neue Unübersichtlichkeit* (= *Kleine Politische Schriften V*). Frankfurt a. M.

Jürgen HABERMAS 1986: *Der philosophische Diskurs der Moderne. Zwölf Vorlesungen* (1985). 2. Aufl., Frankfurt a. M.

Inge HABIG 1990: *Redeweisen des Ästhetischen.* In: dies./Kurt Jauslin, *Der Auftritt des Ästhetischen. Zur Theorie der architektonischen Ordnung.* Frankfurt a. M., 13–101 u. 201–213.

Garry L. HAGBERG 1995: *Art as Language. Wittgenstein, Meaning, and Aesthetic Theory.* Ithaca, N. Y.–London.

Rudolf HALLER 1986: *Facta und Ficta. Studien zu ästhetischen Grundlagenfragen.* Stuttgart.

Richard HAMANN 1933: *Kunst und Können. Die »Kategorie« des Künstlerischen.* In: *Logos* 22, 1–36.

Käte HAMBURGER 1979: *Wahrheit und Ästhetische Wahrheit.* Stuttgart.

Stuart HAMPSHIRE 1970: *Logic and Appreciation* (1952). In: Elton 1970, 161–169.

Oswald HANFLING 1994: *The Ontology of Art.* In: *Philosophical Aesthetics. An Introduction*, ed. by Oswald Hanfling (1992). Milton Keynes–Oxford–Cambridge, Mass., 75–110.

Nikolaus Harnoncourt 1982: *Musik als Klangrede. Wege zu einem neuen Musikverständnis.* Salzburg–Wien.
Andrew Harrison 1967/68: *Works of Art and other Cultural Objects.* In: *Proceedings of the Aristotelian Society* N. S. 67, 105–128.
H. Haselberger 1961: *Methods of studying ethnological art.* In: *Current Anthropology* 2, 341–384.
Wilhelm Hebenstreit 1843: *Wissenschaftlich-literarische Encyklopädie der Aesthetik. Ein etymologisch-kritisches Wörterbuch der ästhetischen Kunstsprache.* Wien (Reprint: Hildesheim–New York 1978).
Georg Wilhelm Friedrich Hegel *VÄ*: *Vorlesung über Ästhetik. Berlin 1820/21. Eine Nachschrift. I. Textband*, hrsg. v. Helmut Schneider. Frankfurt a. M.–Bern–New York.
Georg Wilhelm Friedrich Hegel *VPhdK*: *Vorlesungen über die Philosophie der Kunst. Berlin 1823. Nachgeschrieben von Heinrich Gustav Hotho*, hrsg. v. Annemarie Gethmann-Siefert (= *Vorlesungen. Ausgewählte Nachschriften und Manuskripte*, Bd. 2). Hamburg 1998.
Georg Wilhelm Friedrich Hegel *WW II*: *Jenaer Schriften 1801–1807* (= *Werke.* Auf der Grundlage der Ausgabe der *Werke* von 1832–1845 neu edierte Ausgabe. Redaktion: Eva Moldenhauer u. Karl Markus Michel, Bd. 2). Frankfurt a. M. 1970.
Georg Wilhelm Friedrich Hegel *WW VI*: *Wissenschaft der Logik II* (1813/16, Neuausg.: 1834/35, ^{2}1841) (= *Werke*, Bd. 6). Frankfurt a. M. 1969.
Georg Wilhelm Friedrich Hegel *WW VII*: *Grundlinien der Philosophie des Rechts oder Naturrecht und Staatswissenschaft im Grundrisse. Mit Hegels eigenhändigen Notizen und den mündlichen Zusätzen* (1820/33) (= *Werke*, Bd. 7). Frankfurt a. M. 1970.
Georg Wilhelm Friedrich Hegel *WW X*: *Enzyklopädie der philosophischen Wissenschaften im Grundrisse 1830. Dritter Teil: Die Philosophie des Geistes. Mit den mündlichen Zusätzen* (= *Werke*, Bd. 10). Frankfurt a. M. 1970.
Georg Wilhelm Friedrich Hegel *WW XIII–XV*: *Vorlesungen über die Ästhetik I–III* (1835, ^{2}1842) (= *Werke*, Bd. 13–15). Frankfurt a. M. 1970.
Georg Wilhelm Friedrich Hegel *WW XVIII*: *Vorlesungen über die Geschichte der Philosophie I* (1833, ^{2}1840) (= *Werke*, Bd. 18). Frankfurt a. M. 1971.
Martin Heidegger *GA II/39*: *Hölderlins Hymnen »Germanien« und »Der Rhein«* (= *Gesamtausgabe*, Abt. II, Bd. 39). Frankfurt a. M. 1980.
Martin Heidegger *GA II/52*: *Hölderlins Hymne »Andenken«* (= *Gesamtausgabe*, Abt. II, Bd. 52). Frankfurt a. M. 1982.
Martin Heidegger *GA II/53*: *Hölderlins Hymne »Der Ister«* (= *Gesamtausgabe*, Abt. II, Bd. 53). Frankfurt a. M. 1984.
Martin Heidegger 1971: *Erläuterungen zu Hölderlins Dichtung* (1951). 4., erw. Aufl., Frankfurt a. M.
Martin Heidegger 1986: *Der Ursprung des Kunstwerkes* (1950). Stuttgart.
Helmut Heissenbüttel 1972: *Zur Tradition der Moderne. Aufsätze und Anmer-*

kungen 1964–1971. Neuwied–Berlin.

Wolfhart HENCKMANN 1984: *»Jedes Kunstwerk ist ein Augenblick«. Versuch, eine These Adornos zu verstehen*. In: *Augenblick und Zeitpunkt. Studien zur Zeitstruktur und Zeitmetaphorik in Kunst und Wissenschaften*, hrsg. v. Christian W. Thomsen u. Hans Holländer, Darmstadt, 77–92.

Dieter HENRICH 1974: *Zur Aktualität von Hegels Ästhetik. Überlegungen am Schluß des Kolloquiums über Hegels Kunstphilosophie*. In: *Stuttgarter Hegel-Tage 1970. Vorträge und Kolloquien des Internationalen Hegel-Jubiläumskongresses*, hrsg. v. Hans-Georg Gadamer, Bonn, 295–301.

Dieter HENRICH 1982: *Theorieformen moderner Kunsttheorie*. In: Henrich/Iser 1982, 11–32.

Dieter HENRICH/Wolfgang ISER (Hrsg.) 1982: *Theorien der Kunst*. Frankfurt a. M.

Dieter HENRICH/Wolfgang ISER (Hrsg.) 1983: *Funktionen des Fiktiven*. München.

Jörg HERRMANN/Andreas MERTIN/Eveline VALTINK (Hrsg.) 1998: *Die Gegenwart der Kunst. Ästhetische und religiöse Erfahrung heute*. München.

Heinrich HERTZ *GW III*: *Die Prinzipien der Mechanik in neuem Zusammenhange dargestellt* (= *Gesammelte Werke*, Bd. III). Leipzig 1894.

Brigitte HILMER 1997: *Scheinen des Begriffs. Hegels Logik der Kunst*. Hamburg.

Vittorio HÖSLE 1987: *Hegels System. Der Idealismus der Subjektivität und das Problem der Intersubjektivität*. 2 Bde. Hamburg.

Max HORKHEIMER/Theodor W. ADORNO 1986: *Dialektik der Aufklärung. Philosophische Fragmente* (1947). Frankfurt a. M.

John HOSPERS 1956: *The Croce-Collingwood Theory of Art*. In: *Philosophy* 31, 291–308.

Edmund HUSSERL 1948: *Erfahrung und Urteil*, hrsg. v. Ludwig Landgrebe. Hamburg.

Edmund HUSSERL 1976: *Ideen zu einer reinen Phänomenologie und phänomenologischen Philosophie. Erstes Buch: Allgemeine Einführung in die reine Phänomenologie*, Halbbd. 1 (1950), neu hrsg. v. Karl Schuhmann (= *Husserliana*, Bd. 3/1). Den Haag.

Roman INGARDEN 1950: *Des différentes Conceptions de la Vérité dans l'œuvre d'Art*. In: *Revue d'Esthétique* 2 (1949, ersch. 1950), 162–180.

Roman INGARDEN 1960: *Das literarische Kunstwerk* (1931). 2., verb. u. erw. Aufl., Tübingen.

Roman INGARDEN 1962: *Untersuchungen zur Ontologie der Kunst. Musikwerk – Bild – Architektur – Film*. Tübingen.

Roman INGARDEN 1968: *Vom Erkennen des literarischen Kunstwerks* (poln. 1937). Tübingen.

Roman INGARDEN 1969: *Erlebnis, Kunstwerk und Wert. Vorträge zur Ästhetik 1937–1967*. Tübingen.

Roman INGARDEN 1986: *The Work of Music and the Problem of its Identity*, transl. by Adam Czeriawski. Basingstoke.

Peter G. INGRAM 1978/79: *Art, Language and Community in Collingwood's »Principles of Art«.* In: *The Journal of Aesthetics and Art Criticism* 37, 53–64.

Wolfgang ISER 1988: *Die Appellstruktur der Texte.* In: *Rezeptionsästhetik*, hrsg. v. Rainer Warning (1975), 228–252.

Wolfgang ISER 1990: *Der Akt des Lesens. Theorie ästhetischer Wirkung* (1976). 3. Aufl., München.

Wolfgang ISER 1991: *Das Fiktive und das Imaginäre. Perspektiven literarischer Anthropologie.* Frankfurt a. M.

Walter JAESCHKE 1982: *Kunst und Religion.* In: *Die Flucht in den Begriff. Materialien zu Hegels Religionsphilosophie*, hrsg. v. Friedrich Wilhelm Graf u. Falk Wagner. Stuttgart, 163–195.

Roman JAKOBSON 1992: *Semiotik. Ausgewählte Texte 1919–1982*, hrsg. v. Elmar Holenstein. Frankfurt a. M.

Roman JAKOBSON 1993: *Poetik. Ausgewählte Aufsätze 1921–1971*, hrsg. v. Elmar Holenstein u. Tarcisius Schelbert (1979). 3. Aufl., Frankfurt a. M.

Fredric JAMESON 1984: *Postmodernism, or The Cultural Logic of Late Capitalism.* In: *New Left Review*, Nr. 146, 53–92.

Hans Robert JAUSS (Hrsg.) 1968: *Die nicht mehr schönen Künste* (1964). 2. Aufl., München.

Hans Robert JAUSS 1970: *Literaturgeschichte als Provokation.* Frankfurt a. M.

Hans Robert JAUSS 1984: *Ästhetische Erfahrung und literarische Hermeneutik* (1977/82). 2. Aufl., Frankfurt a. M.

Laurent JENNY 1976: *La stratégie de la forme.* In: *Poétique* 7, 257–281.

Bertram JESSUP 1963: *Analytical Philosophy and Aesthetics.* In: *The British Journal of Aesthetics* 3, 223–233.

Hans JONAS 1987: *Gnosis, Existenzialismus und Nihilismus* (engl. 1952). In: ders., *Zwischen Nichts und Ewigkeit. Drei Aufsätze zur Lehre vom Menschen* (1963). 2. Aufl., Göttingen, 5–25.

Friedrich KAMBARTEL 1991: *Zur Philosophie der Kunst. Thesen über zu einfach gedachte begriffliche Verhältnisse.* In: Koppe 1991, 15–26.

Immanuel KANT *KdU*: *Kritik der Urteilskraft* (^{1}1790, ^{2}1793, ^{3}1799). Die Zitation erfolgt mit der Paginierung der ersten (A-) bzw. zweiten (B-)Auflage nach der von Wilhelm Weischedel besorgten *Theorie-Werkausgabe* (Frankfurt a. M. 1968).

Immanuel KANT *MdS*: *Die Metaphysik der Sitten* (^{1}1797, ^{2}1798). Die Zitation erfolgt mit der Paginierung der ersten (A-) bzw. zweiten (B-)Auflage nach der von Wilhelm Weischedel besorgten *Theorie-Werkausgabe* (Frankfurt a. M. 1968).

Vladimir KARBUSICKY (Hrsg.) 1990: *Sinn und Bedeutung in der Musik. Texte zur Entwicklung des musiksemiotischen Denkens.* Darmstadt.

Rudolf F. KASPAR 1992: *Wittgensteins Ästhetik. Eine Studie.* Wien–Zürich.

Michael J. KATER 1995: *Gewagtes Spiel. Jazz im Nationalsozialismus*, übers. v. Bernd Rullkötter. Köln.

Jürgen von KEMPSKI 1992: *Bemerkungen zum Begriff der Gerechtigkeit* (1959). In: ders., *Recht und Politik. Studien zur Einheit der Sozialwissenschaft. Schriften 2*, hrsg. v. Achim Eschbach. Frankfurt a. M., 143–160.

William E. KENNICK 1958: *Does Traditional Aesthetics Rest on a Mistake?* In: *Mind* 66, 317–334.

Petra KIPPHOFF 1993: *Zwei Meister ihrer selbst. Der Amerikaner Jeff Koons und der Russe Ilya Kabakov sind die zur Zeit populärsten Künstler ihrer Nationen. Der eine zeigt den Glamour, der andere den Müll – ein Bild antipodischer Gemeinsamkeiten.* In: *Die Zeit*, 30. April, 53–54.

Peter KIVY 1997: *Philosophies of Arts. An Essay in Differences.* Cambridge.

Tibor KNEIF 1990: *Musik und Zeichen. Aspekte einer nichtvorhandenen musikalischen Semiotik* (1973). In: Karbusicky 1990, 134–141.

Josef KÖNIG 1978: *Die Natur der ästhetischen Wirkung* (1957). In: ders., *Vorträge und Aufsätze*, hrsg. v. Günther Patzig. Freiburg i. Brsg.–München, 256–337.

Sarah KOFMAN 1985: *Mélancolie de l'art.* Paris.

Franz KOPPE 1983: *Grundbegriffe der Ästhetik.* Frankfurt a. M.

Franz KOPPE (Hrsg.) 1991: *Perspektiven der Kunstphilosophie. Texte und Diskussionen.* Frankfurt a. M.

Franz KOPPE 1995 a: *Die verkörperte Metapher. Eine kunstphilosophische Perspektive im Anschluß an Nelson Goodman.* In: *Deutsche Zeitschrift für Philosophie* 43, 743–749.

Franz KOPPE 1995 b: *Wir in den Dingen. Eine Philosophie der Kunst.* Ts. (unveröffentlicht), Berlin.

Saul A. KRIPKE 1972: *Naming and Necessity.* In: *Semantics of Natural Language*, ed. by Donald Davidson and Gilbert Harman. 2nd ed., Dordrecht, 253–355.

Julia KRISTEVA 1967: *Bakhtine, le Mot, le Dialogue et le Roman.* In: *Critique* 23, 438–465.

Oswald KÜLPE 1921: *Grundlagen der Ästhetik*, aus dem Nachlaß hrsg. v. Siegfried Behn. Leipzig.

Wolfgang KÜNNE 1983: *Abstrakte Gegenstände. Semantik und Ontologie.* Frankfurt a. M.

Helmut KUHN 1966 a: *Schriften zur Ästhetik*, hrsg. v. Wolfhart Henckmann. München.

Helmut KUHN 1966 b: *Die Vollendung der klassischen deutschen Ästhetik durch Hegel* (1931). In: Kuhn 1966 a, 15–144.

Helmut KUHN 1966 c: *Die Geschichtlichkeit der Kunst* (1931). In: Kuhn 1966 a, 197–217.

Richard KUHNS 1978: *Music as a Representational Art.* In: *The British Journal of Aesthetics* 18, 120–125.

Jens KULENKAMPFF 1978: *Kants Logik des ästhetischen Urteils.* Frankfurt a. M.

Jens KULENKAMPFF 1983: *Gibt es ein ontologisches Problem des Kunstwerks?* In: *Kant oder Hegel? Über Formen der Begründung in der Philosophie. Stuttgarter Hegel-Kongreß 1981*, hrsg. v. Dieter Henrich. Stuttgart.

Franz von KUTSCHERA 1989: *Ästhetik.* Berlin–New York.
Renate LACHMANN 1990: *Gedächtnis und Literatur. Intertextualität in der russischen Moderne.* Frankfurt a. M.
Peter Christian LANG 1981: *Hermeneutik – Ideologiekritik – Ästhetik. Über Gadamer und Adorno sowie Fragen einer aktuellen Ästhetik.* Königstein i. Ts.
Konrad LANGE 1895: *Die bewußte Selbsttäuschung als Kern des künstlerischen Genusses.* Leipzig.
Konrad LANGE 1907: *Das Wesen der Kunst. Grundzüge einer idealistischen Kunstlehre* (1901). 2. Aufl. (1. Aufl. in 2 Bdn. u. d. T. *Das Wesen der Kunst. Grundzüge einer realistischen Kunstlehre*), Berlin.
Susanne K. LANGER 1957: *Philosophy in a New Key. A Study in the Symbolism of Reason, Rite, and Art* (1942). 3rd ed., Cambridge, Mass.
Robert LAYTON 1991: *The anthropology of art* (1981). 2nd ed., Cambridge.
Thomas LEHNERER 1994: *Methode der Kunst.* Würzburg.
C. I. LEWIS 1971: *An Analysis of Knowledge and Valuation* (1946). 4th ed., La Salle, Ill.
Jean LEYMARIE 1990: *Balthus.* Genf.
Konrad Paul LIESSMANN 1991: *Ohne Mitleid. Zum Begriff der Distanz als ästhetische Kategorie mit ständiger Rücksicht auf Theodor W. Adorno.* Wien.
Konrad Paul LIESSMANN 1994: *Philosophie der modernen Kunst. Eine Einführung* (1993). 2., erw. Aufl., Wien.
Theodor LIPPS 1903: *Ästhetik. Psychologie des Schönen und der Kunst*, Bd. 1: *Grundlegung der Ästhetik.* Hamburg–Leipzig.
Zofia LISSA 1990: *Semantische Elemente der Musik* (1957). In: Karbusicky 1990, 114–119.
Reinhard LÖW 1994: *Über das Schöne. Warum das Schöne schön ist.* Stuttgart–Wien.
Karlheinz LÜDEKING 1998: *Analytische Philosophie der Kunst. Eine Einführung* (1988), München.
Georg LUKÁCS *WW XVI*: *Heidelberger Philosophie der Kunst (1912–1914)* (= *Frühe Schriften zur Ästhetik*, Bd. 1), aus dem Nachlaß hrsg. v. György Márkus u. Frank Benseler (= *Werke*, Bd. 16). Darmstadt–Neuwied 1974.
Georg LUKÁCS *WW XVII*: *Heidelberger Ästhetik (1916–1918)* (= *Frühe Schriften zur Ästhetik*, Bd. 2), aus dem Nachlaß hrsg. v. György Márkus u. Frank Benseler (= *Werke*, Bd. 17). Darmstadt–Neuwied 1974.
Georg LUKÁCS 1969: *Es geht um den Realismus* (1938). In: *Marxismus und Literatur. Eine Dokumentation*, hrsg. v. Fritz J. Raddatz, Bd. 2. Reinbek, 60–86.
Margaret MACDONALD 1951: [Review of:] *Morris Weitz, Philosophy of the Arts.* In: *Mind* 60, 561–564.
Margaret MACDONALD 1955/56: [Review of:] *Harold Osborne, Aesthetics and Criticism.* In: *The Journal of Aesthetics and Art Criticism* 14, 391–393.
Margaret MACDONALD 1970: *Some Distinctive Features of Arguments Used in Criticism of the Arts* (1949). In: Elton 1970, 114–130.

Paul de MAN 1955: *Les exégèses de Hölderlin par Martin Heidegger*. In: *Critique* 11, 800–819.

Maurice MANDELBAUM 1965: *Family Resemblances and Generalization Concerning the Arts*. In: *American Philosophical Quarterly* 2, 219–228.

Joseph MARGOLIS 1959: *The Identity of a Work of Art*. In: *Mind* 68, 34–50.

Joseph MARGOLIS 1974: *Works of Art as Physically Embodied and Culturally Emergent Entities*. In: *The British Journal of Aesthetics* 14, 187–196.

Joseph MARGOLIS 1978: *Persons and Minds. The Prospects of Nonreductive Materialism*. Dordrecht.

Joseph MARGOLIS 1980: *Art and Philosophy*. Brighton.

Joseph MARGOLIS 1983: *Fiction and Existence*. In: *Grazer philosophische Studien* 19 (*The Worlds of Art and the World*, ed. by Joseph Margolis), 179–203.

Joseph MARGOLIS 1991: *The »Nature« of Interpretable Things*. In: *Midwest Studies in Philosophy* 16, 226–248.

Robert J. MATTHEWS 1979/80: *Traditional Aesthetics Defended*. In: *The Journal of Aesthetics and Art Criticism* 38, 39–50.

Peter MATUSSEK 1992: *Naturbild und Diskursgeschichte. »Faust«-Studie zur Rekonstruktion ästhetischer Theorie*. Stuttgart–Weimar.

George Herbert MEAD 1967: *Mind, Self, and Society. From the Standpoint of a Social Behaviorist* (1934), ed., with Introduction, by Charles W. Morris. 14th ed., Chicago, Ill.–London.

Georg Friedrich MEIER 1754: *Anfangsgründe aller schönen Wissenschaften. Erster Theil* (1748). 2. Aufl., Halle im Magdeburgischen (Reprint: Hildesheim–New York 1976).

Christoph MENKE-EGGERS 1988: *Die Souveränität der Kunst. Ästhetische Erfahrung nach Adorno und Derrida*. Frankfurt a. M.

Dieter MERSCH 1997: *Geplant aber nicht planbar. Ereignis statt Werk: Plädoyer für eine Ästhetik performativer Kunst*. In: *Frankfurter Rundschau*, 29. April, 13.

Ernst MEUMANN 1894: *Untersuchungen zur Psychologie und Ästhetik des Rhythmus*. In: *Philosophische Studien* 10, 249–322 u. 393–430.

Ernst MEUMANN 1914: *System der Ästhetik*. Leipzig.

Theo MEYER 1993: *Nietzsche und die Kunst*. Tübingen.

Rolf MICHAELIS 1986: *Welttheater als Kammerspiel. Bremen: Günter Kremer inszeniert Goethes »Faust II«*. In: *Die Zeit*, 14. November, 64.

Klaus MOLLENHAUER 1988: *Ist ästhetische Bildung möglich?* In: *Zeitschrift für Pädagogik* 34, 443–461.

Charles W. MORRIS 1939/40: *Esthetics and the Theory of Signs*. In: *The Journal of Unified Science* (= *Erkenntnis*) 8, 131–150.

Ulrich MÜLLER 1988: *Erkenntniskritik und Negative Metaphysik bei Adorno. Eine Philosophie der dritten Reflektiertheit*. Frankfurt a. M.

Jan MUKAŘOVSKÝ 1982: *Kapitel aus der Ästhetik* (tschech./frz. 1936/66), übers. v. Walter Schamschuler (1970). 4. Aufl., Frankfurt a. M.

Jan MUKAŘOVSKÝ 1989: *Kunst, Poetik, Semiotik* (tschech./frz. 1931–1968), hrsg. u. mit einem Vorwort v. Květoslav Chvatík, übers. v. Erika u. Walter Annuß. Frankfurt a. M.

Stephan NACHTSHEIM 1984: *Kunstphilosophie und empirische Kunstforschung 1870–1920*. Berlin.

Mihai NADIN 1991: *Die Kunst der Kunst. Metaästhetik*. Stuttgart–Zürich.

Friedhelm NICOLIN 1967: *Unbekannte Aphorismen Hegels aus der Jenaer Periode*, mitgeteilt v. Friedhelm Nicolin. In: *Hegel-Studien* 4, 9–19.

Willi OELMÜLLER 1965/66: *Hegels Satz vom Ende der Kunst und das Problem der Philosophie der Kunst nach Hegel*. In: *Philosophisches Jahrbuch* 73, 75–94.

Willi OELMÜLLER (Hrsg.) 1981: *Kolloquium Kunst und Philosophie*, Bd. 1: *Ästhetische Erfahrung*. Paderborn–München–Wien–Zürich.

Willi OELMÜLLER (Hrsg.) 1983: *Kolloquium Kunst und Philosophie*, Bd. 3: *Das Kunstwerk*. Paderborn–München–Wien–Zürich.

Harold OSBORNE 1952: *Theory of Beauty*. London.

Harold OSBORNE 1981: *What is a Work of Art?* In: *The British Journal of Aesthetics* 21, 3–11.

Marcus OTTO 1993: *Ästhetische Wertschätzung. Bausteine zu einer Theorie des Ästhetischen*. Berlin.

J. A. PASSMORE 1951: *The Dreariness of Aesthetics*. In: *Mind* 60, 318–335.

Günther PATZIG 1981: *Über den ontologischen Status von Kunstwerken*. In: *Redliches Denken. Festschrift für Gerd-Günther Grau*, hrsg. v. Friedrich Wilhelm Korff. Stuttgart-Bad Cannstatt, 114–129.

Michael PAUEN 1995: *Die Wissenschaft vom Schönen. Kunstpsychologie und die Ästhetik der Moderne*. In: *Zeitschrift für philosophische Forschung* 49, 54–75.

Charles Sanders PEIRCE 1960: *Prolegomena to an Apology for Pragmatism* (1906). In: *Collected Papers of Charles Sanders Peirce*, ed. by Charles Hartshorne and Paul Weiss, vol. IV: *The Simplest Mathematics* (= part II of vol. II/IV). 2nd ed., Cambridge, 411–463.

Wilhelm PERPEET 1970: *Das Sein der Kunst und die kunstphilosophische Methode*. Freiburg i. Brsg.–München.

Wilhelm PERPEET 1997: *Vom Schönen und von der Kunst. Ausgewählte Studien*. Bonn.

Rainer PIEPMEIER 1981: *Zu einer nachästhetischen Philosophie der Kunst*. In: Oelmüller 1981, 111–125.

Rainer PIEPMEIER 1983: *Das Werk der Künste*. In: Oelmüller 1983, 68–79.

PLATON wird unter Angabe des jeweiligen Werktitels mit der Stephanus-Paginierung zitiert, und zwar nach der von Karlheinz Hülser besorgten zweisprachigen Ausgabe der *Sämtlichen Werke* (Frankfurt a. M. 1991).

Helmuth PLESSNER 1968: *Sprachlose Räume. Zur Hermeneutik nichtsprachlichen Ausdrucks*. In: *Neue Rundschau* 79, 64–75.

Heinrich F. PLETT (ed.) 1991: *Intertextuality*. Berlin–New York.

PLOTIN wird nach der Enneaden-Anordnung zitiert, und zwar unter Zugrundelegung der zweisprachigen Ausgabe seiner *Schriften* von Richard Harder (Neubearb. fortgeführt v. Rudolf Beutler u. Willy Theiler, Hamburg 1956–1971).

Gerhard PLUMPE 1993: *Ästhetische Kommunikation der Moderne.* 2 Bde. Opladen.

Karl R. POPPER 1974: *Objective Knowledge. An Evolutionary Approach* (1972, ²1973). Oxford.

Ulrich POTHAST 1989: *Die eigentlich metaphysische Tätigkeit. Über Schopenhauers Ästhetik und ihre Anwendung durch Samuel Beckett* (1982). Frankfurt a. M.

Gerold PRAUSS 1981: *Kants Theorie der ästhetischen Einstellung.* In: *Dialectica* 35, 265–281.

Hilary PUTNAM 1975: *The Meaning of »Meaning«.* In: *Language, Mind, and Knowledge,* ed. by Keith Gunderson. Minneapolis, 131–193.

Anthony RALLS 1972: *The Uniqueness and Reproducibility of a work of Art: A Critique of Goodman's Theory.* In: *The Philosophical Quarterly* 22, 1–18.

Birgit RECKI 1988: *Aura und Autonomie. Zur Subjektivität der Kunst bei Walter Benjamin und Theodor W. Adorno.* Würzburg.

Wulff REHFUS 1976: *Theodor W. Adorno. Die Rekonstruktion der Wahrheit aus der Ästhetik.* Diss. (masch.), Köln.

Thomas RENTSCH 1991: *Ästhetische Anthropomorphie. Die Konstitution des Schönen und die transzendental-anthropologische Bestimmung thaumatisch-auratischer Weltverhältnisse.* In: Koppe 1991, 27–35.

Ivor Armstrong RICHARDS 1960: *Principles of Literary Criticism* (1924, ²1926). London.

Claudia RISCH 1986: *Die Identität des Kunstwerks. Studien zur Wechselwirkung von Identitätskriterien und ontologischem Status des Kunstwerks.* Bern–Stuttgart.

Florian RÖTZER (Hrsg.) 1991: *Philosophen Gespräche zur Kunst.* O. O. (München).

Karl ROSENKRANZ *ÄdH*: *Ästhetik des Häßlichen* (1853). Leipzig.

Richard RUDNER 1949/50: *The Ontological Status of the Esthetic Object.* In: *Philosophy and Phenomenological Research* 10, 380–389.

Jean-Paul SARTRE 1948 a: *L'imaginaire. Psychologie phénoménologique de l'imagination* (1940). 14ᵉ éd., Paris.

Jean-Paul SARTRE 1948 b: *Qu'est-ce que la littérature?* (1947). In: ders., *Situations II.* Paris, 55–330.

Jean-Paul SARTRE 1965: *Que peut la littérature?* In: Simone de Beauvoir et autr., *Que peut la littérature?*, ed. par Yves Buin. Paris, 107–127.

Jean-Paul SARTRE 1971/72: *L'Idiot de la famille. Gustave Flaubert de 1821 à 1857.* 3 vols. Paris.

Ruth SAW 1961: *What is a »Work of Art«?* In: *Philosophy* 36, 18–29.

Brigitte SCHEER 1997: *Einführung in die philosophische Ästhetik.* Darmstadt.

Friedrich Wilhelm Joseph von SCHELLING *Syst.*: *System des transscendentalen Idealismus* (1800). In: ders., *Sämmtliche Werke*, hrsg. v. K. F. A. Schelling, Abt. I, Bd. 3. Stuttgart–Augsburg 1858, 327–634.

Friedrich Wilhelm Joseph von SCHELLING *PhdK*: *Philosophie der Kunst (Aus dem handschriftlichen Nachlaß)*. In: ders., *Sämmtliche Werke*, hrsg. v. K. F. A. Schelling, Abt. I, Bd. 5. Stuttgart–Augsburg 1859, 353–736.

Arnold SCHERING 1990: *Symbol in der Musik* (1927). In: Karbusicky 1990, 37–46.

Christiane SCHILDKNECHT 1990: *Philosophische Masken. Literarische Formen der Philosophie bei Platon, Descartes, Wolff und Lichtenberg*. Stuttgart.

Heinz SCHLAFFER 1990: *Poesie und Wissen. Die Entstehung des ästhetischen Bewußtseins und der philologischen Erkenntnis*. Frankfurt a. M.

Friedrich SCHLEIERMACHER *ÄO*: *Ästhetik*, im Auftrage der Preußischen Akademie der Wissenschaften und der Literatur-Archiv-Gesellschaft zu Berlin nach den bisher unveröffentlichten Urschriften zum ersten Male hrsg. v. Rudolf Odebrecht. Berlin–Leipzig 1931.

Friedrich SCHLEIERMACHER *SW III/7*: *Vorlesungen über die Aesthetik*, aus Schleiermacher's handschriftlichem Nachlasse und aus nachgeschriebenen Heften hrsg. v. Carl Lommatzsch (= *Sämmtliche Werke*, Abt. III, Bd. 7). Berlin 1842 (Reprint: Berlin–New York 1974).

Friedrich SCHLEIERMACHER *UBK*: *Über den Umfang des Begriffs der Kunst in bezug auf die Theorie derselben* (1835). In: ders., *Schriften*, hrsg. v. Andreas Arndt. Frankfurt a. M. 1996, 803–843.

Reinold SCHMÜCKER 1992 a: [Rezension zu:] *Konrad Paul Liessmann, Ohne Mitleid*. In: *Deutsche Zeitschrift für Philosophie* 40, 1483–1487.

Reinold SCHMÜCKER 1992 b: *Monologisches Gespräch. Heideggers Vorlesung über Hölderlins Hymne »Andenken«*. In: *Zeitschrift für Germanistik* N. F. 2, 550–568.

Reinold SCHMÜCKER 1994 a: *Kunst als Ideologiekritik? Zum systematischen Ort der »Ästhetischen Theorie«*. In: *Zwischen »Minima Moralia« und »Ästhetischer Theorie«. Theodor W. Adorno im Kontext von Ethik, Ästhetik und Utopie*, im Auftrag d. Ev. Akademie Iserlohn hrsg. v. Reinold Schmücker. Iserlohn, 35–53.

Reinold SCHMÜCKER 1994 b: *Entmündigung oder Ende der Kunst?* [= Rezension zu:] *Arthur C. Danto, Die philosophische Entmündigung der Kunst*. In: *Deutsche Zeitschrift für Philosophie* 42, 921–928.

Reinold SCHMÜCKER 1998: *Schleiermachers Grundlegung der Kunstphilosophie*. In: *Dialogische Wissenschaft. Perspektiven der Philosophie Schleiermachers*, hrsg. v. Dieter Burdorf u. Reinold Schmücker. Paderborn–München–Wien–Zürich, 241–265.

Norbert SCHNEIDER 1996: *Geschichte der Ästhetik von der Aufklärung bis zur Postmoderne. Eine paradigmatische Einführung*. Stuttgart.

Gunter SCHOLTZ 1976: [Art.] *Kunstphilosophie, Kunstgeschichte, Kunstwissen-*

schaft. In: *Historisches Wörterbuch der Philosophie*, in Verb. mit Günther Bien u. a. hrsg. v. Joachim Ritter† u. Karlfried Gründer, Bd. 4. Basel, Sp. 1449–1458.

Oliver R. Scholz 1991: *Bild, Darstellung, Zeichen. Philosophische Theorien bildhafter Darstellung.* Freiburg i. Brsg.–München.

Arthur Schopenhauer WWV: *Die Welt als Wille und Vorstellung* (1819/44, ³1859). 2 Bde. (= *Werke*, nach den Ausgaben letzter Hand hrsg. v. Ludger Lütkehaus, Bde. 1–2). Zürich 1988.

Ulf Schramm 1968/69: *Kritik der Theorie vom ›Kunstwerk als Negation‹. Beobachtungen an Becketts »Endspiel« und an Bildern von Vasarely und Fontana.* In: *Philosophisches Jahrbuch* 76, 349–375.

Hans Joachim Schrimpf 1957: *Hölderlin, Heidegger und die Literaturwissenschaft.* In: *Euphorion* 51, 308–323.

Walter Schulz 1972: *Philosophie in der veränderten Welt.* Pfullingen.

Arturo Schwarz 1969: *The Complete Works of Marcel Duchamp.* London.

Hans Rudolf Schweizer 1973: *Ästhetik als Philosophie der sinnlichen Erkenntnis. Eine Interpretation der »Aesthetica« Alexander Gottlieb Baumgartens mit teilweiser Wiedergabe des lateinischen Textes und deutscher Übersetzung.* Basel.

Roger Scruton 1988: [Art.] *Aesthetics.* In: *The New Encyclopædia Britannica* (= *The Encyclopædia Britannica.* 15th ed.), vol. 13: *Macropædia. Knowledge in Depth,* Chicago, Ill. and ors., 15–28.

Martin Seel 1985: *Die Kunst der Entzweiung. Zum Begriff der ästhetischen Rationalität.* Frankfurt a. M.

Martin Seel 1987: *Was ist ein ästhetisches Argument?* In: *Philosophisches Jahrbuch* 94, 42–63.

Martin Seel 1991: *Eine Ästhetik der Natur.* Frankfurt a. M.

Martin Seel 1993: *Versuch über die Artikulation des Kunstwerks.* In: *Ästhetische Reflexion und kommunikative Vernunft*, hrsg. v. Forum für Philosophie Bad Homburg. Bad Homburg, 110–131.

Martin Seel 1996: *Ethisch-ästhetische Studien.* Frankfurt a. M.

Günter Seubold 1997: *Das Ende der Kunst und der Paradigmenwechsel in der Ästhetik. Philosophische Untersuchungen zu Adorno, Heidegger und Gehlen in systematischer Absicht.* Freiburg i. Brsg.–München.

Anthony Ashley Cooper, Third Earl of Shaftesbury *Sol.*: *Soliloquy: or, Advice to an Author* (1710). In: ders., *Standard Edition. Sämtliche Werke, ausgewählte Briefe und nachgelassene Schriften. In englischer Sprache mit paralleler deutscher Übersetzung*, hrsg., übers. u. kommentiert v. Gerd Hemmerich u. Wolfram Benda, Bd. I/1: *Aesthetik.* Stuttgart-Bad Cannstatt 1981, 34–301.

R. A. Sharpe 1979: *Type, Token, Interpretation and Performance.* In: *Mind* 88, 437–440.

Georg Simmel 1957: *Philosophie der Landschaft.* In: ders., *Brücke und Tür. Essays des Philosophen zur Geschichte, Religion, Kunst und Gesellschaft,* hrsg.

v. Michael Landmann. Stuttgart, 141–152.
Manfred SMUDA 1986: *Natur als ästhetischer Gegenstand und als Gegenstand der Ästhetik. Zur Konstitution von Landschaft.* In: ders. (Hrsg.), *Landschaft.* Frankfurt a. M., 44–69.
Milton H. SNOEYENBOS 1978: *Vagueness and ›Art‹.* In: *The British Journal of Aesthetics* 18, 12–18.
Werner Paul SOHNLE 1984/85: *»Un certain Elderlin«. Maria Kohler und das Hölderlin-Archiv.* In: *Hölderlin-Jahrbuch* 24, 390–396.
Robert STECKER 1997: *Artworks. Definition, Meaning, Value.* University Park, Pa.
Jakob STEINBRENNER 1996: *Kognitivismus in der Ästhetik.* Würzburg.
Ulrich STEINVORTH 1994: *Warum überhaupt etwas ist. Kleine demiurgische Metaphysik.* Reinbek.
Charles Leslie STEVENSON 1938: *Persuasive Definitions.* In: *Mind* 47, 331–350.
Charles Leslie STEVENSON 1957: *On ›What is a poem?‹.* In: *The Philosophical Review* 66, 329–362.
Karlheinz STIERLE 1984: *Werk und Intertextualität.* In: *Das Gespräch*, hrsg. v. Karlheinz Stierle u. Rainer Warning. München, 139–150.
Karlheinz STIERLE 1997: *Ästhetische Rationalität. Kunstwerk und Werkbegriff.* München.
Peter F. STRAWSON 1959: *Individuals. An Essay in Descriptive Metaphysics.* London.
Peter F. STRAWSON 1966: *Aesthetical Appraisal and Works of Art.* In: *The Oxford Review* 1, no. 3, 5–13.
Werner STRUBE 1981: *Sprachanalytische Ästhetik.* München.
Werner STRUBE 1991: *Ästhetische Wertäußerungen. Eine sprechakttheoretische Analyse.* In: Koppe 1991, 240–257.
Johann George SULZER 1792–1794: *Allgemeine Theorie der Schönen Künste in einzeln, nach alphabetischer Ordnung der Kunstwörter auf einander folgenden, Artikeln abgehandelt.* 4 Bde. (1771–1774). Neue vermehrte zweyte Auflage, Leipzig.
Ralph SZUKALA 1988: *Philosophische Untersuchungen zur Theorie ästhetischer Erfahrung.* Stuttgart.
Wladysław TATARKIEWICZ 1971: *What is Art? The Problem of Definition Today.* In: *The British Journal of Aesthetics* 11, 134–153.
Wolfgang THIERSE 1990: *»Das Ganze aber ist das, was Anfang, Mitte und Ende hat.« Problemgeschichtliche Beobachtungen zur Geschichte des Werkbegriffs.* In: *Ästhetische Grundbegriffe. Studien zu einem historischen Wörterbuch*, hrsg. v. Karlheinz Barck, Martin Fontius u. Wolfgang Thierse. Berlin, 378–414.
THOMAS VON AQUIN *In phys.*: *In Octo Libros Physicorum Aristotelis Expositio*, cura et studio P. M. Maggiòlo O. P. Taurini–Roma 1954.
Anke THYEN 1989: *Negative Dialektik und Erfahrung. Zur Rationalität des Nichtidentischen bei Adorno.* Frankfurt a. M.

Leo N. TOLSTOY *Art*: *What is Art?* (1896/98 in engl. Übers.), transl. by Aylmer Maude. Indianapolis, Ind.–Cambridge, Mass. 1996.

Friedrich Theodor VISCHER 1898: *Das Schöne und die Kunst. Zur Einführung in die Aesthetik* (= *Vorträge*, hrsg. v. Robert Vischer, Reihe 1). Stuttgart.

Johannes VOLKELT 1905: *System der Ästhetik*, Bd. 1. München.

Friedrich WAISMANN 1945: *Verifiability*. In: *Proceedings of the Aristotelian Society*, Suppl. Vol. 19, 119–150.

Friedrich WAISMANN 1950: *Analytic –Synthetic II*. In: *Analysis* 11, 25–38.

Friedrich WAISMANN 1976: *Logik, Sprache, Philosophie*, mit einer Vorrede v. Moritz Schlick hrsg. v. Gordon P. Baker u. Brian McGuiness unter Mitw. v. Joachim Schulte. Stuttgart.

Dorothy WALSH 1974/75: *Aesthetic Objects and Works of Art*. In: *The Journal of Aesthetics and Art Criticism* 33, 7–12.

Max WEBER 1920: *Gesammelte Aufsätze zur Religionssoziologie*, Bd. 1. Tübingen.

William E. WEBSTER 1974/75: *A Theory of the Compositional Work of Music*. In: *The Journal of Aesthetics and Art Criticism* 33, 59–66.

Klaus WEIMAR/Christoph JERMANN 1984: *»Zwiesprache« oder Literaturwissenschaft? Zur Revision eines faulen Friedens*. In: *neue hefte für philosophie* 23, 113–157.

Morris WEITZ 1950: *The Philosophy of the Arts*. Cambridge, Mass.

Morris WEITZ 1956/57: *The Role of Theory in Aesthetics*. In: *The Journal of Aesthetics and Art Criticism* 15, 27–35.

Morris WEITZ 1972: *Open Concepts*. In: *Revue Internationale de Philosophie* 26, 86–110.

Morris WEITZ 1977: *The Opening Mind. A Philosophical Study of Humanistic Concepts*. Chicago, Ill.–London.

Albrecht WELLMER 1983: *Wahrheit, Schein, Versöhnung. Adornos ästhetische Rettung der Modernität*. In: *Adorno-Konferenz 1983*, hrsg. v. Ludwig von Friedeburg u. Jürgen Habermas. Frankfurt a. M., 138–176.

Wolfgang WELSCH 1987: *Aisthesis. Grundzüge und Perspektiven der Aristotelischen Sinneslehre*. Stuttgart.

Wolfgang WELSCH 1990: *Ästhetisches Denken*. Stuttgart.

Wolfgang WELSCH 1993: *Das Ästhetische – eine Schlüsselkategorie unserer Zeit?* In: *Die Aktualität des Ästhetischen*, hrsg. v. Wolfgang Welsch. München, 13–47.

Wolfgang WELSCH 1997: *Erweiterungen der Ästhetik. Eine Replik*. In: *Bild und Reflexion. Paradigmen und Perspektiven gegenwärtiger Ästhetik*, hrsg. v. Birgit Recki u. Lambert Wiesing. München, 39–67.

Richard Maria WERNER 1890: *Lyrik und Lyriker. Eine Untersuchung*. Hamburg–Leipzig.

Lambert WIESING 1997: *Die Sichtbarkeit des Bildes. Geschichte und Perspektiven der formalen Ästhetik*. Reinbek.

William K. WIMSATT/Monroe C. BEARDSLEY 1958: *The Verbal Icon. Studies in the Meaning of Poetry*. New York.

Ludwig WITTGENSTEIN 1969: *Preliminary Studies for the »Philosophical Investigations« generally known as The Blue and Brown Books*, ed. by Rush Rhees (1958). 2nd ed., Oxford.

Ludwig WITTGENSTEIN 1984: *Philosophische Untersuchungen* (1953), in: ders., *Tractatus logico-philosophicus. Tagebücher 1914–1916. Philosophische Untersuchungen* (= *Werkausgabe*, Bd. 1). Frankfurt a. M., 225–580.

Ludwig WITTGENSTEIN 1994: *Vermischte Bemerkungen. Eine Auswahl aus dem Nachlaß*, hrsg. v. Georg Henrik von Wright unter Mitarb. v. Heikki Nyman (1977). In: ders., *Bemerkungen über die Farben. Über Gewißheit. Zettel. Vermischte Bemerkungen* (= *Werkausgabe*, Bd. 8) (1984). 6. Aufl., Frankfurt a. M., 445–573.

Thomas A. WOLFF 1992: *Der Betrachter ist nicht im Bilde. Die Dialogfähigkeit der interaktiven Kunst: eine schöne Illusion*. In: *Frankfurter Rundschau*, 29. Dezember, 18.

Richard WOLLHEIM 1978: *Sind die Identitätskriterien, die in den verschiedenen Künsten für ein Kunstwerk gelten, ästhetisch relevant?* In: *Ratio* 20, 32–51.

Richard WOLLHEIM 1992: *Art and its objects* (1968). *Second Edition. With Six Supplementary Essays* (1980). Cambridge.

Nicholas WOLTERSTORFF 1980: *Works and Worlds of Art*. Oxford.

Nicholas WOLTERSTORFF 1987: *Toward an Ontology of Artworks* (1975). In: *Philosophy Looks at the Arts. Contemporary Readings in Aesthetics*, ed. by Joseph Margolis. 3rd ed., Philadelphia, Pa., 229–252.

Paul ZIFF 1953: *The Task of Defining a Work of Art*. In: *The Philosophical Review* 62, 58–78.

Walter Ch. ZIMMERLI 1981: *Kunst: Die kleine Freiheit philosophischer Spekulation. Vom theoretischen Nutzen (und ästhetischen Nachteil) der Kunstphilosophie für das Denken*. In: Oelmüller 1981, 126–143.

Jörg ZIMMERMANN 1980: *Sprachanalytische Ästhetik. Ein Überblick*. Stuttgart-Bad Cannstatt.

Namenregister

Personen, die nur im Literaturverzeichnis genannt werden, sind nicht aufgenommen.